TRAITÉ
HISTORIQUE ET DOGMATIQUE
DE
LA VRAIE RELIGION.
TOME DOUZIEME.

TRAITÉ
HISTORIQUE ET DOGMATIQUE
DE
LA VRAIE RELIGION,
AVEC
La Réfutation des erreurs qui lui ont été opposées dans les différens siecles.

Par M. l'Abbé BERGIER, Chanoine de l'Eglise de Paris.

Cùm essemus parvuli, sub elementis hujus mundi eramus servientes ; at ubi venit plenitudo temporis, misit Deus Filium suum.... ut adoptionem filiorum reciperemus.   GALAT. c. 4, ℣. 3.

TOME DOUZIEME.

PARIS,
Chez MOUTARD, Imprimeur-Libraire de la REINE, de MADAME, & de Madame la Comtesse d'ARTOIS, Hôtel de Cluny, rue des Mathurins.

M. DCC. LXXX.
Avec Approbation & Privilége du Roi.

TRAITÉ
HISTORIQUE ET DOGMATIQUE
DE
LA VRAIE RELIGION,

Avec la Réfutation des erreurs qui lui ont été opposées dans les différens siecles.

SUITE DE LA TROISIEME PARTIE.

ARTICLE V.

De l'influence qu'a eue la Religion Chrétienne dans la conservation des Sciences & des Arts.

§. I.

SI l'amour du genre humain étoit le vrai motif qui conduit la plume des Philosophes, ils sauroient gré au Christianisme d'avoir opposé une digue au torrent de la barbarie qui se répandit sur notre hémisphere, au sixieme & au septieme siecle. Quelques-uns ont eu la bonne foi de convenir que, sans la religion Chrétienne, les Sciences & les Arts auroient été anéantis. Mais cet aveu, qui a dû leur coûter, n'a pas été assez motivé de leur part; c'est à nous de démontrer en détail les divers remedes que le zele de la religion a opposés à la grandeur du mal, & de rassembler plusieurs observations, que nous avons indiquées dans les différentes parties de notre Ouvrage.

Dès sa naissance, le Christianisme, loin de détourner ses sectateurs de la Philosophie & de la culture des Sciences, leur donnoit un motif de s'y appliquer avec plus d'ardeur, le désir de réfuter les Philosophes & de les convertir. L'Ecole d'Alexandrie fut bientôt occupée par des Chrétiens; Pantænus, Ammonius Saccas, Clément, Origene, y firent briller des talens distingués, auxquels les Païens même ont rendu justice. L'Empereur Julien, peu reconnoissant des leçons qu'il avoit reçues de ses maîtres, jaloux de la gloire que répandoient sur le Christianisme les lumieres de ses sectateurs, leur défendit

DE LA VRAIE RELIGION. 3

de fréquenter les Ecoles & de professer les Sciences. Sa mort, arrivée peu de temps après, rendit aux Chrétiens tous leurs avantages.

Ils auroient augmenté de siecle en siecle, sans une révolution subite qui changea la face du monde connu. Des essaims de Barbares inonderent successivement l'Europe & l'Asie, les parcoururent le fer & le feu à la main. Les Provinces ravagées & dépeuplées, les nations dépouillées & asservies, les villes réduites en cendres, les monumens renversés, les mœurs & le langage changés, les Sciences & les Arts presque anéantis : tel est le triste tableau qu'offroient au sixieme siecle & dans les suivans, toutes les contrées qui avoient formé l'Empire Romain; tel il nous est tracé par les témoins oculaires (a). Si une main toute-puissante n'avoit soutenu la Religion, celle-ci eût succombé sous les mêmes coups que les connoissances humaines.

C'est la Religion même qui devoit apporter le remede à des plaies si profondes : mais les ravages continuerent pen-

___

(a) Salvien, Sidoine Apollinaire, Orose, &c.

dant plusieurs siecles; ils ne purent être réparés que lentement & par des progrès insensibles.

§. II.

Au milieu des guerres continuelles, du brigandage, de la servitude, tristes fruits de la domination des Barbares, il falloit nécessairement opter, ou de participer aux désordres publics, ou d'aller servir Dieu dans les déserts: les hommes les plus ennemis de la violence prirent ce dernier parti. Telle fut l'origine de la vie monastique dans l'Occident, comme les persécutions l'avoient été dans l'Orient; les cloîtres devinrent le seul asyle où l'humanité & la vertu pussent se réfugier. Le détachement, la modestie, la piété, la douceur, la charité, l'austérité, le recueillement des premiers solitaires imprimerent la vénération; l'on respecta le silence & la sainteté de leurs retraites; ils goûterent la paix loin du commerce des hommes. Cachés dans l'épaisseur des forêts, sur le sommet des rochers, ou dans des vallées profondes, ils les fertiliserent par leurs travaux; ils partagerent leurs momens de repos entre l'étude & la priere;

ils transcrivirent les Livres qui avoient échappé à la dévastation générale. C'est dans les archives des Eglises & des Monasteres, que l'on a retrouvé ce qui restoit de ces précieux monumens.

D'autre côté, les Ecclésiastiques, obligés à l'étude par leur état, conserverent une foible teinture des sciences qui avoient fleuri sous la domination Romaine. Pendant que les nobles dévoués à la profession des armes, regardoient la culture des lettres comme une marque de roture, les Clercs & les Moines sauvoient du naufrage les débris des anciens Auteurs ; toute science fut nommée *Clergie*, & le nom de *Clerc* devint synonyme à celui de *Lettré*.

Par la confusion du langage des vainqueurs avec celui des vaincus, la Langue Latine fut à la veille de périr pour toujours ; heureusement elle étoit seule usitée dans l'Office divin : quoique défigurée & abâtardie, elle a servi dans la suite à reprendre la lecture des anciens Ecrivains.

Un Philosophe a formé sur ce sujet des plaintes ameres : Les Lettres, dit-il, étoient étouffées par le barbarisme continuel d'une Latinité corrompue & défigurée *par la Religion* (a). Assurément la Religion n'avoit pas appelé les Barbares, elle ne leur avoit pas donné la commission de corrompre la Latinité.

D'autres Censeurs, plus passionnés qu'instruits, nous font un crime de ce que l'enseignement public ne semble encore aujourd'hui destiné qu'à former des Ecclésiastiques & des Religieux. Il falloit ajouter au moins, des Médecins & des Jurisconsultes. Ce défaut, si c'en est un, est la preuve toujours subsistante du fait que nous établissons, & des obligations que nous avons aux Clercs & aux Moines dont on affecte de méconnoître les services.

Après la chute des Ecoles Romaines, la jeunesse auroit demeuré sans instruction : mais la Religion n'abandonna point le soin de ses enfans ; il se forma des Ecoles dans l'enceinte des Eglises & des Monasteres. Les Chapitres de Chanoines érigés en Communautés régulieres, tinrent la main à cette institution ; les titres d'*Ecolâtre* & de *Chancelier* nous rappellent encore l'importance attachée pour lors à la fonction d'enseigner ; & l'on en voit des preuves dans des Conciles du

_____

(a) Hist. des Establiss. tome VII, c. 12.

fixieme fiecle. Déjà la maifon Epifcopale avoit été regardée comme l'Ecole des jeunes Clercs. Les déprédations fréquentes des biens du Clergé firent fouvent tomber ces établiffemens; la Religion, victorieufe du brigandage, fut toujours les relever.

Quelque groffier que l'on fuppofe cet enfeignement, il étoit fufceptible de perfection; l'on s'en eft apperçu lorfque des temps plus heureux ont permis de lui donner plus d'étendue & une forme plus avantageufe. Ceux qui ont obfervé qu'avant la renaiffance des lettres toutes les inftitutions avoient pris un air monaftique, n'auroient pas dû en diffimuler la raifon; c'eft que pendant plufieurs fiecles la vertu & les talens ne fe trouvoient plus fous un autre habit.

§. III.

Il n'eft donc pas néceffaire de recourir à des motifs odieux pour trouver l'origine des priviléges, de la jurifdiction, des richeffes, des prérogatives du Clergé. Les peuples, victimes de l'ignorance & de la tyrannie des Nobles, n'avoient de reffource que dans les Miniftres de la

Religion (a). Ceux-ci conserverent une foible connoissance du Droit Romain ; les Seigneurs & leurs Officiers étoient incapables d'y puiser les principes de leur jurisprudence ; les loix des Barbares, aussi grossieres que leurs mœurs, n'étoient propres qu'à maintenir une apparence de police dans des sociétés de malfaiteurs. Ce fut donc la nécessité qui força les Clercs de continuer l'étude du Droit écrit. Toutes les fois que le peuple étoit le maître de choisir les arbitres de ses différends, il n'hésitoit pas ; souvent les Seigneurs mêmes renvoyerent aux Clercs ou aux Officiaux les affaires qu'ils se sentoient incapables de décider. Est-il étonnant que les peuples aient accordé leur confiance, aient fait de grands dons à un corps qui leur étoit si utile, dans lequel ils trouvoient des Docteurs, des Magistrats, des Défenseurs contre l'oppression ?

L'on se récrie sur la multitude énorme des fondations pieuses : pourquoi en dissimuler l'origine & les motifs ? Les Églises & les Monasteres étoient alors les seules ressources de la misere publique.

(a) 1. Disc. sur l'Hist. de France, p. 306 & suiv.

Des Seigneurs, devenus riches à force de concussions, & tourmentés par de justes remords, firent la seule espece de restitution qui fut praticable ; ils mirent dans le dépôt des aumônes, & consacrerent ainsi à l'utilité commune, des biens dont l'acquisition avoit été peu légitime. La clause *pro remedio animæ meæ*, si commune dans les anciennes chartres, a souvent un sens qu'il n'étoit pas à propos de développer. Vu l'incertitude & l'instabilité des possessions & des successions sous le gouvernement féodal, plusieurs particuliers aimoient mieux faire des dons aux Eglises, que de laisser tomber leur héritage entre les mains d'un Seigneur qui les avoit tyrannisés (*a*). On ne pouvoit fonder alors des Hôpitaux d'invalides ou d'incurables, des maisons de travail, des Manufactures, des Colléges, des Académies ; on n'en avoit pas seulement l'idée.

Il fut un temps, & il n'est pas encore fort éloigné, auquel la Médecine ne pouvoit être exercée que par des Clercs ; preuve qu'ils avoient toujours cultivé

(*a*) De l'Amérique & des Amér. par le Philos. La Douceur. Préf. p. 7, Londres, tome III, p. 44.

cette étude, & que le préjugé des séculiers, contre la profession des Lettres, avoit été poussé à l'excès. Cet usage a dû cesser, lorsque les choses ont pris une nouvelle face; mais il ne démontre, dans l'origine, que le zele religieux des Clercs, & la stupidité des Laïques.

A la fondation des Universités, toutes les places furent occupées par des Clercs; on envisagea ces établissemens comme un acte de religion, dans lequel intervint l'autorité du Chef de l'Eglise. Croirons-nous que les Ecclésiastiques, semblables aux Pharisiens, s'étoient saisis de la clef des Sciences, & en rendoient le sanctuaire inaccessible aux séculiers? Ils l'ouvroient à tout le monde; mais peu de personnes avoient l'ambition d'y pénétrer: les Nobles auroient cru déroger, & à peine le permettoient-ils à leurs serfs. Quand on voit un Gerson, Chancelier de l'Eglise de Paris, exercer par charité la fonction de Maître d'Ecole, on comprend jusqu'où peut aller le zele inspiré par la religion pour l'instruction des ignorans: il n'a pas eu de modeles parmi les Sages de l'antiquité, il n'aura point d'imitateurs parmi les Philosophes modernes.

Les Princes qui eurent assez de bon

sens pour comprendre l'utilité des Lettres, les favoriserent par politique & par motif de religion. Ils augmenterent les biens & les priviléges des Clercs, parce qu'il falloit des bienfaits excessifs pour exciter quelque sentiment d'émulation, & pour tirer les esprits de la léthargie dans laquelle ils étoient plongés (*a*). C'est ce que fit Charlemagne ; & en cela il donna des preuves d'un génie supérieur à son siecle.

§. IV.

La pompe extérieure du culte divin contribua toujours à entretenir un reste de goût pour les Arts ; vainement on auroit cherché dans la société civile quelques vestiges de magnificence, les Barbares avoient tout détruit. Des conquérans sortis des forêts du Nord, couverts de la peau des bêtes, aussi dégoûtans que les Sauvages du Nouveau Monde, ne connoissoient aucune espece de luxe ; des Princes qui se parfumoient la chevelure d'un beurre rance (*b*), n'étoient pas fort intelligens dans l'art des décorations.

(*a*) Londres, tome II, p. 76, 77.
(*b*) Sidon Apoll. carm. 13.

A 6

Mais cette grossiéreté des Souverains & des Sujets, qui nous paroît incroyable, disparoissoit au moins dans les Temples du Seigneur; on y retrouvoit la décence bannie du reste de l'univers. Les Reines, peu occupées de leur parure, ne dédaignoient point de manier l'aiguille & le fuseau pour décorer les Autels; l'or, la pourpre, les pierres précieuses, étoient réservées pour orner le tombeau des Saints. Ainsi les Eglises devinrent le dépôt des richesses. La somptuosité & la grandeur des édifices bâtis pour lors, nous étonnent encore; si le dessein en est défectueux, leur hardiesse nous surprend : dans la bizarrerie d'un goût gothique & tudesque, on voit un génie qui va au grand, auquel il ne manquoit que des regles & des modeles pour mieux faire. L'art de travailler les métaux, la peinture, la sculpture, retombés dans leur premiere enfance, ne pouvoient produire que des monstres, parce que l'on avoit oublié les principes du dessin & des proportions; mais enfin le ciseau & le burin continuoient de s'occuper; c'étoit encore beaucoup de travailler si mal. Si la fureur des Iconoclastes avoit prévalu au huitieme siecle, tout auroit été anéanti; l'Art auroit péri avec les modeles ; pour le ressusciter, il auroit fallu partir du moment de la création.

Dans l'Histoire des établissemens des Européens dans les Indes, l'Auteur prétend que l'abâtardissement des Arts est venu de la Religion. » Tous les Temples, » dit-il, furent bâtis en croix, couverts » de croix, remplis de croix, décorés » d'images horribles & funebres, d'é- » chafauds, de supplices, de martyrs, » de bourreaux. Que devinrent les Arts » condamnés à effaroucher continuelle- » ment l'imagination par des spectacles » de sang, de mort, d'enfer, &c. (a) ? «

Il faut donc empêcher qu'on ne finisse l'Eglise de Sainte-Genevieve ; elle sera bâtie en croix, le fronton est déjà chargé d'une croix. Quoi ! les Vierges de l'Albane, la transfiguration de Raphaël, les tableaux de la gloire éternelle par Michel Ange, la résurrection par Carle Vanloo, &c. effarouchent l'imagination de notre Dissertateur? Laissons-lui, pour le récréer, les Furies & les Parques, les fureurs d'Ajax & d'Oreste, les supplices d'Ixion & de Prométhée, la mort d'Hercule, &c.

(a) Tome VII. c. 12.

peints par les Anciens, & mis sur le théatre. Mais, non, il lui faut peut-être des magots Chinois, ou les obscénités de nos brillans Artistes, formés par le goût philosophique. Il sait bien que c'est la rage des Mahométans, des Iconoclastes, des Barbares du Nord, qui a détruit les chef-d'œuvres anciens, & qui a presque anéanti les Arts ; mais il est plus beau de s'en prendre au Christianisme, qui n'a cessé de réparer les ravages de ces brutaux.

§. V.

Dans son origine, la Poésie avoit été consacrée à célébrer la Divinité : elle revint à sa destination primitive ; les Hymnes & le chant furent conservés dans l'Office divin. Le feu de l'ancienne Poésie étoit éteint ; mais il en subsistoit toujours une étincelle prête à se ranimer. La représentation des mysteres, mélange monstrueux de piété & de ridicule, a été dans la suite le germe de l'art dramatique que nos premiers Poëtes étoient incapables de puiser dans les Ecrits des Grecs. L'ancienne Musique s'est perdue, parce qu'elle n'a pas eu le même appui ; on jugea que des airs employés sur le théatre à chanter les loüanges des fausses Divinités, & à réveiller les paffions, ne devoient pas entrer dans le culte du vrai Dieu.

Oferons-nous parler d'éloquence dans des fiecles où l'on en avoit oublié toutes les regles ? La Langue *Romance*, feule entendue du peuple, n'étoit qu'un jargon groffier, formé du débris de trois Langues différentes, fans force, fans harmonie, fans conftruction réguliere : malgré fa difformité, elle fervoit à inftruire les peuples & fouvent à les émouvoir. On fentoit encore qu'il étoit utile de raffembler les hommes, de les occuper de leurs intérêts les plus chers, de leur infpirer l'horreur du vice & l'amour de la vertu. Les Evêques n'étoient plus des Léons ni des Chryfoftômes ; il y a bien loin des fermons du douzieme & du treizieme fiecle, aux fublimes difcours de Boffuet, de Bourdaloue & de Maffillon. Mais ces Orateurs populaires étoient encore écoutés ; dans les affemblées de la nation, en préfence du Souverain & des Vaffaux, c'étoient des Evêques ou des Abbés qui portoient la parole. On ne peut pas refufer à Saint Bernard une éloquence vive, touchante, perfuafive ; l'influence qu'a eue cet homme célebre dans les affaires de fon fiecle, eft une preuve certaine de l'afcendant qu'il avoit fur les efprits. L'Abbé Suger fon contemporain auroit été un grand homme dans quelque temps qu'il eût vécu.

Tant que dura l'ufage vulgaire du Latin, on lifoit les Homélies des Peres, ou l'on en faifoit des extraits : de là eft venue la coutume d'en réciter quelques parties dans l'Office divin. Quand la Langue *Romance* fut établie, on les traduifit ; c'eft ce qui a donné naiffance aux *Epîtres Farcies*, où l'on réuniffoit le texte Latin de l'Ecriture avec une traduction ou paraphrafe en Langue vulgaire. Dans aucun temps, la lecture des Livres Saints ne fut interrompue, & cette fource divine fournit toujours l'élévation des penfées, la vivacité des fentimens, la nobleffe & la majefté des expreffions : il n'en faut pas davantage pour faire briller l'éloquence dans le langage le plus informe & le plus groffier. Si l'on avoit perdu l'habitude de parler de Dieu, de la Religion, de la morale aux hommes raffemblés ; fi on les eût abandonnés à la férocité des mœurs de la Germanie tranfplantées dans nos climats, y auroit-il eu beaucoup de différence entre eux & les troupeaux de Sauvages errans dans les forêts ?

§. VI.

A la décadence de la Maison de Charlemagne, lorsque les grands Vassaux se furent rendus indépendans, toutes les Provinces de son vaste Empire devinrent autant de Souverainetés isolées, d'États séparés, sans communication libre, & presque toujours en guerre les uns contre les autres. Les tyrans subalternes, multipliés à l'infini, tous jaloux de leurs voisins, se retrancherent chacun chez eux, se bornerent à exercer du haut d'un donjon une autorité despotique sur une poignée de serfs pauvres & malheureux. Ils établirent des contributions & des péages pour les étrangers, c'est-à-dire, pour des hommes de même nation, situés à quelques lieues de leur triste demeure. Plus de commerce, plus de liaison entre les habitans d'une même contrée, sinon lorsqu'il falloit se rassembler sous le drapeau du suzerain pour aller dévaster quelques habitations voisines, désordre qui recommençoit tous les jours. La Religion, trop foible pour l'arrêter, en empêcha du moins la continuité, en établissant *la treve de Dieu*, qui suspendoit les hostilités pendant trois jours de la semaine. Des monumens durables du défaut d'union & de commerce dans ces temps-là, sont les châteaux forts dont les montagnes de nos Provinces sont hérissées, la diversité des jargons parmi le peuple, la bizarrerie du droit coutumier, la différence des poids, des mesures, de la monnoie de compte, différence contre laquelle on fait sans cesse des spéculations qui n'aboutissent à rien.

Si l'unité de religion n'avoit pas subsisté, il n'y auroit pas eu plus de société entre les diverses peuplades qu'entre les hordes de Tartares. Mais la réunion des Paroisses en un seul Diocese, plusieurs Dioceses soumis à un Métropolitain, toute la Chrétienté obéissante à un seul Chef, étoient autant de liens pour entretenir la sociabilité, que l'ambition & l'humeur farouche des Nobles travailloient à détruire. Les relations indispensables avec le siége de Rome, forçoient les hommes, devenus presque sauvages, à sortir quelquefois de chez eux. Dans cette capitale du monde Chrétien, la barbarie fut toujours moins excessive qu'ailleurs; les études se soutinrent, &, malgré les fréquentes dévastations de l'Italie, il y eut toujours des Ecoles célebres. C'est de Rome que

Charlemagne fit venir des Savans pour rétablir la culture des Lettres dans son Empire; Alcuin, dont il prit les leçons, avoit étudié à Rome. C'est de l'Italie que sont partis les premiers rayons qui ont éclairé l'Europe, avant que les Grecs, chassés de Constantinople, nous eussent apporté ce qui leur restoit de connoissances de l'antiquité.

Les pélerinages, dans les lieux de dévotion, furent pendant long-temps la seule espece de voyages praticables. Un Négociant, un Envoyé, un Courrier, auroient été inquiétés, arrêtés, & peut-être dépouillés; l'extérieur de Pélerin en imposoit. On s'est aisément dégoûté de ces courses pieuses, lorsqu'elles ont cessé d'être nécessaires, & que les communications libres ont été rétablies. L'Historien de Charlemagne remarque comme une chose digne d'attention, que ce Prince, malgré sa piété, n'est allé que quatre fois à Rome visiter le tombeau des saints Apôtres. Ces voyages avoient souvent un autre objet; la dévotion a servi plus d'une fois de voile à la politique.

Il s'étoit détaché des colonies des principaux Monasteres; mais elles conservoient de l'attachement pour leur chef-lieu

& de la subordination à l'égard de leurs premiers Supérieurs. Il y avoit peu de ces Monasteres qui n'eussent quelque objet de dévotion particuliere ; les Pélerins y étoient reçus par charité, & parce qu'ils contribuoient à entretenir les correspondances. Les peuples, pour sortir de chez eux, n'avoient de ressource que dans la Religion.

Ce concours des peuples au tombeau des Saints, fit renaître le commerce. Avant l'établissement des foires & des marchés libres, les *apports*, ou assemblées dans les lieux de dévotion, furent le rendez-vous ordinaire des Négocians. La premiere foire franche en France, a commencé à Saint-Denis. Les Souverains, qui entendoient leurs intérêts, favoriserent ces assemblées, les fêtes, les associations d'une contrée à une autre, pour renouer ainsi par la Religion la société entre leurs sujets.

§. VII.

Nous avons fait voir que l'influence qu'ont eue pendant long-temps les Papes dans toutes les affaires de l'Europe, étoit un effet du besoin, & de la supériorité des lumieres de leur Cour sur celles des autres Souverains. Cette discipline a prévenu de plus grands maux que ceux dont on prétend qu'elle a été la source. En général, les Rois les plus respectueux envers le Saint Siége, sont ceux qui ont fait le moins de mal aux hommes ; plus ils ont eu de zele pour dissiper l'ignorance, plus ils ont été étroitement unis à ce centre de la Religion.

Déjà quelques Philosophes, dans des momens de flegme, en sont convenus. » Dans notre coin d'Europe, dit l'Auteur » des Questions sur l'Encyclopédie, le » petit nombre étant composé de hardis » ignorans vainqueurs, & armés de pied » en cap, & le grand nombre d'ignorans » esclaves désarmés, presque aucun ne sa- » chant ni lire ni écrire, pas même Char- » lemagne, il arriva très-naturellement » que l'Eglise Romaine, avec sa plume & » ses cérémonies, gouverna ceux qui » passoient leur vie à cheval, la lance en » arrêt & le morion en tête. Leurs des- » cendans sentirent qu'ils avoient besoin » de loix ; les Evêques de Rome en sa- » voient faire en Latin : les Barbares les » prirent avec d'autant plus de respect, » qu'ils ne les entendoient pas. Les dé-

» crétales, vraies ou fausses, devinrent le
» code des nouveaux Régas, des Leudes,
» des Barons qui avoient partagé les ter-
» res. Ils garderent leur férocité ; mais
» elle fut subjuguée par la crédulité, & par
» la crainte que la crédulité produit (a) ".

Un autre a fait les mêmes réflexions, quoiqu'il ait cherché à les empoisonner.
» Durant ce long période d'ignorance &
» de férocité, dit-il, la politique fut
» toute concentrée dans la Cour de Rome ;
» elle y étoit née des artifices qui avoient
» fondé le Gouvernement des Papes.
» Comme les Pontifes influoient, par les
» loix de la religion & par les regles de
» la hiérarchie, sur un Clergé très-nom-
» breux que le Prosélytisme étendoit sans
» cesse au loin dans tous les Etats Chré-
» tiens, la correspondance qu'ils entre-
» tenoient avec les Evêques, établit de
» bonne heure à Rome un centre de
» communication de toutes ces Eglises
» ou de ces nations. Tous les droits
» étoient subordonnés à une religion qui
» dominoit exclusivement sur les es-
» prits ; elle entroit comme motif ou
» comme moyen dans presque toutes les

(a) Art. *Loix.*

» entreprises ; & les Papes ne manquoient
» jamais, par les émissaires Italiens qu'ils
» avoient placés dans les prélatures de
» la Chrétienté, d'être instruits de tous les
» mouvemens, & de profiter de tous les
» événemens. Ils y avoient le plus grand
» de tous les intérêts, celui de parvenir à
» la Monarchie universelle (a) «. L'Espion
Chinois parle à peu près de même (b).

 Ce verbiage, réduit à sa juste valeur, n'est qu'un chaos de bévues, d'anachronismes, de puérilités. 1°. Le projet de Monarchie universelle, attribué aux Papes, est aussi réel que celui dont on accusoit Louis XIV. Que deux cents Papes qui se sont succédés aient conçu, suivi, exécuté le même plan pendant seize cents ans, c'est une absurdité palpable.

 2°. Les prétendus artifices qui ont fondé le gouvernement des Papes, sont l'institution même de Jésus-Christ, & la *catholicité* qu'il a donnée pour base à l'enseignement de l'Eglise : telles sont les loix de la religion & les regles de la hiérarchie, depuis la naissance du Christianisme ; nous l'avons fait voir. Sans

---

(a) Hist. des Establiss. tome VII, c. 3.
(b) Tome I, Lettre 40.

doute Jésus-Christ a eu le projet ambitieux de procurer au Chef de son Eglise la Monarchie universelle.

3°. Le Prosélytisme n'est autre chose que l'exécution de l'ordre donné par ce divin Maître de *prêcher l'Evangile à toute créature*. Toutes les nations de l'Europe sont redevables à ces paroles, de la civilisation, de la sécurité, du bonheur dont elles jouissent depuis la conversion des peuples du Nord.

4°. Tant que les élections ont duré, les Papes n'ont point été les maîtres de placer des Italiens dans les prélatures; cela ne s'est fait dans les derniers siecles qu'en vertu des réserves, des expectatives, des regles de Chancellerie. Cette maniere de disposer des bénéfices n'a commencé qu'après le grand schisme d'Occident & le séjour des Papes à Avignon.

5°. Les différens changemens de discipline quant à cet objet, ont été évidemment la suite de plusieurs révolutions imprévues, & de l'état dans lequel l'Europe s'est trouvée après l'irruption des Barbares. Il est donc absurde d'envisager cet ordre des choses comme l'ouvrage de l'audace, de l'adresse, des vues profondes d'une *Cour Aristocratique*, telle

telle que celle de Rome. Le Siége de Rome n'est *une Cour* que depuis que les Papes sont devenus Souverains. Pendant plus de douze cents ans ils ont été élus par le Clergé & par le Peuple comme les autres Evêques ; on ne pensoit guere alors à une Monarchie universelle. A moins que les Papes n'aient tous été doués de l'esprit prophétique, il leur a été impossible de former le plan de politique qu'on leur attribue. Ce rêve des Protestans ne valoit pas la peine d'être renouvelé par un Philosophe.

6°. Nos Oracles modernes ne savent pas que les peuples septentrionaux ont donné dans tous les temps beaucoup d'autorité aux Ministres de la Religion. Dion Chrysostome qui a écrit sous Trajan, dit que „ chez ces peuples les Druides régnent ; „ au milieu de la splendeur du Trône, les „ Rois ne sont dans le fait que les exécu- „ teurs des ordres, des décisions, des „ inspirations des Prêtres (*a*) «. Quand ces peuples auroient conservé le même esprit après leur conversion, ce ne seroit pas un prodige, ni l'effet d'une politique profonde de la part des Papes.

(*a*) Orat. 49.

§. VIII.

Les contestations entre l'Empire & le Sacerdoce, dont on fait tant de bruit, sont évidemment nées des mêmes causes, & n'ont pas été infructueuses ; le plus grand des malheurs auroit été que les esprits demeurassent plongés dans l'ignorance & dans l'inertie. » L'objet des dis-
» putes de religion, dit le même His-
» torien, intéresse plus vivement qu'au-
» cun autre par sa liaison avec le premier,
» le plus respectable des Etres. On veut
» avoir raison : & quand le voudroit-on,
» si ce n'est dans des questions qu'on lie
» avec le salut éternel ? On lit, on mé-
» dite. A propos d'une sottise, l'esprit
» s'exerce & se porte à de bonnes études.
» On remonte aux sources primitives,
» on étudie l'Histoire, les Langues an-
» ciennes. La critique naît, on prend un
» goût solide. Bientôt le sujet qui échauf-
» foit les esprits tombe dans l'oubli, les
» Livres de controverse passent, l'érudi-
» tion reste. Les matieres de religion res-
» semblent à ces parties acides & vola-
» tiles qui existent dans tous les corps
» propres à la fermentation. Elles trou-
» blent d'abord la limpidité de la liqueur,

» mais elles mettent bientôt en action
» toute la masse. Dans le mouvement
» elles se dissipent ou se précipitent. Le
» moment de la députation arrive, & il
» surnage un fluide doux, agréable &
» vigoureux, qui sert à la nutrition de
» l'homme (a) ".

Puisque tel a été le fruit des disputes de religion depuis dix-sept cents ans, nous avons lieu de présumer qu'il en sera de même des querelles que nous font aujourd'hui les Philosophes; cela est d'autant plus probable, qu'ils se bornent à ressusciter de vieilles questions, & à rajeunir de très-anciens argumens.

» L'Europe, dit un Ecrivain très-ins-
» truit, étoit un corps vicié jusques dans
» les principes de la vie; il falloit l'affoi-
» blir pour lui faire un nouveau tempé-
» rament : c'est à quoi les Croisades
» contribuerent. Elle étoit viciée parce
» qu'elle étoit ignorante & superstitieuse;
» il falloit donc l'éclairer : ce fut l'effet
» des querelles entre le Sacerdoce & l'Em-
» pire (b) ". Ce sont ces contestations

(a) Hist. des Etabl. tome III, l. VIII, p. 285.

(b) Discours de M. l'Abbé de Condillac à l'Académie Françoise, p. 7.

mêmes qui ont engagé les Théologiens & les Jurisconsultes à remonter aux anciens monumens de la discipline, à en suivre le cours dans les différens siecles, à éclaircir enfin toutes les questions sur lesquelles le laps des temps avoit répandu l'obscurité.

§. IX.

Nous ne sommes point tentés de faire une apologie complete des Croisades, projets mal conçus, plus mal exécutés, parfaitement analogues à l'esprit de vertige qui agitoit les Souverains & les Grands de l'Europe : mais on les blâme aujourd'hui avec trop d'aigreur & avec trop peu de réflexion. Elles ont coûté, dit-on, deux millions d'hommes, n'ont abouti qu'à transporter en Asie des sommes immenses, à enrichir le Clergé & les Moines, à ruiner la Noblesse, à augmenter la puissance des Papes (a).

Soit pour un moment. Il y périt deux millions d'hommes libres qui écrasoient vingt millions d'esclaves : des sommes immenses furent portées en Asie ; mais on y apprit le secret d'en faire rentrer en

―――――――――――

(a) Encyclopédie, *Croisades*.

Europe de plus considérables : le Clergé & les Moines s'enrichirent, parce qu'ils racheterent ce qu'on leur avoit pillé : la Noblesse se ruina ; mais elle perdit l'habitude du brigandage : la puissance des Papes augmenta pour quelques instans ; mais une puissance plus formidable, celle des Mahométans, fut réprimée, & perdit de vue le projet d'abrutir l'Europe entiere (*a*). Mettons ces diverses considérations dans la balance, & voyons de quel côté elle penchera.

D'abord la religion en fut-elle la cause principale ? Déja on nous accorde que ce fut une passion désordonnée pour les armes, & la nécessité d'une diversion pour suspendre des troubles intestins qui duroient depuis long-temps (*b*). Des hommes qui ne pouvoient vivre en paix chez eux, résolurent de porter la guerre au loin : las de s'égorger les uns les autres, ils jugerent qu'il seroit plus beau de répandre le sang des infideles. Le mieux auroit été de s'abstenir du meurtre pour toujours. Par le portrait que l'on

---

(*a*) Londres, tome III, p. 265.

(*b*) Encyclopédie, *ibid*.

fait de ceux qui périrent, par la conduite que tenoient les armées de Croisés, il ne paroît pas que la religion ni la société aient eu beaucoup à regretter. C'étoient des hommes inquiets, avides, enivrés d'une fausse gloire, malheureux dans leur patrie, qui alloient tenter la fortune ailleurs.

Mais à côté des mauvais effets que produisirent ces expéditions, ne nous sera-t-il pas permis de placer le bien qui en est résulté ? « Les Croisades, dit un Ecri-
» vain très-prévenu contre la religion,
» épuiserent en Asie toutes les fureurs de
» zele & d'ambition, de guerre & de
» fanatisme qui circuloient dans les veines
» des Européens; mais elles rapporterent
» en Europe le goût du luxe Asiatique,
» & elles rachererent, par un germe de
» commerce & d'industrie, le sang & la
» population qu'elles avoient couté. Trois
» siecles de guerres & de voyages en
» Orient, donnerent à l'inquiétude de
» l'Europe un aliment dont elle avoit
» besoin pour ne pas périr d'une sorte de
» consomption interne : ils préparerent
» cette effervescence de génie & d'acti-
» vité, qui depuis s'exhala & se déploya
» dans la conquête & le commerce des

DE LA VRAIE RELIGION. 31
» Indes Orientales & de l'Amérique (a) «.

Rien n'a plus servi, que les Croisades, à établir solidement la puissance de nos Rois. Des vassaux ruinés par ces voyages dispendieux, devinrent moins entreprenans & plus soumis ; il fut plus aisé de retirer de leurs mains les Domaines aliénés de la Couronne. » Les premiers » affranchissemens des serfs furent faits » par des Seigneurs qui avoient besoin » d'argent pour passer la mer : l'Europe » doit donc aux Croisades les commen- » cemens de sa liberté (b) «. Cet exemple une fois donné, se répandit, & fut imité dans tous les besoins pressans.

On porta de grandes sommes en Asie, mais on y prit une idée de navigation, de commerce, d'industrie, qui fit bientôt revenir en Europe des richesses immenses, augmenta la culture & la population. » Des » vûes de négoce devenues communes » aux Peuples & aux Souverains, établi- » rent des manufactures, peuplerent les » villes, en augmenterent l'enceinte, dis- » tribuerent pour la commodité des atte- » liers les eaux nécessaires, établirent des

---

(a) Hist. des Etabliss. tome VII, c. 6 & 8.
(b) Ibid. tome I, l. I, p. 61.

B 4

» bains & des fontaines publiques. D'après
» ce qu'on avoit vu en Orient, nos Ma-
» çons devenus Architectes, exécuterent
» ces monumens dont nous admirons
» encore la hardiesse & la légéreté. L'Eu-
» rope se remplit d'hôpitaux & d'hospi-
» taliers (a) «. Une partie du patrimoine
des Nobles passa entre les mains des corps
Ecclésiastiques ; mais ceux-ci faisoient
moins d'ombrage à l'autorité souveraine,
que des vassaux toujours prêts à prendre
les armes. La meilleure partie de ces
biens avoit été enlevée au Clergé dans
la chute de la race Carlovingienne : il
rentra pour lors, à prix d'argent, en possession de ce qui lui avoit été enlevé par
violence (b). Ajoutons que plusieurs Seigneurs, par une restitution mal entendue,
rendirent aux Monasteres ce qu'ils avoient
ôté au Clergé séculier (c).

§. X.

Personne ne doute que les Croisades
n'aient contribué à introduire un chan-

(a) Londres, tome III, Note p. 255.
(b) Fleuri, 3ᵉ. disc. sur l'Hist. Ecclés. n. 10, 14.
(c) Hist. Eccl. l. LXI, n. 57 : l. LXIII, n. 49 :
l. LXIV, n. 29.

DE LA VRAIE RELIGION. 33
gement dans le gouvernement & dans les mœurs (*a*) : or, aucun changement ne pouvoit les rendre pires qu'ils étoient. Les guerriers qui revinrent d'outremer, se trouverent un peu moins ignorans qu'ils n'étoient partis ; ils avoient vu d'autres climats, d'autres peuples, d'autres gouvernemens. Les malheurs causés par tant d'entreprises mal concertées, leur firent sentir que la paix est préférable à la guerre, la justice à l'oppression, la subordination à l'anarchie. L'impuissance de continuer le brigandage les accoutuma à s'en abstenir : dès lors l'Europe commença de respirer, & prévit une révolution dans les idées & dans les mœurs.

» Les suites des Croisades, disent les
» Auteurs Anglois de l'Histoire Univer-
» selle, ont été très-avantageuses au Chris-
» tianisme ; elles mirent obstacle à l'ac-
» croissement de la puissance des Maho-
» métans lorsqu'elle étoit à son plus haut
» point : elles apprirent aux Princes de
» l'Europe le prix d'une marine ; & en
» leur procurant la connoissance de la

_____

(*a*) Hist. du siecle de Charles-Quint, par Robertson, tome I, p. 4 : tome II, p. 105. Hist. de l'Amérique, par le même, tome I, p. 60 & suiv.

B 5

» situation, des productions & de l'état
» des grands pays de l'Asie, elles fraye-
» rent le chemin aux découvertes & aux
» conquêtes qui ont été ensuite la source
» des plus grands avantages. Ce fait n'a
» pas échappé à un Vénitien, qui, dans
» ce temps-là, composa un savant & ju-
» dicieux Traité sur ce sujet; & quoiqu'il
» ne produisît point d'effet pour lors, il
» fournit néanmoins une preuve incon-
» testable que l'on a prévu ces heureuses
» suites long-temps avant qu'elles soient
» arrivées, & qu'on les a comprises (*a*) ".

Les premiers voyages faits aux extrémités de l'Asie, immédiatement après les Croisades, furent entrepris par des religieux sous la protection des Papes & de S. Louis: ils avoient un objet politique; mais la religion y entra pour beaucoup, & ces premiers essais enhardirent les Européens à former de plus grands projets (*b*).

Il n'est donc pas aisé de concevoir ce qu'affirme l'Encyclopédie, que les Croisades ont été également funestes à la religion & à la société. De tous les fléaux

---

(*a*) Hist. Univ. tome XXI, p. 2.
(*b*) *Ibid.* p. 3.

l'ignorance est le plus redoutable, il traîne tous les autres à sa suite : or, les Croisades ont contribué à le dissiper ; si elles ont causé des maux passagers, elles ont aussi produit des biens durables : mais nos adversaires n'ont pas la tête assez froide pour les comparer.

Les Sciences & les Arts ne pouvoient fleurir sous l'anarchie ; il falloit commencer par établir la subordination & la police, en rendant les Rois véritablement souverains : la religion y eut beaucoup d'influence ; les Incrédules le lui reprochent. Souvent nos Rois, inquiétés par des vassaux rebelles, demanderent du secours aux Evêques : ceux-ci leur procurerent l'assistance des *Communes*. (*a*). Les Rois, de leur côté, protégerent les Communes contre les violences des Seigneurs ; ils augmenterent le pouvoir des Evêques, pour abaisser à proportion celui des Nobles : telle est l'origine d'une partie des droits temporels du Clergé ; il ne sera jamais tenté d'en rougir.

(*a*) Robert, fils de Hugues Capet, Louis le Gros, Louis VII son fils, furent dans le cas. Ducange, tome I, *Communitas*, C.

§. XI.

Ainsi par l'influence directe ou indirecte de la religion, les obstacles diminuoient, les ténebres devenoient moins épaisses. Lorsque des Philosophes tenterent de percer l'obscurité qui régnoit encore, la religion ne désapprouva point leurs efforts tant qu'ils furent prudens & circonspects; mais lorsqu'ils annoncerent de nouvelles découvertes avec trop de confiance & sur un ton dogmatique, elle craignit avec raison leur témérité. Ils ont si souvent trompé les hommes, que l'on ne sauroit trop se défier d'eux.

Galilée fut persécuté, dit-on, pour avoir découvert le mouvement de la terre & le vrai système du monde; il n'en est rien. Il le fut pour avoir aigri mal à propos des adversaires qu'il auroit dû ménager. Il fut dénoncé à l'Inquisition par Schinner, Jésuite Allemand, qui lui disputoit quelques-unes de ses découvertes. Attaqué par un Cardinal, Galilée se défendit avec aigreur, & couvrit de honte son antagoniste : malheureusement celui-ci devint Pape, il se vengea (a). Il ne

_____
(a) Examen de l'Esprit, par l'Abbé de Lignac, tome I, p. 278.

faut pas confondre la philosophie avec le ton hautain, l'humeur, les tracasseries des Philosophes. Selon le savant Auteur de l'Histoire de l'Astronomie ancienne, Philolaüs, disciple de Pythagore, fut aussi persécuté & obligé de prendre la fuite, pour avoir enseigné le mouvement de la terre (*a*) : la religion des Grecs n'y entra certainement pour rien. L'Eglise, loin d'être alarmée des découvertes des Astronomes, a eu recours à eux pour réformer le Calendrier, parce que l'ordre de la religion a réglé de tout temps celui de la société.

On écrit de nos jours, que la Théologie scholastique, fille bâtarde de la Philosophie d'Aristote, mal traduite & mal entendue, fit plus de tort à la raison & aux bonnes études, que n'en avoient fait les Huns & les Vandales (*b*). C'est une exagération ridicule. La scholastique fut le premier effort d'une raison en enfance, & qui n'osoit encore marcher qu'à la lisiere. Nous lui sommes redevables de la méthode qui regne dans nos compositions, & qui étoit inconnue aux Anciens. Défi-

___

(*a*) Hist. de l'Astron. anc. l. VIII, §. 9.
(*b*) Essai sur l'Hist. Gén. c. 78. Hist. des Etabl. tome VII, c. 12.

nir & expliquer les termes, poser des principes, en tirer des conséquences, prouver une proposition, résoudre les objections, c'est la méthode géométrique. Cette marche est lente, mais elle est ferme ; elle amortit le feu de l'imagination, mais elle en prévient les écarts ; elle n'accommode point un génie bouillant, mais elle satisfait un esprit juste. Une maniere différente de procéder d'abord nous auroit peut-être jetés fort loin du terme. Depuis que les Philosophes modernes ont secoué le joug de cette méthode scholastique, nous ne voyons pas ce que nous y avons gagné ; ils ne raisonnent plus, ils déclament. La logique les incommode, la métaphysique leur déplait, l'érudition leur pese, un raisonnement serré leur donne des convulsions ; ils vantent les progrès de la géométrie, & ils ne veulent plus de la méthode des Géometres. Un Philosophe croit nous avoir instruits, lorsqu'il a lancé quelques éclairs ; il semble n'avoir d'autre dessein en écrivant, que de persuader au Lecteur qu'il a beaucoup d'esprit.

§. XII.

A peine les Navigateurs du quinzieme siecle eurent-ils découvert l'Amérique &

le passage aux Indes, que la Religion conduisit sur leurs traces les Ministres de l'Evangile. Les productions d'un hémisphere nouveau étoient un objet de curiosité pour les Philosophes; des nations innombrables à instruire étoient un appas encore plus touchant pour la charité Chrétienne. Le courage des hommes Apostoliques surpassa celui des Navigateurs: ceux-ci n'avoient bravé que les périls d'un élément redoutable; les premiers dompterent encore la férocité des peuples sauvages aigris par la cruauté des Espagnols. Pour connoître les productions & les curiosités naturelles de l'intérieur des terres; pour peindre les mœurs, le caractere, les idées de tant de nations différentes, il falloit se familiariser avec elles, apprendre leurs Langues, les apprivoiser par des bienfaits. Cette entreprise n'a point été exécutée par des Philosophes, mais par des Missionnaires. Sans diminuer l'application qu'ils devoient au succès de leur ministere, ils ont mis successivement sous nos yeux tous les objets capables de nous intéresser. La Chine nous étoit presque aussi inconnue que l'Amérique; des Missionnaires infatigables nous ont rendu cette nation, située à six mille lieues de nous, presque aussi familiere que celle de l'Europe même. Par leurs travaux, la Physique, l'Histoire Naturelle, la Géographie, la connoissance de l'antiquité, la science des Langues, ont fait des progrès rapides, & nous en promettent de nouveaux pour l'avenir.

Si l'on veut juger, au premier aspect, des services que le Christianisme a rendus aux Sciences & aux Arts, il suffit de jeter un coup d'œil sur les contrées où le Mahométisme s'est établi. Autrefois elles étoient le centre de la politesse, de l'industrie, des connoissances & des talens; aujourd'hui elles sont le séjour de l'inertie, de l'ignorance, de la servitude, de la stupidité. Depuis douze siecles, l'esprit humain n'y a fait aucun progrès; la nature humaine y paroît abâtardie, parce qu'une religion fausse & meurtriere n'a cessé d'y déclarer la guerre aux Sciences, & ne fonde l'espoir de sa durée que sur l'ignorance commandée par son fondateur. Si les tentatives qu'elles a faites pour pousser ses conquêtes jusques dans nos climats n'avoient pas été vaines, l'Europe entiere auroit subi le même sort que l'Asie; l'Empire de la barbarie seroit établi pour jamais. Nos adverfaires font forcés d'en convenir (*a*).

Si cette réflexion ne fuffifoit pas, confidérons l'une après l'autre toutes les nations de l'univers; voyons quelles font les plus inftruites, les mieux civilifées, les plus raifonnables, les plus heureufes à tous égards : font-ce les nations infidelles, ou les nations Chrétiennes? Quand des Chinois, des Turcs, des Indiens, aveuglés par la vanité nationale, oferoient fe préférer à nous, à peine daignerions-nous leur répondre. Mais ce font des Philofophes nés, inftruits, engraiffés dans le fein du Chriftianifme, qui méconnoiffent fes bienfaits, ne rougiffent point de lui attribuer toutes les calamités du genre humain, exhortent l'Europe entiere à s'en débarraffer (*b*).

§. XIII.

Nous pourrions nous difpenfer de répondre à leurs reproches; ils font détruits par des faits pofitifs, & ces faits font avoués par des Incrédules mêmes; n'im-

___
(*a*) Hift. des Etabliff. tome I, l. I, p. 62.
(*b*) Hift. Crit. de Jéfus-Chrift, Concluf. Tableau des Saints, à la fin.

porte, quelque absurdes que soient leurs plaintes, il faut avoir la patience de les écouter.

Premiere Objection. Jésus-Christ dans l'Evangile a réprouvé la sagesse de ce monde; il rend graces à son pere d'avoir caché la vérité aux Sages pour la révéler aux enfans & aux ignorans; il appelle bienheureux ceux qui ont cru sans voir, &c. C'est évidemment canoniser l'ignorance, condamner l'étude & l'usage de la raison (*a*).

Réponse. Considérons d'abord qui étoient ces Sages si respectables que Jésus-Christ condamnoit; c'étoient des Docteurs de la Synagogue : nos Philosophes ont-ils envie de les adopter pour confreres ? Ils n'étoient rien moins que Sages, mais ils se donnoient pour tels; leur orgueil étoit aussi révoltant que leur ignorance étoit profonde. Ils déraisonnoient sur les miracles de Jésus-Christ, sur sa doctrine, sur sa conduite, sur la loi de Moïse, sur le sens des prophéties, sur les caracteres du Messie. Jésus-Christ avoit-il tort de condamner leur fana-

---

(*a*) De l'Homme, par Helvet, tome II, sect. 7, c. 3, p. 228.

tifme & leur opiniâtreté? » Si vous étiez
» aveugles, leur difoit-il, vous ne feriez
» pas coupables; mais vous vous obftinez
» à dire, *nous voyons clair*, voilà votre
» péché (a) ". Leur crime confiftoit donc
à fermer volontairement les yeux à la
lumiere, à s'aveugler par des fophifmes,
à repouffer la vérité qui les éclairoit malgré eux. Certainement la docilité du
peuple étoit plus louable à tous égards,
que l'opiniâtreté des faux Sages.

Jéfus-Chrift ajoute: » Malheur à vous,
» Docteurs de la loi, qui avez pris la
» clef de la fcience fans vouloir y entrer,
» & qui avez fermé la porte à ceux qui
» vouloient y pénétrer (b) ". Il ne blâme
donc point l'étude ni la fcience, mais
l'abus qu'en faifoient ceux qui s'en étoient
rendus dépofitaires: loin de condamner
l'ufage de la raifon, il rappelle fans ceffe
fes adverfaires à ce que la raifon leur
dictoit & qu'ils ne vouloient pas entendre.

A qui dit-il: heureux ceux qui n'ont
pas vu, & qui ont cru? A un Difciple
qui n'avoit pas voulu ajouter foi au témoignage réitéré & uniforme de fes collegues, qui s'obftinoit à ne pas croire la

―――――――――――――――――――
(a) Joan. c. 9, ℣. 41.   (b) Luc, c. 11, ℣. 52.

résurrection de son Maître jusqu'à ce qu'il l'eût vu, entendu & touché lui-même. Nous convenons que, par cette sentence, Jésus-Christ condamne tous les Incrédules qui n'imitent que trop fidélement ce Disciple: il ne s'ensuit point qu'il canonise l'ignorance & réprouve l'usage de la raison.

§. XIV.

Deuxieme Objection. Saint-Paul ne cesse de déclamer contre les Philosophes & contre la philosophie, contre la science & la sagesse des Grecs. Selon lui, Dieu n'a pas voulu sauver le monde par la sagesse, mais par la folie de la prédication: c'est déclarer ouvertement qu'il faut renoncer au bon sens pour croire à l'Evangile. Dans tous les siecles, les Théologiens ont fidélement répété cette leçon; ils ont décrié de leur mieux les Philosophes qui cherchent à instruire leurs semblables.

Réponse. Disons plutôt qu'il faut renoncer au bon sens pour entendre Saint-Paul de cette maniere. L'Apôtre explique très-clairement ce qu'il entend par *la sagesse du monde* & des Philosophes; on ne peut pas s'y méprendre. Il peint les Philosophes comme des hommes qui

DE LA VRAIE RELIGION. 45

retiennent ou cachent injustement la vérité de Dieu. » Car, dit-il, ce qui peut être
» connu touchant la Divinité leur a été ma-
» nifesté, & c'est Dieu même qui le leur
» a fait connoître. En effet, depuis la
» création du monde, les attributs invisi-
» bles de Dieu, sa puissance éternelle,
» sa providence, sont devenus sensibles
» par ses ouvrages; tellement que l'on
» doit juger inexcusables tous ceux qui,
» ayant connu Dieu, ne lui ont point
» rendu de culte ni d'action de graces,
» mais se sont livrés à de vaines pensées
» & aux ténèbres de leur cœur : en se
» donnant pour sages, ils sont devenus in-
» sensés ; ils ont transformé la majesté
» d'un Dieu incorruptible, en statues &
» en images d'hommes mortels & de vils
» animaux, &c. (a) «.

Saint-Paul blâme-t-il les Philosophes d'avoir étudié la Nature? Au contraire, il dit que Dieu se fait connoître par-là. Réprouve-t-il l'usage de la raison? Il condamne les Philosophes pour ne l'avoir pas écoutée. Etoit-ce sagesse de leur part? C'étoit une folie complete, volontaire & inexcusable. Il déclare que pour punir

---

(a) Rom. c. 1, ℣. 18.

cet abus, Dieu a exécuté la menace qu'il avoit faite par Isaïe : « Je détruirai la sagesse des Sages, & je réprouverai leur prudence (a) ». En effet, par l'établissement de la vraie religion, la fausse sagesse des Philosophes est tombée dans un profond mépris. « Ainsi, continue l'Apôtre, comme malgré la sagesse de Dieu, le monde ne l'a point connu par sa propre sagesse, il a plu à Dieu de sauver les fideles par la folie de la prédication (b) ».

Etrange *sagesse du monde*, de ne pas connoître Dieu, d'adorer ses ouvrages, & de ne pas l'adorer lui-même ! Les Philosophes cependant se croyoient très-sages ; ils traitoient de folie l'Evangile & la doctrine de Jésus-Christ. C'est dans leur sens & non dans le sien que Saint-Paul prend les noms de *sagesse* & de *folie*. Il le fait assez comprendre, en ajoutant que ce qui paroît folie de la part de Dieu, est plus sage que toutes les vûes des hommes (c).

Nous n'avons pas tort d'envisager de même la prétendue sagesse des Philoso-

---

(a) Isaïe, c. 29 ; ℣. 14.
(b) 1. Cor. c. 1, ℣. 19. (c) Ibid. ℣. 25.

phes modernes, qui nous donnent l'Athéisme & l'irréligion pour résultat de leurs recherches & de leurs méditations.

§. XV.

Troisieme Objection. Exiger une foi aveugle comme le seul moyen de salut, c'est évidemment détourner les hommes de la recherche de la vérité : or, tel est le dogme fondamental du Christianisme : celui qui croira sera sauvé, & quiconque ne croira pas sera condamné (*a*). Croire une doctrine sans savoir si elle est vraie ou fausse, est le propre d'un enthousiaste & non d'un homme raisonnable.

Réponse. Il est faux que le Christianisme exige une *foi aveugle* ; elle n'est point telle lorsqu'elle est fondée sur des preuves analogues à la nature des objets qu'il s'agit de croire.

Lorsqu'un aveugle-né croit sur le témoignage des hommes les phénomenes de la vision & des couleurs, sa croyance n'est ni imprudente, ni mal fondée, ni l'effet de l'enthousiasme, ni contraire à la raison. Nous sommes évidemment dans le même cas à l'égard des dogmes dont

---

(*a*) Marc, c. 16, ⅴ. 16.

la lumiere naturelle ne peut nous démontrer, ni la vérité, ni la fausseté, non plus que celle des couleurs à un aveugle. Pour savoir si le dogme de la Trinité en Dieu est vrai ou faux, que peut faire la raison ? Examiner le dogme en lui-même ? Il faudroit avoir une idée claire & nette de la nature & de la personne divine ; la raison ne peut nous la donner. Tout l'examen se borne donc à savoir si Dieu a révélé ce dogme, ou s'il ne l'a pas révélé. Or, la révélation est un fait qui se prouve comme tout autre fait quelconque. Dès que les preuves en sont incontestables, il est absurde de refuser encore de croire le dogme révélé ; il l'est de soutenir que Dieu ne peut pas révéler ce que nous ne pouvons pas concevoir ; il l'est d'affirmer que ce que nous ne concevons pas est faux ; il l'est enfin de vouloir que l'ignorance ou le défaut de pénétration prévaille aux preuves positives & incontestables de la révélation. Si l'incrédulité en pareil cas est un trait de sagesse, tout aveugle qui croit l'existence des couleurs est un insensé.

La vraie philosophie, l'usage légitime de la raison, consistent à n'exiger pour chaque question que le genre de preuves
dont

dont elle est susceptible, des preuves métaphysiques pour une proposition démontrable, des preuves physiques pour les faits qui sont à portée de nos sens, des preuves morales ou historiques pour ceux qui ne sont ni sensibles, ni démontrables; à peser la valeur de chacune de ces preuves, à s'y rendre lorsqu'elles sont solides. Voilà ce que nous faisons dans toutes les questions qui ont rapport à la Religion: les Incrédules ne veulent point de cette méthode. S'agit-il d'un fait qui les incommode? ils soutiennent qu'aucun témoignage n'est suffisant pour le prouver. Faut-il constater un miracle? ils disent que la déposition des sens ne peut pas nous en convaincre. Quand on en vient à une vérité démontrable, telle que l'existence de Dieu, ils rejettent encore les démonstrations.

En récompense ils sont pleins de foi, lorsqu'il est de leur intérêt de croire. Qu'un Imposteur quelconque ait avancé un fait peu avantageux au Christianisme, ils le croient fermement & l'affirment, quand vingt Auteurs dignes de foi auroient assuré le contraire. Ils récusent le témoignage des sens en fait de miracles, & ils attribuent à la nature, des miracles sans nombre. Ils ne veulent point des mysteres de la nature divine, & ils admettent dans la matiere des mysteres plus révoltans que celui de la Trinité. Ensuite ils nous reprochent une foi aveugle; ils ne font que répéter les clameurs des Protestans.

§. XVI.

Quatrieme Objection. Le Christianisme a retardé le progrès des connoissances humaines, en occupant à des questions frivoles, à des disputes inintelligibles, les esprits capables de faire des recherches plus solides. On a négligé l'étude de la nature, de la morale, de la législation, de la politique, seule capable de contribuer au bonheur de l'humanité, parce qu'on perdoit le temps à des disputes de Religion.

Réponse. Les Chinois & les Indiens, qui, selon nos adversaires, cultivent la philosophie depuis quatre mille ans, n'ont pas été distraits de leurs recherches par les disputes du Christianisme : le climat étoit propre à leur donner beaucoup d'esprit, puisqu'il a fait éclore parmi eux les Sciences plutôt qu'ailleurs. Nous invitons les Incrédules à étaler les progrès que ces

Philosophes non Chrétiens ont faits dans l'étude de la nature, de la morale, de la politique, de la législation. Les Grecs, si ingénieux dans les Arts, ont parcouru la carriere philosophique pendant près de huit cents ans: on convient cependant que leurs découvertes n'ont pas été fort merveilleuses, que ce qu'ils avoient de mieux étoit un emprunt. Il n'y a pas encore quatre cents ans que nous nous sommes réveillés d'un profond sommeil; cependant l'on prétend que nous sommes plus avancés que les Grecs, & que tous ceux qui nous ont précédés. La nature, le climat, les causes physiques nous ont-elles mieux servis? Il n'y a pas d'apparence. Il faut donc que nous soyons redevables à une cause morale quelconque. Philosophes, n'en rougissez pas; une Religion pure, sensée, raisonnable, vous a fait faire un saut que vous n'auriez pas franchi sans elle: & vous l'accusez d'avoir retardé vos progrès.

Enfin, vous en avez secoué le joug, elle ne met plus d'entraves à la pénétration de votre génie: depuis environ un siecle, qu'avez-vous découvert? Vous nous avez appris que tout est matiere, qu'il n'y a point de Dieu, que l'homme n'est qu'un animal, qu'il lui faut la morale des brutes. Plaise au Ciel qu'il ne prenne point celle des lions & des tigres ! Selon vous, la société, la législation, la politique sont fondées sur un contrat; quiconque en est mécontent peut le rompre; le premier écervelé à qui le gouvernement déplaît, doit en conscience sonner le tocsin, ameuter les peuples, tout renverser & tout détruire. Voilà de grands progrès. Dites-nous de grace où vous voulez nous conduire encore.

Si les disputes de Religion retardent le progrès des Sciences & des Arts, pourquoi les Philosophes ont-ils commencé par-là ? Ils ont débuté par renouveler toutes les disputes nées depuis la création; les plans de morale, d'éducation, de législation, de politique, de commerce, &c. ne sont venus qu'après. Dans des Livres dont l'unique objet devoit être le commerce, l'industrie, l'administration, le gouvernement des colonies, ces sages dissertateurs ont rempli toutes les pages d'invectives contre la Religion, sans doute pour détourner l'attention des Lecteurs de l'objet principal; & ils s'en prennent à nous du retard produit dans la marche des Sciences utiles par les dispates de Religion. S'ils avoient eu réellement en vue l'avancement des Sciences, il falloit laisser la Religion aux Théologiens, s'occuper du reste, & ne pas oublier la maxime, *ne sutor ultra crepidam*. Mais nos sages maîtres ne manqueront jamais d'attribuer à la Religion & à ses défenseurs, les maux réels ou imaginaires dont ils sont les seuls auteurs.

Le motif de Religion peut seul être assez puissant pour engager un Savant à se livrer à l'étude des Langues, de l'Histoire, de l'antiquité, des origines du monde & des peuples; ceux qui s'y sont appliqués jusqu'à présent n'étoient pas des Incrédules : aucun de nos Philosophes n'en a le courage, & s'il dépendoit d'eux, ce genre d'étude seroit bientôt anéanti.

§. XVII.

Cinquieme Objection. Un des inconvéniens de l'esprit fanatique du Christianisme, est la destruction de toute critique, & l'extinction absolue du flambeau de l'Histoire. A la place des Xénophon, des Tite-Live, des Polybe, des Tacite, on ne voit plus que des hommes de parti, qui ne racontent des faits que pour étayer des opinions ; les Mémoires du quatrieme fiecle ne font plus que d'infipides *Factums*. Deux feuls Auteurs eftimables ont prévalu fur les efforts que l'on a faits pour anéantir leurs Ouvrages, Zozyme & Ammien Marcellin ; mais on les récufe dès qu'ils difent du mal des Chrétiens, ou du bien des Empereurs Païens (*a*).

Réponfe. En blâmant l'efprit de parti, il ne falloit pas l'afficher d'une maniere auffi vifible, ni faire un *Factum* infidele pour décrier les *Factums* infipides des Auteurs Chrétiens.

Nous foutenons que lorfque deux Ecrivains de parti contraire ont traité le même fujet, les faits dont ils conviennent font plus certains que s'ils n'étoient rapportés que par l'un des deux. Quant à ceux fur lefquels ils ne font pas d'accord, c'eft le cas d'exercer la critique, de voir lequel des deux montre plus de fageffe, plus de difcernement & d'impartialité. Nous préfumons que fi un Auteur Carthaginois avoit écrit l'Hiftoire des guerres Puniques, il ne s'accorderoit guere avec Tite-Live, fi ce n'eft fur le gros des événe-

---

(*a*) De la Félicité publique, tome I, p. 247.

mens. Il est absurde de penser que le récit de Tite-Live est plus certain, parce qu'il ne s'est point trouvé là d'Auteur Carthaginois pour le contredire.

Une preuve de la nécessité de consulter plusieurs Auteurs, est l'Histoire même dont nous parlons. Lorsque Polybe, moins enthousiaste que Tite-Live, raconte les mêmes faits avec des circonstances différentes, on fait plus de cas de la narration du premier, parce qu'il paroît moins entiché que le second de la vanité Romaine; bon Militaire lui-même, il étoit plus en état de juger d'une expédition militaire, qu'un homme de cabinet.

Cette regle de Critique, dictée par le bon sens, une fois admise, nous demandons sur quel motif l'Auteur de l'objection préfere le jugement de Zozyme & d'Ammien Marcellin, à celui des Ecrivains Ecclésiastiques. Leur style ne ressemble guere à celui de Xénophon ou de Tite-Live. Quelle preuve avons-nous que les deux premiers ont été moins prévenus en faveur de leur Religion, moins portés à décrier les Princes qui lui étoient contraires, plus sages, plus désintéressés, plus équitables que les Peres de l'Eglise? Lorsque nous aurons entendu ces raisons, nous jugerons nous-mêmes de la sagacité critique de notre Auteur.

Par-tout, dit-il, où la critique ne voit pas l'impartialité, elle suspend son jugement (a). A-t-il suspendu le sien, lorsqu'il décide que Zozyme & Ammien Marcellin sont les deux seuls Auteurs estimables de ces temps-là ? La seule preuve qu'il donne du mérite de Zozyme, c'est qu'il a dit du mal des Moines : excellente démonstration !

Comment est-il instruit des efforts que l'on a faits *pour anéantir* les Ouvrages de ces deux Auteurs ? La preuve de cette anecdote étoit indispensable, puisque c'est une calomnie. Loin d'être fâchés de la conservation des écrits de nos anciens ennemis, de Celse, de Julien, de Libanius, des Historiens Païens, nous savons gré à ceux qui nous les ont transmis ; souvent nous y trouvons la réfutation complete de nos accusateurs modernes.

Il est faux que nous les récusions précisément, parce qu'ils disent du mal des Chrétiens ; nous n'avons récusé Zozyme que quand il est contredit par d'autres Auteurs Païens : & nos adversaires récu-

---

(a) De la Félicité publ. tome I, p. 220.

fent, sans raison, le témoignage que rend Ammien Marcellin au miracle qui arriva lorsque Julien voulut rebâtir le Temple de Jérusalem.

Ce sont donc eux qui, par entêtement & par haine, travaillent à éteindre le flambeau de la Critique & de l'Histoire. Selon leur avis, tout ce qui a été écrit contre le Christianisme est vrai, tout ce qui a été dit en sa faveur est faux; les Peres de l'Eglise, les Historiens Ecclésiastiques sont tous des enthousiastes ou des faussaires; les Païens, entêtés d'idolâtrie, de théurgie, de magie, de divination, de sortiléges, de prodiges, sont des sages & des gens de bien. Fables, impostures, fausses citations, fausses traductions, faux ouvrages, tout est bon pour décrier le Christianisme; & on couronne ces chef-d'œuvres de critique, en nous accusant d'esprit calomniateur & de malignité (*a*).

Hérodote & Diodore de Sicile ont écrit avant la naissance du Christianisme; comment ont-ils été traités par nos Philosophes Historiens? On ne leur ajoute foi que quand ils disent du mal des Juifs.

Nous aurions bien d'autres observations

___

(*a*) De la Félicité publ. tome I, p. 221.

à faire sur les services essentiels que l'incrédulité a rendus aux Sciences; mais nous en avons assez dit pour faire comprendre combien notre siecle lui a d'obligation.

§. XVIII.

Sixieme Objection. Les Peres de l'Eglise ont eu une attention singuliere de supprimer les Ouvrages de leurs ennemis. » C'est
» apparemment de ses prédécesseurs que
» Saint Grégoire le Grand avoit hérité
» du zele barbare qui l'anima contre les
» Lettres & les Arts. S'il n'eût tenu qu'à
» ce Pontife, nous serions dans le cas
» des Mahométans, qui en sont réduits
» pour toute lecture à celle de leur Alco-
» ran : car quel eût été le sort des an-
» ciens Ecrivains entre les mains d'un
» homme qui solécisoit par principe de
» Religion, qui s'imaginoit qu'observer
» les regles de la Grammaire, c'étoit sou-
» mettre Jésus-Christ à Donat, & qui
» se crut obligé en conscience de combler
» les ruines de l'antiquité (a) « ?

Réponse. Nous avons déjà fait voir ail-

___

(a) Pensées Philosoph. n. 44. Lettres à Sophie, 1ᵉ. part. p. 226 & suiv. Brucker, Hist. Crit. Philos. tome III, p. 559 & suiv.

leurs (*a*), que c'est encore ici une calomnie. Les Peres de l'Eglise nous ont conservé les Ouvrages de Celse & de Julien contre le Christianisme : y en eut-il jamais contre lesquels le zele de Religion eût plus de motifs de sévir ? Nous aurions de même ceux de Porphyre, si la réfutation qu'en avoient faite les Peres de l'Eglise eût été conservée; ce ne sont ni les Papes ni les Ministres de la Religion qui l'ont fait périr.

Bayle & Barbeyrac, quoique très-injustes envers les Peres, sont convenus que l'accusation dont on charge S. Grégoire le Grand n'est pas prouvée (*b*). L'Auteur de l'Histoire de l'Eclectisme a fait voir qu'elle n'a même aucune vraisemblance (*c*). 1°. Elle n'est fondée que sur le récit de Jean de Sarisbery, Ecrivain sans critique du douzieme siecle ; il ne l'appuie que sur une tradition. Comment cette tradition dont il ne reste aucun vestige, a-t-elle pu se conserver pendant 600 ans de barbarie? 2°. Avant Saint Grégoire, Rome avoit été saccagée deux ou trois fois par les Bar-

---

(*a*) Chap. V, art. 4, §. 10.
(*b*) Dict. Crit. *Grégoire*, M. De la Morale des Peres, c. 17, §. 16, p. 332.
(*c*) Tome I, p. 302 & suiv.

bares ; il est impossible que sous son pontificat la Bibliotheque du Mont Palatin ait encore subsisté, & qu'il ait pu en faire brûler les Livres. 3°. Le seul fait vrai est que S. Grégoire écrivit à Didier, Archevêque de Vienne, pour le blâmer de ce qu'il enseignoit la Grammaire à quelques personnes : en effet, un Evêque a des devoirs plus pressans & plus sacrés que celui-là. 4°. Quoique S. Grégoire ait fait profession de ne pas rechercher les ornemens du langage, on peut voir par ses écrits s'il est vrai qu'il solécisoit par principe de Religion. 5°. On dit qu'alors les Mathématiciens ou Astrologues qui se décoroient du nom de Philosophes étoient détestés ; ce n'est pas à tort : quand les Livres des Astrologues auroient été brûlés, ce qui n'est pas prouvé, l'univers n'y auroit rien perdu.

Mais Montagne, Brucker, & d'autres, ont trouvé bon, malgré le défaut de preuves, d'ajouter foi à l'autorité de Jean de Sarisbery : nos incrédules moutonniers, sur la parole de Montagne, répéteront éternellement la même accusation contre S. Grégoire. Qu'elle soit vraie ou fausse, probable ou improbable, cela ne fait rien ; elle peut imposer aux ignorans,

& rendre odieuse la Religion, cela leur suffit: & c'est ainsi qu'ils travaillent à perfectionner la Critique & l'Histoire (a). S'ils étoient les maîtres d'anéantir tous les titres du Christianisme, & de brûler tous nos Livres, ils n'en laisseroient pas subsister un seul.

ARTICLE VI.

De l'influence de la Morale Chrétienne sur le bonheur de la Société.

§. I.

IL ne seroit pas nécessaire de revenir à ce sujet, si nous n'avions affaire qu'à des agresseurs sages & modérés; nous avons assez vengé la morale Chrétienne des calomnies de ses ennemis. Mais elle tient dans la Religion une place si importante, elle a été si indignement traitée par les Incrédules, ils ont tant multiplié les accusations, que nous ne pouvons apporter trop d'exactitude à les détruire. Il ne

_____

(a) Essai sur le Mérite & la Vertu, extrait de Shaftsbury, Epit. Dédic. p. 3.

nous reste plus que cette discussion à faire pour terminer notre Ouvrage.

Les vices & les passions des hommes ne sont certainement pas l'ouvrage de la morale Evangélique; elle les réprimeroit si elle étoit suivie: ils viennent de la nature, & sont aussi anciens que l'humanité, ils dureront autant qu'elle: *vitia erunt donec homines* (a). Supposer qu'une morale est fautive, parce que l'on a de la répugnance à la suivre, & qu'elle ne prévient pas tous les crimes, ce n'est pas raisonner. Peut-il y en avoir une qui ait le pouvoir de refondre l'homme, & de le rendre impeccable?

Depuis trois mille ans que les Philosophes raisonnent sur la morale, ils l'ont tournée dans tous les sens, lui ont cherché des appuis de toutes parts, ont étalé à l'envi les divers motifs capables de la renforcer. En quel lieu du monde l'ont-ils rendue plus efficace qu'elle n'est parmi nous? Peut-on en imaginer une dont les hommes n'aient jamais entendu parler, ou lui donner une base à laquelle personne n'ait encore pensé? Quand cela seroit possible, quelle certitude aurions-

---

(a) Tacite, Hist. l. IV, n. 74.

DE LA VRAIE RELIGION. 63

nous de son efficacité, après six mille ans de malheurs & de crimes ? Voilà trois questions auxquelles les Incrédules n'ont pas encore satisfait ; nous en attendrons long-temps la solution (a).

Par la comparaison des nations Chrétiennes avec celles qui ne le sont pas, nous avons prouvé que jamais il n'a existé nulle part une morale plus raisonnable, plus solide, plus populaire, qui ait produit de plus grands effets que la morale Evangélique. Celle des Incrédules n'est point une nouvelle création, ils l'ont reçue d'Epicure avec quelques palliatifs ; elle est fausse, & porte sur un fondement ruineux ; les Grecs & les Romains qui la suivirent coururent rapidement à leur destruction ; l'Histoire l'atteste, le fait est incontestable : il démontre que quand cette morale irréligieuse prévaudroit aujourd'hui, elle produiroit infailliblement dans la société les mêmes effets qu'autrefois ; l'homme du dix-huitieme siecle n'est pas pétri d'un autre limon que ceux qui vivoient il y a deux mille ans.

Ce qu'il peut y avoir de bon dans la morale Epicurienne n'est point réprouvé

(a) 2ᵉ. Lettre écrite de la Montagn. p. 71, n. 1.

par celle de l'Evangile. On nous dit que la morale humaine doit être fondée sur la nature de l'homme & sur son intérêt actuel ; nous y consentons, pourvu que cet intérêt soit bien entendu, & sagement calculé. Dans le fond, disons-nous autre chose, lorsque nous fondons la morale sur la volonté d'un Dieu bon, pere & bienfaiteur de ses créatures ? Puisqu'il nous a donné l'être pour nous faire du bien, sans doute il veut que ses loix tournent à notre avantage ; lorsque nous saurons peser notre intérêt sans passion & sans préjugé, nous sentirons que nous n'avons rien de mieux à faire, même pour cette vie, que de suivre les préceptes de l'Evangile.

Mais Dieu ne s'est pas obligé à nous faire trouver *toujours* dans la vertu un avantage réel & sensible : il est des actions héroïques ignorées, méconnues, punies même comme des crimes ; l'espérance chrétienne peut seule nous engager à les faire.

§. II.

C'est une calomnie d'affirmer que Jésus-Christ, en nous donnant des regles de morale, n'a tenu aucun compte de nos intérêts pour ce monde; qu'il nous a ordonné d'y renoncer abſolument, qu'y avoir égard, c'eſt perdre le mérite de la vertu, & les récompenſes de l'autre vie; rien n'eſt plus faux (a).

En commençant le ſermon ſur la montagne, il dit : *Bienheureux les pauvres d'eſprit, parce que le Royaume des Cieux eſt à eux !* Il ſuppoſe donc que l'eſpérance du Royaume des Cieux eſt plus capable de faire notre bonheur ſur la terre que l'attachement aux richeſſes. En peut-on douter, lorſque l'on conſidere le petit nombre de ceux qui les poſſedent, l'inquiétude qui les agite, les revers auxquels ils ſont expoſés ?

Jéſus-Chriſt ajoute : *Bienheureux les débonnaires, parce qu'ils poſſéderont la terre !* c'eſt-à-dire, qu'ils ſubjugueront les eſprits & les cœurs par la douceur. " Accordez-vous promptement, dit-il, avec " votre adverſaire, lorſque vous voyagez " avec lui, de peur qu'il ne vous dé-" nonce au Juge, ne vous faſſe mettre " en priſon, & payer juſqu'à la derniere " obole ". Il nous apprend à demander à Dieu notre pain de chaque jour ; il pro-

---

(a) 1e. Lettre écrite de la Montagn. p. 32, 36.

met à ceux qui chercheront en premier lieu le Royaume de Dieu & fa juſtice, que le reſte leur ſera donné par ſurcroît (a).

» Apprenez de moi, dit-il ailleurs,
» que je ſuis doux & humble de cœur,
» & vous trouverez le repos de vos ames;
» mon joug eſt doux & mon fardeau lé-
» ger (b). Donnez & on vous donnera;
» on vous rendra une meſure pleine,
» jonchée, ſurabondante; vous ſerez
» meſuré comme vous aurez meſuré les
» autres (c) «. Il défend l'hypocriſie, parce qu'il n'eſt rien de caché qui ne vienne enfin à être révélé; l'avarice, parce que les richeſſes ne peuvent nous conſerver la vie; l'orgueil, parce que les ſuperbes ſont toujours humiliés. Il peint l'Enfant prodigue puni par la honte, les remords & la miſere (d). Voilà certainement des motifs préſens & ſenſibles, des peines & des récompenſes pour ce monde, ſans préjudice de celles de la vie à venir : un plus long détail ſeroit inutile.

Les Apôtres n'ont pas parlé différemment. » Les peines intérieures & les re-

---

(a) Matt. c. 5, ℣. 3, 4, 25 : c. 6, ℣. 11, 33.
(b) Ibid. c. 11, ℣. 29.
(c) Luc, c. 6, ℣. 38.
(d) Ibid. c. 12, ℣. 1, 2, 15 : c. 15, ℣. 15.

« mords, dit Saint Paul, regnent dans
« l'ame de tout homme qui fait le mal,
« soit Juif, soit Gentil; gloire, honneur
« & paix à quiconque fait le bien, de
« quelque nation qu'il soit! Dieu n'excepte
« personne ». C'est pour cela qu'il ordonne aux fideles de ne se laisser jamais vaincre par le mal, mais de vaincre le mal par le bien; d'obéir aux Puissances, parce qu'elles sont armées du glaive & ont droit de venger les crimes; de faire le bien, parce qu'elles sont établies pour le récompenser (a). Il ne désapprouve point un pere qui marie sa fille pour éviter la honte de la garder dans un âge plus avancé. S'il conseille la continence & la persévérance dans l'état de viduité, c'est parce que l'on y est exempt des peines, des sollicitudes, des chagrins du mariage; il ajoute, *je le dis pour votre bien*, cet état est *le plus heureux*. Il recommande aux fideles de ne blesser ni les Juifs, ni les Gentils, ni l'Eglise de Dieu, & se donne lui-même pour exemple (b). Après avoir repris les fautes des

―――――――――――――――――――
(a) Rom. c. 2, ℣. 9 : c. 12, ℣. 21 : c. 13, ℣. 3 & 4.
(b) 1. Cor. c. 7, ℣. 26, 28, 35, 40 : c. 10, ℣. 32, 33.

Corinthiens; il les loue de leurs vertus; il s'en fait gloire afin de les piquer d'honneur & les engager à se rendre irrépréhensibles; il se sert d'un motif d'émulation, afin de les engager à être charitables (*a*). Il dit aux Éphésiens, que celui qui aime son épouse s'aime lui-même; il exhorte les enfans à honorer leurs peres & meres, à cause des récompenses temporelles attachées à ce commandement (*b*). Il excite les Philippiens à faire tout ce qui peut les rendre aimables & respectables & leur donner bonne réputation; tous les fideles à garder la concorde, l'amitié, la charité fraternelle, la joie, le contentement d'une conscience pure (*c*). Il écrit à Timothée, que la piété est utile à tout, qu'elle a les récompenses de la vie présente & de la vie future (*d*).

Dans le même esprit, Saint Pierre recommande aux fideles de garder une conduite irréprochable parmi les Gentils, afin que ceux qui seroient tentés de mal parler d'eux soient forcés de glo-

_____

(*a*) 2. Cor. c. 6, ℣. 4 : c. 9, ℣. 2.
(*b*) Ephes. c. 5, ℣. 28 : c. 6, ℣. 2 & 3.
(*c*) Philipp. c. 4, ℣. 8.
(*d*) 1. Tim. c. 4, ℣. 8.

-rifier Dieu en voyant leurs bonnes œuvres : il les exhorte à l'obéissance envers les Puissances de la terre, parce que Dieu veut qu'en faisant le bien ils réduisent au silence les ignorans & les hommes indiscrets (*a*).

§. III.

Jésus-Christ & ses Apôtres n'ont donc passé sous silence aucun des motifs tirés de notre intérêt personnel & présent pour nous porter à la vertu. Le calme des passions, l'empire sur les cœurs, la paix avec nos semblables, le repos de la conscience, la crainte de la honte, des remords, des reproches, des représailles, le respect qu'inspire la vertu, la protection des loix, les principes d'honneur & d'émulation, l'amour bien réglé de nous-mêmes, la douceur de la société, &c. sont certainement des avantages temporels & sensibles : nous osons défier les Prédicateurs de la morale naturelle, Philosophique, Epicurienne, d'en alléguer de plus pressans ou de plus solides. L'Evangile ne nous ordonne de fermer les yeux sur les motifs humains & d'y résister, que quand ils peuvent être pour

---

(*a*) 1. Petri, c. 2, ℣. 12 & suiv.

nous une tentation de mal faire, & de violer nos devoirs ; danger très-fréquent dans les sociétés corrompues, où le vice puissant est encensé & la vertu presque réduite à se cacher : des Matérialistes mêmes ont été forcés de l'avouer (*a*).

S'il se trouve des méchans dans le Christianisme, cela vient-il de ce que la Religion leur interdit le motif de leur intérêt bien entendu ? Aucune Religion ne fait mieux sentir cet intérêt aux hommes. C'est parce qu'une organisation vicieuse & des passions plus fortes que la raison les aveuglent, leur font également oublier les intérêts de ce monde & ceux de l'autre ; malheur qui leur est commun avec les Incrédules.

Supposons pour un moment que des esprits de travers ou mal instruits se persuadent que les intérêts de cette vie sont *toujours* en opposition avec le salut éternel, qu'il faut absolument se rendre malheureux en ce monde pour mériter d'être heureux en l'autre. La Religion seroit-elle responsable de cette erreur, & du sens faux que ces gens-là donnent à quelques maximes de l'Evangile ? Argumenter sur

---

(*a*) Syst. de la Nat. tome I, c. 15, p. 318, 524.

ce sens absurde, sur la conduite de ceux qui l'adoptent, en conclure que cette morale est pernicieuse, puisque l'on en abuse, c'est déraisonner. Y a-t-il une maxime de morale quelconque, dont un esprit faux ne puisse abuser ? Alors il faut démontrer l'abus, & non censurer la loi ou la maxime.

L'Auteur du Tableau des Saints conclut deux volumes d'invectives contre la Religion, par l'étalage des plaies que la morale Chrétienne a faites à la société. C'est une satire cynique & amere de nos mœurs, dont on peut voir le canevas dans le Système de la Nature (a), dans le Christianisme dévoilé, & ailleurs. Nous pourrions y opposer le tableau que Cicéron, Lucien, Quintilien, ont tracé des Philosophes de leur temps ; les reproches que fait Plutarque aux Epicuriens ; les décrets des Magistrats, qui les ont chassés des villes dans lesquelles ils corrompoient la jeunesse ; les mœurs de Rome Epicurienne, peintes dans les Satires de Juvénal & dans Pétrone ; le portrait que nous avons fait ailleurs des disciples de la nouvelle Philosophie, fourni par les Co-

―――――――――――

(a) Syst. de la Nat. tome I, c. 16, p. 345 : tome II, c. 3, Note, p. 79 : c. 6, p. 185 : c. 8, p. 237, &c.

ryphées de la secte : ce parallele ne seroit redoutable pour nous dans aucune de ses parties. Mais il vaut mieux répondre directement à toutes leurs déclamations.

§. IV.

Selon notre Censeur, on peut partager les Sectateurs de la morale Chrétienne ou les Saints en deux classes. ,, Les uns
,, ont été des Chefs de parti, des Fonda-
,, teurs de sectes ; leur but invariable fut
,, de dominer, & de subsister aux dépens
,, de ceux auxquels ils annonçoient l'E-
,, vangile. Les autres ont été des enthou-
,, siastes de bonne foi, qui, trompés par
,, des fourbes, sont devenus dans leurs
,, mains les instrumens de leurs passions
,, & de leur politique intéressée. Ni les
,, uns ni les autres n'ont été des hommes
,, utiles. Si les fourbes, après avoir gagné
,, des adhérens, ont trouvé le secret de
,, les tyranniser & de vivre à leurs dé-
,, pens ; les fanatiques sinceres, les en-
,, thousiastes pénétrés de la bonté de leur
,, cause, en consultant les lumieres de
,, leur conscience erronée, n'ont pas fait
,, moins de mal à la société par les trou-
,, bles & les ravages qu'ils y ont fait
,, naître. D'où l'on voit que le dévot hypocrite

DE LA VRAIE RELIGION. 73
« pocrite & le dévot de bonne foi ont été
» des êtres très-nuisibles (a) «.

Réponse. Les fondateurs de secte auxquels l'Auteur en veut, sont connus; c'est Jésus-Christ & ses Apôtres. Ailleurs il n'a pas osé décider que Jésus-Christ fût *un fourbe hypocrite*, il a dit que ce fut *un enthousiaste*, ou *un charlatan mal-adroit* (b). Dans un autre Ouvrage, il dit » qu'il est
» très-possible que notre aventurier soit
» parvenu à se croire réellement envoyé
» par la Divinité; qu'il fut *un visionnaire*,
» & trouva des gens *assez simples* pour
» donner dans ses rêveries. Il conclut,
» qu'un mélange assez constant d'enthou-
» siasme & de fourberie paroît constituer
» le caractere de Jésus (c) «. Auquel de ces jugemens nous arrêterons-nous? Nous avons démontré que ce mélange est absurde & impossible.

Mêmes variations sur le caractere des Apôtres. Souvent l'Auteur les accuse d'avoir été ignorans, simples, crédules; d'autrefois il les récuse comme des témoins intéressés & fourbes. Il dit qu'il a pu se

---

(a) Tableau des Saints, 2e. part. c. 10, p. 202.
(b) *Ibid.* c. 1, p. 111.
(c) Hist. Crit. de J. C. c. 17, p. 334, 339.

Tome XII. D

trouver parmi eux des hommes simples, crédules, de bonne foi ; d'autres qui étoient plus rusés & plus adroits, qui se sont rendus maîtres des autres ; il pense qu'un homme qui aura commencé par être fourbe finira souvent par être enthousiaste de bonne foi (a). Nous ne savons pas si l'Auteur a senti en lui cet alliage, mais sûrement il n'a ni commencé ni fini par la bonne foi.

Jésus-Christ n'a cherché ni à dominer, ni à vivre aux dépens de ses prosélytes, ni à tyranniser personne, ni à faire des Apôtres les instrumens de sa politique. Il a constamment prévu & prédit sa mort ignominieuse ; il a dit que la conversion du monde ne seroit point son ouvrage, mais celui de l'Esprit-Saint ; il a défendu à ses Apôtres l'esprit de domination, d'intérêt, d'intrigue, d'ambition ; il ne leur a promis que des souffrances pour ce monde : ce n'est pas à ce prix que l'on fait des dupes. Il a fait du bien à tout le monde ; Saint Pierre en prenoit à témoin les habitans de la Judée (b). Ses disciples ont fait de même : il y a de la démence à soutenir que des vertus si pures,

---

(a) Tableau des Saints, 2ᵉ. part. p. 160, 161.
(b) Act. c. 10, ℣. 38.

si constantes, si populaires, ont été inutiles ou nuisibles.

Ils ont causé des troubles. Soit. Les Philosophes en causent aussi, & ils en feroient davantage, s'ils étoient aussi puissans & aussi accrédités que les Apôtres. Des peuples, nourris dans l'erreur & habitués au crime, n'étoient pas assez dociles pour embrasser sans résistance une Religion aussi sainte que celle de Jésus-Christ : vaut-il mieux laisser les hommes dans l'ignorance & dans le vice, que de s'exposer à les révolter en les instruisant ? De quoi s'avisent donc les Incrédules de dogmatiser sous prétexte de nous instruire ? S'ils croient leur doctrine assez merveilleuse pour subjuguer le monde entier sans résistance, ils se trompent ; leurs conquêtes ne sont pas encore fort brillantes : ils n'ont enlevé à la Religion que des déserteurs que le vice lui avoit déjà débauchés. Ils disent que leurs systêmes ne sont pas faits pour le commun des hommes, & ils les prêchent à tout le monde.

Quand les troubles & les ravages qu'ils attribuent faussement au Christianisme seroient vrais, il faudroit encore lui tenir compte des vertus paisibles & sociales qu'il a fait pratiquer, de la civilisation des Barbares, des avantages dont nous jouissons aujourd'hui. Pour un ou deux hommes dans chaque siecle auxquels nos adversaires imputent le fanatisme, il y a eu des millions de citoyens honnêtes, charitables, bienfaisans, irrépréhensibles, qui ont puisé leurs vertus dans la morale Chrétienne.

§. V.

Le portrait que fait l'Auteur des Saints de tous les états, est digne d'un cœur pervers qui ne croit plus à la vertu. Selon lui, les Prédicateurs de l'Evangile sont des hommes qui se prêchoient eux-mêmes, & vouloient dominer ; les SS. Docteurs, des Chefs de parti peu délicats sur les moyens de faire triompher leur cause ; les SS. Martyrs sont, ou des imposteurs qui ont péri à la peine d'établir leur doctrine, ou des insensés, dont des guides enthousiastes ou fripons avoient troublé le cerveau ; les SS. Rois, des dupes du Clergé, ou de mauvais politiques toujours prêts à verser le sang pour faire régner leurs Prêtres ; les SS. Anachoretes, des hommes nuisibles à eux-mêmes, & inutiles à la société ; les SS. Moines, des esclaves dangereux de leurs supérieurs, ou des frêlons qui se sont nourris du travail d'autrui (a).

Réponse. C'est donc assez d'avoir été Saint, pour n'avoir eu aucune bonne qualité ; quiconque n'est pas Athée, Païen ou Apostat, ne peut être homme de bien. Mais il y a des Saints qui n'ont été ni Apôtres, ni Docteurs, ni Martyrs, ni Rois, ni Anachoretes, ni Moines ; ils ont vécu dans les états communs de la société civile, en ont rempli tous les devoirs, n'ont fait que du bien à leurs semblables, & n'ont troublé le repos de personne. Ils sont le plus grand nombre : qui les a formés ? Ils ont cru en Dieu & en Jésus-Christ ; ils ont suivi l'Evangile à la lettre : si la morale en est si détestable, comment peut-il y avoir une seule ame honnête dans le Christianisme ?

Si avec un pinceau ainsi trempé dans le fiel de l'irréligion, nous avions la témérité de noircir tous les grands hommes dont parle l'Histoire, de calomnier leurs intentions, leurs actions, leurs talens, leurs vertus ; les Incrédules se-

---

(*a*) Tableau des Saints, 2. part. c. 10, p. 204. De l'Homm. par Helv. tom. I, sect. 1, c. 9, p. 64.

roient les premiers à nous dire anathême.

Nous avons vu ce qu'ont fait chez les peuples Barbares des Prédicateurs de l'Evangile ; l'incrédulité même a été forcée de rendre hommage à la pureté de leur zele. Cependant ils avoient pris les Apôtres pour modele. Un exemple si pernicieux a-t-il pu produire des copies aussi respectables ? Jamais la Philosophie n'a rien exécuté ni rien tenté de semblable.

Les Païens mêmes admiroient la constance des Martyrs ; Celse convient qu'il est louable de mourir pour la défense de la vérité ; Julien n'osa pas en renouveler le spectacle, dans la crainte d'y succomber. Nos Sages modernes jugent qu'il eût été mieux d'adorer Jupiter ou Vénus, que de confesser Jésus-Christ. Si les Prédicateurs les mieux instruits avoient été des Imposteurs, ou des Docteurs peu délicats sur les moyens de faire triompher leur doctrine, il ne tenoit qu'à eux d'échapper au supplice ; quelques grains d'encens offerts aux Idoles les auroient fait renvoyer absous.

Nous voudrions savoir en quoi un Roi, tel que Saint Louis, a été dupe du Clergé, où est le sang qu'il a répandu pour faire régner les Prêtres. Sage législateur, guerrier magnanime, fidele époux, tendre père, ami de ses sujets, arbitre respecté de ses voisins, il n'a violé aucun devoir, n'a négligé aucune vertu. Jamais Souverain n'a joui d'une gloire plus pure, plus brillante, plus durable que la sienne; il n'est aucun peuple de l'Europe qui n'eût désiré l'avoir pour maître.

L'exemple des Anachoretes & des Moines a fait éclore plus de vertus que toutes les maximes de Socrate & de Zénon. Si des hommes qui ont fertilisé les déserts, sauvé les débris des sciences, civilisé le Nord, nourri le peuple dépouillé par les Grands, fondé des colonies, préparé un asyle aux enfans maltraités par leurs peres, ont été inutiles ou pernicieux au monde, quel service égal lui ont jamais rendu les Philosophes?

§. VI.

Mais le tableau des Saints n'étoit pas encore assez chargé; voici des traits plus forts. ,, Il n'est point de brigand ni d'as-
,, sassin qui ait fait périr autant d'hom-
,, mes que les Rois persécuteurs, qui ont
,, fait souvent égorger des milliers de su-
,, jets pour maintenir & propager la foi;
,, point de séditieux qui ait causé autant
,, de ravages que les Saints fanatiques ou

» pervers qui ont prêché la révolte &
» l'intolérance ; point de voleur qui ait
» plus efficacement pillé sa nation que les
» saints Fondateurs des Moines ; point
» d'Ecrivain qui ait corrompu les mœurs
» avec plus de succès que les Docteurs
» de l'Eglise, dont les Ouvrages sont
» remplis de maximes les plus destruc-
» tives de la saine morale. Ce n'est qu'à
» la raison qu'il appartient de rendre les
» hommes meilleurs (a) «.

Reponse. Jugeons par cette tirade combien la raison d'un Philosophe est efficace pour le rendre sage, honnête, modéré, juste estimateur du mérite & de la vertu.

Pour calomnier avec un peu plus de décence, l'Auteur devoit citer quelqu'un des Rois, honorés comme Saints, qui ait fait égorger des milliers de sujets pour le maintien & la propagation de la foi. Nous connoissons un bon nombre d'Empereurs & de Princes qui ont versé des torrens de sang pour l'éteindre ; mais on n'est pas tenté de les canoniser. Dans la liste des Saints, nous n'en voyons aucun à qui l'on puisse reprocher la même conduite.

(a) Tableau des Saints, 2. part. c. 10, p. 205, 206. De l'Homme, par Helvet. tome II, Note 3, p. 278. Sect. 9, c. 17, p. 522.

Nous y chercherions auſſi vainement des séditieux fanatiques ou pervers qui aient prêché la révolte & l'intolérance. Les Saints des premiers ſiecles, perſécutés par les Païens, prêcherent la patience, la ſoumiſſion, le courage du martyre; ils en donnerent l'exemple. Les Evêques, chaſſés de leurs ſiéges, exilés, empriſonnés par les Princes Ariens, prêcherent la conſtance dans la foi, & non la révolte. En quoi conſiſte l'intolérance de l'Egliſe Chrétienne? A enſeigner que quand les Infideles & les Hérétiques ſont doux & paiſibles, il faut les inſtruire avec charité & ſans aigreur; que lorſqu'ils ſont inquiets & entreprenans, il faut les réprimer par les loix; que s'ils ſont ſéditieux & turbulens, il faut les punir. Mais telle eſt l'équité des Incrédules; lorſque les Martyrs ſe ſont laiſſés égorger ſans ſe plaindre, c'étoient des fanatiques imbécilles, abuſés par des fourbes; lorſqu'ils ont réclamé les droits de l'humanité, c'étoient des rebelles.

Les Fondateurs de Moines ont ſecouru les peuples par leurs travaux, par leurs aumônes, par leur miniſtere, dans des temps très-malheureux; la plupart portent encore ſur leur habit les marques de la

charité qui a donné naiſſance à leur inſtitut. Si ce ſont des voleurs, les Philoſophes, ſouvent comblés de bienfaits par
les Souverains, étoient des brigands;
ceux d'aujourd'hui dont l'ambition eſt
connue, aſpirent de leur côté à piller les
nations : jamais ils ne leur rendront autant de ſervices que les Moines.

En comparant la morale des Philoſophes anciens & modernes avec celle
des Peres de l'Egliſe, on verra qui ſont
les vrais corrupteurs des peuples; en con-
frontant l'état actuel des nations qui ſui-
vent les leçons des Peres de l'Egliſe, avec
celui des peuples inſtruits par des Philoſophes, tels que ſont les Indiens & les
Chinois, on pourra juger laquelle des
deux morales eſt la meilleure. Si on ob-
jecte que nous citons de mauvais Philoſophes, où en a-t-on vu de bons ?

Il eſt fâcheux que dans leurs invectives
contre les Saints, nos doctes Incrédules
ne faſſent que rendre la bile dont ils ſe
ſont abreuvés dans les écrits des Proteſtans.

§. VII.

„ La foi, continue notre fougueux Cri-
„ tique, ne ſera jamais que des eſclaves
„ follement entêtés des opinions de leurs

DE LA VRAIE RELIGION. 83

» Prêtres. Ces tyrans de la pensée, en
» possession du droit de régler la conduite,
» lâcheront toujours la bride aux passions
» favorables à leurs propres intérêts, qu'ils
» sauront habilement confondre avec
» ceux du Très-Haut. Comme les fourbes
» ne peuvent être d'accord entre eux,
» quand il s'agit de partager l'empire &
» les dépouilles des dupes qu'ils ont faits,
» il y aura toujours des factions, des par-
» tis, des cabales, des schismes, des hé-
» résies entre les Chefs des Chrétiens ;
» chaque rêveur enthousiaste, ou chaque
» imposteur opiniâtre, trouvera dans l'E-
» criture, dans les Peres, dans les Com-
» mentateurs, &c. de quoi faire valoir
» les opinions les plus contraires.... Au-
» cun ne fera scrupule de nuire, de ca-
» lomnier, d'user de supercheries & de
» fraudes pour étayer son parti, tant qu'il
» sera le plus foible, ainsi que de faire
» violence à ses adversaires, de les per-
» sécuter à outrance, de les exterminer
» quand il en aura le pouvoir (a) «.

Réponse. Si nous étions aussi bilieux
que nos adversaires, nous pourrions leur
renvoyer tous les traits de ce tableau,

(*a*) Tabl. des Saints, 2. part. c. 10, p. 207, 208.

D 6

non en prophétifant comme eux, mais en argumentant fur des faits.

 Ces tyrans de la penfée qui fe croient en droit de fubjuguer les hommes par un ton d'Oracle, veulent nous empêcher de croire en Dieu, & confondent non *habilement*, mais très-groffiérement, les intérêts de l'humanité avec ceux de leur orgueil. Comme les fourbes ne peuvent s'accorder quand il s'agit de partager l'empire de l'opinion, l'un prêche le Déifme, l'autre le Matérialifme, l'autre le Pyrrhonifme, celui-ci la morale des Cyniques, celui-là celle des Stoïciens, &c. Rêveurs enthoufiaftes & impofteurs opiniâtres, ils trouvent, non dans l'Ecriture, mais dans leur cerveau, des raifons pour faire valoir les fyftêmes les plus contraires. S'ils n'ont pas encore formé des fchifmes éclatans, du moins ils fe font charitablement déchirés les uns les autres (*a*). Aucun d'eux ne fait fcrupule de calomnier les vivans & les morts, d'ufer de fupercheries, de fraudes, de fauffes citations, de menfonges hiftoriques, de glofes abfurdes, pour noircir les partifans de la Religion. S'ils étoient les maîtres de faire violence, de

―――――――――――――――――
(*a*) V. la Lettre au Docteur Panfophe, la Guerre de Geneve, les Honnêtetés Littéraires, &c.

DE LA VRAIE RELIGION. 85

perfécuter, d'exterminer leurs adverfaires, on peut juger de ce qu'ils feroient par ce qu'ils écrivent (a). Lorfqu'il eft de leur intérêt de croire des fables, leur foi eft plus aveugle que celle des Chrétiens, leur ton plus impérieux que celui des Peres de l'Eglife, leur bile plus âcre & plus venimeufe que celle des Controverfiftes. Par leurs maximes féditieufes, par la haine qui les révolte contre l'autorité, ils fe feroient attiré des châtimens, fi les Magiftrats n'avoient fagement jugé, *qu'un profond mépris eft une arme affez forte pour anéantir de pareils ennemis* (b).

Mais nous laiffons les reproches perfonnels à ceux qui n'ont point de raifons à dire.

Ici l'Auteur accufe les Chefs de la Religion de tyrannifer la penfée, de dominer fur la croyance & la morale des peuples : dans le même Chapitre, il dit qu'un Théologien comme un Laïque eft forcé de renoncer à fon propre jugement, d'adopter les fyftêmes qu'il trouve établis, & de les faire valoir, foit qu'il les ap-

---

(a) Anti-Bernier, *Compulfion*.
(b) V. le Réquifitoire de M. l'Avocat Général, en Janvier 1776.

prouve intérieurement, soit qu'il les désapprouve, soit qu'il les comprenne, soit qu'il n'y entende rien (a). Or, un Ministre de la Religion n'est pas moins obligé de se conformer à la morale de l'Eglise qu'à sa croyance; l'Eglise ne condamne pas moins les erreurs en fait de morale, que les hérésies sur le dogme. En quel sens ses Ministres peuvent-ils donc tyranniser la pensée, s'ils sont forcés de subir les premiers le joug qu'ils imposent aux fideles?

Il est encore absurde, de dire qu'ils confondent leurs intérêts avec ceux du Très-Haut; ils n'ont pu avoir aucun intérêt d'introduire pour l'enseignement une méthode qui les gêne & ne leur laisse pas plus de privilége qu'aux Laïques : nous avons prouvé que c'est une institution de Jésus-Christ. Ils n'en sont pas quittes pour citer l'Ecriture, les Peres, les Commentateurs, &c. comme font les Hérétiques; il faut consulter & suivre *la tradition universelle*, toujours vivante, toujours surveillante & armée de l'autorité, pour condamner les contredisans. Aucun Chef de la Religion ne peut ranger à son

---

(a) Tableau des Saints, 2e. part. c. 10, p. 238.

opinion les Eglises d'Allemagne, de France, d'Espagne, de l'Italie & de l'Amérique.

Il y aura cependant toujours des hérésies, parce qu'il y aura toujours des Philosophes révoltés contre cette autorité gênante, qui ne laisse aucun lieu à l'opinion particuliere, & qui condamne l'opiniâtreté.

Quant aux accusations de supercheries, de violences, &c. il faut les prouver par des faits ; nous agissons ainsi quand nous faisons à nos adversaires des reproches personnels : des déclamations sans preuve ne méritent qu'*un profond mépris.*

§. VIII.

„ La foi, dit notre Energumene, sou-
„ met aveuglément l'homme à son Prê-
„ tre : celui-ci lui défend de raisonner ;
„ il s'assure par-là d'en faire ce qu'il vou-
„ dra. La dévotion jouit seule du privi-
„ lége de faire commettre les plus grands
„ crimes sans rougir. Proposez à tout
„ homme sensé de tuer un autre homme
„ d'égorger son ami, de se soulever contre
„ son Souverain, de plonger le poignard
„ dans le sein de son Roi ; aussi-tôt vous
„ le verrez reculer épouvanté. Proposez

» les mêmes forfaits à un Dévot, dites-
» lui que Dieu l'ordonne, que la prof-
» périté de l'Eglife en dépend ; montrez-
» lui les Cieux ouverts, & la Divinité
» prête à couronner fon courage : auffi-
» tôt les crimes les plus affreux lui pa-
» roîtront légitimes ; & s'il a l'ame bien
» forte ou bien atroce, loin de rougir,
» il fe fera honneur d'avoir été choifi par
» la Providence pour exécuter fes grands
» deffeins (a) «.

Réponfe. Selon le propre aveu de l'Auteur, & felon la vérité, le Prêtre lui-même eft foumis comme le Laïque à l'enfeignement univerfel de l'Eglife ; ce n'eft point fur la parole des Prêtres que nous foumettons à cette regle ; les égaremens des Hérétiques, les abfurdités des Incrédules, l'enchaînement démontré des erreurs en fait de Religion, nous font fentir la fageffe & la néceffité de cette inftitution de Jéfus-Chrift. Il nous eft fi peu défendu de raifonner, que, felon les Matérialiftes mêmes, nous raifonnons mieux & plus conféquemment que les Déiftes (b).

(a) Tableau des Saints, *ibid.* p. 209.
(b) Syft. de la Nat. tome II, c. 7, p. 225.

DE LA VRAIE RELIGION. 89

Proposez un crime *à tout homme sensé*, Dévot ou Indévot, Chrétien ou Athée, il reculera sans doute ; proposez-le à un insensé, à *une ame forte & atroce*, quelle que soit sa croyance, il pourra bien le commettre & s'en glorifier. Dites-lui qu'il faut délivrer sa patrie d'un tyran, que la nature & la raison l'ordonnent, que la prospérité de l'Etat en dépend ; montrez-lui des couronnes & des statues qui l'attendent ; faites-lui entendre les cris de joie de ses Concitoyens, & les acclamations des Philosophes ; infatuez-le des maximes dont leurs Livres sont remplis : cette ame forte & atroce se fera un honneur d'avoir été choisie par la fortune pour exécuter ce coup d'état. C'est ce qu'ont fait les assassins célebres dans l'Histoire.

Ce n'est pas par dévotion que Catilina conjura contre sa patrie ; que Sylla la fit baigner dans le sang ; que Brutus poignarda César son bienfaiteur ; que trente-deux Empereurs Romains furent massacrés en moins d'un siecle, &c. &c. Les auteurs de ces forfaits n'en rougissoient pas ; ils n'étoient ni Chrétiens ni Dévots. Il est donc faux que la dévotion ait *seule* le privilége de faire commettre les plus grands crimes sans rougir; toute passion exaltée en est capable, & la dévotion ne s'y mêle que quand la raison est égarée: l'incrédulité n'est pas un antidote plus sûr contre la démence des passions, que la Religion.

Pour que l'invective de l'Auteur prouvât quelque chose, il faudroit commencer par démontrer qu'un Dévot est nécessairement un insensé & une ame atroce; cela est-il mis en évidence? Quand il seroit vrai qu'une fausse dévotion peut fournir des motifs absurdes pour commettre un crime, il ne s'ensuivroit rien; les égaremens de la dévotion sont ceux de la raison même; ils viennent d'un cerveau mal organisé, nos adversaires en conviennent (a). Qu'il y ait plus ou moins de Dévots dans le monde, il n'y aura pas un insensé de plus; c'est la nature & non la Religion qui peuple les Petites-Maisons. Continuons à en écouter le langage.

§. IX.

» L'intérêt du salut, l'intérêt de l'E-
» glise, sont les seules regles d'après
» lesquelles le Dévot juge des actions :

(a) Syst. de la Nat. tome I, c. 9, p. 129.

» ces intérêts exigent-ils qu'il soit tur-
» bulent, séditieux, rebelle ? le Prêtre
» lui inspirera le zele propre à l'enflam-
» mer, le rendra féroce & cruel, lui or-
» donnera, sous peine de damnation, de
» n'avoir pour les ennemis de son Dieu,
» ni ménagement, ni pitié, ni justice,
» ni bonne foi. Il lui montrera dans la
» Bible les forfaits d'Abraham, de Phi-
» nées, d'Ahod, des Propheres, l'exem-
» ple glorieux des Martyrs, les maximes
» fausses & souvent dangereuses des
» Saints Pères. A force d'exemples & de
» passages, le Directeur spirituel brouil-
» lera le cerveau de son Pénitent. Si celui-
» ci succombe, il se consolera, en se
» persuadant qu'il est un Saint persécuté,
» un Confesseur, un Martyr, qu'il aura
» dans le Ciel la récompense des folies
» dont il se sera rendu coupable ici-
» bas (a) «.

Réponse. Il est très-bien prouvé par-là,
qu'un Prêtre tombé en démence ou d'une
scélératesse consommée, peut réussir à
brouiller un cerveau foible : mais on peut
être fou & méchant sans être Prêtre ; un
Philosophe pourroit l'être sans miracle,

___

(a) Tableau des Saints, p. 209.

& il n'auroit besoin, ni de la Bible, ni des Martyrs, ni des Saints Peres, pour troubler le cerveau d'un prosélyte imbécille ou forcené; il lui suffiroit de répéter les leçons du Tableau des Saints, pour persuader qu'il faut faire main basse sur les Prêtres, les Moines, les Dévots, les Magistrats, & les Rois qui protegent la Religion.

L'expérience nous rassure sur tout danger de la part des Prêtres; mais nous ne savons pas encore ce que pourroient faire les Incrédules. Quelques attentats de leurs Disciples, la hauteur avec laquelle nos Philosophes en ont pris la défense, les insultes qu'ils ont faites aux Magistrats (a), pourroient nous alarmer, si nous n'étions rassurés par la sagesse du Gouvernement. Un Philosophe qui pouvoit se connoître aux maladies de la secte, dit que le Fanatisme est une maladie de l'esprit qui se gagne comme la petite vérole; que les Livres la communiquent beaucoup moins que les assemblées & les discours (b). Or, à en juger par les Livres

―――――――――――――――――――――
(a) V. la Relation de la mort du Chevalier de la Barre, la Lettre à l'Auteur des Trois Siecles, &c.
(b) Quest. sur l'Encyclop. *Fanatisme*.

DE LA VRAIE RELIGION. 93.

des Incrédules, leurs assemblées & leurs discours ne peuvent être ni fort doux, ni fort sensés; il pourroit en sortir tôt ou tard des boute-feux redoutables.

A moins d'avoir le cerveau complétement troublé, un Dévot ne se persuadera point que l'intérêt du salut & de l'Eglise exige qu'il soit séditieux ou malfaiteur, qu'il manque de justice & de bonne foi : ces crimes sont proscrits par l'Evangile, & nous y lisons, qu'il ne faut pas faire le mal afin qu'il en arrive du bien (*a*). Selon les Livres & les maximes des Incrédules, c'est autre chose ; l'intérêt de l'humanité exige que l'on bannisse de l'univers la notion funeste d'un Dieu (*b*); les Prêtres sont les plus méchans des hommes (*c*); les Moines des voleurs, & les Rois qui travaillent à maintenir & à propager la foi, sont des brigands & des assassins (*d*). Les sujets sont en droit de s'armer contre des gouvernemens injus-

---

(*a*) Rom. c. 3, ⱴ. 8.

(*b*) Système de la Nature, tome II, c. 3, p. 86; c. 10, p. 317.

(*c*) *Ibid.* c. 8, p. 239.

(*d*) Tableau des Saints, 1e. partie, chap. 19, pag. 205, 206.

tes (*a*). Un esclave du despotisme, après avoir brisé sa chaîne, seroit forcé de massacrer son tyran, d'en exterminer la race & la postérité, de changer la forme du gouvernement dont il a été la victime (*b*) : on ne doit pas la vérité à ses tyrans ; dans un Etat despotique, il ne peut y avoir de crimes (*c*). Voilà des maximes plus propres à former des séditieux, des rebelles, des forcenés, que les exemples de la Bible, les Martyrs, & la morale des Saints Peres.

§. X.

„ Si un Dévot, dit l'Auteur, ne se
„ trouve point le courage de jouer un
„ grand rôle, on se contentera de nourrir sa mélancolie, en lui disant d'imiter
„ les grands Saints qui ont gagné le Paradis, en vivant dans la solitude, en
„ fuyant un monde pervers, en jeûnant,
„ en méditant sans cesse ; & notre Saint
„ se persuade qu'il est un être d'autant
„ plus estimable aux yeux de Dieu, qu'il
„ sera plus inutile, plus ridicule, plus

(*a*) Syst. de la Nat. tome I, c. 9, p. 241.
(*b*) Hist. des Establiss. tome VI, l. XVII, p. 422.
(*c*) *Ibid.* tome IV, l. X. p. 170.

» méprisable aux yeux des personnes de
» bon sens. Le Fanatisme religieux ne
» produira jamais que des extravagans
» dévoués à leur parti, mais dangereux
» pour la société, ou bien des misan-
» thropes perpétuellement aux prises avec
» eux-mêmes, sans aucun fruit pour les
» autres. La dévotion tend évidemment
» à détacher l'homme de sa famille, de
» ses parens, pour l'attacher uniquement
» au parti de ceux qu'il a chargés de di-
» riger son ame (*a*) «.

Réponse. Par la maniere dont les Incrédules se peignent dans leurs écrits, il paroît que leur mélancolie est plus sombre que celle des Dévots, leurs rêveries beaucoup plus inutiles, & leurs passions plus dangereuses pour la société.

L'Evangile nous prêche une morale diamétralement opposée à celle que l'Auteur prête aux Dévots. Il défend aux enfans de refuser du secours aux peres & meres sous prétexte de piété, aux maris de répudier leurs épouses ou de convoiter celle d'autrui, à tous les hommes de faire du bien à tous, d'aimer même leurs

___

(*a*) Tableau des Saints, p. 211. Emile, tome IV, pag. 61.

ennemis, de rendre à César ce qui est à César, &c. Saint Paul commande aux maris la tendresse pour leurs épouses, aux peres la vigilance & la douceur envers leurs enfans, aux femmes le soin de leur famille; il défend de détourner les jeunes veuves du mariage; il exhorte les fideles à être doux, patiens, miséricordieux, justes, indulgens pour les défauts d'autrui; il peint la charité sous les traits les plus aimables, & propose pour modele celle de Jésus-Christ. Nous pensons que la vraie dévotion consiste à observer fidélement tous ces préceptes: quant à la fausse dévotion, elle vient de la même source que la fausse philosophie, de l'ignorance, de l'opiniâtreté, d'un cerveau mal construit.

A la vérité, Jésus-Christ a exigé de ses Apôtres le renoncement à leur famille & à tous les devoirs de la vie civile, pour leur confier la prédication de l'Evangile; il le falloit, la conversion du monde ne pouvoit s'opérer autrement; mais Jésus-Christ n'impose pas à tous les hommes les fonctions d'Apôtre. Epicure conseilloit au Sage de renoncer au mariage & aux affaires; on ne lui en fait point un crime: Jésus-Christ ne l'a ordonné qu'à
ses

ses Ministres, on déclame contre lui. Plusieurs Philosophes se sont sequestrés du monde pour méditer à leur aise, on ne les a point blâmés; quelques Dévots font de même, on excite contre eux la haine publique. Les Cyniques, censeurs hargneux, mordoient les passans, on exalte leur vertu; si un dévot se permet un mot de critique, c'est un crime irrémissible. La plupart des Philosophes furent des hommes très-fâcheux dans la société; n'importe, ce sont des personnages respectables: les vrais dévots sont modestes & indulgens; cela ne fait rien, ce sont des êtres ridicules & méprisables. Que leur importe le mépris des Incrédules?

§. XI.

Après avoir réprouvé la morale des Prêtres, qui varie selon leur intérêt, l'Auteur va nous donner enfin un code de morale naturelle, philosophique, universelle, invariable, parfaite, calculée sur les intérêts réels & permanens du genre humain. Instruisons-nous.

„ L'homme se doit à lui-même de se
„ conserver, & de se rendre son existence
„ agréable. En supposant un Dieu bien-
„ faisant, on ne peut entrer dans ses vûes

» en se tourmentant soi-même comme
» un Anachorete, en se livrant au sup-
» plice & à la mort comme un Martyr,
» qui tous deux outragent également la
» bonté divine, en croyant qu'elle peut
» se plaire à voir le spectacle hideux de
» l'homme souffrant & misérable. Ainsi
» le Sage, modéré dans l'usage de ses
» plaisirs, se permettra tous ceux qui ne
» nuiront à lui-même ni aux autres, soit
» immédiatement, soit par leurs consé-
» quences, que la raison suffit pour lui
» faire pressentir (*a*) «.

Toutes ces maximes sont-elles incontestables ?

L'homme se doit à lui-même de se conserver. Premiere hérésie philosophique. Il le doit si peu, qu'il lui est très-permis de se tuer lorsqu'il ne peut pas se rendre heureux ; c'est la décision canonique des plus grands Philosophes anciens & modernes.

Il se doit à lui-même de rendre son existence agréable. Sur ce point, les voix sont unanimes. Mais les mêmes Philosophes ont judicieusement observé, qu'il y a des hommes constitués de maniere

---

(*a*) Tableau des Saints, 2. part. c. 10, p. 213.

que l'existence ne peut leur être agréable que par le crime, au bonheur desquels le crime est absolument nécessaire (*a*). Ils se doivent donc le crime à eux-mêmes, cela est clair ; la société s'en trouvera comme elle pourra.

Les Anachoretes se doivent aussi à eux-mêmes de rendre leur existence agréable : or, ils protestent que le silence, la retraite, les austérités, la méditation produisent sur eux cet effet. Les Pythagoriciens, les Orphiques, les Stoïciens, quelques Epicuriens même ont eu un goût semblable. Ils n'avoient rien à reprocher à Dieu, & ils seroient injustement blâmés par les hommes. Si en vertu de la morale philosophique il est permis de se rendre heureux par le crime, à plus forte raison par des actions qui ne nuisent à personne.

Les Martyrs, de leur côté, vouloient se rendre l'existence agréable, ou du moins éviter de se la rendre malheureuse & insupportable. Ils pensoient que la honte de l'apostasie, de l'infidélité à Dieu, & les

---

(*a*) Syst. de la Nat. tome I, c. 9, 11, 12, 15, &c. De l'Esprit, 4ᵉ. Disc. c. 11, tome III, p. 164. La Métrie, &c.

remords de leur conscience étoient des tourmens pires que le martyre. Ils ne s'en prenoient point à Dieu, ils le béniſſoient de ce qu'il leur avoit donné le courage de ſouffrir. Les Païens admiroient, les Tyrans frémiſſoient, les Bourreaux étoient confus, les Fideles triomphoient, les Philoſophes étoient indignés; ils le ſont encore: c'eſt leur goût; ils préféreroient le parjure à la mort, l'infamie à la gloire, l'apoſtaſie à la foi, pour ſe rendre l'exiſtence agréable.

L'homme ſouffrant & miſérable eſt un ſpectacle hideux. Oui, aux yeux des Philoſophes; c'eſt pour cela qu'ils n'entrent point dans les hôpitaux, chez les malades, chez les pauvres, dans les lieux où regnent le deuil & l'affliction; ils craignent trop de ſe laiſſer émouvoir par les larmes & les ſoupirs des malheureux, cela troubleroit les agrémens de leur exiſtence. Ceux qui croient en Dieu penſent différemment; ils cherchent les ames ſouffrantes, pour avoir la ſatisfaction de les conſoler, de les ſecourir, de les encourager; ils ſe procurent ainſi une exiſtence agréable en ce monde, & une vie plus heureuſe en l'autre.

Si *la raiſon ſuffit* pour faire preſſentir

les conséquences de l'excès dans les plaisirs, il est bien étonnant que tant de gourmands se tuent, que tant de voluptueux se gangrenent, que tant d'insensés se ruinent; ils ne le font certainement pas par excès de Religion. Cela semble prouver que la morale naturelle, raisonnée, calculée, quintessenciée des Philosophes, n'est pas fort puissante. Si la raison & la Religion réunies se trouvent encore souvent trop foibles, il est évident que *la raison seule* ne sera pas fort efficace.

§. XII.

« L'homme, continue notre savant Moraliste, doit à la société ses lumieres, ses talens, son industrie, afin de concourir au but de l'association. Il doit à ses semblables, de l'équité, des bienfaits, de l'indulgence, de l'amour, toutes les vertus dont il a besoin lui-même pour son propre bonheur ».

Réponse. Je nie formellement cette dette, & je défie tout Philosophe de la prouver selon ses principes. Le but de l'association est mon bonheur, rien de plus ; je ne lui dois donc que les services absolument nécessaires pour en obtenir le bonheur. Si je le trouve sans rendre à mes associés aucun service, en les opprimant même & en les tourmentant, je suis quitte, ils n'ont rien à me demander : Spinosa, la Métrie, & d'autres sont mes garans.

Il est faux que je doive de l'amour aux autres ; je dois m'aimer sur toutes choses, & ne rien aimer que par rapport à moi. Si l'amour d'autrui ne m'est pas nécessaire, si je trouve mon bonheur à être craint, servi & obéi, qu'ai-je affaire d'aimer quelqu'un ? J'en ferai semblant tout au plus, & le plaisir de tromper les simples augmentera mon bonheur.

Je leur dois encore moins de l'équité, des bienfaits, de l'indulgence, lorsque je suis assez puissant pour les forcer à être mes esclaves. Ainsi raisonnent les Sultans sur le trône, les Turcs dans leur domestique, & plusieurs Philosophes au fond de leur cœur.

Mais vous êtes un monstre, on vous étouffera (a). Peut-être. Etouffer, ce n'est pas convaincre. Si je puis continuer à être heureux en étouffant les autres, j'en ai le droit ; j'obéis à ma nature, je cherche

---

(a) Encyclop. *Droit Naturel.*

DE LA VRAIE RELIGION. 103

le bonheur & je le trouve, il ne me faut rien de plus.

L'intérêt du genre humain.... Que m'importe le genre humain? *Qu'il périsse pourvu que je sois heureux*; tel est le cri de la nature que tout homme entend au fond de son cœur; telle est par conséquent la loi naturelle. J'en atteste plusieurs Philosophes (*a*).

A certains égards la morale philosophique peut être bonne pour les foibles, pour les pauvres, pour des hommes d'un caractere très-doux, pour ceux qui ont besoin sans cesse de l'affection & de la compassion de leurs semblables. A l'égard des Grands, des Souverains, des hommes puissans ou naturellement durs, elle est détestable, elle doit les changer en tigres (*b*).

D'ailleurs, les ignorans & les esprits bornés sont incapables de calculer & de peser sans cesse les conséquences & les effets de leurs actions; les hommes distraits n'en ont pas le temps; les cœurs passionnés n'ont plus assez de sang froid. Il

---

(*a*) Encyclop. *ibid.* Emile, tome III, p. 110. Dial. sur l'Ame, &c.

(*b*) Homélie, sur l'Athéisme, &c.

E 4

faut pour tous une morale positive, des loix émanées de l'autorité divine, qui soient les mêmes pour toutes les conditions, pour tous les caracteres, pour tous les peuples, qui nous portent à la vertu, par l'espérance d'un bonheur plus parfait & plus sûr que celui de ce monde, par la crainte d'un malheur éternel & inévitable. Le faux calcul des intérêts temporels est la source de tous les crimes.

§. XIII.

Selon notre Oracle, ” l'homme qui
” n'a point l'idée de Dieu, ou qui nie
” son existence, ne peut au moins s'em-
” pêcher d'avoir l'idée des hommes, de
” sa propre nature, de ses besoins, des
” avantages de la vie sociale, de ce qu'il
” doit faire pour se conserver, & pour se
” faire aimer de ses parens, de ses amis
” & de ses associés, des êtres nécessaires
” à sa propre félicité. Un Athée, par ses
” seules réflexions sur la nature des choses,
” pourra se faire une meilleure morale
” que celle des Dévots, qui n'ont d'autre
” regle que des écritures dangereuses,
” des révélations trompeuses, des pré-
” ceptes variables & souvent contradic-

DE LA VRAIE RELIGION. 105
» toires, & les décisions intéressées de
» leurs guides spirituels (a) «.

Réponse. Nous venons de voir quelle idée un Athée peut se former des hommes & de sa propre nature, & quelles conséquences morales il peut en tirer. Sans cesse on nous amuse des prodiges que peuvent opérer les Athées par leurs réflexions ; on ne nous les montre nulle part. En quel lieu de l'univers se font-ils fait une meilleure morale que celle des Dévots, où est la société qui l'a suivie, les merveilles qu'elle a enfantées ? Il n'est pas un seul Philosophe qui, en dissertant sur sa propre nature, sur ses besoins, &c. n'ait déraisonné en fait de morale, & n'ait approuvé les désordres les plus honteux. On peut tordre le sens de l'Ecriture ; mais est-il moins aisé d'envisager la nature de travers ? En raisonnant sur la nature des choses, Aristote a prouvé doctement, que parmi les hommes, les uns sont nés pour la liberté, les autres pour l'esclavage; Platon, qu'il n'y a point de droit des gens entre les Grecs & les Barbares; Solon, qu'il est juste de tuer les enfans mal conformés ; que la pédérastie n'est pas un crime, &c.

(a) Tableau des Saints, *ibid.* p. 214.

E 5

Qui empêche d'ailleurs les Dévots ou les Croyans de raisonner aussi bien que les Athées sur la nature des choses, puisque la morale révélée est fondée sur cette nature même ? Nous avons prouvé que la Religion nous porte à la vertu par les mêmes motifs que la raison & la Philosophie, mais qu'elle rectifie ces motifs, en prévient l'abus, y en ajoute de plus sublimes & de plus forts. C'est donc un sophisme grossier de supposer toujours le contraire, & d'en conclure que la morale des Athées peut être meilleure & mieux fondée que la morale religieuse.

La premiere, que l'on prétend *invariable*, a cependant varié. Les Stoïciens envisageoient dans la nature de l'homme sa dignité & sa destinée ; les Epicuriens n'y voyoient que l'animalité : leur morale n'étoit point la même. Quand les Modernes étoient Déistes, ils penchoient au Stoïcisme, ils louoient la morale de l'Evangile ; devenus Athées, ils disent anathême à l'école de Zénon & à l'Evangile, & vont étudier la morale dans les étables d'Epicure : ensuite ils viennent nous bercer d'une morale invariable fondée sur la nature. Qu'ils commencent donc par se former de la nature une idée invariable.

DE LA VRAIE RELIGION. 107

„ Un Athée, difent-ils, ne peut igno-
„ rer que le vice tourne tôt ou tard au
„ préjudice de ceux qui s'y livrent, &
„ n'attire fur eux la haine & le mépris
„ des autres hommes ; qu'au défaut de
„ loix, la nature ne fe venge des outrages
„ qu'on lui fait par quelque excès „.

Réponfe. Tout cela eft faux ; non feu-
lement un Athée peut l'ignorer, mais il
peut être perfuadé du contraire, comme
le font tous ceux que les paffions aveuglent. Les crimes fecrets, les bonnes actions ignorées ne tournent, ni au préjudice, ni au profit de ceux qui les font.
Dans les fociétés corrompues, il eft des
vices honorés & des vertus méprifées ; les
hommes puiffans ne redoutent la haine
ni le mépris de perfonne ; l'opulence, le
pouvoir, les places, l'autorité, couvrent
toutes les iniquités. Nos adverfaires ne
ceffent de répéter qu'il en eft ainfi parmi
nous. La nature forte & vigoureufe triomphe des excès : l'exemple d'un débauché
parvenu à la vieilleffe, en autorife cent
autres à efpérer le même fort. Enfin,
quand ces réflexions des Athées feroient
plus folides, elles pourroient faire autant
d'impreffion fur une ame religieufe que
fur eux. »

E 6

§. XIV.

L'Auteur soutient le contraire. » Tous » ces motifs, dit-il, ont été de tout temps » foulés aux pieds par des hommes très- » religieux, qui, enivrés de leurs idées » fanatiques, n'ont rien trouvé de sacré » sur la terre, ont troublé les nations, » n'ont pu être retenus par la crainte de » la mort.... Le Fanatisme religieux a » seul le pouvoir d'aveugler l'homme, au » point de s'applaudir du mal qu'il a » commis (a). «.

Réponse. Cette invective n'est qu'une calomnie : mais supposons-la vraie pour un moment. Ces mêmes motifs n'ont-ils jamais été foulés aux pieds par des Athées? Ceux qui ont commis de grands crimes par un amour désordonné de leur patrie, par un désir effréné de la gloire, par une fureur vindicative, &c, n'ont pas été plus retenus par la crainte de la mort, par la honte, par le cri de la conscience, que les Fanatiques. Il est donc faux que le Fanatisme ait *seul* le pouvoir de faire commettre le mal sans remords. Le Fanatisme lui-même est un effet des pas-

---

(a) Tabl. des Saints, 2. part. c. 10, p. 216, 217.

fions exaltées ; le point capital est donc de prouver qu'un Athée est plus à couvert des passions violentes de l'humanité, qu'un homme religieux : jusqu'à présent les Athées ne nous ont pas donné cette démonstration.

„ Le cri de la nature, selon eux, est
„ étouffé dans l'ame d'un Saint, par les
„ maximes religieuses, qu'*il n'y a qu'une*
„ *chose nécessaire* ; qu'il faut se détacher
„ de ce monde ; qu'un Dieu jaloux ne
„ veut point de partage avec ses créatu-
„ res ; que pour le suivre il faut tout
„ quitter, & ne point regarder en arriere ;
„ que la perfection consiste dans un re-
„ noncement total aux objets les plus ca-
„ pables de nous attacher à la vie ; qu'un
„ Chrétien est un Pélerin sur la terre,
„ & qu'il n'a pas de plus grand intérêt,
„ comme dit Tertullien, que d'en sortir
„ promptement ".

Réponse. Le cri de la nature est aussi étouffé dans l'ame de tous ceux qui sont agités par une passion violente, témoins tous les forfaits dont il est parlé dans l'Histoire, & il n'est pas prouvé que ceux qui les ont commis aient tous été fort attachés à leur Religion.

Mais les maximes évangéliques font-elles véritablement la source du mal ? Il n'en est presque aucune que l'on ne pût trouver dans les écrits des Stoïciens, qui les fondoient sur la nature même de l'homme ; il en est plusieurs qu'Epicure même avoit appuyées sur le calcul des intérêts, & sur la notion du bonheur. Nous n'entrerons point dans cette discussion ; il ne s'agit que de prendre le vrai sens de l'Evangile.

Une seule chose est nécessaire, c'est le salut : mais on ne peut l'opérer qu'en remplissant tous les devoirs de la nature & de la vie sociale ; cette maxime, loin de nous en détourner, nous y attache plus étroitement.

Il faut se détacher du monde, c'est-à-dire, des vices, des erreurs, des folies du monde, tels que les Incrédules mêmes les exposent dans leurs doctes satires. Il ne s'ensuit pas qu'un pere de famille, un citoyen utile à sa patrie, un homme chargé des affaires publiques, soit obligé de fuir dans les déserts. L'Evangile prescrit des regles pour les divers états de la vie, même pour les Publicains & pour les Soldats ; & Saint Paul ordonne à chacun de demeurer dans la vocation ou dans l'état auquel il a été appelé (*a*).

Un Dieu jaloux ne veut point de partage, & cela est juste : quand il faut opter entre ce que Dieu commande & ce que les hommes désirent ou prescrivent, il n'y a pas à hésiter. Mais puisque ce Dieu jaloux commande à l'homme d'aimer sa femme, ses enfans, ses parens, ses amis, ses concitoyens, mêmes ses ennemis ; ce n'est pas faire un partage que d'exécuter ce qu'il ordonne.

Il faut tout quitter pour sevir Dieu, lorsqu'il nous appelle à un état, à un ministere, à des fonctions qui demandent un homme tout entier ; tel fut le ministere des Apôtres : mais il faut que cette vocation soit certaine ; Dieu défend aux ambitieux de s'y ingérer (*b*). De même que la perfection d'un Militaire est d'exposer sa vie toutes les fois que cela est nécessaire au bien de l'Etat ; celle d'un Ministre de la Religion est de hasarder la sienne pour le succès de l'Evangile ; celle du Chrétien est d'être prêt à la quitter plutôt que de renoncer à la foi,

---

(*a*) Luc, c. 3, ℣. 10. 1. Cor. c. 7, ℣. 10.
(*b*) Hébr. c. 5, ℣. 4.

ou de violer un devoir essentiel de charité. On sait d'ailleurs, que les frayeurs excessives de la mort ne servent qu'à mettre la vie plus en danger.

Le Chrétien est donc un Pélerin sur la terre, puisqu'il espere une vie meilleure que celle-ci. Ainsi pensoient les Stoïciens, nommément Epictete. Mais il est permis à un Pélerin de pourvoir aux besoins journaliers de son voyage, de s'arranger commodément dans son auberge, de vivre paisiblement avec ceux qui suivent la même route; il ne les brusquera point, sous prétexte qu'il doit bientôt les quitter.

Dans un temps de persécution, tel que celui dans lequel écrivoit Tertullien, un Chrétien, toujours flottant entre la vie & la mort, entre la crainte du supplice & le danger de l'apostasie, ne devoit pas trouver sa situation fort heureuse; il pouvoit sans crime désirer d'en sortir promptement.

§. XV.

On dira peut-être que souvent les Moralistes ne prennent pas la peine de distinguer & de développer tout cela; que l'affectation de presser sur toutes ces maximes entraîne de fâcheuses conséquences; que des esprits ardens peuvent les prendre de travers pour nourrir leur misanthropie. Soit. La négligence ou les erreurs des Moralistes, les travers des esprits ardens, ne doivent point être imputés à la morale, mais à la nature; il n'est aucune maxime de la morale des Athées dont on ne puisse abuser encore plus aisément : l'Auteur en va convenir.

» Si un Incrédule, dit-il, ou un Athée
» méconnoissent les vérités les plus clai-
» res; si des liens habituels leur rendent
» leurs vices trop chers pour s'en déta-
» cher; si la fougue de leurs passions les
» empêche de pressentir le mal qu'ils
» font à eux-mêmes & aux autres, qui
» pourra les ramener? Sera-ce la Reli-
» gion? Non «.

Nous disons de notre côté : si un Chrétien, par les mêmes causes, abuse de la morale évangélique, qui pourra le ramener? Sera-ce l'Athéisme? Non certainement; ce merveilleux système n'eut jamais le don de guérir les passions du cœur, ni les travers de l'esprit.

Mais voici un aveu très-important. L'Auteur convient qu'un Athée peut être mauvais Moraliste, mauvais Calculateur, mauvais Citoyen : où est donc le miracle de la morale naturelle & philosophique dont il vante la prééminence sur la morale de l'Evangile ? Voilà le prodige évanoui.

C'est la fougue des passions qui opere tout le mal dans un Athée ; nous le savons : mais pourquoi dans un Chrétien vicieux n'est-ce plus la fougue des passions qui peche plutôt que la morale ? Répondez, Philosophe.

Pourquoi encore la religion ne pourroit-elle pas corriger un Athée ? C'est, dites-vous, que parmi les Saints, les uns ont été des factieux, des fourbes, des intolérans, les autres des mélancoliques inutiles ou incommodes ; c'est que la morale religieuse ne réprime les vices ni des Souverains, ni des Grands, ni des gens du monde, ni des Pasteurs, ni des Particuliers (a).

Encore une fois, des invectives & des calomnies ne sont pas des preuves. Que les Saints aient été tout ce qu'il vous plaira, il s'agit de démontrer : 1°. que des Athées ne pourroient pas avoir les mêmes vices ; pendant que vous venez d'avouer qu'ils peuvent être emportés par

―――――――――――――――――
(a) Tableau des Saints, *ibid.* p. 119, 120.

la fougue des passions : 2°. que quand les Saints ont péché, ce n'étoit pas la fougue des passions qui les entraînoit, mais la morale qui les guidoit ; qu'au contraire lorsqu'un Athée est vicieux, ce n'est plus la morale qui peche, mais la fougue des passions. Tant que vous n'aurez pas prouvé démonstrativement ces deux points, il sera évident qu'avec vos calomnies mêmes vous déraisonnez.

Nous avons remarqué dix fois, que quand un homme est vicieux & méchant, quelle que soit sa croyance, il foule aux pieds tout à la fois les loix & les motifs de la morale naturelle, & de la morale révélée. Il est donc absurde de soutenir, comme font nos adversaires, que la morale naturelle *seule* vaudroit mieux, & seroit plus efficace que quand elle est encore renforcée par les motifs de Religion.

Nous convenons que dans ce cas là même elle n'est point invincible, parce que les passions exaltées renversent toutes les barrieres : s'ensuivra-t-il de-là, qu'il ne faut donner aux hommes, ni morale naturelle, ni morale Chrétienne ? Il s'ensuit au contraire, que si l'on pouvoit en imaginer une troisieme, il faudroit l'ajouter aux deux premieres.

Mais il est faux que la morale religieuse n'opere pas souvent ce que la morale philosophique n'avoit pas pu faire. Lorsque les Athées se convertissent, ils deviennent moins vicieux, ils se réconcilient en même temps avec la Religion & avec la vertu. Nous chercherions vainement l'exemple d'un Chrétien déréglé & méchant qui, en embrassant l'Athéisme, soit devenu homme de bien; on ne se plonge dans ce systême absurde que pour secouer le joug de la morale Chrétienne: deux phénomenes qui démontrent que celle-ci est beaucoup plus gênante, & a plus de force que la morale philosophique. Cent déclamations ne prouvent rien contre les faits.

§. XVI.

L'Evangile, dit notre Auteur, prêche alternativement la discorde & la paix, le glaive & la charité, la tolérance & l'intolérance, la contrainte & la liberté de penser; cette morale surnaturelle, ambiguë, contradictoire, n'en impose à personne (a).

Un autre Docteur de même trempe a

(a) Tableau des Saints, p. 220.

étendu cette objection. » On peut dou-
» ter, dit-il, que les Philosophes qui ont
» cherché la tolérance dans l'Evangile,
» aient cru l'y trouver ; elle est en général
» opposée à l'esprit de Prosélytisme qui
» domine dans tous les codes religieux.
» Le Christianisme n'est pas moins into-
» lérant que les autres sectes. Quoique
» son fondateur ait prêché la paix de
» parole & d'exemple ; quoiqu'on puisse
» déduire la tolérance de plusieurs textes
» de l'Evangile, des réponses que Jésus
» fit à ses Juges dans son interrogatoire,
» du silence même qu'il garda quand on
» lui demanda publiquement ce que c'étoit
» que la vérité : quoiqu'enfin sa conduite &
» sa vie semblent enseigner aux hommes
» à supporter à l'envi leurs défauts, & par
» conséquent leurs erreurs : ses maximes
» générales qui penchent vers la bienveil-
» lance, vers la tolérance universelle, sont
» trop souvent démenties lorsqu'il s'agit de
» sa doctrine particuliere, de la préférence
» exclusive qu'elle exige, de la division
» intestine qu'elle met entre ses Sectateurs
» & les Païens, entre les membres d'une
» même cité & d'une même famille. Ce-
» lui qui s'appelle lui-même le Dieu de
» paix vient apporter le glaive, rejette

» ceux qui ne veulent pas l'écouter, dé-
» clare son ennemi quiconque n'est pas
» pour lui ; donne enfin, à ceux qui em-
» brasseront & prêcheront son Evangile,
» le droit ou le prétexte de persécuter
» ceux qui ne s'y soumettront pas. C'est
» donc une illusion de vouloir accorder
» la croyance de cet Evangile, avec l'in-
» différence pour les autres codes. En
» matiere de Religion, les hommes ne
» savent point aimer sans haïr, & peut-
» être savent-ils plus ce qu'ils haïssent que
» ce qu'ils aiment (a) «.

Réponse. Avec des disputeurs entêtés, on ne finit jamais ; un argument cent fois réfuté revient toujours.

1°. Il est faux que Jésus-Christ prêche alternativement la discorde & la paix, &c. il ordonne constamment la concorde, la patience & la charité ; mais il prévoit & prédit la discorde & le glaive : *prédire & prêcher* ne sont pas la même chose. Nous défions les Incrédules d'alléguer aucun passage où Jésus-Christ ait commandé ou conseillé d'employer le glaive, la violence, la persécution, pour forcer quelqu'un à embrasser l'Evangile.

(a) Hist. des Etabliss. des Européens, tome VI, l. XVII, p. 333.

2°. L'*intolérance*, terme dont nos adversaires ne cessent d'abuser, est essentiellement attachée non seulement à toute Religion, mais à tout système, à toute opinion quelconque, dès qu'elle paroît importante. Nous la voyons chez les Matérialistes aussi bien que chez les Déistes; tous conviennent que l'on se fâche aisément pour un objet que l'on juge très-important; nous avons même vu souvent les Docteurs modernes se fâcher très-fort pour des questions qui ne sont rien moins qu'importantes. Tout Philosophe, infatué de ses opinions, ardent & opiniâtre, souffre impatiemment la contradiction, n'aime ni n'excuse ses adversaires. L'intérêt, dit un Ecrivain très-connu, est toujours le motif caché de la persécution (*a*). Or, il n'est point d'intérêt plus vif que celui de l'orgueil. D'ailleurs, le zele pour la vérité réelle ou apparente est naturel à l'homme; le *Prosélytisme* n'est autre chose que le désir de faire connoître la vérité : les Pyrrhoniens seuls devroient être *tolérans*, ils ne le sont pas plus que les autres, C'est donc une absurdité de supposer que *l'intolérance* est le défaut propre

---

(*a*) De l'Esprit, 2. disc. c. 23, tome I, p. 369.

de la Religion; elle est l'apanage de l'humanité, elle peut venir encore du caractere national ou personnel.

3°. La charité, la douceur, la patience invincible de Jésus-Christ sont avouées par nos adversaires, c'est beaucoup; d'autres en sont disconvenus, parce que rien n'est constant parmi eux : il ne nous reste qu'à justifier ses maximes.

§. XVII.

Jésus-Christ exige une préférence exclusive pour sa doctrine; il en avoit le droit : cette doctrine étoit seule vraie, il l'avoit prouvé. Descendu du ciel pour instruire les hommes, pouvoit-il leur laisser le choix libre entre la vérité & l'erreur? Dieu ne peut nous enseigner sans nous imposer l'obligation de croire à sa parole. Selon les Athées mêmes, la vérité est toujours utile à l'homme; lui préférer l'erreur de propos délibéré, c'est aimer le mal pour le mal.

Cette doctrine ne pouvoit manquer de produire de la division parmi les hommes; Jésus-Christ le savoit, il l'a prédit : mais il n'a pas ajouté qu'il venoit l'annoncer exprès pour causer cette division, pour rendre incrédules une partie
de

de ses auditeurs, pour les exciter à persécuter les Apôtres. On ne prouvera jamais que Dieu doit plutôt laisser croupir les hommes dans l'erreur & dans l'ignorance, que de leur donner occasion de se diviser en leur enseignant la vérité ; s'ils étoient raisonnables & dociles, elle ne les diviseroit jamais.

Jésus-Christ dit qu'il est venu apporter non la paix, mais le glaive. Certainement il ne l'a pas mis à la main de ses Apôtres ; il ne l'a pas plus donné aux Juifs & aux autres Persécuteurs, que la croix à laquelle ils l'ont attaché lui-même. N'y a-t-il pas de la folie à supposer que Jésus-Christ a excité les tyrans à verser le sang de ses Disciples ?

Il rejette ceux qui ne veulent pas l'écouter, ou plutôt il déclare que ces aveugles volontaires seront rejetés par son pere, & qu'il les méconnoîtra lui-même au jugement de Dieu : l'incrédulité opiniâtre est un crime ; elle est donc digne de châtiment. C'est par la même raison qu'il déclare que quiconque n'est pas pour lui est contre lui. Cependant il a encore eu la charité d'excuser l'incrédulité des Juifs, & de demander grace pour eux sur la croix.

Tome XII. F

Nous voudrions savoir en quel endroit Jésus-Christ donne aux Apôtres ou aux fideles, le droit ou le prétexte de persécuter ceux qui n'embrasseront pas sa doctrine. Il a prêché & enseigné malgré les Juifs; il a condamné & rejeté les Incrédules, démasqué & confondu les faux Docteurs, exhorté ses Apôtres à braver les menaces & les supplices; nous convenons qu'il leur a donné le *droit* de faire de même. Quant aux *prétextes* de faire violence à quelqu'un, les hommes savent bien le trouver dans leurs propres passions; les Incrédules ne vont point chercher dans l'Evangile le *prétexte* d'invectiver, de calomnier, d'outrager les Prédicateurs, les Ministres, les Apologistes de la Religion.

Par-là nous sommes convaincus que nos adversaires savent mieux haïr qu'aimer, & il ne tient pas à eux de nous en donner des preuves encore plus frappantes.

Ils n'ont pas encore mis au jour les contradictions qu'ils reprochent à la morale Chrétienne. Elle propose des supplices destinés au crime, & des récompenses réservées à la vertu, des menaces pour intimider les pécheurs, des promesses pour encourager les justes, des vérités terribles pour les ames insensibles, des dogmes consolans pour les cœurs reconnoissans : sont-ce là des contradictions ? Il est vrai que la morale des Athées n'est pas aussi prévoyante, & que ses Auteurs n'ont pas aussi bien su calculer les besoins de l'humanité.

§. XVIII.

La morale Chrétienne, disent-ils, soumise aux intérêts de l'Eglise, suit les caprices de ces Ministres ; elle se relâche en faveur des Grands & des Rois. On voit souvent des hommes sujets à des vices grossiers conserver leur dévotion, & chercher à calmer ainsi leurs remords ; les conversions n'aboutissent ordinairement qu'à faire succéder une sombre tristesse & une humeur fâcheuse à la gaieté : les prétendus convertis n'en sont pas plus exacts à remplir les devoirs de la nature & de la société (a).

Réponse. Quand cette satire seroit exactement vraie, il ne s'ensuivroit encore rien contre la morale de l'Evangile ;

(a) Tableau des Saints, 2. part. chap. 10, pag. 220, 221.

elle n'est responsable, ni des travers de ceux qui l'entendent mal, ni des vices de ceux qui la violent. Les Athées ont-ils forgé une morale qui ait le pouvoir de refondre l'humanité, de déraciner les passions, de prévenir toutes les erreurs, de fixer irrévocablement dans le bien un être aussi foible & aussi inconstant que l'homme ? S'ils sont forcés d'avouer que leur morale n'a pas cette puissance, à quoi sert de reprocher à la morale évangélique un prétendu défaut que l'on peut rétorquer contre eux ?

Mais leurs accusations sont encore fausses. Si la morale Chrétienne avoit jamais été soumise aux caprices des Ministres de l'Eglise, ils n'auroient pas laissé dans l'Evangile des maximes aussi séveres pour eux, & qui les condamnent hautement lorsqu'ils sont infideles à leur ministere; un Incrédule Anglois a fait cette observation (a). Il ne dépend pas d'eux d'adoucir aux Grands & aux Rois les loix qui les regardent; l'Evangile est prêché publiquement dans toute l'Eglise : nous ne voyons pas que Bourdaloue, Massillon ou d'autres aient dissimulé aux

_____

(a) Hobbes, Léviath. c. 33, p. 189.

Rois leurs devoirs, ni les vérités capables de les humilier.

Lorsqu'un Chrétien déréglé dans ses mœurs conserve néanmoins sa foi & sa dévotion, ce phénomene n'est pas plus étonnant que d'entendre un Athée vicieux parler toujours de morale ; l'un & l'autre se condamnent, sentent qu'ils font mal, succombent à leurs passions malgré la réclamation de leur conscience : il n'y a point là de prodige. Le premier est certainement moins criminel qu'un forcené qui blasphême contre l'Evangile, parce qu'il n'a pas le courage d'en suivre les loix, & contre Dieu, parce qu'il ne veut pas lui obéir. Il n'est donc pas vrai que dans ce cas un Chrétien cherche à calmer ses remords ; il prend au contraire le moyen de les aggraver : c'est plutôt l'Athée qui travaille follement à étouffer les siens par une incrédulité systématique, par des sophismes, par des calomnies, & qui joint ainsi la mauvaise foi aux autres vices dont il est coupable.

S'il y a des Dévots ou des Convertis d'une humeur fâcheuse, elle vient de leur tempérament, & non de la dévotion : cette maladie leur est encore commune avec la plupart des Incrédules. Nous ne voyons dans les écrits de ceux-ci, ni le ton de la gaieté, ni les symptomes d'un cœur tranquille, ni le flegme de la persuasion, mais tous les caracteres de la misanthropie. L'Auteur du Tableau des Saints, en ajoutant que le chagrin est le pere, & l'ignorance la mere de la dévotion, fait plutôt la généalogie de l'Athéisme.

§. XIX.

La paix intérieure, dit-il, n'est qu'une chimere pour un Chrétien qui doit opérer son salut avec crainte & tremblement, qui ne sait pas s'il est digne d'amour ou de haine, qui ne peut sans présomption se flatter de mériter les bontés de Dieu (a).

Réponse. Un Incrédule est mauvais juge de ce qui se passe dans le cœur d'un Chrétien. Nous avons fait voir ailleurs, que la crainte & le tremblement, dont parle Saint Paul, n'ont rien d'opposé à la paix intérieure du Chrétien (b).

Quant à la maxime : *l'homme ne sait s'il est digne d'amour ou de haine* (c),

---

(a) Tableau des Saints, *ibid.* p. 224.
(b) Ci-dessus, c. 7, art. 2, §. 5.
(c) Eccles. c. 9, ℣. 1.

elle peut signifier que quand il nous arrive des prospérités ou des afflictions, nous ne savons pas si nous avons mérité les premieres par nos vertus, ou les secondes par nos péchés : que s'enfuit-il de-là contre la paix intérieure que nous donne la confiance en Dieu ? En prenant même la maxime dans le sens qu'on lui donne communément, que prouve-t-elle ? Qu'il faut éviter la présomption, ne pas fonder l'espérance de notre salut sur nos mérites, mais sur la miséricorde de Dieu, & sur ceux de Jésus-Christ : c'est la doctrine de Saint Paul.

» Aussi voyons-nous communément,
» continue l'Auteur, beaucoup d'orgueil
» dans les Dévots : assurés de la faveur
» de leur Dieu, ils prennent un souve-
» rain mépris pour ses créatures «.

Belle conséquence ! Les Dévots doivent toujours trembler, aussi sont-ils tous orgueilleux. La crainte inspire-t-elle de l'orgueil ?

Nous ne répondrons rien aux réflexions du Critique sur la dévotion des femmes, sur leurs extases, sur le Quiétisme, sur les cabales des Dévotes, sur les vices cachés sous le voile de la piété. Cette satire est plus ingénieuse dans Boileau que dans le tableau des Saints. Ce n'est point la dévotion, c'est la nature qui donne aux femmes & aux hommes les défauts qu'ils mêlent à la dévotion; l'incrédulité seroit un mauvais remede, puisqu'elle inspire tant de malignité, de fiel & d'opiniâtreté à ses partisans.

L'Auteur n'a pas oublié les Prêtres, les Evêques, les Prédicateurs, les Casuistes; l'occasion d'évaporer sa bile, étoit trop belle pour la manquer. S'il y avoit seulement la moitié de vrai dans le tableau qu'il en fait, les Ecclésiastiques seroient de vrais démons sortis de l'enfer pour pervertir les hommes. Nous avons assez fait voir ailleurs le ridicule de cette fureur contre le Clergé.

Il soutient que la foi, l'espérance, la charité, l'humilité, la piété, le zele pour la Religion, ne sont pas des vertus; nous avons prouvé le contraire.

Un autre reproche, c'est que les Orateurs Chrétiens n'enseignent point à leurs auditeurs les vertus humaines & sociales; ils parlent rarement des devoirs de pere, d'époux, d'enfans, d'amis, de sujets, d'homme public, de membre de la société: ils ne font point sentir l'importance de l'union, de la concorde, de l'indulgence. Un Prédicateur qui auroit la témérité de recommander la tolérance seroit banni de la chaire (*a*).

Réponse. Si cela est, il faut convenir que les Orateurs Chrétiens ne prêchent point l'Evangile. Ce Livre divin ne commande que la charité, la douceur, la paix, la miséricorde, l'indulgence pour les défauts d'autrui, les services & les secours mutuels, la subordination, la soumission aux loix. Jésus-Christ & ses Apôtres ont appuyé ces leçons par leur exemple. L'Evangile expose très-bien les devoirs des différens états de la vie ; il n'est pas jusqu'aux Financiers & aux Soldats qui n'y trouvent des regles de conduite.

Nous avouons que pour rendre cette morale touchante, pathétique, populaire, sensible à toutes sortes d'auditeurs, il faut de grands talens ; avoir lu assiduement l'Ecriture Sainte & les Peres de l'Eglise ; avoir étudié les hommes & les mœurs ; avoir profondément réfléchi sur toutes les circonstances de la vie. Peut-être que les discours Chrétiens seroient plus solides & plus parfaits, si le goût des auditeurs étoit moins frivole.

(*a*) Tableau des Saints, *ibid.* p. 242.

Quant à la tolérance, c'est-à-dire, à l'indifférence des Religions, les Prédicateurs sont dispensés de la recommander; les Philosophes y sont seuls intéressés. C'est à eux de prouver que, pour le plus grand bien de l'humanité, les Athées, les Déistes, les Sceptiques, les Impies de toute espece, doivent avoir plein pouvoir de blasphémer, de déraisonner, de calomnier les vivans & les morts; ils le font assez hautement sans que les Prédicateurs s'en mêlent.

§. XX.

On enseigne aux Chrétiens, dit notre Auteur, qu'il vaut mieux obéir à Dieu qu'aux hommes : qu'est-ce qu'obéir à Dieu, sinon suivre les ordres du Clergé? Dieu ne parle que dans les Livres qui lui sont attribués par le Clergé : quand ces Livres se contredisent, c'est au Clergé de décider ce qu'on doit faire. S'il faut persécuter les ennemis du Clergé, c'est le Dieu des vengeances qui parle; s'il faut demeurer en paix, pour lors on fait entendre le Dieu des miséricordes : tantôt on obéit à Dieu en faisant le bien, tantôt en faisant le mal (a).

(a) Tableau des Saints, p. 251, 252.

Réponse. Ce Déclamateur devoit se souvenir de ce qu'il a dit plus haut, que les Ecclésiastiques ne sont pas plus maîtres de leur croyance que les Laïques ; il en est de même de leur morale : la foi & la morale Chrétienne existent depuis dix-sept cents ans ; l'Eglise universelle est gardienne de ce double dépôt : il n'y a pas d'apparence que le Clergé des différentes nations Chrétiennes s'accorde à changer uniformément dans toutes les Eglises du monde, la doctrine & la morale de Jésus-Christ.

Avant que le Clergé Chrétien n'attribuât à Dieu les Livres de l'Ancien Testament, les Juifs les regardoient déjà comme la parole de Dieu ; quant à ceux du Nouveau, les fideles des Eglises Apostoliques leur ont rendu témoignage aussi bien que le Clergé.

Les anciens Philosophes ont dit avant nous, qu'il falloit obéir à Dieu plutôt qu'aux hommes : les modernes disent qu'il faut obéir à la nature plutôt qu'aux loix humaines, & ils font parler la nature comme il leur plaît. Tantôt la nature prescrit la morale du Portique, & tantôt celle d'Epicure ; pendant que l'un nous étale de pompeuses maximes, l'autre raisonne sur la morale *en vrai frénétique* (a). Le même concert a régné autrefois entre les Stoïciens, les Epicuriens, les Pyrrhoniens, les Cyniques & les Cyrénaïques; tous néanmoins raisonnoient sur la nature.

Après avoir décidé que la morale est fondée sur le désir du bonheur, ils conviennent que deux hommes ne peuvent en avoir la même idée; que le bonheur est nécessairement relatif au tempérament & à la constitution de chaque individu (b); & sur cette notion variable du bonheur ils prétendent fonder une morale invariable.

Puisque la morale Chrétienne leur semble si mauvaise, pourquoi ne nous ont-ils pas encore donné un code de morale plus complet, plus analogue aux besoins & à la capacité de tous, qui puisse servir de Catéchisme à tous les états, contre lequel il n'y ait plus d'objections à former, ni de disputes à terminer? Interrogez ces Oracles sur le suicide, l'esclavage, la polygamie, l'autorité paternelle, le meurtre des enfans, la

___

(a) Syst. de la Nat. tome II, c. 12, p. 348.
(b) *Ibid.* tome I, p. 136, 181, 308 : tome II, pag. 309.

prostitution, le mensonge, la vengeance, &c., &c.; vous n'en trouverez pas deux qui s'accordent. Leurs déclamations contre la morale évangélique sont déjà une contradiction grossiere avec ce qu'ils en ont dit lorsqu'ils étoient Déistes.

Tout homme, disent-ils, sent qu'il doit faire à un autre ce qu'il veut qu'on lui fasse à lui-même. A la vérité un homme instruit, modéré, exempt de passions violentes, qui réfléchit sur la nature & sur les engagemens de la société, le sent. Un Sauvage, un ignorant isolé, sans éducation, presque stupide, ne le sent point; un caractere dur, hautain, féroce, le sent très-peu; l'homme en proie à une passion fougueuse ne le sent plus. Fonderons-nous sur une base aussi variable une morale invariable ?

Ce qu'il y a de bon dans les maximes de nos adversaires, est un vol qu'ils ont fait à l'Evangile : s'ils étoient nés chez les Hurons, chez les Negres, ou chez les Tartares, ils n'en auroient pas eu la moindre notion; ils ne cessent de frapper la mere qui les a enfantés & nourris. Un Déiste le leur a reproché. ,, Je ne sais, dit-il, pour-
,, quoi l'on veut attribuer au progrès de
,, la Philosophie la belle morale de nos Li-

» vres. Cette morale, tirée de l'Evangile,
» étoit Chrétienne avant d'être philoso-
» phique. Les Chrétiens l'enseignent sans
» la pratiquer : que font de plus les Phi-
» losophes ? si ce n'est de se donner beau-
» coup de louanges, qui, n'étant répétées
» par personne, ne prouvent pas grand
» chose (a) «.

§. XXI.

Selon eux, la morale Chrétienne fournit des maximes, des prétextes, des exemples pour justifier toutes les passions & tous les vices (b).

Réponse. Ce n'est point dans la morale Chrétienne que Spinosa, la Métrie, le Petit-Maître Philosophe, &c. ont trouvé des maximes & des prétextes pour autoriser une morale frénétique; que les Chinois, les Indiens, les Sauvages, ont puisé leurs loix absurdes & leurs coutumes barbares; que les anciens Philosophes ont lu leurs erreurs en fait de morale.

Un homme peut être assez pervers pour autoriser ses crimes & ses passions par des maximes de l'Ecriture prises à

(a) 2ᵉ. Lettre écrite de la Mont. p. 71, Note 1.
(b) Tableau des Saints, p. 257.

DE LA VRAIE RELIGION. 135
contre-sens, par des exemples très-mal appliqués; nous en sommes convaincus par les objections mêmes de nos adversaires. Mais lui sera-t-il plus difficile de trouver des prétextes dans une nature dépravée, dans un faux calcul des intérêts, dans une fausse idée du bonheur? C'est ce qui a été fait dans tous les siecles, & se fait encore chez toutes les nations.

Quand on nous aura fait voir que les mœurs des nations infidelles sont meilleures que les nôtres; que la morale des Philosophes est plus pure que celle de l'Evangile; que le nombre des crimes diminue par-tout où l'Athéisme domine; nous pourrons croire que l'Evangile est la source du mal, & que les Prêtres sont les vrais corrupteurs de la morale.

On dit que la vertu des Chrétiens ne consiste que dans des pratiques ridicules, qui ne tournent qu'au profit des Prêtres; voilà pourquoi ceux-ci sont si ardens à les prêcher (*a*).

Cependant aucun n'a encore prêché que ces pratiques dispensent les Chrétiens d'observer le décalogue; il subsiste

---

(*a*) Tableau des Saints, p. 258.

depuis plus de trois mille ans, au grand scandale des Incrédules.

Malgré leur haine contre le culte extérieur, nous soutenons qu'il est nécessaire; il fait souvenir les hommes de l'existence, de la Providence, de la présence de Dieu, de leur propre destinée, des devoirs de société : nous l'avons prouvé ailleurs. Plus les Incrédules s'obstineront à l'attaquer, plus les Prêtres seront ardens à le défendre. Leur devoir est non seulement d'y présider, mais d'en expliquer au peuple les raisons, le sens, les conséquences; ils n'y ont d'autre intérêt que celui que met tout honnête homme aux fonctions dont il est chargé, dont il doit compte à Dieu, à sa conscience & au public.

Ce culte est onéreux aux grands, parce qu'il les rapproche du peuple ; aux voluptueux dont il gêne la mollesse ; aux beaux esprits qui ne veulent rien avoir de commun avec le vulgaire. Leur affectation d'en secouer le joug & de le déprimer, jette sur eux tous une espece d'infamie; ils voudroient l'effacer : furieux de ne pouvoir y parvenir, ils se soulagent par des invectives.

C'est sur-tout dans l'Eglise Romaine que regne le malheur qu'ils déplorent ;

naissance, éducation, mariage, confession, derniers Sacremens, funérailles, prieres pour les morts, tout est entre les mains des Prêtres; c'est là-dessus qu'est fondé leur crédit & leur revenu (a).

Abus terrible ! Une Religion dans laquelle les Prêtres sont nécessaires ne vaut rien pour les Philosophes; elle ne donne à ceux-ci ni crédit, ni autorité, ni revenu: elle les réduit à déclamer tristement dans leur cabinet. Donc il faut la détruire.

Cependant en Angleterre, pays de sagesse & de bénédiction, les Prêtres ont conservé à peu près les mêmes fonctions; toutes les sectes tolérées sont forcées de passer par les mains du Clergé Anglican, qui vend ses services beaucoup plus cher que les Prêtres Catholiques. » L'Eglise
» Anglicane, dit un témoin très-instruit,
» baptise tout, marie tout, enterre tout,
» un peu chèrement à la vérité, mais sans
» distinction de croyance ni de sectes, &
» sans informations; ses droits pour tou-
» tes ces cérémonies, sont une espece
» d'amende qu'elle fait payer aux non-
» conformistes «. Suivant le tarif rapporté

___
(a) Tableau des Saints, p. 262, 263.

par cet Auteur, l'amende est un peu forte (a): le Clergé d'Angleterre gagneroit d'autant moins à la réunion de toutes les sectes, que la plupart de ses anciens priviléges lui ont été conservés.

Il faut donc, au gré des Incrédules, une réforme plus ample, qui supprime le Clergé, & remette l'ordre public entre les mains des Philosophes. Ils laisseront le peuple naître, vivre & mourir comme les brutes : on pourra sans bruit étouffer un enfant à sa naissance, on sera dispensé de lui donner de l'éducation ; au lieu du mariage, la prostitution sera établie ; il sera plus aisé de se défaire d'un ennemi lorsque l'enterrement public sera supprimé, &c. &c. Quel dommage que le genre humain soit assez indocile, pour ne vouloir point se livrer, pieds & poings liés, à la discrétion des Incrédules !

§. XXII.

La politique du Clergé Romain, selon notre grave Moraliste, exige que ses esclaves se corrompent, afin qu'ils soient obligés d'avoir recours à lui ; l'Eglise a trouvé le

---

(a) Londres, tome II, p. 40, 116, 149.

secret de mettre un impôt sur les iniquités des hommes. La confession auriculaire, loin de contribuer à la pureté des mœurs, sert à les dépraver; elles sont devenues meilleures dans les pays d'où la confession a été bannie. Si elles ont changé en mieux ailleurs, ce sont les Lettres qui ont opéré cet effet, & non la Religion. La confession n'est plus un frein, dès qu'elle est devenue une habitude machinale : rien n'est plus propre à diminuer l'horreur du crime que de faire croire aux peuples que des hommes ont le pouvoir de remettre les péchés. Il est impossible que dans une si grande multitude de Prêtres chargés de ce ministere, il ne se trouve un bon nombre de prévaricateurs indulgens par intérêt. Si la confession produit quelque bien, fait prévenir ou réparer de légeres fautes, elle a fait aussi commettre de grands crimes. L'Histoire prouve que c'est dans le confessionnal que se sont machinés les plus grands attentats (a).

Réponse. Il est fort singulier que Jésus-Christ lui-même ait tracé le plan de la

───────────────

(a) Tableau des Saints, 1. part. c. 10, p. 271 & suiv. L'Espion Chinois, tome II, Lett. 24 & 70.

politique du Clergé Romain, en donnant à ses Apôtres le pouvoir de remettre les péchés : sans doute ce divin Maître a eu quelque intérêt à donner ainsi aux Prêtres le moyen de corrompre leurs esclaves. Une calomnie aussi absurde porte sa réfutation avec elle. S'il est vrai, comme quelques Philosophes l'ont écrit, que l'on se confessoit dans les mysteres du Paganisme (a); voilà Jésus-Christ, les Apôtres & le Clergé absous de l'invention détestable de la confession.

Quel impôt l'Eglise a-t-elle mis sur la confession ? Il est de notoriété publique que ce ministere est purement gratuit. C'est une des fonctions les plus difficiles, les plus pénibles, les plus dégoûtantes, dont un Prêtre soit chargé; elle exige surtout à l'égard du bas peuple une patience, une charité, un zele à toute épreuve : on ne voit point que les Ecclésiastiques mondains, ambitieux, déréglés, soient fort empressés de la remplir.

L'Auteur fait, selon sa coutume, un raisonnement ridicule. Selon lui, si les mœurs se sont épurées parmi nous, ce sont les Lettres, & non la Religion ni la

_____
(a) Philos. de l'Hist. c. 37.

confession qui y ont contribué : si la même révolution s'est faite chez les Protestans, ce ne sont plus les Lettres qui l'ont opérée, c'est parce qu'ils ont changé de Religion & ont supprimé la confession. Mais si la Religion elle-même a influé dans la conservation & la renaissance des Lettres, comme nous l'avons prouvé ; comment n'a-t-elle eu aucune part aux effets produits par les Lettres ?

Nous ne convenons point que les mœurs soient devenues meilleures dans les pays d'où la confession a été bannie; les Protestans mêmes nous apprennent le contraire (a).

La confession ne seroit plus un frein, si elle devenoit une habitude machinale : mais les personnes les plus habitués à la confession sont-elles ordinairement les plus vicieuses ? Notre Critique avoue lui-même, que les méchans endurcis & les grands criminels ne vont plus à confesse (b) : la confession est-elle encore responsable de la méchanceté de ceux qui n'en usent point ?

Nous conviendrons qu'un scélérat peut

___

(a) Apol. pour les Cathol. tome II, c. 18 & 19.
(b) Tableau des Saints, p. 274.

être assez pervers pour affecter de fréquenter les Sacremens, afin de ménager sa réputation & d'écarter jusqu'au moindre soupçon de ses crimes ; il a cela de commun avec un Athée vicieux qui ne cesse de parler de morale, & qui garde un extérieur régulier pour mieux cacher son libertinage. L'hypocrisie de l'un ne prouve pas plus que celle de l'autre.

On diminueroit sans doute l'horreur du crime, si l'on enseignoit que des hommes ont le pouvoir de remettre les péchés sans aucune disposition de la part des pénitens, sans regret de leurs fautes, sans résolutions de se corriger, sans réparation des injustices qu'ils ont commises : mais l'Eglise n'a jamais professé cette erreur ; il n'est point de Confesseur assez ignorant pour le croire, ni assez pervers pour vouloir se damner sans intérêt par les absolutions qu'il donne.

Comment l'Histoire a-t-elle pu tenir registre des attentats machinés en confession ? Les Confesseurs ne sont certainement pas allés les révéler, ni s'accuser eux-mêmes ; s'ils n'ont été inculpés que par des criminels, la preuve n'est pas fort solide. Des scélérats assez méchans pour commettre un attentat, ont pu aussi l'être assez pour charger faussement un Confesseur qui ne pouvoit pas se défendre, & qui a dû subir la mort, plutôt que de révéler la confession. Il est triste pour nos adversaires de n'avoir que de pareils témoins à produire des funestes effets de la confession.

De leur aveu, la confession fait prévenir & réparer des fautes légeres : donc elle feroit aussi prévenir & réparer les grands crimes si on les accusoit : donc il est absurde de lui imputer des crimes qui lui ont été soustraits.

Lequel est le plus utile au bien public, qu'un criminel soit persuadé que par une sincere pénitence il peut tout réparer & recevoir le pardon, ou qu'il croye qu'après le premier crime tout est perdu, qu'il n'a plus rien à ménager, qu'avec vingt forfaits de plus il n'en sera ni plus ni moins réprouvé ? Lorsque les Incrédules auront satisfait à cette question, ils pourront répéter à leur aise les déclamations des Protestans contre la confession.

§. XXIII.

L'Auteur du Tableau des Saints conclut, que toutes les institutions du Christianisme ont été l'effet d'une politique profonde de la part de ses Fondateurs & de ses Chefs ; que toutes ont eu pour objet les intérêts du Clergé, puisqu'elles sont devenues pour lui une source intarissable de puissance & de richesses. Il retrace la conduite de Moïse, des Prophetes, de Jésus-Christ, des Apôtres, des premiers Evêques, des Papes, dans toute la suite des siecles, & leurs prétentions auxquelles les Rois & les nations n'ont jamais manqué de prêter leur appui (a).

Réponse. Conclusion digne de ce qui a précédé. L'Auteur a peint Jésus-Christ & ses Apôtres comme des ignorans, des fanatiques, des charlatans mal-adroits : ici il leur prête un plan de politique profonde, qui a embrassé la totalité des nations & toute la durée des siecles, qui a dupé les Souverains & les peuples, qui a été suivi avec une persévérance infatigable pendant dix-huit cents ans, par les Chefs & les Membres du Clergé, dispersés aux quatre coins de l'univers. N'oublions pas d'ajouter, que les Fondateurs de ce plan n'en ont pas profité ; ils se sont livrés aux travaux, à l'ignominie, à la mort, pour

---

(a) Tableau des Saints, p. 278 & suiv.

procurer à leurs succesleurs inconnus une source intarissable de puissance & de richesses aux dépens des peuples aveuglés & réduits à l'esclavage; ils ont même consigné dans leurs Écrits la condamnation formelle de ce plan d'avarice & d'ambition. Ils ont ainsi réuni le détachement parfait & la cupidité la plus ardente, l'ignorance & la sagacité, la scélératesse & la folie; & ils ont communiqué par contagion la même frénésie à tous ceux qui leur ont succédé. Voilà en vérité le tableau le mieux entendu qui ait pu partir du pinceau des Incrédules.

À force d'outrer la malignité, il n'en reste qu'un ridicule ineffaçable sur le front de nos adversaires. Il est glorieux au Christianisme de n'être attaqué que par des cerveaux aussi mal organisés; sa meilleure apologie est l'absurdité même des calomnies rassemblées dans leurs Écrits. » Ne craignez rien, disoit Jésus-Christ à » ses Disciples, je vous donnerai une » éloquence & une sagesse à laquelle vos » ennemis ne pourront résister (a) «. Il est dit ailleurs: Je confondrai les prétendus Sages par leur propre malignité: *com-*

(a) Luc, c. 21, ℣. 15.

Tome XII.   G

prehendam sapientes in astutiâ eorum (*a*). Ces deux oracles sont accomplis, & le plan de politique profonde est très-bien vérifié dans l'un & l'autre point. Il n'en faudroit pas davantage pour nous confirmer dans notre foi.

§. XXIV.

Il reste un reproche plus grave répété par la plupart des Incrédules. Il y a eu, disent-ils, dans tous les siecles un concert entre les Rois & les Prêtres pour asservir les peuples. » Quand, par une » collusion sacrilége entre l'Autel & le » Trône, on eut associé Dieu à l'épée, » que faisoit la morale de l'Evangile, » qu'enhardir la tyrannie par l'obéissance » passive, que cimenter l'esclavage par le » mépris des biens & des sciences, qu'a- » jouter enfin à la crainte des Grands la » crainte des Démons (*b*) « ?

Réponse. D'autres Philosophes ont formé la même accusation contre le corps

---

(*a*) I. Cor. c. 3, ⅴ. 19.

(*b*) Histoire des Etablissemens des Européens, tome VII, c. 14, p. 235. Syst. Social, 2. part. c. 10. De l'Homme, tome II, p. 562. Polit. nat. tome II, p. 28.

de la Nobleſſe (*a*). Si le crime dont on parle étoit dans la nature humaine, il y auroit plus de probabilité à en ſoupçonner la haute Nobleſſe qui environne les Rois, qui réunit preſque toutes les graces, qui a plus de part au Gouvernement que le Clergé. Dans la vérité, cette calomnie ſera toujours abſurde, quel que ſoit le corps ſur lequel on la fera retomber. Il eſt naturel à chaque particulier de déſirer des richeſſes, du pouvoir, de l'autorité, de s'attacher conſéquemment au Souverain qui en eſt le diſtributeur, de maintenir ſon pouvoir qui en eſt la ſource premiere. Si nos Philoſophes, dont l'ambition eſt aſſez prouvée, ſe trouvoient à portée de ſaiſir cet appas, ils s'y livreroient avec plus de fureur que les autres hommes. Mais qu'un corps entier, dont les membres épars ont néceſſairement divers intérêts, des vûes, des idées, des projets ſouvent oppoſés, conſpire par une colluſion ſacrilége à écraſer les peuples ſous le joug de l'autorité ſuprême, ſans prévoir que le contre-coup peut retomber ſur chaque particulier, ſur ſes

---

(*a*) Syſtême Social, 2. part. c. 6. Polit. natur. 4 - diſc. §. 16.

proches, sur les générations futures ; c'est un trait de démence qui ne peut éclore que dans l'imagination de nos adversaires.

Nous ne connoissons de collusion sacrilége qu'entre les différentes sectes d'Incrédules pour calomnier l'Evangile, pour décrier le Gouvernement, pour soulever les peuples contre le Trône & l'Autel : mais cette collusion ne peut en imposer à personne, puisque la plupart de leurs calomnies se contredisent.

Ce n'est point la morale de l'Evangile ou des Prêtres, qui a rendu les Souverains despotes à la Chine, dans les Indes, en Perse, en Turquie, & dans la plupart des contrées de l'Afrique; ce n'est pas elle qui avoit inspiré aux Conquérans du Nord le projet d'asservir les peuples de l'Empire Romain; c'est elle au contraire qui a modéré leur despotisme & leur férocité. Il n'y a chez aucune nation Chrétienne point de gouvernement aussi dur que celui des peuples dont nous venons de parler. A quel cause en est-on redevable, sinon à la la Religion Chrétienne & à la morale de l'Evangile ? Ses dogmes, son culte, ses loix se réunissent à inspirer l'esprit de charité, de fraternité, d'égalité morale entre tous les hommes : comment tirera-t-on de là des leçons de defpotifme pour les Princes, & d'efclavage pour les peuples ?

Lorfque l'on trouve dans l'Hiftoire quelques traits de réfiftance de la part des Prêtres aux volontés injuftes des Souverains, on les accufe de révolte & de fédition : fi dans des temps de trouble quelques-uns ont prêché des maximes contraires à l'obéiffance, on leur reproche ce crime qui leur a été commun avec tous les autres ordres de l'état : lorfqu'ils exhortent les peuples à la foumiffion, ils font accufés de connivence avec les Rois pour réduire les peuples en efclavage. Quels hommes, quels cerveaux que les Incrédules! Ils peuvent prêcher tant qu'ils voudront leurs maximes féditieufes, les Prêtres n'auront jamais de collufion avec eux.

Ce phénomene n'eft pas nouveau. Les Sectaires du feizieme fiecle commencerent par infpirer aux Rois la défiance & la haine contre le Clergé ; ils finirent par prêcher aux peuples la révolte contre les Rois (a): nos Philofophes joignent ces deux excès enfemble ; cela eft encore mieux (b).

(a) Bayle, Avis aux Réfugiés.
(b) 9e. Lettre écrite de la Montagne, p. 359. Lettre à M. de Beaumont, p. 92.

Selon l'Auteur des Etablissemens des Européens dans les Indes, c'est le Christianisme qui a énervé les Polonois, qui les réduit à se laisser hacher par les Russes & enrôler par les Prussiens, qui fait garder au peuple la neutralité entre ses voisins & ses Palatins. Pourquoi ne pas ajouter encore que c'est le Christianisme qui a forcé les Turcs à se laisser battre par les Russes, & piller par leurs Bachas? Nous sommes dispensés de répondre sérieusement à de pareilles inepties.

§. XXV.

Pour résumer en peu de mots tout cet article, il est évident qu'en partant même des principes & des aveux de nos adversaires, tout l'avantage demeure à la morale Chrétienne.

1°. Elle est irrépréhensible; elle n'enseigne rien de contraire à la loi naturelle, à la justice, aux intérêts de l'humanité; les Incrédules ne peuvent y trouver des défauts qu'en la prenant à contre-sens; ils n'en sont venus là que par désespoir, après l'avoir louée lorsqu'ils étoient Déistes. Les Philosophes anciens ou modernes qui ont voulu fonder la morale sur la nature, sur nos intérêts, sur le désir du bonheur, ont tous canonifé des vices & juftifié des abus : nous l'avons vu, en parlant de la morale des Philofophes dans notre premiere Partie.

2°. Pour porter l'homme au bien, pour l'engager à réprimer fes paffions, la morale Chrétienne réunit tous les motifs poffibles ; elle concilie les intérêts de cette vie avec ceux de l'autre ; elle ne défend à l'homme de céder aux premiers, que quand ils fe trouvent en oppofition avec les feconds. Il eft des cas où la vertu, loin de nous procurer aucun avantage pour ce monde, en exige au contaire le facrifice, où un homme de bien ne peut faire fon devoir fans s'expofer à l'ignominie & à la haine publique. Quel motif peut avoir alors un Athée de les braver & d'acquitter fa confcience ? C'eft dans ces circonftances périlleufes que l'efpoir des biens éternels nous foutient, éleve l'homme au deffus de lui-même, le rend capable de tout fouffrir plutôt que de trahir fon devoir. Un acte de vertu héroïque peut être méconnu, ignoré, attribué à un motif vicieux, puni même comme un crime ; chez les nations dépravées & corrompues, il eft très-rare que la vertu obtienne les hommages qui lui font dus ; le facrifice qu'un citoyen fait de sa vie pour sauver sa Patrie, ne peut recevoir aucune espece de récompense en ce monde. Dans tous ces cas & autres semblables, les Athées sont forcés de convenir que leur morale est impuissante.

Les motifs sur lesquels ils l'appuient ne peuvent faire impression que sur des hommes capables de réflexion & de sentiment, accoutumés à prévoir les conséquences de leurs actions; ces hommes ne sont pas le plus grand nombre : les motifs proposés par la Religion sont à la portée des plus ignorans. Le crime seul peut nous ravir l'espérance des biens éternels.

3°. Les récompenses temporelles de la vertu ne peuvent avoir lieu que pour ceux qui jouent un rôle important dans le monde. Quelle gloire, quelle considération, quelle reconnoissance peuvent espérer les pauvres, les citoyens obscurs, condamnés par la fortune au dédain & au mépris de leurs semblables ? Il en est des vertus comme des arts, les plus ignobles sont les plus nécessaires. S'il n'y a pas un Dieu scrutateur des cœurs qui pese le mérite des actions, non selon le degré de leur importance, mais selon l'étendue de la bonne volonté, quelles feront les espérances des trois quarts du genre humain ?

4°. A des promesses sublimes la morale Chrétienne ajoute de grands exemples : un Dieu fait homme, qui ne commande rien que ce qu'il a fait lui-même ; voilà ce qui a produit des héros & des martyrs. Lorsque nous verrons parmi les Athées des modeles de vertu aussi parfaits que les Saints dont nous honorons la mémoire ; lorsqu'ils se seront dévoués au secours de l'humanité comme ont fait tant de victimes de la charité Chrétienne, nous pourrons prendre confiance à leur morale.

5°. En joignant aux devoirs de la loi naturelle les conseils évangéliques, Jésus-Christ a fait voir qu'il connoissoit mieux la nature humaine que les Philosophes. On ne peut donner à l'homme une trop haute idée de la perfection à laquelle il peut s'élever avec le secours de la grace divine. Dès qu'il est pénétré de la noblesse de son origine, de la grandeur de sa destinée, des pertes qu'il a faites, des moyens qu'il a de les réparer, du prix que Dieu met à notre ame, il n'est rien dont il ne soit capable. La philosophie qui le dégrade, qui le concentre dans un étroit égoïsme, lui ôte le courage & les forces. Plusieurs Stoïciens ont fait honneur par leurs vertus à la nature humaine; les Epicuriens par leur inertie sembloient avoir conjuré de l'avilir, & de la réduire au niveau des brutes, comme ils le faisoient déja par leur doctrine.

6°. La voie la plus sûre d'évaluer la morale, est d'en juger par les effets. Celle des Philosophes n'a jamais rien opéré sur le gros des nations, elle n'a pas seulement été connue : celle de Jésus-Christ a changé la face de l'univers, policé les peuples, adouci leur sort dans les révolutions terribles qui sont survenues dans l'univers. Son influence est palpable, quand on compare l'état des nations Chrétiennes avec celles qui ne le sont pas. Les effets merveilleux que les Incrédules attribuent à leur morale, n'ont jamais existé que dans leur imagination ; ils ne peuvent en citer aucun exemple. Outre les faits par lesquels nous prouvons les salutaires effets de l'Evangile, nous alléguons encore l'exemple des nations que l'Epicuréisme a corrompues, & dont il a précipité la ruine.

Nous touchons peut-être à ce fatal période. Des ames énervées par un luxe poussé à son comble, ne sont plus capables de sentir la vérité, l'excellence, la nécessité d'une morale qui ne fait grace à aucun vice, qui exige des vertus supérieures aux forces de la nature. Semblables à un malade qui ne peut supporter, ni ses maux, ni les remedes (a), les Philosophes s'en prennent au Médecin qui travaille à les guérir.

7°. Enfin plusieurs sont convenus de l'impuissance & du défaut essentiel de leur morale. « Le patriotisme, disent-ils, & » l'humanité sont deux vertus incompa- » tibles dans leur énergie, & sur-tout » chez un peuple entier ; le Législateur » qui les voudra toutes deux n'obtiendra » ni l'une ni l'autre : il est impossible de » former à la fois un homme & un ci- » toyen (b) ». Cependant le Christianisme a souvent opéré ce prodige. Dieu nous préserve d'un patriotisme qui étouffe l'humanité, ou d'une humanité philosophique qui anéantit le patriotisme.

(a) *Ad hæc tempora, quibus nec vitia nostra nec remedia pati possumus, perventum est.* Tit. Liv. Proëm.

(b) Emile, tome I, p. 9 & 12. 1e. Lettre écrite de la Montagne, p. 35.

CHAPITRE ONZIEME.

Récapitulation de la troisieme Partie ; Conclusion de l'Ouvrage.

§. I.

Après une navigation longue & périlleuse, le Voyageur arrive avec plaisir au terme de sa course ; telles sont nos dispositions à ce moment. Poursuivis sans relâche par une troupe de corsaires, nous leur avons fait face par-tout où il leur a plu de nous attaquer ; ils ne nous ont fait ni succomber, ni reculer : nous espérons qu'ils ne remporteront d'autre fruit du combat, que la honte attachée de tout temps à leur métier.

Nous avons envisagé la Religion Chrétienne sous toutes ses faces & dans toutes ses parties ; ses titres, son Auteur, ses premiers Prédicateurs, ses progrès, ses combats, ses ennemis, ont passé en revue : nous en avons examiné les dogmes, la morale, le culte extérieur, la discipline, la constitution ou le fondement de sa perpétuité ; ses effets sur les particuliers

& fur les nations, ses acquisitions & ses pertes. Dans toutes ces discussions nous n'avons dissimulé aucun des coups qui lui ont été portés ; nous avons fidélement copié dans les écrits de nos adversaires les raisonnemens, les faits, les reproches, les invectives mêmes ; nous avons moins à craindre l'accusation de négligence, que celle d'une exactitude trop minutieuse. Si nous n'avons pas eû le talent de repousser les objections avec tout l'avantage que pouvoit donner la bonté de la cause que nous soutenons, nous y avons travaillé du moins avec toute la droiture & la bonne foi que l'on avoit droit d'exiger.

Cimentée d'abord par le sang de son Auteur & de ses premiers Ministres, notre Religion n'a cessé d'essuyer des assauts dans tous les siecles. Les Tyrans & les Philosophes, les Hérétiques & les Incrédules, les hommes vicieux & les barbares, se sont relayés tour à tour pour ébranler l'édifice que Dieu avoit construit ; il est demeuré ferme. *Je fonderai mon Eglise sur la pierre, & les portes de l'Enfer ne prévaudront point contre elle.... Ne craignez rien, troupeau foible & méprisé, il a plu à votre pere de vous destiner l'Empire.... Lorsque j'aurai été élevé de terre, j'attirerai tout à moi.... Mon Evangile sera prêché par-tout le monde* (a). Si ces promesses ont dû paroître fort étonnantes lorsqu'elles partirent de la bouche de Jésus-Christ, leur accomplissement, qui dure depuis dix-sept siecles, doit nous surprendre bien davantage.

Cet état continuel de guerres & de combats, est aux yeux de nos adversaires, un signe de réprobation; ils opinent à détruire une Religion qui n'a cessé de troubler le monde. Disons mieux, elle ne seroit digne que de mépris, si elle ne le troubloit point. La Religion n'est point faite pour fomenter les passions, les erreurs, les foiblesses, les vices de l'homme, mais pour les réformer. L'homme n'adoptera jamais sans résistance une croyance qui l'humilie, une morale qui le gêne, un culte qui l'assujettit, une autorité qui le captive. Y a-t-il des loix qui n'aient trouvé des mécontens & des contradicteurs?

Les Philosophes croient se ménager de brillans succès en flattant les penchans de l'humanité, en approuvant ce que la rai-

───────────────

(a) Matt. c. 16, ℣. 18. Luc, c. 12, ℣. 32. Joan. c. 12, ℣. 32.

son & la Religion condamnent. Empyriques aveugles ! les hommes, tout corrompus qu'ils sont, sentent que vous aigrissez leurs maux plutôt que de les guérir ; il leur faut des remedes, vous leur offrez des palliatifs ; ils finiront par vous détester.

Vous n'êtes point malades, s'écrient nos subtils charlatans ; vos maux ne sont qu'imaginaires ; étudiez votre tempérament, il est excellent ; suivez votre goût, il est sûr ; laissez agir la nature, vous jouirez d'une santé parfaite. Cependant le mal s'enracine & fait des progrès, il devient épidémique, & bientôt l'athmosphere en est infecté. L'un périt sans ressource en persévérant dans sa démence ; l'autre à l'agonie tend les bras au Médecin qu'il avoit congédié : quelques-uns plus sages se préservent de la contagion, en déplorant le malheur de leurs freres ; d'autres, plus hardis, élevent la voix, confondent les empoisonneurs, & démasquent leur imposture. Parmi ces divers personnages, quels sont les vrais amis de l'humanité ?

§. I I.

Il ne nous reste qu'à réunir en abrégé les preuves de la divinité du Christianifme, à peu près dans le même ordre que nous les avons expofées.

1°. Le Chriftianifme n'eft point un édifice ifolé qui ne tienne à rien ; c'eft la fuite d'un plan général, conçu & fuivi conftamment par la providence divine depuis le commencement du monde. Nous avons vu la révélation donnée d'abord au premier homme marcher du même pas que la nature, avancer majeftueufement avec la fuite des fiecles, fe développer à mefure que le genre humain faifoit des progrès & fentoit de nouveaux befoins. Les trois époques de la Religion révélée font exactement relatives à l'état contemporain de la fociété. La loi primitive étoit adaptée à l'état des peuplades naiffantes & des nations au berceau ; la loi écrite à celui d'une fociété formée, mais encore féparée des autres par les préjugés & les jaloufies qui ont tenu fi long-temps les peuples dans un état de guerre : la loi Chrétienne étoit deftinée au genre humain mieux civilifé, réuni par la culture des Arts, des Sciences, du Commerce, & à tirer de la barbarie les nations qui s'obftinoient à demeurer encore dans l'état fauvage.

Nous n'avons plus befoin de répondre

à ceux qui demandent pourquoi Dieu a si long-temps différé ce bienfait; l'événement parle pour nous. Dieu attendoit de la part de l'homme le degré de maturité nécessaire pour en profiter; il conduit l'ordre surnaturel comme il régit la nature. Sa providence agit lentement; cette lenteur même est un effet de la sagesse profonde dont l'homme ne peut saisir que des traits passagers. Il s'impatiente, parce que sa durée est très-bornée; Dieu éternel, présent à l'immensité des siecles, n'a jamais aucune raison de se presser.

Sous la premiere époque, Dieu a voulu que l'homme fût instruit par la tradition domestique; il ne pouvoit encore en avoir d'autres : sous la seconde, par la tradition nationale; hors de là, les Juifs ne trouvoient que des erreurs : sous la troisieme, par la tradition universelle ou la *Catholicité* : une Religion révélée ne peut & ne doit point se perpétuer autrement que par tradition.

Ce plan sage & sublime, qui embrasse toute la durée des temps, n'est certainement pas l'ouvrage de l'homme; il n'a pu éclore dans l'esprit d'un habitant de la Judée : c'est lui cependant qui nous l'a révélé; nous le tenons de ses disciples. Ce trait seul de divinité suffiroit pour nous faire prosterner au pied de Jésus-Christ.

Par-là sont condamnées sans ressource les Religions isolées, qui sont nées sans préparatifs & hors de l'ordre général de la Providence. Elles n'ont ni titres, ni ancêtres, ni relation avec l'état du genre humain; elles le défigurent, & ne semblent permises par la justice divine que comme les autres fléaux, pour en retarder les progrès. Les Déistes qui nous prêchent la Religion naturelle, veulent faire retomber le genre humain dans l'enfance. Mais après six mille ans de durée, il est assez vieux pour être parvenu à l'âge viril, & il n'est pas encore assez caduc pour revenir au point d'où il est parti.

2°. Cette chute des Déistes n'est ni un effet du hasard, ni le dernier pas à faire: elle aboutit au tombeau. Au bout du souterrain dans lequel ils veulent marcher sans le flambeau de la foi, il est un abyme qu'ils n'avoient pas vu; l'Athéisme: ils ne peuvent manquer de s'y précipiter. Dès que l'on s'écarte du Christianisme Catholique, ou il faut cesser de raisonner, ou il faut de conséquence en conséquence passer de l'hérésie au Socinianisme, de celui-ci au Déisme, du Déisme à l'Athéisme pur, & même au Pyrrhonisme absolu. Nos Déistes modernes ont sauté les premiers pas; mais leurs prédécesseurs avoient fait la cascade pour eux. Nous en avons démontré la nécessité par les principes : la marche effective de l'irréligion a confirmé notre théorie par le fait; l'art de *décroire* est aussi méthodique & aussi étroitement lié que le système de la foi (*a*).

De là résulte une preuve invincible de la vérité du Christianisme tel que nous le professons, de la sagesse de son plan, de l'enchaînement immuable de ses principes. En fait de Religion, *tout ou rien*, point de milieu. Le captif n'a pas si-tôt brisé le premier anneau de la chaîne, qu'il est obligé de rompre tout le reste, sans pouvoir s'arrêter. Il nous paroît mieux de demeurer comme nous sommes, que de devenir Pyrrhoniens à force de Logique, ou de déraisonner par nécessité de système.

Nos adversaires eux-mêmes nous ont prévenus contre leurs Livres. Lorsqu'ils étoient Déistes, ils ont forgé des faits, des calomnies, des raisonnemens, des conjectures de toute espece, pour étayer

---

(*a*) Encyclop. *Unitaires*.

le Déisme. Devenus Athées, ils sont les premiers à détruire leurs impostures, à renverser l'édifice de mensonge qu'ils avoient opposé à la Religion. Quelle confiance pouvons-nous donner à tout ce qu'ils disent aujourd'hui en faveur de l'Athéisme? Demain peut-être ils épouseront un autre système, & se réfuteront de nouveau.

§. III.

3°. Vainement nous avons cherché une Religion raisonnable chez les nations les plus célebres de l'univers. Egyptiens, Chinois, Indiens, Perses, Grecs, Romains, Arabes, peuples anciens ou modernes, du Nord ou du Midi, tous ont donné à peu près dans le même écueil; barbares ou policés, ignorans ou philosophes, ils n'ont pas été plus avancés. Dès qu'ils ont perdu de vue la révélation primitive & les leçons de nos premiers Peres, un aveuglement général les a saisis. Il s'est augmenté à mesure que ces nations se civilisoient & s'éclairoient d'ailleurs; les progrès qu'elles ont faits dans d'autres genres, n'ont servi qu'à rendre leurs erreurs plus incurables. Entre le Christianisme & le comble de l'absurdité en fait de Religion, point de milieu. Dieu n'a pas voulu qu'une Religion vraie fût l'ouvrage de la raison seule, puisque partout où celle-ci a eu le plus de confiance à ses propres forces elle s'est égarée. Il falloit que Dieu parlât pour éclairer l'homme : où a-t-il parlé d'une maniere plus frappante & plus digne de lui, que par la bouche de Jésus-Christ? Les Livres Saints sont les seuls qui représentent Dieu tel que nous avons besoin qu'il soit ; infiniment bon, patient, miséricordieux, indulgent, plein de tendresse pour ses créatures ; sage, puissant, prévoyant, qui a réglé de toute éternité le plan de sa providence, qui a daigné révéler de loin ses desseins, afin que leur accomplissement démontrât l'opération de son bras.

4°. Le Judaïsme a eu toutes les marques d'une Religion divine, mais elle n'étoit pas destinée à tous les hommes. Elle étoit locale, faite pour un seul peuple, adaptée à l'état d'inimitié & de guerre dans lequel ils étoient tous. Elle préparoit à une révélation plus générale, puisqu'elle annonçoit un Médiateur, la conversion & la réunion des peuples par son ministere. La nation des Juifs dispersée, l'impuissance dans laquelle elle se trouve depuis dix-sept siecles de former une république, son culte aboli, les promesses accomplies, la révolution exécutée au temps marqué, nous font reconnoître dans Jésus-Christ le Chef & le Législateur prédit par Jacob, le fils d'Abraham, dans lequel toutes les nations de la terre sont bénies. Avant qu'il parût, les fondemens de son ministere étoient jetés, ses caracteres désignés, ses succès annoncés. Les deux premieres parties du plan de la Providence étoient remplies, la troisieme occupe actuellement sa place : ce n'est qu'à cette derniere époque que ce plan sublime a été révélé. Il s'étend à tous les siecles, il est digne de la sagesse & de la bonté divine : qu'avons-nous à désirer encore ? Essayerons-nous de rompre *la chaîne par laquelle Dieu embrasse l'univers, & le tissu dans lequel il enveloppe toutes les nations* (a) ? Les Incrédules s'en flattent peut-être : il ne dépend pas plus d'eux de disposer de l'avenir, que de déranger le passé.

§. IV.

5°. Outre ces preuves extérieures au Christianisme, qui ont précédé & préparé

(a) Isaïe, c. 25, ℣. 7.

sa naissance, il nous présente en lui-même tous les caracteres d'une Religion divine. Son Auteur, dans toutes les circonstances de sa vie, a montré une sagesse, une sainteté, un courage supérieurs à l'humanité. Il n'avoit à l'extérieur ni le crédit des Prêtres Egyptiens, ni la considération dont jouissoit Confucius, ni la politique des Philosophes Indiens, ni l'ascendant de Pythagore, ni l'autorité de Numa : mais il n'a eu non plus ni la férocité ambitieuse de Zoroastre, ni la voluptueuse brutalité de Mahomet. Son pouvoir étoit divin ; il a persuadé par ses vertus, par ses miracles, par ses souffrances. Populaire, affable, indulgent, miséricordieux, charitable, ami des pauvres & des ignorans, simple dans sa conduite & dans ses leçons, il n'affecte ni une éloquence fastueuse, ni un rigorisme outré, ni des mœurs austeres, ni un air réservé & mystérieux. Il n'a eu en vue que la gloire de Dieu son pere, la sanctification des hommes, le salut & le bonheur du monde. Patient jusqu'à l'héroïsme, modeste & tranquille dans les souffrances, il les a supportées sans foiblesse & sans ostentation ; il est mort en demandant grace pour ses accusateurs, ses juges & ses bourreaux. Le monde avoit déjà vu des juſtes perſécutés & ſouffrans ; il n'en avoit vu aucun bénir Dieu dans les ſupplices, & offrir ſon ſang pour l'expiation des iniquités de la terre. C'eſt par Jéſus-Chriſt que cette maniere de mourir a commencé, elle s'eſt perpétuée parmi ſes diſciples. La nature ne va point juſques-là ; Dieu ſeul peut inſpirer de tels ſentimens aux hommes.

6°. Les miracles de Jéſus-Chriſt ont été tous des œuvres de charité ; il n'a uſé de ſon pouvoir divin que pour guérir des malades, nourrir des pauvres, conſoler des affligés, reſſuſciter des morts tendrement aimés. Il a opéré ces prodiges ſans intérêt, ſans vanité, ſans affectation ; il a refuſé d'en faire, ſoit pour contenter la curioſité, ſoit pour punir ſes ennemis : on les obtenoit de lui par des prieres, par la confiance, par la docilité. Nous ne trouvons point ces caracteres dans les prodiges fabuleux qu'une aveugle crédulité attribue à des impoſteurs. Ceux-ci n'aboutiſſoient qu'à étonner ou à corrompre les hommes ; ceux du Sauveur étoient deſtinés à les éclairer & à les ſanctifier.

7°. Doué du don de prophétie, Jéſus-Chriſt l'a fait éclater, non ſeulement en développant le ſens des anciens oracles,

&

& en montrant leur accomplissement dans sa personne, mais en prédisant ce qui devoit lui arriver à lui-même, & ce qui devoit survenir après sa mort dans l'établissement de son Eglise. La chaîne des anciennes prédictions terminée en lui & par lui (a), n'avoit plus besoin d'être prolongée; le plan général de la Providence a été rempli par la prédication de l'Evangile.

§. V.

8°. Cet établissement de l'Eglise, commencé par les miracles de son Fondateur, a été cimenté par ceux de ses disciples, & affermi par ceux des Saints. Une Religion telle que la nôtre n'a pu réunir par un autre moyen des peuples si divisés par leurs mœurs, leurs idées, leurs prétentions, leur orgueil national. Indépendamment des préjugés anciens, sacrés, universels, auxquels le monde entier étoit asservi, il y avoit des Philosophes; plusieurs ont été convertis. Ces hommes, si prévenus de leur propre mérite, n'ont pas coutume de céder aux raisonnemens; ils ont donc été persuadés par des miracles.

(a) *Omnes Prophetæ & Lex usque ad Joannem prophetaverunt.* Matt. c. 11, ⅴ. 13.

Que les Juifs aient consenti à fraterniser avec des Païens ; que ceux-ci aient pris des Juifs pour maîtres ; que l'Asie ait été changée par des pêcheurs, la Grèce instruite par des ignorans, Rome subjuguée par des pauvres, les Barbares apprivoisés par des Saints ; ou ce sont là des miracles, ou il en a fallu pour opérer de tels phénomenes.

Ceux qui nient les miracles, nous paroissent obstinés à les multiplier. Selon leur opinion, une doctrine absurde a plu à des Philosophes aussi bien qu'à des hommes stupides ; une morale fanatique & impraticable a supplanté une morale très-licencieuse, adaptée au climat, au goût, aux intérêts des peuples ; un culte ridicule & triste a pris la place de cérémonies pompeuses & riantes, qui flattoient la vanité des nations ; un ministere ambitieux, fourbe, tyrannique, a fait prévaloir ses droits à ceux des Souverains ; une intolérance barbare a succédé à la liberté des opinions dont tous les hommes étoient jaloux : tout cela s'est fait sans miracle, par la prédication d'un artisan de Judée, & de douze Jongleurs maladroits. Il nous paroit plus difficile de faire un acte de foi sur ce prodige, que sur tous ceux de l'Evangile.

9°. Il n'est pas étonnant qu'une Religion établie par des moyens évidemment surnaturels ait inspiré aux Martyrs le courage de mourir pour elle. Les Disciples de Jésus-Christ, témoins oculaires de ses miracles, les premiers Martyrs qui avoient vu ceux des Apôtres, les Chrétiens des siecles suivans qui ne pouvoient en douter, en subissant la mort pour une Religion à laquelle ces faits servoient de base, en ont scellé de leur sang la réalité. Jamais on n'a pu citer l'exemple d'un homme qui se soit livré au supplice pour attester la vérité de faits faux & controuvés, ou incertains, & dont il n'avoit aucune preuve. L'on peut alléguer sans doute des entêtés morts pour des opinions fausses dont ils étoient infatués, & desquelles ils ne vouloient pas se départir ; on n'en connoît point qui aient bravé les tourmens pour soutenir des faits dont ils n'étoient pas convaincus. Rien n'est plus aisé que de se tromper sur des opinions ; mais il est impossible de se faire illusion sur des faits dont les sens sont juges compétens & irrécusables. On peut prendre pour des miracles, des faits qui sont seulement étonnans & merveilleux : mais ceux de l'Evangile sont de telle nature, que le surnaturel en est aussi palpable aux ignorans qu'aux Philosophes.

§. VI.

10°. La doctrine, fondée sur ces titres, porte d'ailleurs avec elle la preuve de son origine. Elle renferme plusieurs mysteres inconcevables : mais outre que les mysteres sont inévitables dans tous les systêmes, même dans l'Athéisme, ceux qu'enseigne l'Evangile sont la base d'une morale pure, sublime, divine ; ils l'appuient par des motifs surnaturels, ils lui donnent un plus puissant attrait, ils élevent l'ame au dessus des sentimens de la nature ; en humiliant l'esprit, ils attendrissent le cœur & raniment le courage. Les mysteres de l'incrédulité, & ceux des Religions fausses, produisent un effet contraire ; s'ils confondent la raison, ils énervent la nature. Nous avons observé plus d'une fois, que les Incrédules réussissent à l'égard des mysteres comme à l'égard des miracles ; en voulant les supprimer, ils les multiplient.

Il falloit à l'homme des mysteres vrais, parce qu'il s'en étoit formé de chimériques ; il falloit humilier sa raison, puisqu'en croyant la suivre il s'étoit laissé gui-

DE LA VRAIE RELIGION. 173
der par une fausse lueur; il falloit le sanctifier par la foi, dès qu'il s'étoit égaré & corrompu par la philosophie. Les partisans de celle-ci se révoltent contre les mysteres, & ce sont eux qui les ont rendus nécessaires.

11°. Vainement les Incrédules ont calomnié la morale Chrétienne, ils lui rendoient autrefois plus de justice. Saint Augustin en a tracé le tableau en parlant de l'enseignement de l'Eglise Catholique. » Vous, seule épouse de Jésus-Christ, » vraie mere des fideles, donnez à vos » enfans les leçons qui conviennent à leur » état, à leur âge, à leur capacité, à leur » caractere. Vous apprenez aux femmes » à être soumises & fideles à leurs maris, » non pour satisfaire leur lubricité, mais » pour leur donner des enfans & partager » avec eux les soins d'une famille : aux » maris, que leur autorité n'est point un » empire tyrannique sur le sexe foible, » mais un lien de tendresse & de dou- » ceur : aux enfans, que leur obéissance » doit partir du cœur : aux peres, que » leur pouvoir doit être tempéré par l'a- » mour. Vous établissez entre les freres » un lien de Religion plus fort & plus » sacré que celui du sang; entre les pa-

H 3

» rens & les alliés une charité plus tendre
» que les affections mêmes de la nature.
» Vous adoucissez aux serviteurs la né-
» cessité d'obéir, en avertissant les maîtres
» de la fraternité spirituelle que Dieu a
» formée entre eux & leurs serviteurs,
» en les exhortant à gouverner par la
» raison plutôt que par la force. La tige
» commune à laquelle vous faites remon-
» ter notre origine, établit entre les con-
» citoyens, entre eux & les étrangers,
» entre les peuples mêmes qui ne se con-
» noissent point, non seulement le repos
» & la paix, mais l'union & la fraternité.
» Vous prescrivez aux Rois la justice &
» la vigilance, aux sujets l'attachement &
» la soumission. Vous apprenez à tous à
» distinguer ceux auxquels on doit de
» l'honneur ou de l'amour, du respect ou
» de la crainte, de la consolation ou des
» conseils, des avis ou des corrections,
» des menaces ou des supplices ; en posant
» pour principe que l'on ne doit pas tout
» à tous, mais de la charité à tous, sans
» faire injustice à personne (a) «. Ce n'est
là ni le ton ni la méthode selon lesquels
les Philosophes ont enseigné les hommes.

(a) S. Aug. L. de Morib. Eccles. Cathol. c. 39.

§. VII.

12°. Quand on prend le véritable esprit du culte extérieur, on sent que celui du Christianisme n'est point une invention des hommes, ni un effet de la superstition. Dans toutes ses pratiques, il réunit un triple avantage que les Législateurs humains n'ont pas su donner à leurs institutions. C'est une profession de foi qui conserve le dogme, & le met à couvert des attentats des novateurs; une leçon de morale qui rappelle aux fideles tous leurs devoirs; un lien de société qui sert à maintenir l'ordre, la sécurité, le repos, le bonheur des citoyens, & assure l'effet des loix civiles par un motif plus doux que celui de la crainte. La discipline de l'Eglise & sa hiérarchie concourent au même but. Nous avons justifié ces trois parties de la Religion contre les faux reproches des Incrédules.

13°. L'objet principal de tout cet appareil extérieur est la sûreté, la perpétuité, l'immutabilité de l'enseignement. Par un trait de sagesse profonde, le divin Auteur du Christianisme a voulu que sa doctrine portât sur la base inébranlable de la certitude morale, & parvînt aux oreilles des simples fideles par la même voie que toutes les autres institutions de la société. En établissant pour regle de foi, non le degré de capacité des Maîtres, ou la mesure de l'intelligence des Disciples, non la lettre nue des Livres & des monumens, ou les discussions de la critique, mais la tradition universelle, constante, uniforme de l'Eglise; Jésus-Christ a pourvu également au salut des simples, & à celui des savans, a prévenu l'anxiété des uns & l'infidélité des autres. Ici le Théologien n'est pas plus privilégié que l'ignorant, ni le pasteur que le troupeau. Tous sont instruits par le même organe, dirigés par la même regle, retenus par la même autorité. Ce qui est cru & professé par tous les membres, dans tous les lieux, dans tous les temps, telle est la foi de l'Eglise, la vraie doctrine de Jésus-Christ : *Quod ab omnibus, quod ubique, quod semper* : hors de là, ce n'est plus la foi, c'est l'opinion.

§. VIII.

14°. La divinité de l'Evangile est encore prouvée par la révolution que le Christianisme a produite dans les mœurs de tous les peuples ; phénomene attesté par la différence que nous voyons entre les nations Chrétiennes, & celles qui ne le sont pas. Que les premieres aient changé en mieux; que leur état soit plus heureux que celui des autres, c'est un point trop évident pour qu'il puisse être obscurci par les clameurs des Incrédules. La police, la décence, la douceur de la société, la modération du gouvernement, la liberté civile, la culture des Sciences & des Arts, l'*humanité*, en un mot, ne se trouvent que dans les lieux où Jésus-Christ est adoré. Il y est survenu comme ailleurs de grandes & funestes révolutions politiques; la Religion les a insensiblement réparées. Dans les autres contrées de l'univers, les maux paroissent incurables; le laps des siecles n'a servi qu'à les redoubler; le genre humain y paroît aussi peu policé qu'il l'étoit il y a quatre mille ans. Philosophes, voilà de quoi exercer votre zele; c'est là qu'il faudroit porter vos plans de législation. Les peuples qui ont cessé d'être Chrétiens, sont retombés dans la barbarie; les Sauvages qui ont embrassé le Christianisme, se sont rapidement civilisés; les nations qui ont eu le bonheur d'y persévérer, ont augmenté leurs avantages. Tout cela peut-il être l'effet du hasard?

15°. Mais la destinée de cette Religion divine est de ne jouir jamais de la paix, d'avoir toujours des ennemis à combattre; elle en aura jusqu'à la fin des siecles. Depuis dix-sept cents ans elle en triomphe; pouvons-nous douter de l'avenir, en consultant le passé? De même que dans la nature la discorde des élémens entretient une harmonie & une vie constante, semble renouveler la jeunesse du monde; ainsi la Religion se soutient, se réveille, se ranime par les coups que l'impiété ne cesse de lui porter. La même main qui a créé l'une a fondé l'autre, elle les gouverne de même, & les perpétue par le même moyen. Egalement admirable dans ces deux phénomenes, elle se joue de la folie des hommes, les fait concourir à ses desseins sans qu'ils le sentent: ils servent sa providence, lors même qu'ils lui insultent & blasphêment contre elle.

S'il y a des siecles privilégiés pour donner ce spectacle, c'est sur-tout lorsque les peuples, corrompus par le luxe, amollis par la paix & l'abondance, abrutis par la volupté, enivrés de leurs prétendues connoissances, n'ont plus le courage d'être vertueux. Ils secouent le joug d'une Religion qui les confond & les humilie. Jamais l'homme n'eſt plus ingrat que quand il regorge de biens, plus inquiet que quand il lui eſt libre de jouir du repos, plus inſenſé que quand il ſe croit au comble de la ſageſſe. De pareils adverſaires détruiront-ils l'ouvrage de Dieu? Leurs armes ne peuvent être fort redoutables, & leurs conquêtes ne peuvent cauſer des regrets bien amers; ils n'enlevent à la Religion que des déſerteurs que déjà le vice lui avoit débauchés.

§. IX.

16°. Un nouveau trait de la divine Providence, qui éclate ſur l'Egliſe, eſt d'y entretenir le zele apoſtolique, refroidi ou éteint par-tout ailleurs; Dieu conſerve ainſi au Chriſtianiſme le caractere de ſa premiere origine, & le met en état de ſe dédommager de ſes pertes. Aujourd'hui ce zele a devant lui une très-vaſte carriere; ſes travaux ne ſont pas moins variés ni moins périlleux qu'autrefois. Les Miſſionnaires ſont obligés de s'inſtruire du langage, des mœurs, de la croyance, des préjugés de mille nations différentes, de comparer des peuples qui habitent ſous les climats les plus oppoſés; ce ſont eux qui nous les ont fait connoître. Nous n'ignorons plus les raisons qui retiennent les Infideles dans l'erreur, nous ne cherchons qu'à leur montrer les preuves de la vérité. Au moins le Christianisme peut se glorifier de ce qu'il porte de tous côtés la lumiere, & n'aspire qu'à la répandre, pendant que les autres Religions se concentrent & se cachent dans les ténebres.

17°. Malgré les progrès de la corruption & du vice, les semences de vertu n'ont point cessé de fructifier dans l'Eglise. Non seulement les peuples des campagnes ont conservé avec leur foi l'innocence des mœurs & l'antique simplicité de leurs aïeux; mais dans le centre même de la dépravation, dans les grandes Villes où les hommes paroissent se rassembler pour se corrompre & pour anéantir leur espece: dans les Cours des Rois, qui furent de tout temps le foyer brûlant des passions humaines, il est encore des ames pures, vertueuses, vraiment chrétiennes par la foi & par les œuvres.

Ce n'est point la philosophie, c'est la charité formée sur les leçons & les exemples de Jésus-Christ, qui assiste les pauvres, qui console les malades, qui recueille, éleve & instruit les enfans abandonnés, qui vole au secours des affligés

& des misérables. Il se fait parmi nous autant de bonnes œuvres que dans les plus beaux siecles du Christianisme; mais elles sont moins remarquées, parce qu'elles on passé en usage : la Religion est donc encore dans sa premiere vigueur. L'*humanité*, fille bâtarde de la philosophie, s'efforce en vain d'usurper les droits de la charité, en copiant avec éclat quelques-unes des œuvres que celle-ci inspire : leur marche est trop différente pour que l'on s'y méprenne jamais. La charité humble & modeste ne se fait point annoncer dans les nouvelles publiques, elle ne cherche point sa récompense dans les éloges des hommes, elle voudroit n'être connue que de Dieu. A force de bienfaits, elle a gagné les Païens, désarmé les Persécuteurs, confondu les Hérétiques, apprivoisé les Barbares : lorsque sa rivale en aura fait autant, nous pourrons applaudir à sa victoire.

18°. Pourquoi les Incrédules si acharnés contre le Christianisme sont-ils toujours prêts à prendre la défense des fausses Religions ? Ils ont fait l'apologie du Mahométisme, ont vanté la Religion des Chinois & celle des Indiens; ils ont voulu justifier les Cyniques, les Cyrénaïques,

les Epicuriens; ils préferent la barbarie des Sauvages à l'état des nations Chrétiennes : toutes les erreurs leur sont indifférentes, l'Evangile seul excite leur haine & leur colere. Nous reconnoissons encore à ces traits le divin Législateur qui a été nommé dès sa naissance *un signe de contradiction, une pierre de scandale* contre laquelle les ennemis de la vérité viendront se heurter (*a*). " Je suis venu dans
» ce monde, dit-il lui-même, exercer
» un jugement, donner la lumiere à ceux
» qui ne voient point, & laisser dans
» l'aveuglement ceux qui croient voir (*b*) ".
Ainsi l'incrédulité même nous montre dans l'objet de sa haine le Maître auquel nous devons nous attacher, & la Religion qui mérite seule notre confiance & nos hommages.

Nous ne cesserons de leur répéter : montrez-nous une Religion qui, dans les événemens qui l'ont préparée, dans les prédictions qui l'ont annoncée, dans le plan dont elle fait partie, dans son Auteur, dans son établissement, dans les

---

(*a*) Luc, c. 2, ℣. 34; Matt. c. 21, ℣. 42; Rom. c. 9, ℣. 33, &c.

(*b*) Joan. c. 9, ℣. 39.

DE LA VRAIE RELIGION. 183

obstacles qu'elle a vaincus, dans ses témoins, dans ses dogmes, sa morale, son culte extérieur, sa discipline; dans les effets qu'elle a opérés, dans ses conquêtes & sa durée, dans le caractere même de ses ennemis, porte autant de marques de de Divinité que le Christianisme? Dites-nous si une Religion qui réunit tous ces signes peut être l'ouvrage des hommes ou des passions humaines?

§. X.

Mais puisque nos adversaires ne veulent point de preuves, dépouillons-nous pour un moment, & par complaisance pour eux, de tout préjugé d'habitude, d'affection, de reconnoissance pour notre Religion. Considérons de sang froid les effets que pourroient produire l'incrédulité absolue, l'Athéisme que l'on nous prêche aujourd'hui avec tant de zele. Le don de prophétie n'est pas nécessaire pour en prévoir les suites, il suffit de savoir raisonner conséquemment.

En premier lieu, l'homme sera-t-il plus heureux? Nous supposerons d'abord très-gratuitement qu'il peut secouer entiérement l'idée d'un Dieu & d'une autre vie, perdre la notion d'une Providence, la méconnoître dans la marche de la nature & dans le gouvernement du monde, demeurer sur sa propre origine & sur sa destinée dans une indifférence stupide. Ce grand point une fois obtenu, que penseront de leur existence & de leur sort les trois quarts de notre espece?

On conçoit qu'un petit nombre d'hommes, comblés des dons de la fortune, jouissant d'une santé vigoureuse & des douceurs de la société, à portée de satisfaire en liberté leurs passions & leurs caprices, affranchis du joug de la Religion & des terreurs d'une autre vie, pourront se croire heureux. Mais le pauvre, condamné à gagner un pain grossier à la sueur de son front, & souvent en danger d'en manquer; le malade habituel, dont la vie n'est qu'un tissu de souffrances; le foible exposé à l'injustice & aux vexations des hommes puissans; les malheureux en butte à la calomnie, aux persécutions d'un ennemi cruel, à des chagrins domestiques, aux revers de toute espece, sans espérance pour cette vie ni pour l'autre, regarderont-ils la nature comme une bonne mere, & leur existence comme un bonheur?

Lorsque les Athées veulent faire le

procès à la Providence, ils soutiennent que l'homme est de tous les animaux le plus maltraité par la nature, que le sort des brutes est cent fois préférable au sien. Voilà donc dans la profession de l'Athéisme les trois quarts des hommes réduits au désespoir, maudissant la nature, désirant la mort, & mille fois tentés de se la donner. Selon les Athées, c'est la vue des malheurs & des crimes du genre humain qui les a plongés & qui les retient dans leur opinion. Insensés! l'Athéisme, au lieu d'éclaircir le tableau, le rend cent fois plus noir. La Religion seule peut nous donner, par l'espérance, un motif de consolation.

N'est-il pas inconcevable qu'un très-petit nombre de Philosophes, auxquels il ne manque pour être contens que d'étouffer l'idée d'un Dieu, entreprennent pour leur satisfaction particuliere de réduire les trois quarts de leurs semblables à un désespoir sombre, à un dégoût affreux de la vie, à un état semblable à celui des damnés? Ont-ils considéré mûrement de quoi seroient capables les malheureux qui les environnent, s'ils n'étoient ni retenus par la crainte d'un Dieu, ni consolés par l'espérance d'un bonheur futur?

Si l'on difoit : l'homme en général eft affez heureux fur la terre pour fe contenter du bonheur dont il y jouit, & renoncer fans regret à toute efpérance d'une félicité future; l'Athée feroit moins inexcufable de prêcher fon fyftême : mais non, il commence par convenir qu'ici-bas l'homme eft très-malheureux, & il conclut à lui ôter la feule reffource qui lui rende fon état fupportable, la foumiffion à Dieu, la confiance à fa bonté & à fa juftice. Quand l'efpérance des malheureux feroit une erreur, il faudroit encore par pitié la leur laiffer.

§. XI.

En fecond lieu, l'Athéifme rendra-t-il l'homme plus vertueux? Suppofons, contre toute vérité, que la morale de l'Athéifme foit folide ; que l'intérêt perfonnel de chaque individu foit le feul lien de fociété, le feul fondement de la vertu ; cet intérêt eft-il affez évident dans tous les cas, affez vivement fenti par le commun des hommes, pour que l'on puiffe fonder fur ce motif, l'efpérance de leur probité, de leur générofité, de leur affection pour leurs femblables? L'intérêt mal conçu & mal envifagé, eft juftement le poison qui rend les hommes méchans & vicieux.

Où est l'intérêt sensible qui peut engager un dépositaire à rendre aux héritiers de son ami une somme considérable, que celui-ci lui a confiée dans le plus grand secret; un homme offensé, à épargner son ennemi dans un cas où il peut lui ôter la vie sans courir aucun danger; un riche, à soulager dans un pays étranger des pauvres qu'il ne reverra jamais; des enfans mal à leur aise, à prolonger par leurs secours la vie d'un pere qui leur est à charge; un citoyen, à mourir pour sauver sa patrie lorsqu'il paroît certain que cet acte héroïque ne sera pas connu? &c. &c.

Dans l'hypothese de l'Athéisme, tout homme qui fait en secret un acte de vertu, est un insensé; la modestie est un attentat contre nous-mêmes; l'hypocrisie est la plus estimable de toutes les qualités, puisque c'est la plus utile.

Si je n'ai point d'autre relation avec mes semblables que celle du besoin, que sont-ils à mes yeux? Des êtres nécessaires à mon bonheur. J'ai donc droit de détester tous ceux qui y mettent obstacle, de dédaigner ceux qui ne peuvent y contribuer, d'oublier tous ceux qui ne sont plus, de ne jamais penser à ceux qui ne sont pas encore, de n'obliger aucun ingrat, de n'avoir aucune reconnoissance pour ceux qui me font du bien ; ils n'agissent que par intérêt.

On a nommé *vertu* ce qui exige *de la force* ou du courage ; il n'en est pas besoin pour rechercher notre intérêt. Un habile calculateur peut être un rusé fripon, & la vertu n'est pas toujours proportionnée dans l'homme au degré de son intelligence. L'intérêt rapporte tout à soi ; la vertu envisage le bien des autres : ces deux caracteres sont trop opposés pour se confondre jamais. Un fait constant prouve plus que vingt raisonnemens : lequel des deux a fait le plus de bien dans le monde, l'Epicuréisme ou la Religion ?

§. XII.

En troisieme lieu, l'Athéisme & l'Irréligion peuvent-ils contribuer à l'avantage de la société ? Un principe de vice dans les particuliers ne sera jamais utile au bien général : mais il y a d'autres réflexions à faire. La Religion a formé les premieres sociétés, toute l'antiquité en dépose ; elle a soumis les peuples aux loix, la conduite des Législateurs le démontre ; elle a été le germe & le soutien de l'amour de la patrie, c'est le langage des anciens monumens ; elle a imprimé un caractere sacré à toutes les institutions sociales, de-là est venue la coutume de confirmer les promesses par le serment, & de faire intervenir la Divinité dans les traités. Lorsque ce lien primitif de société seroit détruit, les effets qu'il a opérés subsisteroient-ils long-temps ? Les premiers Chefs des associations n'ont pas été assez aveugles pour ne pas voir que les hommes avoient intérêt de se réunir, ni assez mal habiles pour ne pas le leur faire sentir ; cependant ils ont cru que ce motif ne suffisoit pas, ils y ont ajouté celui de la Religion. La sagacité de ces grands hommes est prouvée par leur Ouvrage, celle des Athées est pour le moins très-douteuse ; jamais ceux-ci n'ont formé ni policé aucune société ; leur unique talent a été de corrompre & d'alarmer celles dans lesquelles ils avoient pris naissance.

Toutes les institutions utiles dont nous ressentons les effets, tous les établissemens faits pour le soulagement & la conservation des hommes, n'ont point été suggérés par la philosophie, mais par la Religion. Ils sont nés dans des siecles où l'on étoit moins calculateur que nous ne sommes, mais où il y avoit plus de charité; ils ne se trouvent point chez les nations infidelles. Un Athée fidele à ses principes devroit faire main basse sur tous ces établissemens dispendieux qui exigent des soins, des attentions, des travaux, dont les Incrédules n'ont jamais eu le courage de se charger. A s'en tenir précisément aux raisons de calcul, il n'en est pas un seul dont la dépense ne paroisse excéder le produit, & dont les frais énormes ne semblent contrebalancer l'utilité. Mais ce sont autant de sanctuaires pour la vertu; c'est là qu'elle agit & se déploie. Malheur à toute société dans laquelle on suppute combien coute la vertu!

Pour faire prospérer les Républiques, les anciens Politiques ne vouloient que des mœurs: ceux d'aujourd'hui ne parlent que d'argent, d'industrie, de commerce; la science du *produit net* est le souverain bien. Selon leur opinion, la Religion avoit abruti l'Europe entiere; c'est le commerce qui l'a éclairée, l'intérêt l'a rendue paisible, l'argent y a fait éclore le bonheur. Désormais le bureau des Banquiers sera l'école des mœurs, le berceau des talens, l'apprentissage de l'héroïsme;

l'avarice deviendra l'antidote des passions; *le tien & le mien* réuniront tous les cœurs. O Carthage ! pourquoi avez-vous été détruite ? Vous saviez si bien calculer ! Vous seule méritiez d'être maîtresse de l'univers.

Qui contiendra le peuple & le gros des nations ? Les loix civiles sans doute, les peines, les récompenses, les honneurs, les supplices. Les Edits du Prince tiendront lieu de Catéchisme & de Sermons; au lieu d'adorer la croix, nous nous prosternerons devant les haches & les faisceaux des Licteurs ; les exécutions suppléeront aux assemblées religieuses ; le ministre de la Haute-Justice sera le pontife des mœurs, le garant de la félicité publique.... Mais déja l'Epicuréisme a fait tomber les Républiques de la Grece; Polybe en est témoin : il a préparé la chute de l'Empire Romain ; Tite-Live le prévoyoit ; Montesquieu l'a démontré. Que peuvent opposer les Incrédules à des faits aussi éclatans ?

Un de leurs exploits a été de travailler à étouffer parmi nous toute espece de patriotisme, par une admiration stupide des loix, des mœurs, des principes, du gouvernement des Anglois. De tous les faits dont nous sommes témoins, il résulte qu'il n'y eut jamais de gouvernement plus tumultueux & plus dur au dedans, plus injuste & plus oppresseur au dehors; qu'aucune nation ne respecte moins l'humanité & le droit des gens.

§. XIII.

Nous savons déja par expérience si l'Athéisme contribueroit à l'observation de ce droit & à la paix des nations; l'Histoire nous apprend de quelle maniere les peuplades se sont traitées, avant qu'un même culte les eût réunies. Il est absurde d'avancer que la Religion les a divisées, puisque la division avoit précédé; c'est au contraire par la Religion que l'on a établi la société entre elles. Entre les Religions les plus opposées, il y a toujours un point de ralliement, des dogmes communs sans lesquels aucune ne pourroit subsister; la croyance d'une Divinité, d'une Providence dont l'homme est l'ouvrage, d'une vie future dans laquelle le vice est puni & la vertu récompensée. Aucune n'enseigne que c'est un crime de faire du bien à un homme, & une vertu de lui faire du mal. Tout peuple sans Religion, s'il y en a, est barbare & insociable.

Il

Il est impossible que les divers habitans de la terre forment une seule & même république. Divisés par l'éloignement des lieux, par l'intervalle des mers, par l'opposition des climats, ils ont naturellement divers langages, différentes mœurs, des idées & des intérêts opposés. L'identité seule de Religion pourroit étouffer ou diminuer les antipathies; tel a été le dessein de Jésus-Christ dans l'établissement du Christianisme : l'aveuglement & l'opiniâtreté des peuples s'y opposent & en retardent le succès, parce que Dieu ne leur fait point violence. Quand il seroit absolument impossible, il seroit encore beau de le tenter, puisque par-tout où ce dessein réussit, il produit les plus heureux effets. Autant le Christianisme, qui inspire ce zele, est respectable, autant l'incrédulité qui le blâme, est digne de mépris.

Mais si l'Athéisme étoit généralement répandu, quel intérêt pourroit réunir les nations ? Le commerce, l'échange des productions & des commodités de la vie.... Fort bien. Il est des climats heureux dont les habitans peuvent se passer des autres; des peuples sobres qui, contens de leur pauvreté, n'ont point d'échange à faire; des Sauvages qui, selon nos Politiques, sont plus heureux que nous. Pour nous procurer ce qu'un luxe insensé nous fait désirer, nous allons donc de sang froid corrompre les nations simples & frugales, troubler leur félicité, leur porter avec de l'or & des bijouteries les vices, les désirs, l'inquiétude, la folie de nos climats.

Prédicateurs du commerce, vous êtes des empoisonneurs : à l'arrivée des premiers vaisseaux Européens, les Chinois, les Indiens, les Américains étoient en droit de faire main basse sur l'équipage. Notre intérêt, pour être juste, doit être combiné avec celui des autres nations ; lorsque nous calculons pour nous seuls, nous sommes des filoux, à qui elles devroient interdire l'entrée de leurs ports.

En supposant le commerce très-légitime, il est impossible que toutes les nations soient équitables & sages ; la rivalité de commerce suffit pour les brouiller, elle n'y manqua jamais. Des peuples Athées, acharnés à se détruire par jalousie de commerce, auront-ils des notions d'équité, quel sera entre eux le droit des gens? Le même que dans les premiers siecles du monde, le même qu'entre les hordes de Sauvages, le même qu'entre les tigres &

les lions des forêts. Puisque l'homme Athée n'est plus qu'un animal, lorsqu'une troupe dispute une proie à une autre troupe, la force seule décide, les plus fourbes & les plus féroces doivent enfin prévaloir; toute cruauté est légitime lorsque l'intérêt national l'exige. Ainsi raisonnent nos Politiques incrédules.

Du moins, disent-ils, il n'y aura plus de guerres ni d'antipathies de Religion. Soit. Il y aura en récompense des guerres de jalousie, d'ambition, d'intérêt, de fausse politique, de haine nationale, sans regle, sans frein, sans humanité, comme il y en eut dès la création, comme il y en a entre les peuples barbares. Au défaut d'un prétexte, les passions en trouveront cent. Si l'une de ces nations vient par hasard à se forger un Dieu & une Religion, voilà pour elle un prétexte de haïr toutes les autres, & pour celles-ci un autre prétexte d'exterminer le peuple qui aura eu la témérité d'adorer un Dieu.

§. XIV.

Nous ne savons pas si nos savans Apologistes de l'Athéisme ont fait toutes ces réflexions, s'ils ont mûrement considéré & prévu ce qu'une nation, plongée dans l'Athéisme, auroit à redouter de la part de toutes les autres, ou s'ils esperent de faire adopter leurs idées à tous les peuples du monde sans exception.

L'un d'entre eux demande : „ que risque-t-on de proposer ce système aux „ hommes ? tout au plus de les mettre „ dans le doute & dans la dispute ; ils y „ sont déjà (a) ". Ainsi, selon lui, les disputes de Religion sont fatales & pernicieuses ; mais quand c'est l'Athéisme qui les cause elles ne le sont plus.

Ils diront peut-être qu'ils ne prétendent point rendre tous les hommes positivement Athées, mais leur inspirer à tous l'indifférence des Religions, afin de prévenir les excès du zele de Religion. Nous avons demontré que cette indifférence n'est autre chose que l'irréligion absolue, qu'elle est incompatible avec la simple notion d'un Dieu, qu'elle ne peut subsister autrement que par l'Athéisme. Nos adversaires en conviennent, puisqu'ils prétendent que le Déisme, ou le simple

---

(a) Syst. de la Nat. tome II, c. 13.

Théisme est essentiellement intolérant (a). Si donc l'Athéisme général est impossible, comme les Incrédules sont forcés de l'avouer, l'indifférence générale n'est pas moins impossible.

Les avantages qui résultent de la Religion sont démontrés; les effets pernicieux de l'Athéisme sont donc indubitables, puisqu'ils anéantissent les premiers. De toutes les Religions connues, aucune n'a produit sur la terre des fruits aussi précieux, aussi constans, aussi universels que le Christianisme; cela est évident par la comparaison de notre sort avec celui des nations infidelles. De ce seul fait résulte une démonstration complete & invincible, à laquelle les Incrédules ne répliqueront jamais.

Il y a un Dieu & une Providence : donc une Religion aussi avantageuse au genre humain qu'est le Christianisme, revêtue d'ailleurs de tant de preuves & de marques de vérité, ne peut être fausse. Dieu ne peut donner à l'erreur tous les caracteres de la vérité; il nous auroit tendu un piége inévitable; il seroit lui-même l'au-

_____

(a) *Ibid.* c. 7, Note, p. 224.

teur de l'illusion. Nous pouvons lui dire avec un pieux Auteur : Seigneur, si notre croyance est une erreur, c'est vous qui nous avez trompés (*a*).

D'autre part, le Christianisme subsiste depuis dix-sept cents ans, malgré les contradictions, les combats, les pertes, les schismes, les disputes, les révolutions qu'il a essuyées ; une main plus puissante que celle des hommes a opéré ce prodige : donc il y a un Dieu.

_____

(*a*) Richard de Saint-Victor.

Fin du douzieme & dernier Volume.

TABLE
DES MATIERES
DU DOUZIEME VOLUME.

ARTICLE V. *De l'influence qu'a eue la Religion Chrétienne dans la conservation des Sciences & des Arts.* Page 1

§. I. *Inondation des Barbares.* Ibid.

§. II. *Travaux des Moines.* 4

§. III. *Services & récompenses des Clercs.* 7

§. IV. *Arts conservés dans le culte divin.* 11

§. V. *Poésie, Eloquence, Instruction.* 14

§. VI. *Société maintenue par la Religion.* 17

§. VII. *Autorité des Papes & des Evêques.* 20

§. VIII. *Disputes entre le Sacerdoce & l'Empire.* 26

§. IX. *Des Croisades.* 28

§. X. *Effets qu'elles ont produits.* 32

§. XI. *Des nouvelles découvertes. De la scholastique.* 36

§. XII. *Services rendus aux Sciences par les Missionnaires.* 38

§. XIII. Prem. Object. *L'Evangile canonise l'ignorance.* 42

§. XIV. Deux. Object. *Saint Paul condamne la Philosophie.* 44

§. XV. Trois. Object. *Le Christianisme exige une foi aveugle.* 47

§. XVI. Quat. Object. *Les disputes de Religion retardent les progrès de l'esprit humain.* 50

§. XVII. Cinq. Object. *La Critique & l'Histoire sont devenues incertaines.* 53

§. XVIII. Six. Object. *Les Peres de l'Eglise ont supprimé les écrits de leurs ennemis.* 58

Art. VI. *De l'influence de la Morale Chrétienne sur le bonheur de la Société.* 61

§. I. *La Morale ne peut prévenir tous les crimes* Ibid.

§. II. *Elle ne néglige point nos intérêts pour ce monde.* 64

§. III. *La plupart des hommes les connoissent mal.* 69

§. IV. *Calomnie contre Jésus-Christ & ses Apôtres.* 72

§. V. *Contre les Saints de divers états.* 76

§. VI. *Contre les Souverains qui protégent la Religion.* 79

§. VII. *Les Prêtres ne sont point arbitres de la Morale.* 82

§. VIII. *La Morale religieuse n'autorise aucun crime.* 87

§. IX. *Elle n'inspire point le fanatisme.* 90

§. X. *Ni la mélancholie, ni la dureté de caractere.* 94

§. XI. *Fausse morale de l'Athéisme.* 97

§. XII. *Elle n'a aucun fondement solide.* 101

§. XIII. *La nature des choses est une idée variable.* 104

§. XIV. *Ce sont les passions qui aveuglent les hommes.* 108

§. XV. *Un Athée peut être naturellement méchant.* 112

§. XVI. *L'Evangile ne varie point sur la tolérance.* 116

§. XVII. *Véritable sens des maximes de Jésus-Christ.* 120

§. XVIII. *Elles ne se relâchent en faveur de personne.* 123

§. XIX. *Elles ne troublent point la paix des ames vertueuses.* 126

§. XX. *Il est juste d'obéir à Dieu plutôt qu'aux hommes.* 130

§. XXI. *La Morale Chrétienne ne justifie aucune passion.* 134

§. XXII. *Utilité de la Confession.* 138

§. XXIII. *La Politique n'y a point de part.* 143

§. XXIV. *Prétendue collusion entre les Rois & les Prêtres.* 146

§. XXV. *Excellence de la Morale Evangélique.* 150

CHAP. XI. *Récapitulation de la troisieme Partie. Conclusion de l'Ouvrage.* 156

§. I. *Le Christianisme, toujours attaqué, est toujours victorieux.* Ibid.

§. II. *Preuves de sa divinité. Plan de la Providence. Chaîne des erreurs.* 159

§. III. *Fausses Religions de l'univers. Divinité du Judaïsme.* 164

§. IV. *Sainteté de Jésus-Christ, ses miracles, ses prophéties.* 166

§. V. *Etablissement de son Eglise. Martyrs.* 169

§. VI. *Mysteres du Christianisme. Morale de l'Evangile.* 172

§. VII. *Culte extérieur. Certitude de l'enseignement.* 175

§. VIII. *Effets que le Christianisme a produits. Ennemis qu'il a vaincus.* 176

§. IX. *Zele apostolique. Vertus. L'incrédulité prédite.* 179

§. X. *L'Athéisme rendroit-il l'homme plus heureux ?* 183

§. XI. *Ou plus vertueux ?* 186

§. XII. *La société seroit-elle meilleure ?* 188

§. XIII. *Et les nations plus paisibles ?* 192

§. XIV. *Conclusions à tirer.* 195

Fin de la Table du Tome XII.

TABLE
DES MATIERES

Contenues dans le Traité historique & dogmatique de la vraie Religion.

Le chiffre romain désigne le volume, & le chiffre arabe indique la page.

On a suivi dans chaque article, non l'ordre des volumes & des pages, mais le fil des idées, autant qu'il a été possible ; on y a joint l'explication des termes qui auroient pu arrêter le commun des Lecteurs.

A.

AARON, premier Pontife de la Religion Juive ; il étoit né trois ans avant Moïse son frere, VI, 7. Ce qu'il fit pour humilier les adorateurs du veau d'or, I, 473. Il fut moins coupable que le peuple, VI, 117, 121. Cependant il fut puni de sa foiblesse, *ibid.*

ABADIE, Auteur Protestant, qui a fait un Traité de la vérité de la Religion, n'a point supposé ce qui est en question touchant les miracles de Moïse, VI, 20.

ABANDON. Dieu n'abandonne ici-bas aucune créature ; sa Providence fait du bien à toutes plus ou moins, IV, 316. V, 81, 82. X, 102, 103, 106, 206, 222.

ABBAYES. Les villes & les bourgs, bâtis sous les murs des Abbayes, démontrent qu'elles ont été la ressource des peuples dans les temps malheureux, XI, 262, 478.

ABEL, fils d'Adam; son sort prouve l'immortalité de l'ame, III, 215.

ABIATHAR. Il n'y a point d'erreur sur ce Pontife dans l'Evangile, VIII, 508.

ABNÉGATION, renoncement à soi-même; le précepte qui nous l'ordonne n'est ni injuste ni impossible, X, 273.

ABRAHAM. Abrégé de son histoire, V, 8 & *suiv.* 478 & *suiv.* L'existence de ce Patriarche n'est pas douteuse, 480 & *suiv.* Objections des Incrédules, *ibid.* — Il fut respecté par les Cananéens comme protégé de Dieu, I, 161, 162. Sa polygamie n'étoit pas contraire à la Loi naturelle, IV, 178 & *suiv.* Dieu avoit résolu que son fils Isaac ne seroit pas immolé, V, 523. VI, 308. En quel sens Dieu est appelé *le Dieu d'Abraham*, V, 22. VI, 226. En quoi consistoient les bénédictions qui lui furent promises, V, 10. VII, 182 & *suiv.* Le choix que Dieu a fait de sa postérité ne déroge ni à la justice ni à la bonté divine, VI, 97. Pourquoi les Spartiates se croyoient descendans d'Abraham, V, 179, 180. Les Juifs en descendent certainement, 482.

ABSTINENCE. Utilité politique de

s'abstenir de la chair de certains animaux, II, 198, 199. Le régime & la vie austere n'étoient pas difficiles à pratiquer en Egypte, XI, 343, 344. Sagesse des loix de Moïse sur l'abstinence & le choix des viandes, VI, 346. Et des loix de l'Eglise Chrétienne sur l'abstinence, X, 340 & *suiv.* Fausses raisons qu'en donnent les Incrédules, XI, 343 & *suiv.* 359. L'abstinence & les austérités ne sont louables que quand elles viennent d'un motif sage, 353. Plusieurs Philosophes les ont louées & pratiquées, I, 303. IV, 383. X, 270. XI, 350, 355.

ABSTRACTION, ABSTRAIT. Une idée abstraite est celle qui représente plusieurs êtres, sans faire attention à ce qui les distingue. *Homme* est un terme général, une abstraction, qui exprime tous les individus de la nature humaine : ces individus, Pierre, Paul, Jacques, &c. existent, sont des êtres réels ; *l'homme* en général n'existe pas, puisque tout homme est un individu. Le sophisme continuel des Matérialistes est de réaliser les abstractions, & de supposer que ce sont des êtres positifs, II, 239, 260. C'est tout le fondement du Spinosisme, 601, 610, 616, 620. Les idées abstraites sont une preuve de la spiritualité de l'ame, III, 25. Il est absurde d'argumenter sur des idées abstraites contre le sentiment intérieur, 12, 13, 99, 109, 193, 204 & *suiv.* Les causes finales ne sont point des abstractions morales, II, 393.

ABUS. On ne doit pas attribuer à la Religion les abus qu'elle condamne, I, 365, 373 & *suiv.* III, 588. X, 438. Plusieurs abus ont été louables dans leur origine, 337. Les Pasteurs de l'Eglise n'ont pas toujours été les maîtres de les retrancher, IX, 345. X, 338, 339. On abuse des institutions politiques aussi bien que des pratiques religieuses, X, 360, 366. Les Incrédules sont les vrais auteurs de plusieurs abus contre lesquels ils déclament, IV, 261, 280. VI, 501. XI, 47, 48. XII, 53. Ils abusent de tous les termes, IV, 279. XI, 193, 195, 197.

ABYSSINIE. Les Abyssins, nommés autrefois *Ethiopiens*, ou faces brûlées, ont des mœurs plus douces & plus pures que les autres Africains; ils en sont redevables au Christianisme, XI, 410, 411.

ACADÉMICIENS, secte d'anciens Philosophes. Les rigides pensoient comme les Pyrrhoniens, qu'il n'y a rien de certain dans les connoissances humaines, qu'un sage ne doit rien affirmer. Les Académiciens mitigés disoient qu'il y a au moins des opinions vraisemblables, & qu'il faut s'y tenir. Les uns & les autres furent nommés *Acataleptiques*, parce qu'ils soutenoient que tout est incompréhensible, II, 93. IV, 452. Ils sont réfutés dans la dissertation sur les différentes especes de certitude, IV, 452 & *suiv.* Leurs adversaires étoient les *Dogmatiques*.

ACTES DES APÔTRES, *voyez* APÔTRES.

ACTION, ACTIVITÉ. Un être purement passif, tel que la matiere, ne peut être le principe d'une action, II, 277, 285, 335. L'esprit est essentiellement actif, III, 86 &

suiv. En quel sens Dieu est nécessairement actif, II, 343, 472—474.

ADAM, n'a pu exister que par création, V, 25. Dieu lui a révélé une Religion, *ibid.* Péché d'Adam & ses suites, I, 137. III, 331. Objections des Incrédules sur ce sujet, 358 & *suiv.* Il n'a pas péché par ignorance, ni par impuissance de mieux faire, II, 566. Dieu lui promit un Rédempteur, I, 228. VII, 176 & *suiv.* Il n'a pu se consoler que par des motifs de religion, I, 269. Il n'a point adoré Dieu par un motif de crainte, 229. Adam étoit de droit naturel le Souverain de ses descendans, 313.

ADORATION, fréquent abus de ce terme, VI, 524. X, 353.

ADULTERE. Ce crime ne rend pas le mariage dissoluble, IV, 208, 217, 218. Fausse morale des Juifs sur ce point, VII, 393. Pourquoi Jesus Christ ne voulut point condamner la femme adultere, IX, 77. Cette histoire manquoit dans plusieurs exemplaires de l'Evangile de Saint Jean, VIII, 139. L'adultere est commun en Angleterre à cause de la facilité de faire divorce, IV, 206.

AGAR. Abraham ne fut ni injuste ni cruel envers cette femme, V, 519, 520.

AGE. La succession des âges lie la tradition des uns aux autres, IV, 535. Elle ne diminue point la certitude des faits, 537, 538. La révélation a été relative aux divers âges du monde, I, 1. V, 1 & *suiv.* VIII, 4 & *suiv.* X, 152. Difficultés sur l'âge d'Abraham, V, 484 & *suiv*. Et sur l'âge des enfans de Jacob, 533 & *suiv*.

AGGÉE, prédiction de ce Prophete touchant la venue du Messie, VII, 273.

AGONIE de Jesus-Christ au jardin des Oliviers, IX, 104, 107.

AGRICULTURE. Elle est incompatible avec l'état sauvage, IV, 139; la cause & le signe d'une population nombreuse, I, 307. VI, 419. Elle étoit florissante chez les Juifs, *ibid*. Les anciennes fêtes étoient relatives aux travaux de l'Agriculture, I, 209, 239. VI, 326.

ALBIGEOIS. Secte d'hérétiques qui parurent au douzieme siecle dans les environs d'Alby; leurs dogmes étoient à peu près les mêmes que ceux des Manichéens. Ils n'avoient rien de commun avec les Vaudois, X, 425, 426. Pourquoi on fut obligé de sévir contre eux, 430. XI, 373, 466.

ALCORAN, livre de religion des Mahométans; ils peuvent en attester l'authenticité, mais non la divinité, V, 190. Sur quelles preuves ils le croient révélé, IV, 334. Quelle en est la meilleure traduction, XI, 512. Fatras ridicule de ce livre, 520, 521. Doctrine erronée qu'il contient, 532 & *suiv*.

ALEXANDRE. Différens noms donnés à ce conquérant par les Orientaux, V, 481. — Reproche sensé que lui firent les Scythes, I, 208. Son exemple prouve que les biens de ce monde ne peuvent nous rendre heureux, II,

356. Paſſage de ſes ſoldats ſur les bords de la mer de Pamphilie, VI, 64. Il ne maltraita point les Juifs, V, 177, 179. VI, 467.

ALEXANDRE, fameux impoſteur du ſecond ſiecle, IV, 593. IX, 337 & ſuiv.

ALEXANDRE Severe, Empereur, voulut faire adorer Jeſus-Chriſt, IX, 540, 559, 560.

ALLANTOÏDE, membrane qui enveloppe le fœtus de pluſieurs animaux; ne ſert-elle à rien? II, 399, 400.

ALLÉGORIE. Diſcours dont le ſens eſt détourné; les fables de la Fontaine ſont des allégories. Goût des Orientaux pour le langage allégorique, VII, 288. Il leur eſt néceſſaire, VI, 252. VII, 157. X, 288. Le ſens allégorique ou figuré eſt ſouvent le vrai ſens littéral d'un diſcours, VII, 291. Pourquoi les Apôtres & les Peres de l'Egliſe ont fait grand uſage des allégories, 306—316. Le Chriſtianiſme n'eſt point fondé ſur le ſens allégorique des Prophéties, 292, 300, 309, 319, 502. Ce n'eſt point ſur cette preuve que pluſieurs Juifs ont cru en Jeſus-Chriſt, IX, 412. Les miracles du Sauveur ne doivent point être pris dans un ſens allégorique, VIII, 362, 363.

ALLIANCE. Dieu avoit promis d'établir une nouvelle alliance au lieu de l'ancienne, VII, 333 & ſuiv.

ALPES. Obſervations ſur la chaîne que forment les Alpes, le Jura & les Vôges, II, 358, 362.

TABLE

AMBITION, passion dangereuse & blâmable, IV, 101. C'est une des causes de l'incrédulité, I, 76. XI, 87. On reproche mal à propos ce vice aux Ecclésiastiques, XI, 106, 107.

AME HUMAINE. Idée que nous en donne l'histoire de la création, I, 135, 140. Il est faux que *l'ame* ne signifie que le souffle, le sang ou la vie, VI, 215. IX, 35. L'homme ne peut ressembler à Dieu que par son ame, III, 2, 7. Ce n'est point une substance inconnue, 50, 51. C'est une substance spirituelle, son essence est de se sentir ; preuves de cette vérité, 11 *& suiv*. C'est la croyance du genre humain, 36, 37. Les opérations des somnambules & le sentiment moral confirment cette persuasion, *ibid*. L'ame est dans tout le corps, III, 59. Elle le meut par l'activité qui lui est propre, 61, 86, 88. Il est absurde de demander comment elle est dans le corps, comment elle agit sur lui, 59, 60, 63. Sa dépendance à l'égard du corps ne prouve point l'identité des deux substances, 64 *& suiv*. 72. Elle peut sentir lorsqu'elle est séparée du corps, 245. X, 219. Vains efforts des Matérialistes pour expliquer les opérations de notre ame par un mécanisme, III, 73 *& suiv*. 84 *& suiv*. Nous ignorons si elle pense ou ne pense pas dans le fœtus, 86.

Notre ame est libre, preuves de cette liberté, 98 *& suiv*. Elle est immortelle, 214 *& suiv*. C'est la foi du genre humain, II, 423. VI, 223. Ce dogme a été cru par les Juifs, VI, 204. Les Philosophes l'ont souvent révoqué en doute, II, 95, 117. Ce n'est point un dogme inutile ni pernicieux, III, 251 & *suiv*. Le système de l'émanation des ames détruit toutes les conséquences morales du dogme de l'immortalité, I, 543. III, 236, 238. *Voyez* IMMORTALITÉ.

AME DU MONDE. Plusieurs Philosophes Indiens croient que Dieu est l'ame du monde, I, 542. C'étoit le sentiment des Stoïciens, 232. II, 110, 111, 447, 448, 597, 599. Cette opinion est renouvelée par quelques Philosophes modernes, 524. Elle est absurde, 112 & *suiv*. X, 64, 65. Elle obscurcit l'unité de Dieu, II, 449. Elle anéantit la Providence, 112. C'est un des fondemens du Paganisme & de l'Idolâtrie, I, 542. II, 77, 112. Un système destructif de la morale, I, 543. Aucun peuple n'a rendu un culte à l'ame du monde, 230, 232. X, 28.

AMÉRICAINS, Amérique. Comment cette partie du monde a-t-elle été peuplée après le déluge ? V, 451 & *suiv*. Apologie des missions en Amérique, XI, 571 & *suiv*. 590. Il est faux que les Américains aient été massacrés par motif de religion, X, 434. XI, 577 & *suiv*.

AMITIÉ. Est-il vrai qu'il n'y ait point d'amitié désintéressée ? II, 218.

AMMONITES, peuple situé à l'orient de la Palestine. Moïse ne fonde aucun droit sur l'origine qu'il leur attribue, V, 516. Pourquoi il les exclut de la société Juive, *ibid*. Dispute entre eux & les Juifs, 183. David ne fut point cruel à leur égard, VII, 83.

Ammonius Saccas, Philosophe Chrétien du troisieme siecle, ne fut point Apostat, X, 19.

Amour de Dieu. Moïse en fait un précepte aux Juifs, VI, 197. Comment ils l'entendoient du temps de Jesus-Christ, VII, 390. IX, 6. Explication de ce commandement dans l'Evangile, *ibid. & suiv.* Motifs sur lesquels il est fondé, X, 257 *& suiv.*

Amour du Prochain. Aucune maxime de Jesus-Christ n'y est opposée, X, 262. L'amour des ennemis n'est point impossible, *ibid.*

Anachoretes. Leur vie n'est point repréhensible; mais elle n'est ordonnée à personne, XI, 348 *& suiv.* XII, 79, 81, 82. *Voyez* Moines.

Ananie et Saphire; leur punition ne fut point injuste, ni un acte de cruauté, IX, 320, 321.

Anathême, serment de détruire; son exécution n'étoit point un sacrifice, VI, 310 *& suiv.* En quel sens les Conciles disent anathême aux Hérétiques, X, 543.

Anéantissement. Dieu peut créer & anéantir, II, 252, 266. Il n'est pas vrai que tout ce qui est créé doive s'anéantir, III, 246. L'homme ne peut consentir à être anéanti, I, 280.

Anges. Les bons & les mauvais Anges ne sont point censés des agens naturels, V, 35, 36. Pourquoi Moïse n'a pas parlé de leur création, X, 100. Anges qui annoncerent la Résurrection de Jesus-Christ, IX, 223. Les Anges présentent à Dieu les prieres des Fideles, X, 359, 360.

ANGLETERRE, ANGLICANS, ANGLOIS. Calomnies des incrédules sur la conversion des Anglo-Saxons au Christianisme, XI, 561 & suiv. Le retranchement du culte extérieur en Angleterre y a produit l'Athéisme, X, 371. Les Philosophes Anglois ont été les précepteurs des incrédules François, I, 70. Plusieurs ont joint la superstition à l'Athéisme, 244. Les Théologiens Anglicans sont forcés de recourir aux principes de l'Eglise Romaine, lorsqu'ils disputent contre les Puritains ou Calvinistes rigides, XI, 19. Ils ne sont pas d'accord avec eux-mêmes dans l'usage qu'ils font de la tradition, 41. — L'Archevêque de Cantorbery jouit encore de la même jurisdiction que les Evêques du treizieme & du quatorzieme siecle, 126, 211, 212. Pourquoi le Clergé est méprisé en Angleterre, XI, 110, 298. Il vend ses fonctions plus cher que les Prêtres Catholiques, XII, 137. L'Etat y est surchargé par les veuves & les enfans des Ministres, XI, 285. Effets qu'a produits la suppression des Monasteres dans cette isle, XI, 379, 380, 387. Fourberies dont on s'est servi pour les détruire, 376 & suiv. La Religion y a changé trois fois en douze ans, IV, 425. Les Anglois sont moins tolérans que les François, X, 415. XI, 493. Cruautés qu'ils ont commises envers les Indiens du Bengale, XI, 588. La facilité d'obtenir le divorce a multiplié l'adultere parmi eux, IV,

206. L'Eglise Anglicane a conservé le Carême, X, 343. Faux éloges du Gouvernement Anglois, XII, 191, 192.

ANIMAUX, BRUTES. La nature & les opérations des animaux sont un mystere pour nous, I, 301. III, 9, 10. Il n'est pas démontré que leurs mouvemens soient spontanées, II, 309. L'animalité n'est pas susceptible de plus & de moins, 316. La fermentation & la pourriture ne peuvent produire des animaux vivans, 318. Leur génération réguliere est une preuve de la Providence, 376, 386. Les Anciens ont cru les animaux doués d'une ame raisonnable, I, 454, 464. C'étoit, selon les Stoïciens, une portion de l'ame du monde, II, 524. Ce système est renouvelé par quelques Philosophes modernes, *ibid*. Celse jugeoit que les animaux sont d'une nature supérieure à celle de l'homme, I, 465. X, 61. Rien ne démontre qu'ils aient une ame, III, 9, 10. Les Matérialistes leur accordent des idées innées, 90 ; — Et les supposent aussi capables de morale que l'homme, 458.

Il est absurde de rabaisser l'homme à la condition des animaux, III, 36, 527. Ils sont évidemment destinés à ses besoins, II, 407. Il exerce un véritable empire sur eux, 408. Il ne les a imités qu'en ce qui est conforme à sa nature, IV, 149. Les animaux ne sont point faits pour la société, I, 310, 318, quoique plusieurs la recherchent & paroissent susceptibles de reconnoissance, IV, 156, 159. Ils ne sortiront jamais de leur état, parce que Dieu les a faits tels qu'ils sont, 163, — A quoi sert leur férocité, II, 409. Les

Philosophes

Philosophes confondent mal à propos l'état de nature avec l'état d'animalité, II, 164. IV, 165, 228.

Comment les animaux ont pu se rassembler & vivre dans l'arche de Noé, V, 444-447. Raisons pour lesquelles Dieu n'a permis l'usage de leur chair qu'après le déluge, II, 198, 199. Pourquoi l'on a offert à Dieu cet aliment, VI, 294 & *suiv.* D'où est venue la distinction des animaux purs & impurs, II, 199. VI, 317. Pourquoi Moïse défend de manger le sang des animaux, II, 198. VI, 319, 320. Raisons pour lesquelles certains peuples leur ont rendu un culte, I, 464 & *suiv.* III, 38. VI, 318.

ANTHROPOMORPHISME OU THÉANTHROPIE; erreur de ceux qui attribuent à Dieu une nature, une forme, ou des passions humaines. Les Athées nous font ce reproche mal à propos, II, 451, 459. Nous ne jugeons pas des attributs de la Divinité seulement par comparaison avec les nôtres, II, 483, 492. III, 3, ni de ses opérations, II, 457. Ce sont les Athées qui tombent dans ce défaut, 492, 525. III, 569. Quand il seroit inévitable, cela ne prouveroit rien contre la nécessité de la Religion, 563. L'anthropomorphisme corporel est encore moins à craindre, 636.

ANTHROPOPHAGES, peuples qui mangent de la chair humaine; ils sont plus portés au meurtre que les autres, II, 196. Quelques Philosophes ont regardé cet usage comme indifférent, *ibid.* D'où a pu venir cette cruauté,

III, 416, 417. Les Juifs ne peuvent en être accusés, VI, 448 & *suiv.*

ANTIPODES. Moïse ne les a point niés, V, 380.

ANTIQUITÉ. Le respect pour elle est bien fondé, 1, 107, 108. L'antiquité des peuples doit se prouver par des monumens, & non par des conjectures, 442 & *suiv.* 447. Erreurs du livre intitulé : l'Antiquité dévoilée par ses usages, 233 & *suiv.* De l'antiquité du Monde, V, 390 & *suiv.*

ANTONIN. Cet Empereur loue les mœurs des Chrétiens, IX, 461.

AOD, ne fut point coupable de régicide en tuant Eglon, Roi de Moab, VII, 31 & *suiv.*

APIS, bœuf adoré par les Egyptiens, I, 472.

APOCALYPSE, révélation faite à Saint Jean. Authenticité de ce livre, VIII, 151 & *suiv.* Pourquoi on a douté d'abord s'il étoit de Saint Jean, 176. Il a été cité par les anciens Pères de l'Eglise, 154 & *suiv.* Il n'a été rejeté par aucun Concile, 181, 185. Nous y voyons la forme de la liturgie Apostolique, 62. X, 345 & *suiv.* Pourquoi ce livre est rejeté par les Calvinistes, VIII, 186. X, 354.

APOCRYPHE. On nomme ainsi un livre dont l'authenticité n'est pas prouvée, VIII, 38, 39, 182. Les Evangiles apocryphes ne datent point du premier siecle, 110, 150, 193. Ils n'ont pas été cités par les Peres Apostoliques, 92 & *suiv.* Le nombre des livres apocryphes a été exagéré, 187 & *suiv.*

Ils ont été forgés par les Hérétiques, VIII, 122, 191, 217. Ils ne forment aucun préjugé contre les livres authentiques, 192, 194. La foi de l'Eglise n'est fondée sur aucun livre apocryphe, 200. Comment ces livres se sont multipliés, 189 & *suiv.*

APOLLONIUS de Thyane, Philosophe; ses prétendus miracles sont fabuleux, VIII, 306, 307.

APOLOGIE, APOLOGISTES. Plusieurs anciennes apologies du Christianisme sont perdues, IX, 465, 548. Ceux qui les ont écrites n'ont point déguisé les faits, 453, 465; ni calomnié les Païens, II, 63. Ils avoient été Philosophes, X, 3. Ils ont très-bien apperçu le plan de la révélation, VIII, 10, 11. L'examen critique des Apologistes de la Religion Chrétienne a été réfuté, VIII, 53.

APOSTAT. La conduite des anciens Apostats du Christianisme prouve la vérité des faits contenus dans l'Evangile, VIII, 334, 335. Ils ont fait l'apologie de notre Religion, IX, 520. Ils en étoient cependant les plus cruels ennemis, 580. L'Empereur Julien fut véritablement Apostat, 581 & *suiv.*

APOTHÉOSE, consécration des Héros & des Empereurs après leur mort. C'étoit un usage impie & scandaleux, II, 52 & *suiv.* Mais un témoignage rendu à l'immortalité de l'ame, III, 218, 219.

APÔTRES. Les Actes des Apôtres ont été écrits avant la ruine de Jérusalem, VIII, 58, 143. La vérité de cette histoire est incontestable, IX, 273, 275, 285. Respect des premiers Fideles pour tout ce qui venoit des Apôtres, VIII, 63, 64, 145, 146. Faux Actes des Apôtres forgés par les Hérétiques, 197. IX, 377.

Les Apôtres sont de simples témoins, IX, 472. X, 452, 503. Preuves de la vérité de leur témoignage, VIII, 320. Il est plus digne de foi que celui des Auteurs profanes, 242 & *suiv*. Ces derniers avouent que les Apôtres ont fait des miracles, 277. En quel sens c'étoient des hommes grossiers, 340. IX, 188. Ils conviennent de la bassesse de leur condition, VIII, 450. X, 142. Reconnoissent qu'ils étoient de grands pécheurs, VIII, 322, 585. X, 33. Ce n'étoient cependant ni des hommes vicieux, IX, 409; ni des ignorans intéressés à croire, V, 404. IX, 187, 188, 221; ni des fanatiques, VIII, 342; ni des imposteurs intéressés à mentir, 321, 585; IX, 192 & *suiv.* 236, 422. Contradictions des incrédules sur le caractere & la conduite des Apôtres, VIII, 344, 348, 448. IX, 260, 261, 289, 298, 300. XII, 73, 74. Pourquoi Jesus-Christ leur a ordonné de renoncer à toutes choses, 96.

Ils n'ont eu ni le pouvoir ni la volonté d'enlever le corps de Jesus-Christ après sa mort, IX, 163 & *suiv.* 169 & *suiv.* Ils l'ont vu & touché plusieurs fois après sa résurrection, 156, 180, 215, 225, 227. Changement qui s'est opéré en eux par la descente du Saint-Esprit, 262 & *suiv.* 266, 267. Ils ont pris les Juifs à témoins des miracles de Jesus-Christ, 263, 267. Leur courage démontre que Jesus-Christ ne les a pas trompés,

VIII, 597. Motifs qui les ont fait agir, IX, 402. Ils n'ont pu être intéressés à prêcher l'Évangile que par la vérité des faits qu'ils ont publiés, 321, 326, 335, 336. Ils étoient par eux-mêmes incapables de convertir le monde, X, 42. Ils n'ont pu réussir par des moyens humains, IX, 296, 334; mais par la notoriété des faits, 296, 299 & *suiv.*; par leurs miracles, 329; par leurs vertus, X, 157. Ils étoient surveillés par des ennemis attentifs, IX, 276, 278. Leur mission & leur conduite ont été bien examinées & hors de soupçon, 403, 408, 409, 426. Leurs vertus, XII, 74, 75.

Ils ont prêché hautement la divinité de Jésus-Christ, 304-306; n'ont point ménagé les préjugés des Juifs, 307; n'ont point eu dessein de faire observer la loi cérémonielle, 308, 396; n'ont point établi une religion différente de celle de Jésus-Christ, 427. XI, 60, 61. Ils ne se sont point attribué la distribution des aumônes, IX, 311. Preuves de leur désintéressement, IX, 339, 340, 405, 422, 525. Jésus Christ leur avoit défendu de recevoir de l'argent, VIII, 529. IX, 404. Ils ont tracé dans leurs écrits la conduite qu'ils ont suivie, 404, 405. Tous n'ont pas été mariés, XI, 312. Ils n'ont pas été mis à mort pour s'être révoltés contre les Magistrats, IX, 394, 415; mais pour leur foi & leur prédication, 520, 522, 535. Différence entre leur conduite & celle des imposteurs, IX, 337 & *suiv.* Peut-on les comparer aux brigands, aux malfaiteurs, aux prédicans Huguenots ? 521 & *suiv.* Les disciples des Apôtres ont été des hommes instruits, IX, 430 & *suiv.*

& non des citoyens vicieux, 417, 418. En quel sens ils ont causé du trouble, XII, 75.

APPARITIONS de Jesus-Christ ressuscité, IX, 156, 180. Il n'y a point de contradictions dans les circonstances, 216, 226 & *suiv*. Ce n'étoient pas des illusions, 231 & *suiv*.

ARABES, ARABIE. Les mœurs des Arabes n'ont pas changé depuis quatre mille ans, VI, 427. Elles ont été prédites dans Ismaël leur pere, *ibid*. Ce peuple n'est point voleur de profession, 433. Saint Paul a prêché en Arabie, IX, 365. Le Christianisme y a été florissant dans les premiers siecles, 558, 561. Les Juifs n'étoient point une horde d'Arabes Bédouins, VI, 423 & *suiv*. 458. Leur histoire n'est pas un recueil de contes Arabes, V, 552. Ce peuple a pratiqué la circoncision de tout temps, 504.

ARC-EN-CIEL, monument du Déluge universel, V, 470.

ARCHE D'ALLIANCE; pourquoi Moïse la fit construire, VI, 282.

ARCHE DE NOÉ; elle suffisoit pour contenir tous les animaux pendant le Déluge, V, 444, 445.

ARGENT. Jesus-Christ a défendu à ses Apôtres d'en recevoir, VIII, 529. IX, 404. Pour la prospérité d'une nation, les mœurs sont plus nécessaires que l'argent, XI, 309. XII, 190.

ARIANISME. ARIENS. Hérétiques sectateurs d'Arius qui nioit la divinité de Jesus-Christ. Ils étoient réfutés par la forme du Baptême & par le signe de la Croix, X, 295. XI, 12. Ils n'ont pas été condamnés pour une question grammaticale, XI, 460, 461. L'opinion d'Arius étoit nouvelle & inouie dans l'Eglise, X, 538, 539. Les Empereurs ont sévi contre les Ariens, à cause de leur caractere turbulent, 377, 379, 431. Les séditions arrivées à cette occasion n'ont pas été aussi sanglantes que les incrédules le prétendent, XI, 458. Il n'est pas vrai que le Pape Libere ait signé l'Arianisme, X, 532, & que le Concile de Rimini l'ait professé, 531.

ARISTIPPE, Philosophe, fondateur de la secte des Cyrénaïques, avoit des mœurs très-scandaleuses, II, 174. Il enseignoit une morale détestable, 175. Il eut des disciples insensés & impies, *ibid.*

ARISTOCRATIE, Gouvernement des Grands; il a été souvent aussi oppressif que le despotisme, IV, 250.

ARISTOTE, fausse idée que ce Philosophe avoit de la Divinité, II, 109. Il n'a pas cru l'immortalité de l'ame, 117. Il enseigne plusieurs erreurs en fait de morale, 136.

ARMÉE. En quel sens Dieu est appelé dans les Livres saints le Dieu des armées, VI, 203. Pourquoi les armées étoient autrefois plus nombreuses qu'elles ne sont aujourd'hui, 465.

ARMES. Est-il défendu aux Chrétiens de porter les armes ? X, 279-281.

K 4

Art. La naissance & le progrès des Arts peuvent être accélérés ou retardés par des causes accidentelles, I, 442 & *suiv.* 447. L'origine des Arts prouve la nouveauté du monde, II, 346, 347. Les ouvrages les plus parfaits des Arts ne font qu'une imitation groffiere des productions de la Nature, 375. En quel fens l'Art est l'opposé de la Nature, IV, 145. La Religion a contribué à la confervation des Arts en Europe, & non à leur dégradation, I, 29. XII, 11 & *fuiv.* Ils étoient connus des Juifs, VI, 412.

Aruspices, Infpecteurs des entrailles des animaux, pour connoître l'avenir; d'où a pu naître cette fuperftition chez les Païens, IV, 385.

Ascension de Jefus-Chrift. Elle étoit prédite par les Prophetes, IX, 251, 252. Les Evangéliftes qui la rapportent ne fe contredifent point, 255 & *fuiv.* Ce prodige n'a rien de commun avec l'apothéofe de Romulus, 257, 259.

Asie. De quelle maniere cette partie du monde a été peuplée, felon quelques Philofophes, I, 447. La polygamie n'y contribue point à la population, au contraire, IV, 211 & *fuiv.*

Asile. Les Eglifes fervirent d'afiles lorfque les Seigneurs exerçoient la vengeance à main armée; fans cela plufieurs innocens auroient péri, XI, 480.

Assassinats, *voyez* Meurtres.

ASSYRIENS, peuples mal policés, XI, 403.

ASTRES. Les Astres & les Elémens ont été les premiers Dieux des Polythéistes, I, 206. Les anciens Philosophes ont cru que les astres étoient animés, 207. II, 46. X, 101. La révélation primitive avoit prévenu les hommes contre cette erreur, I, 240, 242. Les rêveries sur la fin du monde sont venues de l'Astrologie, III, 578, 579.

ASTRONOMIE. Le cycle dont s'est servi Daniel, avoit été inventé par les plus habiles Astronomes, VII, 259.

ATHÉES, Incrédules qui nient l'existence de Dieu ou sa Providence. Les anciens Athées étoient plus sinceres que les modernes, III, 475, & moins inexcusables, II, 233. Ceux d'aujourd'hui n'ont point créé de nouveau systême, 234. Ils sont sans consolation, I, 277, & craignent un Dieu vengeur, 293. Triste tableau qu'ils font de la Nature, 271. Aveu fait par plusieurs du trouble qui les agite, 289. II, 417, 419.

Lorsqu'ils étoient Déistes, ils ont réfuté leurs objections d'avance, I, 292. A présent ils attaquent le Déisme, 91, & voudroient l'anéantir, IV, 288, 289. Ils n'ont aucune certitude de rien, I, 279 ; ne peuvent réfuter les Sceptiques, 280 ; avouent que ce n'est pas la raison, mais le goût qui les détermine, II, 415 ; ne veulent croire que ce qu'ils voient, 285 ; se contentent de mots qu'ils n'entendent pas, 368, 390. Ils n'argumentent que sur notre ignorance, 430 & *suiv.* & font eux-mêmes les sophismes qu'ils nous reprochent,

389, 404. Un Athée peut être superstitieux, I, 244, & fanatique, 369. XII, 92, 113. En général ils ne sont point tolérans, IV, 3, 9, 29; n'ont jamais été tolérés nulle part, 7, 37, & ont toujours eu peu de profélytes, I, 66.

Toutes les maximes sur lesquelles ils veulent étayer la morale, sont fausses, III, 393. XII, 98 & *suiv.* elles ne sont vraies qu'en supposant un Dieu rémunérateur & vengeur, III, 476. Ils ne peuvent établir une distinction solide entre le vice & la vertu, I, 282. IV, 273, 281. N'ont aucun motif constant d'être vertueux, I 346 & *suiv.* III, 493. XII, 151. Conviennent de l'impuissance de leur morale, III, 255; sont forcés de se contredire dans leur conduite, I, 392; envisagent les hommes comme une troupe d'animaux, 284. XII, 187, 188; sont toujours dangereux, III, 572. Idée qu'ils ont des Législateurs, I, 255. Ils approuvent le suicide, II, 420.

Une société d'Athées ne pourroit subsister, I, 352 & *suiv.* 424. Il n'y eut jamais de nation Athée, II, 422 & *suiv.* III, 523. Selon leurs principes, les Athées ne peuvent nier la possibilité des miracles sans se contredire, V, 49, 50.

ATHÉISME. Les divers systêmes d'Athéisme sont les mêmes dans le fond, ils ne sont variés que dans les termes, II, 595 & *suiv.* Tous sont absurdes, 624. Causes de l'Athéisme indiquées par ses partisans mêmes, I, 56. & *suiv.* II, 585 - 587. Il vient d'un cerveau mal organisé, I, 288, d'un cœur corrompu, II, 428. C'est un effet des passions tristes, I, 215. II, 584. Il rend l'homme malheureux, I, 67, 287. II, 415, 418, 626. Dans ce syſtême il n'y a plus ni vice ni vertu, IV, 51, 55, 64; plus de motif de s'abſtenir d'un crime utile ou agréable, 116 & ſuiv. XII, 186.

L'Athéiſme peut inſpirer des crimes, I, 366; favoriſe les malfaiteurs, 294; détruit la ſociété, 378. II, 270. XII, 188, 189; corrompt les mœurs, dégrade les nations, rend l'homme inutile, I, 358 & ſuiv. II, 412. Il ne peut devenir commun que chez les peuples déjà corrompus, ibid. & 586. Il eſt plus pernicieux que l'idolâtrie, I, 363; & que le fanatiſme, 367, 372. Il eſt puniſſable de droit naturel, IV, 7. Il a toujours été deteſté, I, 66. II, 622. IV. 7, 37. Selon les Athées mêmes, il n'eſt pas fait pour le peuple, I, 65, 264. IV, 25. On peut joindre enſemble l'Athéiſme, la Superſtition & le Fanatiſme, I, 369. XII, 92.

ATHÉNIENS. Corruption de leurs mœurs, II, 121; ils permettoient à leurs Poëtes de tourner en ridicule la Religion, 85. IV, 37, 38; ils étoient cependant intolérans, 18, 34 & ſuiv. & très-inconſéquens dans leur conduite, II, 121. IV, 38. Leur liberté étoit abuſive, & leurs loix vicieuſes, II, 121, 122. Ils furent changés en mieux par le Chriſtianiſme, XI, 404.

ATOME, ce qui ne peut pas être diviſé. Les corps ſont-ils compoſés d'atomes indiviſibles, ou de parties diviſibles à l'infini? II, 241, 242. Les atomes ſe nomment auſſi *monades*, ou *unités*.

ATTRACTION, qualité par laquelle les

corps & leurs parties tendent à se rapprocher d'elles-mêmes & du centre ; elle n'est pas essentielle aux corps, II, 283.

Attributs, perfections de Dieu. Attributs métaphysiques, II, 460 & *suiv.* Perfections morales, 481 & *suiv.* Ce sont des conséquences de la nécessité d'être ; ils ne sont point distingués de l'essence divine, 458, 461, 476. IV, 487. L'infinité de ces attributs ne se tire point des ouvrages de Dieu, mais de la notion d'être nécessaire, III, 529 & *suiv.* 576, 589. Dieu ne peut être le sujet d'aucun attribut contingent, II, 607. Tous sont incompréhensibles, III, 451 & *suiv.* Nous ne pouvons les exprimer autrement que ceux des créatures intelligentes, II, 457, 483. III, 3, 7. VI, 171, 198. Ils sont positifs, quoique souvent désignés par des termes négatifs, II, 460. Ils ne dégradent point la Divinité, ne la mettent point au niveau de l'homme, 451, 459. III, 3. Ce sont les Athées qui tombent dans ce défaut, I, 46. II, 492, 525, 578, 584. III, 569. La Religion ne suppose point en Dieu des attributs contradictoires 565 & *suiv.*

Avarice, funestes effets de cette passion. IV, 103, 104.

Avenir, *voyez* Futur, Vie future.

Averroes, Philosophe Arabe & incrédule, se permettoit des friponneries, I, 62.

Aveugle. Les aveugles-nés sont forcés de croire des mysteres aussi incompréhensibles que ceux de la Religion Chrétienne ; III, 286,

287; & des phénomenes qui leur paroissent contradictoires, 308, 318, 328. IV, 509, 510. X, 251. Aveugle né guéri par Jésus-Christ, VIII, 540. Guérison d'autres aveugles, 492, 534, 568.

AVEUGLEMENT. En quel sens Dieu aveugle les pécheurs, VI, 31-37, 186 & *suiv.* 491.

AUGURE, AUSPICE. Connoissance de l'avenir par le vol, par les cris, par l'appetit des oiseaux; d'où est venue cette superstition du Paganisme, IV, 385.

AUGUSTIN (S.), est accusé par les Incrédules d'avoir raisonné en parfait Matérialiste; argument par lequel il prouve la spiritualité de l'ame, III, 11, 57. Raisonnement qu'il fait sur la Providence, II, 528. Il ne se contredit point sur la Tolérance envers les Hérétiques, X, 377, 380. Ses sentimens sur la grace n'ont point été condamnés, 536, 537. Motifs qu'il donne de la foi des simples & des ignorans, 548 & *suiv.* Ce qu'il dit du sort des enfans morts sans Baptême, III, 350. Précis qu'il fait de la morale de Jésus-Christ, IX, 40, 41.

AUMÔNE. Jésus-Christ n'a point approuvé l'aumône faite du bien d'autrui, X, 279. Les incrédules modernes blâment l'aumône en général, XI, 259, 498, & calomnient les distributeurs des aumônes, 111. Différence entre un honoraire, un paiement, & une aumône, XI, 222, 245.

AUSTÉRITÉS. *Voyez* ABSTINENCE, MORTIFICATION.

AUTEL. Dessein des tribus de Ruben & de Gad en bâtissant un Autel sur les bords du Jourdain, VI, 249. Précautions ordonnées par Moïse dans la construction des Autels du vrai Dieu, 276. Saint Jean dans l'Apocalypse parle d'un Autel sous lequel reposoient les reliques des Martyrs, X, 345. Autels érigés aux vices par les Païens, II, 16, 54.

AUTEURS PROFANES. Plusieurs ont parlé avantageusement des Juifs, V, 173 & *suiv.* & confirment les faits de l'Histoire sainte, 282, 352. Plusieurs ont connu & rapporté les principaux événemens contenus dans l'Evangile, VIII, 249. Il est néanmoins absurde de préférer leur témoignage à celui des disciples de Jésus-Christ, 239 & *suiv.*

AUTHENTICITÉ, AUTHENTIQUE. Un livre est authentique lorsqu'il a été réellement écrit par l'Auteur dont il porte le nom, & auquel il est attribué, VIII, 36, 37. La supposition de quelques livres anciens ne déroge point à l'authenticité des autres, IV, 543. Regles sur lesquelles on en juge, V, 186. Preuves de l'authenticité des livres de l'Ancien Testament, 139 & *suiv.* 187 & *suiv.* De ceux du Nouveau Testament, VIII, 36 & *suiv.* Elle se prouve par la tradition, & non autrement, 47, 62 & *suiv.* 72, 127. X, 475. En quel sens la Vulgate est authentique, VIII, 331 - 333.

AUTORITÉ ECCLÉSIASTIQUE. *V.* CLERGÉ, HIÉRARCHIE.

AUTORITÉ en matiere de religion ; elle est nécessaire pour nous conduire, I, 35, 98.

X, 481, 484. C'est par-là que Dieu a voulu nous instruire, & non par le raisonnement, II, 149. IV, 338. X, 455, 473. La plupart des hommes sont guidés par elle sans s'en appercevoir, IV, 618. X, 479, 480. Les incrédules sont dans ce cas, I, 72. VIII, 196. IX, 452. X, 53, 480. XII, 49, 50. Ce n'est point l'autorité des inspirés, mais le raisonnement, qui a égaré les Polythéistes, IV, 379 & *suiv.* ; & qui a fait éclore les superstitions, 382 & *suiv.* En fait de religion révélée, toute autorité se réduit au témoignage, X, 500, 501. XI, 3. Il est faux que la voie d'autorité ramene à celle d'examen, X, 577.

AUTORITÉ PATERNELLE. *V.* PERES.

AUTORITÉ POLITIQUE. Elle est fondée sur la Loi naturelle, IV, 244 & *suiv.* Selon les principes des Matérialistes, elle ne consiste que dans la force, 279. Les Rois n'ont point reçu leur autorité des peuples, 260 & *suiv. Voyez* GOUVERNEMENT, ROIS.

B.

BABEL. Construction de la tour de Babel ; dispersion des peuplades, V, 474.

BABYLONIENS. La prostitution étoit établie chez eux par motif de religion, I, 589. II, 192, 225.

BALAAM, Prophete, a désigné le Messie, VII, 196.

BALANCE. Fausse comparaison entre la

volonté humaine & une balance, III, 110, 111.

BAPTÊME. Cette cérémonie n'a pas commencé chez les Perses, I, 588. Elle étoit pratiquée chez les Juifs, VIII, 461. Jésus-Christ s'y est soumis, X, 31. Il est faux que l'on n'ait pas baptisé les enfans pendant les deux premiers siecles de l'Eglise, III, 346, 349. Ce ne fut jamais un attrait pour les hommes de mauvaises mœurs, IX, 463. Contestation sur la validité du Baptême donné par les Hérétiques, VIII, 221. Ce Sacrement ne répare pas tous les effets du péché originel, III, 354. Evénemens, dogmes, leçons de morale qu'il nous rappelle, X, 294-297. Avantages qui en résultent pour le bien de la société, *ibid*. La maniere de l'administrer a changé pour de bonnes raisons, XI, 171, 172. Trait de religion de feu M. le Dauphin, à l'occasion du Baptême des Princes ses enfans, 298, 299.

BARBARES. Les Empereurs leur ont toujours fait la guerre sans quartier, IX, 571. Sans le Christianisme, les Barbares auroient étouffé en Europe toutes les connoissances humaines, I, 28. Triste état de cette partie du monde après l'irruption des Barbares, XII, 3. Leur férocité fut adoucie par le Christianisme, XI, 408.

BARTHÉLEMI (SAINT). Il n'est pas vrai que de nos jours on ait fait l'éloge de la Saint-Barthélemi; le Clergé n'eut aucune part à ce massacre, X, 433.

BARUCH, Prophete, console les Juifs captifs à Babylone, V, 217.

BAUBACZ, espece de renards de l'Ukraine, IV, 162.

BAYLE. Objections de ce Critique contre la preuve de l'existence de Dieu, tirée de la croyance universelle, II, 425 & suiv. Contre la certitude métaphysique, IV, 499 & suiv. Contre la nécessité de la Religion & les effets de l'Athéisme, I, 347 & suiv. Contre la Providence, II, 539 & suiv. Sur l'origine du mal, il a renouvelé tous les sophismes des Manichéens, 546 & suiv. Il convient que sans la Religion la vertu n'a plus de base, I, 338. Pourquoi il adopte le système de morale des Stoïciens, III, 491, 492. Difficultés qu'il propose contre la liberté humaine, III, 191 & suiv. Sur les effets du Christianisme à l'égard du bonheur de la société, XI, 418, 419. Il a été solidement réfuté sur ce point par Montesquieu, X, 280, 281. Ce qu'il dit sur la tolérance, 384 & suiv. Fausse regle qu'il établit sur les effets de l'éducation, II, 428. Preuve qu'il donne de la spiritualité de l'ame, III, 19 & suiv. Il a très bien réfuté Spinosa, II, 621, 622. Contradictions de cet Auteur sur la chute de nos premiers parens, III, 335, 336. Sur la suffisance de l'Ecriture pour régler notre foi, X, 468, 469.

BÉDANG, ou VÉDAM, livre sacré des Indiens, I, 533 & suiv. Son antiquité est très-douteuse, 534. Les différentes copies ne sont pas conformes, ibid. L'Ezour-Védam a été traduit en François avec de bonnes observations, 533. Doctrine enseignée dans ces livres, 535 & suiv.

BEL, Divinité des Chaldéens, II, 66.

BÉNÉDICTION. En quoi confiftoit la bénédiction fpéciale promife aux Patriarches, V, 10, 526. Pourquoi l'on fait ufage des bénédictions dans l'Eglife Catholique, X, 318. Effet qu'a produit fur plufieurs Anglois la bénédiction du Pape, 291.

BENJAMITES. Guerre contre cette Tribu pour venger l'outrage fait à la femme d'un Lévite, VII, 44.

BETHLÉEM, étoit connu des Païens mêmes comme le lieu de la naiffance de Jéfus, VIII, 398.

BETHSAMITES; pourquoi ils furent punis, VI, 439, 519.

BIBLE, *voyez* ECRITURE-SAINTE. Les Bibles polyglottes, ou en plufieurs langues, font très-utiles pour la conservation & pour l'intelligence du texte facré, V, 300.

BIEN, MAL; termes relatifs. Dans le fens métaphyfique, ce font les perfections & les imperfections des créatures, II, 550 & *fuiv.* 589, 590. Dans le fens phyfique, c'est la même chofe que plaifir & douleur, bonheur & malheur, 556 & *fuiv.* 589, 590. Le bien & le mal moral viennent de la liberté humaine, & non de Dieu, 564-570. Le bien & le mal phyfique font effentiellement différens du bien & du mal moral, III, 363 & *fuiv.* Cette différence eft apperçue par le fentiment intérieur, III, 367 & *fuiv.* Les idées du bien & du mal moral ne viennent point des fenfations, 484 & *fuiv.* Dans le fyftême de la néceffité ou du hafard, rien n'eft pofitivement ni bien ni mal dans aucun sens, 102, 104. Ce que c'est que notre bien, 127.

BIENS, RICHESSES. C'étoit le seul motif du culte que les Païens rendoient à leurs Dieux, I, 455. VI, 263. Les biens de ce monde ne peuvent nous rendre heureux, II, 556. Le Christianisme ne nous ordonne point d'y renoncer, ni de les mettre en commun, IX, 320. XI, 215, 361, 352.

BIENS ECCLÉSIASTIQUES. Les possessions du Clergé ne sont point une usurpation, XI, 211, 213, 263. Leur immunité n'est pas un abus, 251 & *suiv*. La quantité de ces biens n'est pas excessive, 255, 256. On les a donnés au Clergé pour des raisons sages & louables, XI, 211, 260. Quand ils ont été pillés, le peuple n'en a jamais profité, 261, 262, 378, 379.

BIENFAIT. La justice de Dieu n'exige point que ses bienfaits soient également distribués à tous les hommes, II, 561, 590. V, 19 & *suiv*. VI, 183. VII, 410, 411. Ils ne sont point une preuve de l'innocence & de la vertu de ceux qui les reçoivent, VII, 68. *Voyez* GRACE.

BLASPHÊMES, discours ou écrits contre les objets du culte religieux; c'est un crime punissable, IV, 8, 15. Blasphêmes des Incrédules contre Jesus-Christ & contre les Apôtres, 423. VIII, 23. Ils sont l'effet d'un désespoir systématique, *ibid*. 430. Jesus-Christ fut condamné à mort comme blasphémateur, pour avoir déclaré qu'il étoit le Fils de Dieu, IX, 113, 115, 116.

BOLINGBROKE, célebre Déiste Anglois, fait plusieurs aveux favorables à la Religion, II, 143 & *suiv.* Il fut touché en assistant à la Messe du Roi à Versailles, V, 291.

BON, BONTÉ. Dieu est infiniment bon, II, 482, 561; mais les regles selon lesquelles nous jugeons de la bonté des créatures ne sont pas applicables à Dieu, 484, 559, 590. Il n'est point contraire à sa bonté infinie qu'une créature soit imparfaite, 551, 553; qu'elle souffre ici-bas, 561 & *suiv.* qu'elle soit sujette au péché, 563 & *suiv.* qu'elle puisse se rendre éternellement malheureuse par sa faute, *ibid*, 581. La bonté de Dieu ne consiste point à faire également du bien à toutes les créatures, II, 561, 590 V, 19 & *suiv.* VI, 183. VII, 410, 411. Comment elle agit à l'égard de tous les hommes, X, 207. La croyance d'un Enfer n'y est pas contraire, II, 579 & *suiv.* L'abus des bienfaits de Dieu ne prouve rien contre sa bonté, 591.

BONHEUR & MALHEUR; ce sont deux états purement relatifs : il n'est point ici-bas de créature sensible absolument heureuse ou malheureuse, II, 553 & *suiv.* 571 & *suiv.* Le bonheur ne peut pas être le même pour tous les hommes, III, 448. Il contribue rarement à rendre l'homme meilleur, II, 526, 557. Il ne peut se trouver que dans la vertu, 578. Selon les Athées, la vertu ne peut pas faire le bonheur de tous, III, 451, 454, 464. Suivant leurs principes, un méchant n'est pas blâmable de placer son bonheur dans le crime, 468. Il est donc absurde de fonder la morale sur les idées du bonheur, *ibid.* XII, 131,

132. La Religion ne nous commande point de renoncer au bonheur de cette vie, X, 229, 230. XII, 65 & *suiv.* L'espérance d'un bonheur éternel ne vient point de notre orgueil, I, 300. II, 574. X, 228, 229. On ne peut pas goûter le bonheur dans l'incrédulité, I, 67, 277, 287, 289, 293. II, 417 & *suiv.* Le Christianisme a contribué au bonheur public, XI, 409 & *suiv.* 434, 435. Dieu jouit d'un bonheur parfait, II, 464, 465.

BRAMES, BRAMINES, Philosophes Indiens nommés autrefois *Brachmanes* & *Gymnosophistes*, I, 532. Ils ont entre eux les mêmes disputes que les Philosophes Grecs, 543. Ce sont eux qui ont plongé les Indiens dans l'Idolâtrie, 541. Ils leur ont donné de très-mauvaises loix, 554. Ils sont intolérans & cruels, 558. Bramah est le nom du Créateur, V, 481.

BRIGANDAGE, guerre continuelle; c'étoit le droit commun chez les anciens peuples, VII, 76. Tous l'ont exercé, V, 568.

BRUTES, *voyez* ANIMAUX.

BUFFON. Le système de ce savant Naturaliste sur la reproduction des êtres vivans ne favorise point le Matérialisme, II, 320 & *suiv.* Examen de sa théorie sur la formation du système planétaire, & sur la naissance des montagnes dans le sein de la mer, 348 & *suiv.* Il l'a réfutée lui-même dans les Epoques de la Nature, 356. Il ne veut pas que l'on cite la révélation sur le système du monde, 363. Réponse à ses objections contre les causes finales, 391 & *suiv.* Sages réflexions qu'il fait fur la différence qu'il y a entre l'homme & les brutes, III, 36, 527; & fur l'origine de la fociété naturelle entre les hommes, I, 315.

C.

CAÏN, fils aîné d'Adam; par qui craignoit-il d'être tué? V, 387. Eft-il devenu Negre après fon crime? 457.

CAÏPHE, Grand-Prêtre des Juifs, interroge & condamne Jefus-Chrift à la mort, IX, 109 & *fuiv*. Il répete, fans le favoir, la prophétie de Daniel, VII, 270.

CALAMITÉ. Les calamités de l'Empire Romain n'ont point influé fur l'établiffement du Chriftianifme, X, 155.

CALOMNIATEURS, CALOMNIE. Les Incrédules fe plaignent d'être calomniés & font eux-mêmes les plus hardis calomniateurs, II, 178. VII, 48 & *fuiv*. Leurs calomnies contre Jefus-Chrift font l'effet d'un défefpoir fyftématique, VIII, 23, 430.

CALVAIRE. La maniere dont les rochers du Calvaire font fendus, attefte le tremblement de terre arrivé à la mort du Sauveur, IX, 137.

CALVIN, CALVINISTES. Progrès de leurs principes, I, 31 & *fuiv*. X, 164, 165. XI, 50. Ce font les vrais fondateurs de l'incrédulité moderne, I, 32. X, 164. XI, 44, 51. En conteftant l'authenticité de certains livres de l'Ecriture, ils ont attaqué l'autorité de tous les autres, VIII, 168. Leurs objections contre le miracle de l'Euchariſtie ont été tournées contre tous les miracles, I, 43. IV, 507 & ſuiv. Leurs reproches contre les Martyrs des derniers ſiecles ont été appliqués à tous les Martyrs, IX, 547. Ils n'ont aucun principe fixe ſur la tolérance, IV, 4. Ils ont été intolérans & ſéditieux dès leur origine, X, 408, 413. Telle eſt la cauſe des rigueurs que l'on a exercées contre eux en France, 416, 431. Lettres de Calvin à M. du Poët, 422.

Cana. Miracle de Jéſus-Chriſt aux noces de Cana, VIII, 451 & ſuiv.

Canon, Catalogue des Livres ſaints. Il eſt plus ancien que le Concile de Nicée, VIII, 66, 127, 152. Comment il a été formé, 150, 180, 198. En quel ſens il n'a pas été fixe, 185. Ce qu'il faut pour qu'un livre ſoit cenſé canonique, 38, 39. C'eſt là tradition de l'Egliſe qui en décide, 149, 151. Conſtance de cette tradition, 43 & ſuiv. Raiſons ſur leſquelles l'Egliſe ſe fonde, 150, 156. Prudence avec laquelle elle dirige ſes déciſions à ce ſujét, 198, 199.

Captivité des Juifs à Babylone. Ils n'y étoient point réduits à l'eſclavage, VI, 466 & ſuiv. Ils n'ont ni perdu, ni oublié les Livres ſaints pendant ce temps-là, V, 216 & ſuiv. 220. Leur conduite dans cette circonſtance prouve que les Livres de Moïſe exiſtoient depuis long-temps, 220. L'état dans lequel ils ſont aujourd'hui n'eſt point une continuation de la captivité de Babylone, VII, 552 & ſuiv.

Caractere, tempérament moral. Il

n'est pas irréformable, IV, 119, 120. On ne punit pas le caractere d'un malfaiteur, mais ses effets, III, 185.

CARACTERES alphabétiques; ils sont plus anciens qu'on ne le croit communément, V, 233. Ils paroissent avoir été inventés par les Egyptiens, 234. Les caracteres Chaldéens ont été substitués par les Juifs aux lettres Hébraïques ou Samaritaines peu de temps avant Jesus-Christ, 223, 320 & *suiv*. Cette substitution n'a causé aucune altération dans le texte des Livres saints, 321, 322.

CARÊME. Plaintes absurdes des Incrédules contre cette loi, X, 341 & *suiv*.

CARTHAGINOIS. Changement qui se fit dans leurs mœurs, quand ils embrasserent le Christianisme, XI, 402, 403.

CATHOLICITÉ, CATHOLIQUE OU UNIVERSEL. Ce que signifie ce titre donné à l'Eglise, X, 511, 552. XI, 7. Sens de l'article du Symbole: *Je crois la sainte Eglise Catholique*, X 511, 554. Marque sensible pour la distinguer, 555. Les autres sociétés, loin de s'attribuer ce titre, le réprouvent, 511, 512. Dans le sein de l'Eglise Catholique, un ignorant est pleinement assuré de la vérité de sa foi, 548 & *suiv*. Comment il est convaincu de la catholicité ou de l'universalité de sa croyance, 552, 556. La doctrine Catholique est nécessairement Apostolique, XI, 7; & immuable, X, 505. Entre la Religion Catholique & le Pyrrhonisme il n'y a point de milieu solide, I, 53. Les Incrédules renouvellent contre elle les objections des Protestans, 69. Les

Catholiques

Catholiques ont été mis à mort en Angleterre pour leur religion seule, X, 415.

CAVERNES. Les grandes cavernes des montagnes ne peuvent avoir été formées par les eaux, II, 361.

CAUSE. Fauſſe notion donnée par D. Hume d'une cauſe en général, III, 177. Autre notion fauſſe donnée par Spinoſa, II, 617. En quel ſens toute cauſe a une connexion avec ſon effet, III, 178 & ſuiv. En quel ſens une cauſe efficiente doit connoître ſon effet, 201. Différence entre un être néceſſaire & une cauſe néceſſaire, II, 265, 343. Il eſt faux que toute cauſe ſoit cauſe néceſſaire, III, 133. Démonſtration de la néceſſité d'une cauſe premiere, II, 245 & ſuiv. On ne doit point juger des perfections de cette cauſe par ſes effets, 576. Le traité de la néceſſité ſeroit un traité des effets ſans cauſe, 131.

CAUSE finale. *Voyez* FIN.

CAUSE morale, motif qui nous détermine. Différence entre une cauſe morale & une cauſe phyſique, III, 108, 134, 145. La premiere ne peut avoir qu'une connexion contingente avec nos vouloirs, ne peut nous impoſer qu'une néceſſité morale, 145 & ſuiv. 179 & ſuiv. L'homme eſt ſouvent plus ſenſible aux cauſes morales qu'aux cauſes phyſiques, 146.

CAUSES occaſionnelles ; c'eſt un ſyſtême mal fondé, III, 197, 198. IV, 484.

CAUSES phyſiques ; elles ſont ſuffiſamment connues par la certitude de nos ſenſations, II, 582. IV, 494 & ſuiv. Quelle eſt la ſource de la connexion qu'il y a entre une cause physique & son effet, III, 175, 201. IV, 494, 495. Cette connexion n'est pas nécessaire de nécessité absolue, II, 297 & *suiv.* III, 175 & *suiv.* Le progrès des causes à l'infini est une absurdité, II, 247 & *suiv.* Dieu, en produisant une cause, a voulu son effet, 378 & *suiv.* Dans la nature, les causes physiques & les causes finales sont les mêmes sous un aspect différent, 379, 396. La cause physique de nos actions est notre volonté, faculté active, III, 33, 34, 61, 62, 107, 134. Entre nos vouloirs & les mouvemens de notre corps il y a une connexion physique, 61 & *suiv.* Une cause physique intelligente doit connoître son effet par sentiment & non par abstraction, 200. Il est absurde de recourir à des causes imperceptibles & inconnues, pour nier la liberté de nos actions, 128, 130. Différence entre une cause physique & une cause morale, 108, 134, 145.

CÉLIBAT, CONTINENCE. Apologie du célibat ecclésiastique & religieux, XI, 158, 264 & *suiv.* C'est un état de perfection pour ceux que Dieu y appelle, X, 276. Ce n'est point un simple conseil pour les Ministres de l'Eglise, XI, 268, 269. Pourquoi l'on a noté d'infamie le célibat chez plusieurs nations, 272. Il ne nuit point au mariage, ni à la population chez les nations policées, 280 & *suiv.* Objections des Philosophes contre cet état, *ibid.* & *suiv.* Pernicieux effets du célibat philosophique & voluptueux, X, 277. XI, 286, 306. Il est pratiqué à la Chine par les Bonzes, IV, 49. La Loi Romaine contre les célibataires étoit absurde & inutile, X, 322.

XI, 274. L'article *Célibat* de l'Encyclopédie est très-mal fait, 307, 308.

CELSE, Philosophe Epicurien du second siecle de l'Eglise, a écrit vers l'an 170. Analyse de son ouvrage contre la Religion Chrétienne, X, 24 & *suiv*. Celse connoissoit nos Evangiles, VIII, 250, 253, 262. X, 25. Il est le premier qui ait accusé Jésus-Christ d'une naissance illégitime, VIII, 396. X, 29. Il lui reproche d'avoir appris la Magie en Egypte, VIII, 253, 419. X, 29. Il avoue cependant ses miracles & ceux des Apôtres, VIII, 257 & *suiv*. 305. X, 26, 29, 34. Comment il attaque sa résurrection, X, 43 & *suiv*. Il avoue que le Christianisme s'est répandu peu de temps après la mort du Sauveur, 36, 42 ; rend justice aux mœurs des Chrétiens, IX, 460, 488 ; regarde comme une folie le projet de convertir tous les peuples, X, 96 ; veut que chaque nation conserve sa religion, 67, 68.

Celse approuve & blâme la constance des Martyrs, IX, 528, 529. X, 26, 94 ; atteste la cruauté de leurs supplices, IX, 538. X, 91-93. Quelle étoit sa croyance sur la Divinité, II, 44, 436. X, 76. Il n'exige point de culte pour le Dieu suprême, II, 44. X, 63. Il connoissoit mal le Dieu des Juifs, 28. Il n'admet point de providence à l'égard de l'homme, II, 436 ; croit que les animaux sont d'une nature supérieure à la nôtre, 448. X, 61 ; rejette le dogme de la résurrection future, 66 ; en revient à la fatalité & à l'Epicuréisme, 62. Il fait l'apologie du Polythéisme, 84-89 ; vante les oracles, la divination, les prodiges du Paganisme, 92 ; approuve & blâme le culte des Idoles, 25, 83, 84, 89. Il préfere Platon à Jésus-Christ, 71, 72; distingue la grande Eglise des autres Sectes qui se disoient Chrétiennes, 70, 71. Dissimulation qui regne dans tout son ouvrage, 62, 63, 92. Sa philosophie est un chaos inintelligible, 60 & *suiv*. Contradictions dans lesquelles il tombe, VIII, 303, 304. X, 25, 27, 56, 57, 58, 60, 83, 88, 89, 93.

CENE, dernier repas de Jesus-Christ avec ses Disciples la veille de sa mort, IX, 98 & *suiv*. Discours affectueux & sublime qu'il leur fait ensuite, 103.

CÉPHAS. Il n'est pas certain que Céphas, auquel Saint Paul a résisté, soit l'Apôtre Saint Pierre, IX, 374, 375.

CÉRÉMONIES, culte extérieur. Nécessité des cérémonies dans toutes les Religions, III, 532 & *suiv*. VI, 246 & *suiv*. X, 287, 317, 356. Elles sont indifférentes en elles-mêmes; c'est leur objet qui les rend louables ou abusives, VI, 255 & *suiv*. VII, 323, X, 355. Elles influent sur le repos de la société, III, 541 & *suiv*. X, 289, & *suiv*. Elles ont été employées au culte du vrai Dieu, avant d'être profanées par les Idolâtres, VI, 255, X, 355. La pompe extérieure dans les cérémonies n'est point un abus, VI, 278 & *suiv*. *Voyez* CULTE EXTÉRIEUR.

Les cérémonies des Juifs étoient un monument des principaux faits de leur histoire, VI, 15, 16. Sagesse des loix cérémonielles de Moïse, 251 & *suiv*. Idée que nous en donnent les Livres saints & les Peres de l'Eglise, 259 & *suiv*. Il n'étoit pas indigne de Dieu de prescrire le cérémonial, 264. VII, 323. Il n'avoit rien de superstitieux, VI, 257, 258. Il n'est pas vrai que la Religion Juive ne consistât qu'en cérémonies, 259 & suiv. L'erreur des Juifs, qui faisoient plus de cas des cérémonies que des actes de vertu, ne venoit point de leur loi, VI, 344 & suiv. VII, 325 & suiv. Les Prophetes ont condamné cette erreur, VII, 326 & suiv. 332. Ce culte cérémoniel devoit-il toujours durer ? 323 & suiv. IX, 25, 26. Les Juifs soutiennent encore qu'il est plus important que la morale, VII, 351, 368. Dieu a pu le changer, 355. En quoi consistoit la sainteté attachée à ce culte, VI, 341 & suiv. Jésus-Christ a déclaré qu'il seroit aboli, 374 & suiv. IX, 309. Les Prophetes ne l'ont pas ignoré, VII, 377, 378. L'intention de Jésus-Christ & des Apôtres ne fut jamais de conserver la loi cérémonielle, 375. IX, 308, 366 & suiv. Elle seroit aujourd'hui absurde & pernicieuse, VII, 401. En quel sens elle étoit encore utile aux Juifs après la publication de l'Evangile, IX, 383. *Voyez* LOIX CÉRÉMONIELLES.

Sainteté & utilité des cérémonies de la Religion Chrétienne, X, 287 & suiv. Ce sont autant de monumens des faits consignés dans l'Evangile, VIII, 326. Elles servent à conserver la doctrine apostolique & le vrai sens de l'Ecriture, X, 293 & suiv. XI, 11-13; donnent des leçons de morale, X, 292 & suiv. contribuent au repos de la société, X, 289 & suiv. XII, 175. Elles datent du temps des Apôtres, 345 & suiv. Ce n'est point un reste d'Idolâtrie ni de Judaïsme, 350 & suiv. Souvent elles engagent à faire des bonnes œuvres, 319. L'abus que l'on en peut faire ne prouve rien, 360. Effets qui ont résulté de la suppression des cérémonies chez les Protestans, XI, 13, 14.

Cérinthe, hérésiarque contemporain des Apôtres, VIII, 79, 290. C'étoit un Philosophe, 339. Quels étoient ses dogmes, 309. Il fut l'Auteur de l'hérésie des Millénaires, 155. Quelques Anciens ont cru qu'il avoit composé l'Apocalypse, *ibid*.

Certitude. Dissertation sur les différentes especes de certitude, IV, 452 *& suiv*. On peut avoir une certitude entiere, sans être en état d'en expliquer les raisons & d'en faire l'analyse, X, 546, 547. Ce que les Incrédules nomment *certitude*, *évidence*, *expérience*, n'est souvent qu'une ignorance, III, 328. Il est faux que le degré de certitude doive être proportionné à l'importance de chaque question, 606.

Certitude métaphysique. Elle est fondée sur la liaison de nos idées, & sur le sentiment intérieur, IV, 461. L'expérience des rêves, & l'opinion de la création continuelle n'y donnent aucune atteinte, 467, 469. Elle n'est point ébranlée par les mysteres du Christianisme, 499 *& suiv*.

Certitude morale. Elle est fondée sur le témoignage des hommes, & de même genre que la certitude physique, IV, 515 *& suiv*. Elle s'acquiert par la tradition orale, par l'histoire écrite, par les monumens, 516. Lorsque ces trois signes sont d'accord, la certitude est poussée au plus haut degré, X,

457. Elle ne diminue point par la succession des âges, IV, 537, 538. Sans cette certitude, la société humaine ne pourroit subsister, 520, 521. Sur cette base portent tous nos droits & tous nos devoirs, *ibid.* 618, 619. Les passions seules peuvent engager un homme à y résister, 521. Souvent la certitude morale prévaut à une certitude physique ou métaphysique qui n'est qu'apparente, III, 327, 328. IV, 511, 518. Différence entre la certitude morale & la probabilité, 524. La premiere n'est point soumise au calcul, 526 *& suiv.* Elle est applicable aux faits miraculeux comme aux évenemens naturels, 553 *& suiv.* Les faits qui prouvent la révélation sont absolument certains, 586. Les décisions de l'Eglise sont fondées sur la certitude morale, aussi bien que sur les promesses de Jesus-Christ, VIII, 128, 129. X, 504 *& suiv.* XII, 175, 176.

CERTITUDE PHYSIQUE. Elle porte sur le témoignage de nos sens & sur la constance de l'ordre de la nature, IV, 478. Elle est susceptible de plus & de moins, 474. On doit l'appliquer aux faits miraculeux comme aux autres faits, 566 *& suiv.* 573 *& suiv.* 582, 602. V, 100 *& suiv.*

CERVEAU. Les Matérialistes ont vainement tenté d'expliquer les opérations de notre ame par le jeu des fibres du cerveau, III, 17 *& suiv.* 75 *& suiv.* Une altération dans cet organe peut mettre obstacle aux opérations de l'ame, 156 *& suiv.* L'incrédulité, selon ses partisans mêmes, est l'effet d'un renversement de cerveau, I, 287, 288.

César. Certitude de la conquête des Gaules par Jules-César, IV, 532 & *suiv*. Authenticité de ses Commentaires, 541 & *suiv*. Pourquoi les Chrétiens refusoient de jurer par le génie de César ou de l'Empereur, X, 353.

Chaldéens. Ils ont commencé de bonne heure à être idolâtres, I, 157. V, 7. Ils ont cependant conservé des notions de l'unité de Dieu, I, 162, 169. Fausse antiquité qu'on leur attribue, V, 467. Ils ont eu connoissance du Déluge, 416, 417. Les eaux du Golfe Persique n'ont jamais pu inonder l'Assyrie & la Chaldée, 426. L'Hébreu & le Chaldéen sont deux dialectes d'une même Langue, 240, 483. Les caracteres propres à chacun sont de même valeur, 321. Les Paraphrases Chaldaïques, ou *Targums*, ont été faites vers le temps de Jesus Christ, 223.

Cham, fils de Noé ; son histoire n'est point une fable, V, 471, 473.

Chamos, Dieu des Ammonites, n'est point comparé au vrai Dieu, VI, 177.

Chananéens, habitans de la Palestine ; pourquoi ils ont été maudits de Dieu, V, 473. Accomplissement de la prophétie de Noé sur ce peuple, *ibid*. L'anathême prononcé contre eux ne s'étendoit point aux autres Nations idolâtres, VI, *483, 484. Quel droit avoient les Juifs de les déposséder, VII, 4-12. Dieu vouloit les punir de leurs crimes, 13, 21. Une Chananéenne obtient de Jesus-Christ la guérison de sa fille, VIII, 527. Pourquoi il la rebuta d'abord, VI, 489.

CHANT. Le chant & la danse ont fait partie du culte religieux chez tous les peuples, VII, 133.

CHARBON. Les mines de charbon foffile ne prouvent point l'antiquité du monde, V, 411, 412.

CHARITÉ. Jéſus-Chriſt commande cette vertu, X, 261. Motifs ſur leſquels elle eſt fondée, *ibid & ſuiv.* Le culte extérieur du Chriſtianiſme tend à l'inſpirer, 304 *& ſuiv.* Multitude des établiſſemens de charité chez les Nations Chrétiennes, 298, 437. XI, 337, 495, 496. XII, 180, 181. C'eſt un effet de la Religion, & non de la bonté naturelle de l'homme, III, 345. X, 298. Vainement les Philoſophes veulent ſubſtituer l'*humanité* à la charité, XII, 181, 189. Celle-ci eſt un des caracteres de la véritable Egliſe, XI, 328, 329. Services essentiels des Religieuſes de la Charité, 328.

CHARLEMAGNE. Calomnies des Incrédules contre la conduite de cet Empereur envers les Saxons, XI, 567 *& ſuiv.*

CHASTETÉ, vertu ſagement commandée par Jéſus-Chriſt, X, 274. Cette loi pourvoit à la ſainteté des mariages, 275. La chaſteté a été louée par les anciens Philoſophes, XI, 266. Elle eſt blâmée par ceux d'aujourd'hui, II, 224. Les Juifs la gardoient aſſez mal, VII, 400. Il eſt plus aiſé d'être entierement chaſte, que de ne l'être qu'à demi, XI, 265, 291, 292, 506, 507. Le Chriſtianiſme a fait pratiquer la chaſteté dans tous les climats, 304.

CHERBURY, Déiſte Angloiſ, a fait l'apologie du Paganifme; réfutation de fon fyftême, II, 31-76.

CHÉRUBIN. Ce que c'étoit que le Chérubin placé à l'entrée du Paradis terreftre, V, 386. Les Chérubins placés fur l'arche d'alliance, VI, 283; n'étoient pas faits pour être adorés, 283, 513.

CHIMERE. Les hommes ne fe conduifent point par des chimeres, fi elles n'ont aucune apparence de réalité, III, 275.

CHINE, CHINOIS. Contradictions des Philofophes & des divers Mémoires concernant la Chine, I, 488. Livres claffiques des Chinois, 491 & *fuiv.* Fabuleufe antiquité de leurs annales, 489. Incertitude de leur Hiftoire & de leur Chronologie, *ibid.* 494 & *fuiv.* V, 467. Leur ignorance en fait d'aftronomie, I, 496 & *fuiv.* Ils paroiffent avoir eu connoiffance du Déluge, V, 418, 419, & de l'Amérique, 454.

Leur Religion étoit pure dans fon origine, I, 505 & *fuiv.* Elle s'eft altérée comme chez les autres peuples, 529. Ils font Polythéiftes & très-fuperftitieux, 508, 509. Ils outragent leurs Dieux, lorfqu'ils en font mécontens, II, 70. IV, 38. Ils croyent l'immortalité de l'ame, I, 510. Souvent ils ont immolé des efclaves & des enfans, 519. Leurs mœurs font très-corrompues, 406, 516. Leur morale & leurs loix font très-imparfaites, 512, 520. Chez eux le cérémonial fupplée en plufieurs chofes aux loix & à la morale, III, 537. Ils font peu habiles dans plufieurs arts, VI, 417.

Vice effentiel du gouvernement de la Chine,

I, 407 & *suiv.* 520 & *suiv.* Pourquoi cet Empire est très-peuplé, 524. La polygamie n'y contribue en rien, IV, 212. Multitude d'enfans que l'on y fait périr, X, 437. L'agriculture n'y est point en honneur, I, 526. Principal obstacle qui détourne les Chinois du Christianisme, XI, 508. Pourquoi ils l'ont proscrit, IV, 48, 49. Les Juifs établis à la Chine ont conservé le texte Hébreu de Moïse, V, 293.

CHOIX. Il est possible de choisir entre deux objets égaux ou inégaux, III, 127 & *suiv.* Le choix que Dieu fait d'un peuple ou de certains hommes, pour leur révéler ses volontés, n'est point contraire à la justice, V, 19 & *suiv.* VI, 97, 192, 193. X, 77.

CHOU-KING, Livre classique des Chinois, traduit en François par M. de Guignes, I, 489, 492.

CHRÉTIENS. Les premiers Chrétiens n'ont pas été tous des gens de la lie du peuple, VIII, 351, 352. IX, 246, 430 & *suiv.* X, 54, 117. Plusieurs étoient des hommes instruits, IX, 430 & *suiv.* X, 28. Contradictions des Incrédules sur ce fait, IX, 429-431. Les premiers fideles avoient besoin de preuves plus frappantes que nous, VIII, 358. Ce n'étoient point des hommes vicieux, IX, 459 & *suiv.* Calomnies des Incrédules contre eux, 462, 491. Tableau ridicule des Chrétiens de Jérusalem, XI, 341. Ils n'ont pas été confondus avec les Juifs, IX, 495. Ils ont été persécutés dès l'origine du Christianisme, VIII, 280. IX, 280. X, 161. Pour leur Religion seule, XI,

L 6

80, 460; & non pour aucun crime avéré, IX, 484 & *suiv.* X, 26, 194. On les accusa de tous les crimes, IX, 538; mais ils en sont justifiés par leurs propres ennemis, VIII, 281. IX, 460 & *suiv.* X, 158, 161. Ils n'ont pas renoncé à la vie civile, XI, 361.

Leurs mœurs étoient beaucoup plus pures que celles des Païens, IX, 417, 418. X, 247. Leur charité fut héroïque, *ibid.* XI, 503. Leurs assemblées ne pouvoient favoriser le libertinage, IX, 463. Jamais ils n'ont pensé à se soustraire à l'autorité civile, 413 & *suiv.* Leur association ne donnoit aucun ombrage au gouvernement, 496-500. X, 390. XI, 80. Ils n'ont ni troublé la tranquillité publique, ni insulté les Magistrats, IX, 499. XI, 82; n'ont point tenté de détruire le Paganisme par la force, X, 504; ni usé de représailles envers les Païens, 577 & *suiv.* Ils n'ont point caché leurs Livres, VIII, 118. X, 349; n'ont point supprimé les Ecrits de leurs ennemis, IX, 464-466. XII, 56. La profession des armes ne leur étoit pas défendue, X, 279, 281. Ils n'ont pas eu besoin de se donner à Constance Chlore ni à Constantin, qui étoient Empereurs légitimes, XI, 82, 83. En quel sens un Chrétien doit se détacher du monde, XII, 110, 112. En quel cas il peut désirer la mort, 112. Il peut avoir de mauvaises mœurs sans perdre la foi, 125. Parallele entre les nations Chrétiennes & les peuples infideles, XI, 398 & *suiv.* 419.

CHRISTIANISME. C'est la religion du Sage, I, 11. Elle est analogue à l'état des peuples civilisés, *ibid.* X, 153. Dieu en a fait les préparatifs depuis la création, I, 10, 21. Maniere dont il a exécuté ce deffein, VIII, 17 & *suiv*. Il a donné aux hommes cette Religion lorsqu'ils ont été capables de la recevoir, I, 9. VIII, 10, 11. X, 352. Elle porte ses preuves sur son front, I, 104. XII, 163. Ces preuves sont à portée des hommes les plus ignorans, X, 570. — Le Christianisme n'est pas uniquement fondé sur les prophéties, VII, 501 ; encore moins sur le sens allégorique des Ecritures, 292, 300. Il n'a pu s'établir que par la notoriété des faits publiés par les Apôtres, IX, 299 & *suiv*. XII, 170. — Aucun moyen naturel n'a pu y contribuer, X, 169. Cela s'est fait dans un siecle très-éclairé, IX, 444. Progrès qu'il ayoit faits avant le regne de Constantin, 552 & *suiv*. X, 13. Raisons qui indisposoient contre cette Religion les Juifs & les Païens, IX, 314. X, 146-148. Obstacles qu'ils lui ont opposés pendant trois cents ans, 149, 175. XI, 46, 47. Les persécutions n'ont point contribué à ses succès, IX, 326 & *suiv*. L'excellence de sa morale ne touchoit pas beaucoup les Païens, IV, 334. IX, 317. Son établissement est donc évidemment surnaturel, preuves, 451, 548. X, 139 & *suiv*. 169. Maniere dont les Incrédules en arrangent l'histoire, VIII, 369. Fausses raisons qu'ils donnent de ses succès, X, 154 & *suiv*. 167 & *suiv*. Contradictions dans lesquelles ils tombent, *ibid*. Maniere absurde dont ils voudroient que le Christianisme se fût établi, IX, 448 & *suiv*. Celse jugeoit cet établissement impossible, X, 96. Sa durée atteste une Providence, XII, 198.

Le Christianisme a pour regle de foi la tradition universelle, I, 9. X, 456. Dogmes & mystères qu'il enseigne, 178 & *suiv*. Ces dogmes n'ont point augmenté, IX, 318. Sainteté & utilité du culte extérieur qu'il prescrit, X, 287 & *suiv*. Il n'a rien de commun avec celui du Paganisme, IX, 311 & *suiv*. Il ne peut être taxé d'idolâtrie, II, 73. X, 350 & *suiv*. Le Christianisme a fait mieux connoître Dieu, VII, 428 ; & mieux observer la loi naturelle, IV, 355. Excellence de la morale Chrétienne, IX, 2. Motifs sur lesquels elle est fondée, X, 249. XII, 65 & *suiv*. Elle n'est point l'ouvrage des hommes, X, 171. Contradictions des Incrédules sur cette morale, 172, 173. Abus qu'ils font du nom de Christianisme, IV, 284. L'Evangile ne nous ordonne point de nous tourmenter, de ne rien aimer, &c. 122. Il n'inspire point à l'homme un caractere farouche, XI, 337. Dans un sens le Christianisme est la plus tolérante de toutes les Religions, IV, 5. X, 373. De l'aveu des Incrédules, elle console les malheureux, IX, 20, 32, 317. X, 156. Effets qu'elle a produits sur les mœurs de tous les peuples, VIII, 31. IX, 418. X, 151, 171. XI, 571. XII, 154, 177. Et dans tous les climats, X, 150. XI, 400 & *suiv*. 411, 412. Combien elle influe sur le bonheur de la société, X, 268. XI, 399, 409, 419, 435, 495. XII, 61 & *suiv*. En quel sens elle a causé du trouble, 75.

Examen des effets civils & politiques du Christianisme, XI, 391 & *suiv*. Il engageoit à l'étude de la philosophie, XII, 2. Révolution qu'il causa dans les opinions des Philosophes, X, 8. Il a contribué aux progrès des connoissances humaines, XII, 36, 37, 50 & *suiv.* a conservé les arts, les sciences & la police en Europe, I, 28. XII, 1 & *suiv.* Il ne prescrit aucune loi qui puisse devenir nuisible, IV, 418 ; ne gêne point la population, XI, 280 & *suiv.* 484 & *suiv.* ne favorise point le despotisme, au contraire, XI, 486. XII, 148. Ce n'est point un plan de politique pour asservir les peuples, XII, 144, 145. Il a contribué à diminuer l'esclavage & à l'adoucir, XI, 439, 468 & *suiv.* Il a donc contribué efficacement au bonheur public, XI, 399, 435, 495. XII, 61 & *suiv.* Mais il a dû trouver des contradicteurs dans tous les temps, 158, 178. — Les Incrédules lui attribuent le mal qu'il défend, & non le bien qu'il commande, XI, 494. XII, 75, 76. Hommage que lui ont rendu plusieurs Déistes Anglois, II, 62, 63 ; & quelques Déistes François, IV, 283, 284. La profession libre du Christianisme n'est pas une pure grace de la part des Souverains, XI, 192. Il étoit dominant en France avant le regne de Clovis, 238, 243. Récapitulation des preuves de cette Religion, XII, 156 & *suiv.* Chaîne de propositions évidentes touchant le Christianisme, X, 557. Puisqu'il y a un Dieu, le Christianisme ne peut être une Religion fausse, XII, 197, 198.

CHRONOLOGIE. On ne doit pas la fonder sur des raisonnemens, mais sur l'Histoire, I, 441. Presque tous les peuples s'accordent sur les époques de la Création & du Déluge, V, 391. Aucune de ces Chronologies ne peut prévaloir à l'Histoire sainte, 393, 466, 467.

L'ordre chronologique observé par Moïse est une preuve de l'authenticité de ses Livres, 191-193. Il n'est pas besoin de calculs pour vérifier les prophéties de Daniel, VII, 266. Les doutes de chronologie ne dérogent point à la vérité des faits de l'Evangile, VIII, 412.

CICÉRON. Passage de cet Orateur sur la Providence, I, 382. Souvent il a douté de ce dogme, II, 106. Il prouve la spiritualité & l'immortalité de l'ame, III, 54, 55 ; établit la loi naturelle, 380 & *suiv*. Tombe en contradiction sur le fondement de la morale, I, 335 ; & des loix, II, 7, 10 ; sépare la morale d'avec la Religion, 6, 7 ; n'osoit rien affirmer non plus que Platon, 94, 95. Il a suivi la morale de ce Philosophe, 133, 134 ; regarde la Religion comme un devoir du Citoyen, IV, 43 ; blâme le suicide, 63 ; condamne la volupté, 108. XI, 266. Selon lui, les Philosophes commencent par croire avant d'examiner, X, 183. Il méprise la divination II, 17 ; veut cependant que l'on conserve la Religion établie, 21.

CIEL. Les Juifs n'ont point cru que les Cieux fussent une voûte solide, V, 377. *Jusqu'au Ciel*, n'est point une expression ridicule, 477. Les cataractes du Ciel ne sont ni des portes, ni des écluses, 378. En quel sens les Cieux annoncent la gloire de Dieu, II, 367, 403. Pourquoi Jésus-Christ a refusé aux Juifs un miracle dans le Ciel, VIII, 533. Il en a cependant fait plusieurs de cette espèce, 519. Il a été proclamé Fils de Dieu par une voix du Ciel, 574.

DES MATIERES.

CIERGES. Pourquoi on en allume dans les assemblées Chrétiennes, X, 358.

CIRCONCELLIONS Donatistes furieux, qui, sous prétexte de rétablir l'égalité, exerçoient le brigandage, X, 382, 431.

CIRCONCISION. Origine de cet usage; il ne vient point des Egyptiens, V, 9, 501 & *suiv.* VI, 266. Raisons de son établissement, 509-511. VI, 266. Sa fin principale étoit de distinguer les Juifs des autres Nations, VII, 361. Il fut interrompu dans le désert, VI, 512. Saint Paul ne se contredit point sur la circoncision, IX, 378, 379. Pourquoi il fit circoncire son Disciple Timothée, 380.

CITOYEN. Il doit de la reconnoissance & des services à sa patrie, IV, 58, 113. Un bon Chrétien ne peut pas être mauvais citoyen, 412. Ses droits civils ne sont pas plus sacrés que ceux de la Religion, XI, 206, 207. Les Incrédules sont mauvais citoyens & mauvais politiques, II, 532.

CIVILISATION. Dieu a voulu civiliser les hommes par la Religion, I, 3, 4, 314. Aucun Législateur n'y a réussi autrement, 381. III, 541 & *suiv.* La civilisation d'un peuple peut être accélérée ou retardée par des causes accidentelles, I, 562. Elle est à peu près nulle sans la révélation, II, 182 & *suiv.* Chez les Nations Chrétiennes c'est un effet de l'Evangile, 216. X, 285.

CLARKE, Philosophe Anglois, n'a pas mieux démontré que Tertullien la nécessité d'une cause premiere, II, 245. Il a prouvé contre Collins la spiritualité de l'ame, III, 39 & *suiv.* l'a forcé de se rétracter sur tous les chefs, 44 & *suiv.* l'a réfuté pleinement sur la question du libre arbitre, 115.

CLÉMENT D'ALEXANDRIE (SAINT), n'a point nié le dogme de la création, V, 368. Il admet nos quatre Evangiles sur l'autorité de la tradition, VIII, 74, 96. Il n'a point confondu les authentiques avec les apocryphes, 169. Calomnie des Incrédules contre lui, IX, 529.

CLÉMENT (SAINT), Pape, Disciple de Saint Pierre, n'a cité aucun Evangile apocryphe, VIII, 92 & *suiv.* n'a point condamné le mariage, 94.

CLERC, CLERGÉ. Nécessité d'un Clergé chez les Nations policées, VI, 287 & *suiv.* XI, 89 & *suiv.* Ce n'est point un Corps séparé de l'Etat, 101, 183-185. Invectives des Incrédules contre le Clergé, I, 78. XI, 87, 101 & *suiv.* 174, 254, 263. Quelques-uns cependant lui ont rendu justice, 111, 112, 113. Son autorité spirituelle vient de Jesus-Christ, 97-100. Elle n'est point contraire à celle des Souverains, 186, 187, 198. Ceux qui attaquent l'une respectent peu l'autre, 176, 177, 194, 199, 213. L'autorité temporelle du Clergé a été très-utile dans les temps d'anarchie, XI, 132, 153, 209, 260, 437. Il ne peut déroger à la Loi naturelle, ni à la Loi divine positive, IV, 267, 268; n'a pu corrompre la Religion, 424. XII, 131. Il a rendu aux peuples de très-grands services, X, 157, 158. XII, 7-11. Il n'est point l'auteur du despotisme des Souverains, IV, 265 & *suiv*. Au contraire, il s'y est opposé, VI, 290. XI, 208, 209, 437. Constantin ne lui a point accordé des priviléges excessifs, 436 & *suiv*. Vaine distinction entre les fonctions du Clergé & leur publicité, XI, 188 & *suiv*. 193 & *suiv*.

Différentes manieres dont on a pourvu à la subsistance du Clergé, X, 364, 365. XI, 174, 216. Il a un droit naturel de l'exiger, 213 & *suiv*. Il est habile à posséder des fonds, 229 & *suiv*. en France comme ailleurs, 237 & *suiv*. Ses immunités ne sont point abusives, 251 & *suiv*. Il a toujours contribué aux charges de l'Etat, 253. La quantité de ses biens n'est pas excessive, 255. La maniere dont ils lui ont été donnés lui fait honneur, 211, 260, 261. Moyens simples d'empêcher qu'il ne soit trop multiplié, XI, 275, 276. Objections frivoles contre le célibat du Clergé, 288 & *suiv*. Pourquoi il étoit déchu dans le dixieme siecle & les suivans, 369, 370. Pourquoi il est méprisé en Angleterre, 110. Il a conservé en Europe l'étude des Sciences & des Arts, I, 28. XII, 5 & *suiv*. 153. Il a contribué à rétablir la puissance de nos Rois, XII, 35.

CLIMAT. La Religion Chrétienne a produit les mêmes effets dans tous les climats, X, 150. XI, 304, 411, 500, 502. Il n'en est aucun dont l'influence ne puisse être corrigée par cette Religion, 500 & *suiv*. Contradictions d'un Philosophe sur l'influence du climat, 504.

COCHON, *voyez* POURCEAU.

CŒUR. Que signifie, *homme selon le cœur de Dieu ?* VII, 71.

COLERE, VENGEANCE. Funestes effets de cette passion, IV, 110. Elle a été autorisée par les anciens Philosophes, II, 136. IV, 111. Elle est justement condamnée par Jésus-Christ, IX, 26.

COMETE. Sa chute n'a pas pu former le système planétaire, II, 351. Le mouvement des cometes ne peut être expliqué que par l'action du Créateur, 367.

COMMERCE, NÉGOCE. La Religion l'a conservé entre les peuples de l'Europe, XII, 19. Sa renaissance est venue des Croisades, 27, 28. Il ne peut être par lui-même un lien général entre les Nations, 193, 194. Il inspire plutôt la cruauté que l'humanité, XI, 475. XII, 194, 195. Il nuit à la population, XI, 283. L'esprit de commerce étouffe toute vertu, I, 25. XII, 190, 191. Les Juifs ont fait un commerce assez considérable dans la Palestine, VI, 413 *& suiv.*

COMMUNION, *voyez* EUCHARISTIE.

COMPARAISON. Les fausses comparaisons sont la cause des contradictions que l'on croit voir dans nos Mysteres, III, 311, 312.

CONCILE, SYNODE; Assemblée des Pasteurs de l'Eglise. Le premier Concile a été tenu à Jérusalem par les Apôtres, IX, 275, 369. Tableau de tous les Conciles, tracé par les Incrédules, X, 524. Quand il seroit fidele, il ne prouveroit rien, 525. Les Conciles généraux n'ont point été opposés les uns aux autres, 530 & *suiv.* Aucun n'a approuvé l'héréfie d'Arius, 532. Il y a des marques pour distinguer un Concile général de celui qui ne est pas, 534. Les Conciles n'ont point créé de nouveaux articles de foi, 537. XI, 8. Pourquoi Saint Grégoire de Nazianze en avoit mauvaise opinion, X, 541. La décision des Conciles en matiere de foi ne tire point sa force des Edits des Souverains, XI, 192.

Concile de Nicée contre les Ariens, X, 530. Il n'a pas fait le triage des Evangiles, VIII, 125 & *suiv.* Celui de Trente eft reçu en France quant au dogme, XI, 192. Plusieurs de ses loix sur la discipline ont été adoptées par nos Rois, 201. Le Concile d'Orléans, tenu en 507, n'a point décidé que l'Eglife n'est pas propriétaire de ses fonds, XI, 240 & *suiv.* Le Concile de Constance n'a point décidé que l'on ne doit pas garder la foi aux Hérétiques, X, 449, 450.

CONCUBINAGE, défordre approuvé par les Philosophes modernes, II, 227, 228.

CONCUPISCENCE, penchant au mal; c'eft un effet du péché originel, III, 356.

CONFESSION DES PÉCHÉS. Elle a été établie par Jéfus Chrift, X, 306-310, XII, 140, 141. C'eft une pratique très-utile, X, 308-310; incapable de faire commettre des crimes, XII, 142, 143. Effets qui ont résulté de la fuppreffion de la confeffion chez les Proteftans, 141. — Les Luthériens ont voulu la rétablir, X, 309. Objections frivoles des Incrédules contre cet ufage, XII, 140 & *suiv.*

CONFIANCE. Motifs de la confiance d'un Chrétien, III, 260, 261.

CONFIRMATION. Utilité de ce Sacrement, X, 299 & *suiv.*

CONFUCIUS, Philosophe Chinois, enseigne le Polythéisme, I, 506, & une morale très-imparfaite, 512 & *suiv.* On ne doute point de l'authenticité de ses Livres, V, 141. Les Chinois lui offrent des sacrifices, I, 508.

CONNOISSANCES HUMAINES. La Religion n'a pas suivi la marche des connoissances humaines, I, 112. III, 558. IV, 344. Le Christianisme a contribué à leur progrès, & en a prévenu l'extinction, XII, 1 & *suiv.* La Philosophie incrédule tend à les étouffer, 52, 53.

CONSCIENCE. Sentiment intérieur de ce qui se passe en nous. C'est un acte indivisible, III, 45. Son témoignage doit prévaloir à toutes les démonstrations abstraites, II, 238. III, 11 & *suiv.* 99, 109, 193, 204 & *suiv.* IV, 464. Il nous convainc que l'esprit meut la matiere, II, 284; nous fait distinguer les actes spontanées d'avec ceux qui ne le sont pas, 268, 276; & les actions libres d'avec les actes purement spontanées, III, 100 & *suiv.*

CONSCIENCE, sentiment moral; il est très-différent de la sensibilité physique, III, 366 & *suiv.* Il vient de la nature & non de l'éducation, 432 & *suiv.* C'est une preuve de la spiritualité de l'ame, III, 37; de sa liberté, 98, 99, 148, 149; de l'existence de Dieu & de la destination de l'homme, II,

409, 411, 567. C'est un des fondemens de la société, 410. Sans liberté, nous ne pourrions agir contre notre conscience, III, 148. Son témoignage est nul dans l'hypothèse du matérialisme & de la nécessité, II, 411. Il n'auroit aucune force, s'il n'y avoit point de loi naturelle, *ibid.* III, 376, 500. Les Matérialistes conseillent aux méchans d'en étouffer les remords, 251. Il est faux que la conscience erronée ait les mêmes droits que la conscience droite, X, 396.

Conseils évangéliques; ils sont nécessaires, IX, 37, 38. X, 80. XI, 345, XII, 153. Jésus-Christ les a distingués des préceptes, IX, 37, 38. Ils doivent aller plus loin que les loix, X, 273. Contradiction des Incrédules sur ce sujet, 301, 302.

Conservation des créatures; en quel sens c'est une création continuelle, II, 266. III, 209. IV, 469. La conservation de l'ordre physique & moral du monde est une preuve de la Providence, II, 499.

Consolation. L'homme ne peut en trouver que dans la Religion, I, 267, 274; & dans l'espérance d'une vie future, 280.

Constance, Empereur, fils de Constantin, fut méchant & vicieux, XI, 453.

Constantin, premier Empereur Chrétien, Motifs de sa conversion forgés par les Incrédules, IX, 550. Etat du Christianisme, lorsque ce Prince parvint à l'Empire, 552 *& suiv.* X, 13. Les Chrétiens ont dû lui obéir, parce qu'il étoit Empereur légitime, XI, 82, 83,

Calomnies des Incrédules contre lui, IX, 567, 572, 574. XI, 427, 428, 450. Pourquoi il ne fut pas aimé des Romains, 446-448. Pourquoi il favorisa l'affranchissement des esclaves, 438, 439. Il n'est pas irréprochable dans sa conduite, IX, 573. XI, 425, 448. Il ne défendit point d'abord l'exercice de l'idolâtrie, IX, 562 & *suiv.* XI, 186, 448; n'exerça point de cruautés contre les Païens, IX, 569. X, 20, 376. Examen & apologie de ses loix, XI, 429 & *suiv.* Il n'a point accordé aux Ministres de l'Eglise des priviléges excessifs, 436 & *suiv.* Ce n'est pas son Edit qui leur a donné le pouvoir d'exercer leurs fonctions, XI, 196. Il fit rendre aux Eglises les biens qui leur avoient été enlevés, 218. — Est-ce lui qui a fait recevoir les Evangiles ? VIII, 129 ; & fait professer le dogme de la divinité de Jésus-Christ ? X, 196. Il n'avoit pas beaucoup de pouvoir sur la croyance de ses sujets, VIII, 129. Parallele entre ce Prince & ses prédécesseurs, XI, 424 & *suiv.* 449. Il a été loué après sa mort par les Auteurs Païens, IX, 572. XI, 449.

CONSUBSTANTIEL. Pourquoi il a été décidé que le Fils de Dieu est consubstantiel à son Pere, X 195. Pourquoi les Ariens vouloient que l'on supprimât ce terme, XI, 532. Ce dogme n'a point été établi par violence, XI, 458, 461.

CONTINENCE. La plupart des peuples l'ont regardée comme une vertu, VI, 356, 357. Elle n'est pas difficile à observer quand on a été chaste toute sa vie, XI, 265, 291. Il est nécessaire de l'observer dans les pays chauds, VI, 355. Elle n'est pas conseillée à tous, X, 276,

276, 277. XI, 271. Les Philosophes modernes la réprouvent, II, 224.

CONTINGENT. Différence entre l'être nécessaire & l'être contingent, II, 243. Tous les êtres sont contingens, excepté la première cause, 246. Dieu ne peut être le sujet d'aucun attribut contingent, 607. Si la matiere étoit éternelle & nécessaire, ses modifications ne seroient pas contingentes, 256.

CONTRADICTION. Lorsqu'un Historien raconte un fait ou une circonstance dont un autre ne parle pas, ils ne se contredisent pas pour cela, VIII, 408. IX, 184, 232. Les mysteres du Christianisme ne sont point contradictoires, III, 309 & *suiv.* Ils ne paroissent tels qu'en les comparant à des objets essentiellement différens, 311, 312. Ce sont les Incrédules qui admettent des Mysteres contradictoires, 313. Ceux qui ont peu de religion se contredisent aisément dans leur conduite, VIII, 288.

CONTRADICTIONS des Incrédules sur les différentes questions d'érudition & de raisonnement. Ils se réfutent & se contredisent sur la force ou la foiblesse de la raison humaine, III, 282, 321, 323. IV, 314, 341, 368, 369. La certitude de nos connoissances, IV, 454-456. La force des témoignages humains, VIII, 245, 246. L'antiquité de l'art d'écrire, V, 231; les regles de critique, 140, 141. La nécessité ou la contingence des événemens, II, 306. La nature de la matiere, 271 & *suiv.* L'origine du mouvement, 270. Ils ne sont pas mieux d'accord sur la Providence, II, 538, 539; le déluge, V, 415, 421, 422; l'origine de la Religion, I, 247, 248. Sa nécessité & son utilité, 292, 411. IV, 372. XI, 395. La Religion naturelle, I, 434. Le Théisme des anciens Philosophes, II, 110. Les effets de la croyance d'une autre vie, III, 251 254, 268. Le culte extérieur, X, 351, 368, 369. L'utilité du sacerdoce, VI, 124. Les expiations, III, 581. X, 312, 313. Le génie & le caractere des Prêtres en général, IV, 424. La superstition, I, 200. L'idolâtrie, X, 351. Le zele de Religion, IX, 331. La tolérance, IV, 7 & suiv. V, 386, 405 & suiv. VI, 502 & suiv. 526. IX, 532, 533. Le fanatisme, les persécutions, X, 444. Leurs effets, IX, 327. La cause des guerres de Religion, X, 428; & des crimes, XII, 115.

Mêmes contradictions sur les fondemens de la morale, I, 328. III, 454-457, 480. IV, 116. L'utilité du libre arbitre, V, 462, 463. La morale des anciens Philosophes, II, 141. X, 241. Les passions, IV, 121, 122. L'humilité & l'orgueil, IV, 102. Les peines & les récompenses temporelles, I, 408. III, 230 & suiv. La punition des crimes, IV, 63. Le pouvoir paternel, 235. L'autorité des Rois, 22. L'esclavage, VI, 382, 431. XI, 415. Les droits des peuples esclaves, VI, 54, 55. Les Sauvages, IV, 167 & suiv. Les Egyptiens, I, 485. Les Chinois, 486. La population, XI, 275, 389.

Rien de constant parmi eux sur la possibilité d'une révélation, V, 79. Les prophéties, 134, 135. La possibilité des miracles, 49-51, 61, 70 73. Les témoins des miracles, VIII, 301, 367. Les effets des miracles, V, 61 &

suiv. 448, 449. La voie d'examen & la voie d'autorité, III, 640, 649. X, 586. La foi, III, 318.

Autres contradictions sur l'origine des Juifs, V, 222; le caractere & la conduite de Moïse & de son peuple, VI, 146 *& suiv.* VII, 282. VIII, 380. IX, 123, 129, 214. L'ignorance des Juifs, V, 196. Leur croyance, VI, 531. La durée du Judaïsme, IX, 373.

Ils se contredisent sur l'authenticité des livres du Nouveau Testament, IX, 421; la date des Evangiles, VIII, 117; les citations des Evangiles, VIII, 88; l'altération du texte, IV, 423, 424; le canon des livres saints, VIII, 126; sur le caractere personnel de Jésus-Christ, 29, 431, 445, 539. IX, 54, 65, 79, 80, 96. XII, 73, 144; la mort de Jésus Christ, IX, 130; le génie des Apôtres & des Evangélistes, VIII, 134, 344, 448. IX, 164, 168, 186, 191, 260, 407, 467. XII, 73, 74, 144. La conduite de Saint Paul, IX, 373, 382, 383. Le caractere des premiers Chrétiens, 429-431, 444 *& suiv.* 509, 510. X, 151. Les causes du succès de l'Evangile, IX, 313 *& suiv.* X, 167. La facilité des conversions, IX, 332, 547, 551. Les motifs des conversions, 453; les divisions des premiers fideles, 329. La constance des Martyrs, 512, 552, 553. XII, 81. Sur la doctrine Chrétienne, IX, 325. L'Eucharistie, XI, 329. La confession, XII, 140, 141. La morale de l'Evangile, IX, 4, 34, 467. X, 240, 241, 263-266. XI, 385. La discipline de l'Eglise, XI, 175, 176. La conduite de l'Eglise, 202; les loix civiles & l'autorité des Rois, 194, 195. Sur les Saints, XI, 129, 130. Les Peres de l'Eglife, IX, 454. Les Papes, XI, 137, 139, 149, 150, 157, 158. Les Prêtres, VIII, 424. X, 313. XII, 85, 149. La Hiérarchie, IX, 396. L'origine du pouvoir du Clergé, X, 157, 158, 414. XI, 175. Le célibat, IV, 60. XI, 293. Le luxe, XI, 257. Le travail & l'aumône, 259 ; la pauvreté, &c. XII, 97. La population, XI, 295 ; les Moines, 319, 324, 331, 348 & *fuiv.*

CONTRAT, pacte focial ; il n'eft pas néceffaire pour fonder la fociété entre les hommes, I, 324 & *fuiv.* IV, 246 & *fuiv.* Il feroit nul, s'il n'y avoit pas une loi naturelle qui en ordonne l'obfervation, I, 324, 388. III, 407, 410. La fuppofition d'un contrat focial révocable eft une doctrine meurtriere & féditieufe, IV, 280.

CONVERSATION. En quel fens celle d'un Chrétien eft dans le Ciel, III, 271.

CONVERSION. Etoit-il aifé de convertir les peuples au Chriftianifme ? IX, 286 & *fuiv.* X, 96. Fauffes raifons alléguées par les Incrédules, IX, 304 & *fuiv.* 322-333. Obftacles qu'il y avoit à furmonter, 309, 310 ; nombre des fideles convertis dans le premier fiecle, 552 & *fuiv.* au fecond fiecle, 554 ; au troifieme, 555. Le monde a été converti par des miracles, & non par des raifonnemens, X, 452. Convertir tous les hommes, feroit un grand miracle, V, 461. Il eft donc abfurde de dire que Dieu devoit plutôt convertir tous les hommes que de faire des miracles, 66 & *fuiv.* VIII, 512, 516, 520.

COQUILLAGES; ceux que l'on trouve dans les terres, font un refte du Déluge, V, 412, 430. Ils ne prouvent point que les montagnes aient été formées dans le fein de la mer, 440 & *fuiv.*

CORÉ & fes partifans furent légitimement punis à caufe de leur rebellion, VI, 136.

CORPS. Par le fentiment intérieur, nous diftinguons évidemment le corps d'avec l'efprit, II, 240. Les corps ne font point de fimples perceptions de notre ame, IV, 485. Nous n'en connoiffons pas l'effence, II, 255; ni la fubftance, X, 210; ni en quoi confifte l'identité d'un corps, 215; nos fens ne nous en atteftent que les qualités fenfibles, 211. Si la matiere eft divifible à l'infini, on ne peut pas prouver qu'un corps foit une fubftance, II, 241. III, 69. Le corps n'eft point fenfitif par lui-même, II, 313. III, 67. Notre ame eft dans tout le corps, 59; elle a le pouvoir de le mouvoir, 61. Nous fommes forcés de parler de Dieu comme s'il avoit un corps, VI, 171.

COTYTTIA, fêtes à l'honneur de la Déeffe de l'impudicité, chez les Athéniens, II, 192.

COULEUR; elle eft tout à la fois en nous & dans les objets, mais en différens fens, IV, 481.

COUTUMES abfurdes & cruelles des peuples qui n'ont point été éclairés par la révélation, II, 182 & *fuiv.* III, 416 & *fuiv.* Elles sont fondées sur de fausses raisons de Physique, plutôt que sur des Fables religieuses, IV, 282 ; souvent sur un intérêt mal entendu, II, 211. Il n'est aucune Nation Chrétienne qui n'en ait de plus raisonnables, 214, 215. Tout homme juge que les coutumes de son pays sont les meilleures, 131. Il est quelquefois nécessaire de les prescrire par motif de Religion, VI, 333.

Crainte. C'est elle qui rend farouches les peuples sauvages, II, 209. III, 543. La crainte des phénomenes de la nature n'est point la premiere cause de la Religion, I, 204, & suiv. Celle-ci ne produit point les terreurs paniques, III, 576. La crainte des peines éternelles ne peut tourmenter que les méchans, I, 61. II, 419. Puisque les Athées craignent, leur conscience n'est pas nette, 580. III, 260. En quel sens nous devons faire notre salut avec crainte & tremblement, X, 255. XII, 126, 127.

Créateur, Création, Créature. Créer, c'est opérer par le seul vouloir, II, 252, 261. C'est une idée très-populaire, 262. V, 361. Elle nous vient du sentiment intérieur, II, 261. La Création est démontrée par la contingence de la matiere, 256, 257. Une substance ne peut commencer d'être que par création, 335. Les Philosophes n'opposent à cette vérité qu'une maxime équivoque, 252, & quelques sophismes, 262 & suiv. En quel sens la conservation des êtres est une création continuelle, 266. III, 209. IV, 469. La production d'un mode n'est point une création, III, 203.

Importance du dogme de la création, III, 531. V, 363. X, 183. Pour démontrer l'unité & la spiritualité de Dieu, II, 254, 449. X, 65. Il sape le Matérialisme & le Polythéisme par la racine, II, 449. VI, 159. Il est admis par plusieurs Lettrés Chinois, I, 529 ; & par quelques Bramines Indiens, 537. Les anciens Philosophes Grecs l'ont rejeté, III, 111. X, 100. Ceux qui ont vécu depuis la naissance du Christianisme, s'en sont rapprochés, II, 104. X, 60. Moïse l'a enseigné formellement, I, 134. V, 357 & *suiv.* VI, 159. X, 59. C'étoit un préservatif contre l'Idolâtrie, I, 135. L'Histoire qu'il a faite de la Création, ne renferme aucune absurdité, V, 371 & *suiv.* L'oubli de cette tradition est la cause de l'altération de la Religion primitive, I, 455. Voilà pourquoi Moïse enseigne que toutes les créatures sont faites à l'usage de l'homme, II, 370.

Les imperfections des créatures ne dérogent point à la bonté infinie de Dieu, II, 550 & *suiv.* L'infinité de ses attributs ne se tire point des créatures, mais de la notion d'être nécessaire, 529 & *suiv.*

CRÉDULITÉ. Les ennemis de la Religion sont plus crédules que ses Sectateurs, I, 71, 72. IX, 452. X, 53. XII, 49, 50.

CRIME. Les actions qui nuisent à la société ne sont pas les seuls crimes, III, 188. L'homme ne s'y porte que par un intérêt mal entendu, 370 ; un crime involontaire ou imprévu n'est pas punissable, 149, 189. Les peines & les récompenses temporelles ne suffisent pas pour prévenir tous les crimes, I, 404 & *suiv*. Ils sont plus communs & plus atroces chez les Sauvages que chez les Nations policées, 308 ; la justice de Dieu n'exige point que tous les crimes soient punis sur la terre, II, 534 & *suiv*. Pourquoi l'on punit plus sévérement les crimes qui attaquent la Religion, III, 584. Elle n'est la cause d'aucun crime, I, 374 & *suiv*. III, 257. IV, 410. Elle n'en justifie aucun, XII, 89, 93. L'Ecriture n'approuve point les crimes des Patriarches, V, 532, 535. VII, 68 & *suiv*. Un crime ne peut pas être effacé par des cérémonies, 327 & *suiv*. Selon les Incrédules, Dieu doit récompenser le crime par des graces, VI, 30, 35. VII, 14. IX, 117, 239.

CRITIQUE. Regles de critique pour juger de l'authenticité d'un ouvrage, V, 139, 140. VIII, 51, 52. Certitude de ces regles, IV, 543 & *suiv*. L'autorité des Livres Saints n'est point fondée sur les regles de critique, V, 330 & *suiv*. Ce sont les Incrédules, & non les partisans de la Religion, qui éteignent le flambeau de la critique, VI, 445, 446. XII, 53-60. Abus qu'ils en font pour attaquer les Livres Saints, VIII, 199, 201. Fausses regles qu'ils établissent, VIII, 83 ; les Auteurs Païens n'ont pas été meilleurs Critiques que les Peres de l'Eglise, 214, 215.

CROISADES. Bons & mauvais effets qui en ont résulté, XI, 27, 28 & *suiv*.

CROIX. Ce signe, empreint sur tout l'extérieur du Christianisme, atteste la mort, & la résurrection de Jésus-Christ, VIII, 326. X, 295. Le supplice de la Croix n'étoit pas en usage chez les Juifs, IX, 129. Ce Mystere révoltera toujours les hommes sensuels & vicieux, 91, 92; Croix lumineuse qui apparut à Constantin, 570. Julien reproche aux Chrétiens le culte de la Croix, X, 114.

CULTE. Le culte religieux est établi depuis la création, I, 141, 151. III, 520. X, 287. C'est un devoir prescrit par la loi naturelle, III, 519 & *suiv.* Un des premiers liens de civilisation, I, 314, 315. III, 532 & *suiv.* IV, 443. Il est nécessaire pour maintenir l'ordre dans la société, III, 521, 541 & *suiv.* Toutes ses pratiques sont des leçons de morale, III, 546 & *suiv.* C'est une profession de foi, 552. X, 292, 460. L'abus que l'on en peut faire ne prouve rien, III, 556. X, 360, 365 & *suiv.* Ce culte doit être public, VI, 271. Il y faut de la magnificence, 278 & *suiv.* X, 369. Contradictions des Incrédules sur ce sujet, 351, 368, 369; tout culte n'est pas un culte divin, 352; le retranchement du culte engendre l'Athéisme, 371; le négliger est un crime, 367.

Dans le Paganisme, le culte corrompoit les mœurs, II, 13 & *suiv.* 27, 54, 193. Il ne pouvoit se rapporter au vrai Dieu, I, 456, 462 & *suiv.* II, 32, 42 & *suiv.* Dieu n'a rejeté le culte d'aucun peuple, lorsqu'il s'adressoit à lui seul, VI, 166 & *suiv.*

Les Juifs dans le desert ont rendu leur culte à Dieu, VI, 285, 286. Ce culte, quoique grossier, n'étoit pas indigne de Dieu, 201, 262. VII, 323. Il inculquoit les dogmes

M. 5.

révélés, & servoit d'interprete à l'Ecriture, VI, 364, 365. Il attestoit les faits principaux de l'Histoire, 15, 16; idée que nous en donnent les Livres Saints & les Peres de l'Eglise, 259 & *suiv.* Moïse en avoit banni toute indécence, 354 & *suiv.* il n'y avoit rien de superstitieux, 304. Les Prophetes en ont prédit la fin, VII, 326 & *suiv.* Et l'établissement d'un culte plus pur, 332. En quoi consistoit la sainteté attachée au culte cérémoniel, VI, 341 & *suiv.* il est moins important que la morale naturelle, 351-368. L'erreur contraire des Juifs n'est point venue de leur loi, 344. VII, 325 & *suiv.* Jésus-Christ a déclaré que ce culte alloit être détruit, 374 & *suiv.*

Le culte extérieur du Christianisme atteste la vérité des faits de l'Evangile, VIII, 326. Utilité & sagesse de ce culte, X, 287 & *suiv.* XII, 11 & *suiv.* 175. Il est établi dès le temps des Apôtres, X, 345; ce n'est point un reste d'idolâtrie, de superstition, ni de judaïsme, 350, 354; il n'est point injurieux à Dieu, 362. Il conserve la tradition, & montre le vrai sens de l'Ecriture, XI, 11-13. Il a contribué à la conservation des arts, I, 29. XII, 11 & *suiv.* Différence entre le culte superstitieux & le culte raisonnable, VI, 202. X, 354, 363. Les Prêtres ne recommandent point le culte par intérêt, 136.

CURÉ; ses devoirs sont incompatibles avec l'état du mariage, XI, 288 & *suiv. Voyez* PASTEURS.

CURIOSITÉ. Le désir de connoître l'avenir a été la source de la plupart des superstitions, I, 221. VII, 308. VIII, 212,

DES MATIERES.

CUTHÉENS, peuple du Chusistan, qui fut envoyé dans la Samarie ; en quel temps il reçut les Livres de Moïse, V, 215.

CYNIQUES, Philosophes qui érigeoient l'impudence en vertu ; ils sont très-mal justifiés dans l'Encyclopédie, II, 164 & *suiv.*

CYRÉNAIQUES, Philosophes de Cyrene en Afrique ; vains efforts d'un Encyclopédiste pour en faire l'apologie, II, 174 & *suiv.*

CYRUS, Roi de Perse ; pourquoi Dieu l'appelle son Oint & son Pasteur, VI, 527.

D.

DAILLÉ, Théologien Protestant, attaque fort mal le culte de l'Eglise Romaine, X, 348, 349. Remarques sur son Livre, *de l'usage des Peres*, XI, 19 & *suiv.*

DAMNATION. *Voyez* ENFER.

DANIEL. L'Histoire de ce Prophete n'est point incroyable, VII, 257, 260 ; il prédit la succession des Monarchies, & la venue du Messie, 253 & *suiv.* ces prophéties n'ont point été faites après l'événement, 257 ; à quelle époque doit-on commencer les soixante-dix semaines dont il parle ? 265 & *suiv.* son Livre a été traduit en Grec par les Septante, 262.

DAVID. Déchaînement des Incrédules contre ce Roi ; apologie de sa conduite, VII, 63, 70 & *suiv.* il ne dansa point sans habits devant l'arche, 132. Les Livres Saints n'approuvent point ses fautes, IV, 192 & *suiv.* VII, 71.; il en fut puni & en fit pénitence, 84, 85.; pourquoi Dieu fut irrité du dénombrement du peuple, 88, 89. David a-t-il été Prêtre ? 204; ce qu'il pense de la prospérité des méchans, 224; il peint le Messie dans plusieurs Pseaumes, 202 & *suiv.* Qu'entendent les Prophetes par le trône de David, 227, 228 ? Jésus-Christ descendoit incontestablement de ce Roi, VIII, 386, 387. X, 41.

Décalogue, dix Commandemens de Dieu, gravés sur des tables de pierres, & conservés dans l'arche d'alliance, V, 264, 265. C'est encore le fond de la morale Chrétienne, VII, 394, 396. Différence entre le Décalogue & les loix cérémonielles, VII, 325 & *suiv.*

Décrétales. Les fausses décrétales n'ont pas été forgées par l'ordre des Papes, XI, 151 & *suiv.*

Déisme, Déistes, Incrédules qui admettent un Dieu & rejettent la révélation ; en quel temps ils ont commencé à paroître, I, 33 ; ils sont éleves des Sociniens, 39, 46. Maniere dont ils ont formé leur systême, IV, 284, 285. Ils ont dressé leur symbole à la lumiere de l'Evangile, II, 36. III, 316. IV, 311. Jamais ils n'ont pu convenir entre eux d'une même croyance, 299 & *suiv.* ; ni d'une même morale, 302 ; ils abusent du nom de Christianisme, 284. Autrefois ils ont fait l'éloge de Jésus-Christ, I, 39. Ensuite ils l'ont couvert d'outrages, VIII, 24, 28 & *suiv.* Plusieurs ont rendu hommage à la sainteté du Christianisme, II, 62. IX, 4. Ainsi ils ont réfuté d'avance leurs calomnies, I, 220, 291 & *suiv*. Progrès de leur système, IV, 283 & *suiv*. Ils sont attaqués par les Matérialistes, V, 53. Ne raisonnent point conséquemment, I, 53. IV, 307; tombent en contradiction, 314. Leur système dégenere nécessairement en Athéïsme, I, 32, 35. IV, 288. V, 47, 48. XI, 557. Ils sont accusés de fanatisme par les Athées, IV, 309; sont incapables de les réfuter, III, 290, 291. IV, 309, 310; font contre la Providence les mêmes argumens, 391, 395, 405. Rejettent sur Dieu les crimes de l'homme, V, 26. Toutes leurs objections se tournent contre eux-mêmes, III, 290, 291. IV, 307 & *suiv*.

Ils établissent le pyrrhonisme historique, IV, 376, 377; & dogmatique, I, 46, 53; attaquent la certitude du sentiment intérieur, V, 103; sont forcés d'admettre des Mysteres, III, 283 & *suiv*. 295 & *suiv*. Ne sont point tolérans, IV, 3, 8, 404, 414. Excusent les fausses Religions & détestent la vraie, 400, 404. XI, 510 & *suiv*. Procedent de mauvaise foi, IV, 363. V, 99. Leur prétendue Religion naturelle n'est qu'un système d'irréligion mal raisonné, IV, 311, 366, 398, 446. Funestes effets du Déisme attestés par ceux du Mahométisme, XI, 555, 556. Les Déistes ont été endoctrinés par les Juifs, VII, 461. Pourquoi leur système a paru séduisant, IV, 283 & *suiv*.

DÉFENSE. Jésus-Christ n'interdit point la juste défense de soi-même, IX, 29.

DÉLIBÉRATION. Le pouvoir de délibérer est une preuve du libre arbitre, III, 108, 112, 120.

DÉLUGE UNIVERSEL; preuves de cet événement, réponse aux objections, V, 413 & *suiv*. La possibilité physique du Déluge est démontrée par une machine, 432; de quoi il a servi, 448, 460. Maniere dont Moïse en parle, I, 138. V, 414. Il est attesté par la tradition des anciens peuples, I, 139. V, 416 & *suiv*. Les anciens usages religieux n'y ont cependant aucun rapport, I, 233 & *suiv*.

DÉMOCRATIE, gouvernement populaire; souvent il a été aussi oppressif que le despotisme, IV, 250.

DÉMON, terme synonyme à celui d'Intelligence ou Génie; les Anciens en distinguoient de bons & de mauvais, I, 452 & *suiv*. L'état des Démoniaques n'est point une simple maladie, VIII, 470, 471. Démons envoyés dans le corps des pourceaux, 480, 481. Pourquoi Jésus-Christ ne vouloit pas que les Démons lui rendissent témoignage, 473 & *suiv*. Il ne fut point transporté, mais conduit par le Démon, 446. Cet esprit malin ne peut rien faire sans la permission de Dieu, 447. Dieu ne lui permet point de nuire à notre liberté, II, 584.

DÉMONSTRATION; ce que l'on entend par-là, IV, 462. La différence entre les démonstrations géométriques, physiques, morales, ne se tire point de leur degré de force, 512.

Une démonstration morale doit souvent prévaloir à toute autre preuve apparente, 509 & *suiv.* Suite de démonstrations tirées du sentiment intérieur, II, 237 & *suiv.* Elles doivent l'emporter sur tous les raisonnemens abstraits, III, 12, 99, 193, 204. IV, 622 & *suiv.* S'il falloit toujours des démonstrations pour agir, le genre humain périroit bientôt, XI, 24. Il est absurde d'en exiger en fait de Religion, III, 602 & *suiv.*

DÉNOMBREMENT ordonné par David; pourquoi il en fut puni, VII, 88, 89. Dénombrement de la Judée sous Auguste, VIII, 249. X, 118, 119. Preuves de ce fait, VIII, 399 & *suiv.*

DÉPÔT. La doctrine Chrétienne est un dépôt ou une tradition, X, 453, 454.

DESCARTES a substitué mal à propos des idées abstraites au sentiment intérieur, III, 128.

DÉSERT. Pourquoi les Juifs y furent retenus pendant quarante ans, VI, 108. Tentation de Jésus-Christ au désert, VIII, 443 & *suiv.*

DÉSESPOIR; Jésus-Christ n'a donné sur la Croix aucune marque de désespoir, IX, 133, 134.

DÉSIR. Nos désirs sont le culte du cœur, I, 458. Pourquoi le simple désir du crime est réprouvé par Jésus Christ, IX, 28.

DESPOTISME, gouvernement d'un seul, avec

une autorité absolue & illimitée ; souvent les déclamateurs n'attachent aucune idée à ce terme, IV, 279. Il n'est point né de la Théocratie ni de la Religion, I, 242, 245. VI, 124, 125. Il a pu naître du pouvoir paternel & de la société domestique, I, 243. VI, 393. Une société civile dans sa naissance ne peut être gouvernée que par un pouvoir absolu, IV, 261. Le despotisme est inévitable, lorsque la Religion ne met pas un frein à l'autorité, I, 425. Il a quelquefois rendu les peuples heureux, IV, 251. Il est autorisé par les Incrédules, I, 390. Ce sont eux qui travaillent à le faire éclore, IV, 261, 280. Pour le prévenir chez les Nations, il faut leur donner des mœurs, 279 ; il ne faut favoriser ni le despotisme ni l'anarchie, 253, 254.

Les Prêtres ne sont point les auteurs du despotisme, I, 245. IV, 265 & *suiv*. Il n'étoit point autorisé par la Religion primitive, II, 206, 207 ; ni par la loi de Moïse, VI, 392, 397 & *suiv*. encore moins par le Christianisme, XI, 208, 209, 486. XII, 148. Il ne se trouve chez aucune Nation Chrétienne, IV, 271. XI, 208, 209. Le despotisme des Empereurs Romains fut restreint & borné par Constantin, 429.

DESTIN, FATALITÉ. Epicure convenoit que la doctrine du destin est désolante, I, 300, 304. Sophismes sur lesquels elle est fondée, II, 520, 521. Le destin n'est autre chose que le hasard, 296, 300. Cette doctrine anéantit la morale, III, 169 & *suiv*. absurdités qui s'ensuivent, 189 & *suiv*. *Voyez* FATALISME.

DEVOIR, obligation morale. Tout devoir suppose une loi, III, 365. Sans la loi naturelle, l'homme ne seroit tenu à aucun devoir, 383, 493, 427. Il est absurde de confondre le devoir avec l'intérêt, I, 327 & *suiv.* Nos devoirs envers Dieu sont intimément liés à nos devoirs envers les hommes, III, 530, 531. Il est faux que l'homme soit dispensé de connoître ses devoirs, lorsqu'il ne peut les apprendre de lui-même, IV, 319, 320. V, 84. Nos devoirs sont relatifs au degré de connoissance & de moyens que Dieu nous fournit, VII, 412. Dans les divers états de la société, les devoirs ne sont pas les mêmes, IV, 176, 194, 241. La révélation ne nous impose point des devoirs contraires à la loi naturelle, mais des devoirs plus étendus, IV, 324, 330. Le Christianisme prescrit & consacre tous les devoirs, XII, 95, 96, 128, 129. *Voyez* OBLIGATION.

DÉVOTION. Invectives ridicules des Incrédules contre les Dévots, IV, 122, 123. IX, 76. XII, 70, 71, 88, 90, 91, 94, 125-127.

DÉVOUEMENT. Ancien usage de dévouer les villes & les armées ennemies aux Dieux infernaux, VII, 25.

DIEU. Idée sublime que nous en donne l'Histoire de la création, I, 139, 144. Fausse théorie des Incrédules sur la maniere dont la notion de Dieu s'est établie, 128, 129. Ce n'a pas été le résultat des méditations humaines, 478. Elle n'est pas venue des fléaux qui ont affligé le genre humain, 184 & *suiv.* Il n'est pas vrai que tous les peuples aient eu de Dieu une idée terrible, I, 218, 227, 302, 304. Dans les fausses Religions, cette idée est analogue au caractere des peuples, 221. En général, l'idée de Dieu est ineffaçable, 230. A quoi se réduisoient les notions des anciens Philosophes sur la Divinité, 232. II, 110, 447, 448. IX, 9. X, 76. Un vrai Philosophe voit Dieu par-tout, II, 369. L'idée n'en est point arbitraire, III, 393, 563; ni plus variable que l'idée de l'homme, 394.

Chaîne de preuves qui démontrent l'existence de Dieu, II, 234 & suiv. IV, 436, 437. C'est une vérité de sentiment, II, 413. Les Athées ne la combattent que par des argumens négatifs, 431. Dieu est incompréhensible, parce qu'il est incomparable, 452. Attributs que nous découvrons en lui, ibid. & suiv. Ils découlent évidemment de la notion d'être nécessaire ou de cause premiere, 458, 461, 476. Si Dieu n'avoit point de providence, il n'existeroit pas pour nous, II, 438, 507. Il y a des relations morales entre Dieu & nous, 482. En quel sens il ne nous doit rien, 404. VI, 192. Tout lui est également facile, V, 461. Il est le maître de distribuer à chacune des créatures, en quel degré il lui plaît, ses dons naturels & surnaturels, II, 561, 590. V, 19 & suiv. VI, 183. VII, 410.

Moïse n'a point donné aux Juifs une fausse idée de Dieu, VI, 158 & suiv. En quel sens il est le Dieu d'Israël, 178, 490. Selon les Livres Saints, Dieu veille sur tous les peuples & leur fait du bien, VI, 162, 179, 181 & suiv. Il n'abandonne jamais entiérement aucune créature vivante, IV, 316. V, 81, 82. X, 102, 103, 106, 206, 222. Il ne rejette le culte d'aucune Nation, lorsqu'il est adressé à lui seul, VI, 166 & *suiv*. Il peut punir les hommes comme il lui plaît, V, 472. VII, 15. C'étoit à lui de leur apprendre s'il avoit remis le gouvernement du monde à des Dieux subalternes, X, 85, 86. Le culte rendu par les Païens aux êtres naturels, ou aux génies, ne pouvoit se rapporter à Dieu, II, 32, 42 & *suiv*.

Dieu peut rendre sa présence sensible, VII, 200; & il doit être adoré sous toutes les formes dont il lui plaît de se revêtir, 201, 441. Il n'a point dégradé sa nature, en se revêtant des foiblesses de la nôtre, X, 78. — En quel sens il a promis de se faire connoître à toutes les Nations, VII, 428. 429. La révélation a fait mieux connoître Dieu, 428. X, 231.

DIEU UNIQUE. Preuves qui démontrent l'unité de Dieu, II, 441 & *suiv*. C'est la plus ancienne croyance, I, 176 & *suiv*. On en retrouve des vestiges chez tous les peuples, 160, & *suiv*. 217; mais cette vérité n'a été clairement connue d'aucun que par la révélation, II, 184, 446. Elle ne s'est point établie de la maniere qu'imaginent les Incrédules, I, 129, 176 & *suiv*. Ce n'est point le fruit des méditations philosophiques, 176-178, 195, 197 & *suiv*. Aucun Philosophe n'a clairement professé ce dogme, & n'a su le prouver, II, 436, 438. On ne peut le démontrer qu'en supposant la création, 254. VI, 159 & *suiv*. X, 65. Si quelques Philosophes ont paru admettre l'unité de Dieu, ç'a été dans un sens erroné, II, 65 & *suiv*. 88, 106 & *suiv*. Tous l'ont mal conçue, I, 175, 188. II, 447. Plusieurs l'ont vivement attaquée, 436. Ceux qui admettoient un Dieu suprême, ne lui attribuoient point de providence, 32, 41, 42.

L'unité de Dieu n'étoit point enseignée dans les mysteres du Paganisme, II, 74 & *suiv*. Les Païens n'avoient aucun nom pour désigner un Dieu unique, 53. Ils profanoient le nom de Dieu en l'attribuant à de prétendus génies ou esprit créés, X, 10; & à des hommes vicieux, I, 182. II, 70 & *suiv*.

DIEUX DES PAÏENS. Les premiers Dieux ont été les Astres & les Elémens que l'on supposoit animés, I, 206, 207. Par conséquent les intelligences ou génies que l'on croyoit répandus dans toute la nature, 452, 461, 506. II, 32, 46. IV, 379. Leur existence étoit supposée gratuitement, X, 51, 85, 104, 105. On leur attribuoit toutes les passions humaines, I, 221. Leur exemple & le culte qu'on leur rendoit, corrompoit les mœurs, II, 26 & *suiv*. X, 51, 52. III. Les ames des morts étoient les Dieux manes; on leur rendoit le même culte qu'aux autres, VI, 212. Ce culte ne pouvoit se rapporter au vrai Dieu, I, 256, 262 & *suiv*. II, 42 & *suiv*. X, 94, 95. Il fut approuvé par les Philosophes, IV, 380, 382. Le culte d'un Dieu indigete ou local ne dérogeoit pas à celui d'un autre, on pouvoit les multiplier à discrétion, 35, 36. Il n'y a point de comparaison à faire entre les souffrances de ces Dieux prétendus, & celles de Jésus-Christ, IX, 127, 128.

DIMANCHE. La célébration du Dimanche est

un monument de la réfurrection de Jéfus-Chrift, VIII, 326. IX, 258.

DÎME. La Dîme n'étoit pas deftinée à la fubfiftance des Lévites feuls, VI, 124. Elle a été rendue au Clergé par Charlemagne, X, 365.

DIODORE de Sicile parle de l'origine des loix, des mœurs, du gouvernement des Juifs, V, 174, 548 & *fuiv.*

DIOGENE le Cynique. Mauvaife apologie de fon caractere & de fes mœurs, II, 169 & *fuiv.*

DION CASSIUS ne témoigne aucun mépris pour les Juifs, V. 175, 176.

DISCIPLINE. L'Eglife a le droit de faire des loix de difcipline, XI, 166 & *fuiv.* 205. Les changemens qu'elle y a faits ont été fondés fur de bonnes raifons, XI, 167, 171 & *fuiv.* Ils font venus de plufieurs révolutions imprévues & inévitables, *ibid.* Sage condefcendance de l'Eglife à l'égard de plufieurs loix de difcipline, XI, 200 & *fuiv.* 302. Elles ne font point contraires à l'autorité des Rois, *ibid.*

DISPUTES, DISSENTIONS, DIVISIONS. Il faut peu de chofe pour les exciter parmi les hommes, I, 415. Elles font inévitables, XII, 87. Ce n'eft point la révélation qui en eft la caufe, X, 238, 239, 264. Elles naiffent de l'orgueil & de l'opiniâtreté, IV, 433. IX, 87. XI, 386, 387. Il y a eu de légeres divifions, & non des fchifmes parmi les premiers fideles,

IX, 272. Elles ont rendu impossible toute altération dans la Religion, IV, 425. Les Incrédules en ont été les vrais auteurs, X, 367. Du temps de Saint Paul, les Corinthiens n'étoient pas divisés sur le dogme, mais sur le mérite personnel de leurs Docteurs, XI, 73. Disputes continuelles entre les différentes sectes d'Incrédules, IV, 305, 306. Jésus-Christ n'a point cherché les disputes, VIII, 512. Avantages qu'ont produits les disputes entre l'Empire & le Sacerdoce, XII, 26. Celles des Moines n'ont pas troublé le repos du monde, XI, 372, 384.

DISSOLUTION. Le principe de la dissolution des corps n'est pas dans les corps mêmes, II, 282.

DIVINATION, PRÉSAGES. Entêtement des Païens pour cet art, VIII, 212. Il étoit absurde, II, 17. Il a été approuvé par plusieurs Philosophes, *ibid*. Il a été en usage chez presque tous les peuples, V, 114. VII, 108, 109. C'est l'origine de la plupart des superstitions, I, 221, VIII, 211. Il étoit défendu par la Religion primitive, III, 577.

DIVINITÉ de Jésus-Christ. Il l'a expressément déclarée dès le commencement de sa prédication, VIII, 461, 546, & devant ses Juges ; ce fut la cause de sa condamnation, IX, 113, 116. X, 192. Ses Apôtres l'ont enseignée, IX, 304 & *suiv*. Ce dogme a été attaqué dès le premier siecle, X, 194. Il n'a point été établi par violence, XI, 458. Est-ce l'intérêt des Pasteurs de l'Eglise qui en a décidé ? X, 533. C'étoit un article de foi avant le Concile de Nicée, 196, 504 Il eſt atteſté par le culte extérieur du Chriſtianiſme, XI, 11, 14. S'il étoit faux, le Mahométiſme ſeroit la vraie Religion, XI, 557. Iſaïe reconnoît la divinité du Meſſie, VII, 223, 227, 250, 460.

DIVORCE. Dans la ſociété civile, le divorce eſt contraire à la population & aux mœurs, par conſéquent à la loi naturelle, IV, 183, 184, 199 & ſuiv. 203. IX, 26, 27. Il n'a point été pratiqué ſous la loi de nature, 183. Moïſe ne l'avoit permis qu'en cas d'infidélité, 188 & ſuiv. 220. VI, 389. Les Juifs en abuſoient, VII, 392. VIII, 453. L'Evangile ne le permet point, même en cas d'adultere, IV, 217, 218. En Angleterre, la facilité de faire divorce a multiplié les adulteres, 206.

DOCETES, ou DOCITES, Hérétiques du ſecond ſiecle, VIII, 93, 94.

DOCTRINE. Juger d'une doctrine par ſoi-même, ou en juger par elle-même, ce n'eſt pas la même choſe, IV, 337. La doctrine Chrétienne eſt un dépôt, une tradition, X, 453, 454. L'unité de doctrine dans toute l'Egliſe Catholique, eſt un fait indubitable, même pour les ignorans, 552.

DOGME, article de foi. Dans la Religion révélée, il n'en eſt aucun qui ne tende à régler les mœurs, III, 531. Le culte extérieur ſert à inculquer les dogmes, & à les conſerver, 552. X, 292, 348. XI, 11, 14. Ils ne ſont point par eux-mêmes un germe de diſcorde,

IV, 308, 309. Ce n'est point par l'examen des dogmes, qu'il faut juger de la vérité ou de la fausseté d'une Religion, 336, 337. Aucun dogme n'est démontrable à un ignorant, III, 324. IV, 347. Il n'est pas aussi difficile à un ignorant de constater des faits que d'examiner des dogmes, V, 29. IX, 186. La tradition des dogmes est aussi sûre que la tradition des faits, VI, 247.

Le dogme fondamental de la Religion primitive, est que Dieu est le créateur & le conservateur de l'Univers ; celui de la Religion Juive, qu'il est le fondateur des loix & de la société ; celui du Christianisme, que Dieu est l'auteur de l'ordre surnaturel & de la sanctification des hommes, I, 17. VIII, 13. X, 37.

Dogmes enseignés par Moïse, VI, 159 & *suiv.* Dogmes du Christianisme, X, 178 & *suiv.* C'est un simple dépôt ou une tradition, 453, 454. Avantages qu'ils ont procurés aux hommes & à la société, 178, 184. Les erreurs des Philosophes & des Incrédules ont rendu nécessaire la multiplication des dogmes, III, 314. X, 179. Ils n'ont pas été crus sans preuves, 146. *Voyez* Mysteres.

DONS DE DIEU, *voyez* BIENFAIT, GRACE.

DONATISTES, Schismatiques qui parurent en Afrique au quatrieme & au cinquieme siecle. Origine de leur schisme, XI, 63, 120, 121. Par leurs violences ils obligerent les Empereurs à sévir contre eux, X, 377, 379, 431. XI, 63, 64. Saint Augustin eut la consolation de les voir presque tous réunis à l'Eglise, X, 378.

DOUTE. Le doute volontaire en fait de Religion, est une irreligion formelle, III, 591 & *suiv*. Il est bien différent de l'ignorance, 594-596. Argument de Pascal & de Locke sur le parti à prendre dans le cas du doute en fait de Religion, 607 & *suiv*.

DROIT, JUSTICE. L'idée de *Droit* ne peut être tirée de nos sensations, ni de la sensibilité physique, III, 486 ; 489. Ce que c'est que le droit naturel, IV, 133 & *suiv*. Maniere dont l'entendent les Matérialistes, I, 322, 323. III, 411, 412. Il est mal défini dans l'Encyclopédie ; on ne peut le fonder que sur la volonté de Dieu & sur la nature de l'homme, IV, 133 & *suiv*. Le droit naturel n'a été bien connu que par la révélation, 355. Il est différent dans les divers états du genre humain, parce que l'intérêt général n'est pas toujours le même 176 & *suiv*. 194, 195, 241 ; à quel point il étoit méconnu chez les Païens, 329 ; le droit naturel est le droit le plus avantageux à tous égards, 197.

DROIT DES GENS, ou droit d'un peuple envers un autre peuple. Il est fondé sur la société naturelle que Dieu a établie entre les hommes, IV, 141. Il étoit très-peu connu avant l'Evangile, II, 136. VII, 16, 17. Il l'a été beaucoup mieux depuis cette époque, XI, 393, 415. Les Philosophes modernes n'en reconnoissent point, II, 222. La guerre & le brigandage ont été censés pendant long-temps le droit commun, VII, 76. Le droit politique le plus avantageux à l'humanité, est le vrai droit naturel, IV, 245.

TABLE

Droit, Jurisprudence. Après l'inondation des Barbares, l'étude du Droit a été conservée par les Clercs, XII, 8. Cette étude ne suffit pas pour rendre un homme habile en fait de Théologie, XI, 178 & *suiv.*

Dunstan (Saint), Archevêque de Cantorbéry. Calomnies d'un Incrédule contre ce saint Evêque, XI, 122 & *suiv.*

Dynasties, suites des Rois d'Egypte; elles sont collatérales & non successives, I, 439, 450.

E.

Eau. Les montagnes n'ont pas été formées par les eaux, II, 354 & *suiv.* Plusieurs Philosophes pensent que la quantité des eaux diminue, 345. Il y en a suffisamment dans la nature pour produire un Déluge universel, V, 433 & *suiv.*

Usage de porter de l'eau dans les cérémonies religieuses, quelle en est l'origine, I, 237. Jésus-Christ marche sur les eaux, & y fait marcher Saint Pierre, VIII, 525.

Ebionites, Hérétiques du premier & du second siecle, ainsi nommés d'Ebion leur Chef. C'étoient des Juifs mal convertis, VIII, 286, 294. IX, 276, 370, 371. Ils ne nioient ni les miracles, ni la résurrection de Jésus-Christ, VIII, 294; ni sa naissance légitime, 394. Ils avoient de faux Actes des Apôtres, IX, 377. Le nom d'Ebionites ne fut point affecté aux premiers sectateurs du Christianisme, 370, 371.

ECCLÉSIASTE, Prédicateur, celui qui assemble le peuple pour l'instruire ; c'est le titre de l'un des Livres de l'Ancien Testament. L'Auteur de ce Livre ne révoque point en doute l'immortalité de l'ame, VI, 219 & *suiv.*

ECCLÉSIASTIQUES, *voyez* CLERGÉ.

ECLECTISME, ECLECTIQUES, secte de Philosophes qui ont paru peu après la naissance du Christianisme. Ils furent ainsi nommés, parce qu'ils choisissoient dans les différentes sectes les opinions qui leur sembloient les plus vraies ; ils furent aussi appelés *nouveaux Platoniciens*, X, 6-12. Quel étoit leur système, *ibid. & suiv.* Réfutation de leurs opinions, 7 & *suiv.* Crimes inséparables de leur Théurgie, 7 ; cette secte ne fit apostasier aucun Chrétien, 18 ; pourquoi l'Eclectisme n'a point eu de Martyrs, 22.

ECLIPSE. Les ténebres arrivées à la mort de Jésus-Christ, n'étoient pas une éclipse, IX, 136.

ECOLES. A la décadence des Lettres, les Ecoles ont été conservées dans les Chapitres & dans les Monasteres, XII, 5 & *suiv.*

ECRITS, ECRITURE. L'art d'écrire est plus ancien que les Incrédules ne le supposent, V, 231 & *suiv.* Les mêmes regles de critique servent à juger des Ecrits des Auteurs profanes & de ceux des Peres de l'Eglise, X, 25 ; aucune écriture ne peut par elle seule fixer la croyance des hommes, 482 & *suiv.* Il est faux que les Chrétiens aient supprimé les Ecrits de leurs ennemis, IX, 464-466. On doit punir les Auteurs des Ecrits qui attaquent la Religion, IV, 34, 47.

ECRITURE SAINTE. Les Ecclésiastiques n'ont pas pu la falsifier, IV, 424, 425. V, 273 & *suiv*. attention avec laquelle Dieu a veillé à sa conservation, 287. Jusqu'à quel point elle est obscure, IV, 429. V, 305. X, 467-470. Raisons de cette obscurité, VII, 172. VIII, 383. X, 470. Difficulté de la traduire parfaitement, V, 305 & *suiv*. Nouveaux secours que nous avons pour en acquérir l'intelligence, 308. La lumiere naturelle ne suffit pas seule pour l'interpréter, X, 474.

En quoi consiste l'inspiration de l'Ecriture Sainte, quelle en est la preuve, V, 323 & *suiv*. VIII, 218 & *suiv*. 230. Fausse idée qu'en ont les Incrédules, V, 330 & *suiv*. VIII, 383. X, 328 & *suiv*. En quel sens elle est la parole de Dieu, V, 289. En quel sens c'est un Livre parfait, clair, suffisant, &c. X, 493-496.

L'Ecriture n'étoit pas la seule regle que les Juifs dussent consulter, VI, 244 & *suiv*. Est-il vrai qu'elle ne soit d'aucun usage pour fixer la croyance ? X, 467-470. L'Eglise l'a toujours regardée comme une regle de foi & de morale, VIII, 220 & *suiv*. X, 464 & *suiv*. Rite extérieur par lequel nous attestons cette persuasion, VIII, 225. Mais l'Ecriture ne suffit pas seule, VI, 250, 251. VIII, 232. X, 472 & *suiv*. Preuves de cette vérité, 473 & *suiv*. 482, 495, 578. Le témoignage que l'Eglise rend à l'Ecriture est irrécusable, VIII, 227. Il est fondé sur la parole de Jésus-Christ même, 228.

Toutes les sectes d'hérésies ont appelé à l'Ecriture, X, 465. Mais elles ne s'en tiennent pas à cette seule regle, 483. Elles ne justifient cette conduite que par un cercle vicieux, 489. Chaîne de propositions évidentes au sujet de l'Ecriture Sainte, 559, 560. Souvent il a été nécessaire d'en interdire les versions au peuple, X, 490.

ECRIVAINS SACRÉS. La variété de leur style prouve que les Livres saints n'ont pas été supposés, V, 228; ils se citent & se rappellent les uns les autres, 279, 280.

EDEN; il n'est pas vrai que ce canton soit situé en Arabie, V, 385.

EDITS des Empereurs Chrétiens en faveur de notre Religion, IX, 562 & *suiv*. Ceux des Empereurs Païens n'ont accusé les Chrétiens d'aucun crime, 489. Il est faux que la révocation de l'Edit de Nantes ait été funeste au Royaume de France, XI, 491 & *suiv*.

EDUCATION. Le besoin d'éducation prouve que l'homme est né pour la société, I, 319, 320. Par elle nous recevons toutes nos connoissances, IV, 225, 233, 295. Sans elle la raison est à peu près nulle, 296. Elle n'est cependant pas la premiere source de la conscience, III, 432 & *suiv*. ni de la Religion, I, 100; même des Religions fausses, III, 620, 622. Elle est générale & uniforme sur le dogme de l'existence de Dieu, II, 423. Ce qui vient de l'éducation générale est censé venir de la nature, *ibid*. III, 435.

La Religion doit être une des premieres leçons de l'éducation, III, 536, 616 & *suiv.* 633 & *suiv.* Les préjugés d'éducation sont difficiles à vaincre, mais non impossibles, 630. Plaintes absurdes des Incrédules contre l'éducation des filles dans les Couvens, XI, 331, 332, 382.

EGALITÉ, INÉGALITÉ. L'inégalité des hommes n'est point contraire au droit naturel, IV, 138 & *suiv.* ni un malheur pour eux, 142. L'égalité parfaite ne subsiste pas même entre les animaux, 164, 165. Dieu peut sans injustice répandre inégalement ses dons naturels & surnaturels, II, 551. IV, 321, 362. VI, 92. X, 223. Egalité établie chez les Juifs, VI, 420. Maximes du Christianisme qui rappellent les hommes à l'égalité, XI, 470, 471.

EGLISE, assemblée des fideles. En quel sens elle existoit du temps de Jesus-Christ, VIII, 133. Les Eglises de Jérusalem, d'Antioche, d'Alexandrie, ont été formées par les Apôtres peu de temps après l'Ascension de Jésus-Christ, IX, 273. X, 36. Le témoignage & la tradition des Eglises Apostoliques sont irrécusables, VIII, 375. Le don des miracles a persévéré dans l'Eglise, IX, 340 & *suiv.* X, 26.

Ce que signifie *Eglise Catholique*, X, 511. En quoi consiste son infaillibilité, 498 & *suiv.* Indépendamment des promesses de Jésus-Christ, l'enseignement de l'Eglise donne une certitude morale, poussée au plus haut point de notoriété, 499 & *suiv.* En quel sens son autorité est divine, 507, 514. Preuves de cette autorité, 513. En l'établissant, nous ne tombons point dans un cercle vicieux, 488. Son infaillibilité se prouve autrement que par l'Ecriture, X, 513, 579. Inconvénient de lui refuser une autorité du moins traditionnelle, VIII, 43. X, 506. Les promesses faites à l'Eglise Catholique portent sur la nature même des choses, 499, 506. Les objections des Protestans contre l'autorité de l'Eglise ont été rétorquées par les Déistes, contre l'autorité de l'Ecriture, I, 40, 43. L'Eglise a fait usage de son autorité dans tous les temps, X, 487. Il y a eu des Eglises conduites par la tradition sans écriture, 494.

C'est l'Eglise qui nous garantit l'intégrité du texte de l'Ecriture, son inspiration, la fidélité des versions, & le sens qu'il faut y donner, V, 324, 325. X, 475 & *suiv.* XI, 54. Elle ne peut se tromper sur aucun de ces points, X, 484. Elle ne s'attribue point une autorité supérieure à la parole de Dieu, 486. Elle n'a pas tort d'interdire quelquefois aux fideles les versions de l'Ecriture, 490, 491. Jésus-Christ a voulu nous retenir sous la tutele de l'Eglise, VIII, 349.

Dans le sein de l'Eglise, le peuple est aussi assuré de la vérité de sa croyance, que les Savans, X, 548 & *suiv.* Marque certaine à laquelle un ignorant reconnoît la véritable Eglise de Jésus-Christ, 555. Chaîne de propositions certaines à ce sujet, 558. Il est faux que cette méthode conduise au pyrrhonisme, 581; ni quelle favorise les fausses Religions, 583, 584. Il n'est pas nécessaire de comparer l'Eglise aux sectes hérétiques, X, 582. XI, 60. Sa doctrine ne peut changer sans que le culte extérieur ne change, 11-13. Facilité de s'en instruire, XI, 33, 34.

L'Eglise a du être toujours attaquée, XI, 49. Les Incrédules supposent que les Hérétiques ont toujours raison de se révolter contre elle, X, 412, 542. Elle n'est pas plus intolérante que les autres sectes, X, 407. XI, 447. Sens de la maxime, *hors de l'Eglise point de salut*, 205. Elle n'a jamais obligé les Fideles à croire tous les miracles rapportés dans les Légendes, IX, 344 & *suiv.*

L'Eglise ne peut subsister sans faire des loix de discipline, XI, 166 & *suiv.* Elle ne prétend point restreindre l'autorité des Rois, ni dispenser les peuples de l'obéissance, IV, 267, 268. Les Pasteurs de l'Eglise ne sont pas de simples membres délégués par elle, XI, 178 & *s*. L'Eglise n'est point étrangere à l'Etat, 183-185. Sagesse de sa conduite à l'égard des Souverains & des loix civiles, 200 & *suiv.* Elle est capable d'acquérir des biens & de les posséder, XI, 229 & *suiv.* Elle en a la propriété en France comme ailleurs, 237 & *suiv.* Sagesse de ses réglemens sur le nombre des Ecclésiastiques, XI, 276, 280.

EGYPTE, EGYPTIENS. Premier nom qu'ils ont porté, I, 446. D'où étoient-ils venus? 447. Leur antiquité prétendue est fabuleuse, 439 & *suiv.* Leurs dynasties étoient évidemment collatérales, 439, 450. L'ancienne Histoire d'Egypte paroît être une altération de celle de Moïse, V, 163. Ce pays étoit-il peuplé & policé du temps d'Abraham? 465, 491. Pourquoi ils ont cultivé les Arts de très-bonne heure, I, 443. L'Egypte étoit un séjour beaucoup plus mal-sain que la Palestine, V, 465. VI, 57. C'est aujourd'hui le foyer de la peste, par la malpropreté des Mahométans, II, 199. I, 331. Les Egyptiens ont eu connoissance du Déluge, V, 417, 418. Etoient-ils circoncis? 502, 505 & *suiv*. Furent-ils réduits en esclavage par Joseph? 533. Ce que leurs Historiens ont dit des Juifs, V, 545 & *suiv*. Ils aimoient la pompe dans le culte religieux, VI, 282. Fonctions de leurs Prêtres, 332. Pourquoi ils étoient habiles dans les Arts, 418, 419.

La premiere Religion des Egyptiens fut le culte d'un seul Dieu, I, 167, 460. Ils en conservérent des notions, 167. Mais ils ont commencé de bonne heure à être Polythéistes, 157. Ils étoient déjà Idolâtres du temps de Moïse, VI, 29. Leur Religion n'est point inexplicable, I, 458 & *suiv*. Mais absurde & abominable, 471. Ce que c'étoit que leurs Dieux, 460. Pourquoi ils adoroient les animaux & les plantes, 464, 467. Leur goût pour le langage allégorique, VI, 252, 253. Ils croyoient l'immortalité de l'ame & la résurrection future, I, 474. N'admettoient point la métempsycose, *ibid*. Ils ont offert des victimes humaines, 473. Excès des femmes Egyptiennes, 471.

Les plaies de l'Egypte sont rapportées obscurément par les anciens Historiens, VI, 13. C'étoient de vrais miracles, 38 & *suiv*. Dieu n'étoit point injuste en punissant les Egyptiens, II, 26. Il vouloit les corriger de l'idolâtrie, 28. Leurs Magiciens ne firent point de vrais prodiges, V, 93 & *suiv*.

Contradictions des Philosophes sur les loix & le gouvernement des Egyptiens, I, 484.

Les mœurs de ce peuple étoient corrompues, & ses loix répréhensibles, 475, 484. XI, 401, 402. Une loi de l'Egypte ordonnoit de secourir un homme en danger d'être assassiné, VI, 8. Sagesse de leur régime diététique, & de leur police sur la propreté, 331. Ils ont été moins attachés que les Juifs à leurs loix, 369. Ils étoient mauvais soldats, 402. La vie austere étoit très-commune parmi eux, XI, 343. Fuite de Jésus en Egypte, VIII, 407, 417. Les Juifs ont entendu comme S. Matthieu ces paroles : *J'ai appelé mon fils de l'Egypte*, 407.

ELÉMENS. Ils ont été adorés ; pourquoi, I, 207, 238.

ELIE, Prophete, n'a point été vindicatif, injuste, ni cruel, VII, 146 & *suiv*. N'a point cabalé dans la Syrie, non plus qu'Elizée, 149. A fait descendre le feu du Ciel sur un sacrifice, 148. Doit-il revenir au monde sous le regne du Messie ? 498.

ELIZÉE, Prophete, Disciple d'Elie, n'a point permis à Naaman d'adorer un faux Dieu, VI, 524. Il n'a point voulu tromper le Roi de Syrie, VII, 144, 145. N'a point accepté ses présens, *ibid*. N'a été ni vindicatif, ni cruel, 150, 151.

ELOQUENCE. Jésus-Christ & ses Apôtres n'en avoient pas besoin, VIII, 346. IX, 39. Le goût de l'Eloquence a été conservé par la Religion, XII, 15, 16.

ELUS. Le petit nombre des élus est-il un dogme du Christianisme ? X, 225-227.

EMBAUMEMENT. L'usage d'embaumer les corps étoit un témoignage de la croyance de la résurrection, I, 474. Vu la maniere dont les Juifs embaumoient les morts, un homme ne pouvoit vivre pendant plusieurs heures dans cet état, VIII, 555, 558. IX, 149, 150. Pourquoi il falloit que le corps de Jésus-Christ fût embaumé, 207. Il n'y a point de contradiction dans l'Evangile sur ce fait, 205 & suiv.

EMMANUEL, *Dieu avec nous ;* c'est le nom du Messie, & non d'un fils d'Isaïe, ni d'Ezéchias, VII, 210.

EMMAÜS. Apparition de Jésus ressuscité aux deux Disciples d'Emmaüs, IX, 225.

EMPEREURS. Abus de l'apothéose des Empereurs, II, 54. Quelques-uns ont voulu mettre Jésus-Christ au rang des Dieux, VIII, 273. IX, 540. On ne peut pas révoquer en doute le carnage qu'ils ont fait des Chrétiens, 492, 536 & *suiv.* X, 161. Ils ne les accusent cependant d'aucun crime, IX, 489. Pourquoi ceux-ci refusoient de jurer par le génie des Empereurs, X, 353. Plusieurs se flatterent d'avoir exterminé le Christianisme, IX, 543. En général ils ont peu contribué à son établissement, IX, 598, 600. X, 149, 150. Ils n'ont forcé personne à embrasser le Christianisme, X, 375 : 377. Avant les Edits qui en ont permis la profession, cette Religion avoit déjà force de loi, XI, 190. Parallele entre les Empereurs Chrétiens & les Empereurs Païens, XI, 424 & *suiv.* 449. Les Incrédules font l'apologie de tous ceux qui ont persécuté le Christianisme, IX, 491 & suiv. XI, 426, 459.

ENCENS, pourquoi on s'en sert dans les assemblées de Religion, X, 358.

ENDURCIR, ENDURCISSEMENT. En quel sens Dieu endurcit les pécheurs, VI, 31-37, 186 & suiv. IX, 85. L'endurcissement n'est pas un titre pour obtenir de Dieu des graces, VI, 30, 35.

ENFANT. Maniere dont on prouve qu'il est légitime, VIII, 49, 50. L'état des enfans dépend de la sainteté du mariage, I, 311 & suiv. II, 202. Et de la nécessité du baptême, X, 297. Il est plus avantageux à l'homme d'être né enfant de la Religion, qu'enfant de l'Etat, 299. La Religion fait envisager les enfans comme un dépôt & un bienfait de Dieu, III, 548. IV, 222. Les Philosophes ont très-mal raisonné sur ce point, II, 202. Cruauté des différens peuples à l'égard des enfans, I, 376. II, 202. III, 418, 419. Multitude d'enfans détruits à la Chine, I, 519, III, 418. D'où est venue la cruauté des différens peuples à l'égard des enfans, 419. Ils montrent de la méchanceté de très-bonne heure, 344.

Ils sont promptement susceptibles du sentiment moral, III, 634 & suiv. Et des principes de Religion, 637. Nécessité de la leur enseigner par l'éducation, 633 & suiv. Ils sont très-sensibles aux signes extérieurs, 538. Leurs devoirs envers les peres & meres sont prescrits par la loi naturelle, I, 311, 313. IV, 223,

236. Leur dépendance ne finit que quand le bien de la société l'exige, 234, 235. Que doivent-ils faire à l'egard d'un pere injuste? 229. L'affection des enfans est plus foible que celle des peres, 222. Distinction entre les enfans de Dieu & les enfans des hommes, V, 2.

En quel sens Dieu punit les enfans du crime de leur pere, II, 541, 542. VI, 193 & suiv. VII, 420. La justice humaine peut le faire, III, 353. Rien ne nous oblige de croire que les enfans morts sans baptême sont condamnés au feu de l'Enfer, III, 350. L'enfant qui devoit naître d'une Vierge, n'est point le fils d'Isaïe, VII, 221 & suiv.

ENFER. Chez les Païens la Fable des Enfers décréditoit le dogme de l'immortalité de l'ame & de la vie future, II, 11, 12. Les Philosophes n'y croyoient pas, 119. Ceux de l'Inde n'admettent un Enfer que par politique, I, 543. Les nôtres le craignent, & c'est une des sources de leur incrédulité, 61. II, 580.

Il est faux que les Juifs n'en aient eu aucune idée, VI, 206. On en voit des vestiges dans le Livre de Job, III, 216, 217. Cette croyance ne déroge point à la bonté divine, II, 579 & suiv. Il est absurde d'argumenter contre l'éternité des peines, X, 215, 217. Ce dogme est-il inutile? 218. Dieu n'a destiné aucun homme à l'Enfer, II, 579. *Voyez* PEINES.

ENNEMI. Les anciennes Nations se sont toujours regardées comme ennemies, I, 5. II, 209, 211. V, 3. — VII, 76, 77. Jésus-Christ est venu détruire ce fatal préjugé, VIII, 13. Il commande l'amour des ennemis, IX, 7. XI, 393.

ENTÉLÉCHIE, ce qu'Aristote entend par-là; III, 54.

ENTHOUSIASME, persuasion religieuse mal fondée. Il ne faut pas confondre l'enthousiasme pour la doctrine, avec l'enthousiasme en matiere de faits, IX, 524.
Toutes les sectes, sans excepter l'Athéisme, ont eu leurs enthousiastes, I, 52. En quoi consistoit l'enthousiasme des Martyrs, IX, 510-513. *Voyez* FANATISME.

ENVIE, JALOUSIE, vice universellement détesté; il est très-différent de l'émulation, IV, 104. Jalousie des Philosophes contre le Clergé, I, 78.

EPICTETE, Philosophe Stoïcien. Vainement on a voulu comparer sa patience avec celle de Jésus-Christ, X, 82.

EPICURE, EPICURIENS, Philosophes qui nioient la Providence, & enseignoient que le monde s'est formé par hasard, II, 299, 593 *& suiv.* Ils admettoient cependant des Dieux pour la forme, & satisfaisoient au culte extérieur, 22, 155. III, 538. X, 288. Plusieurs étoient superstitieux. II, 22, 155. Ils étoient moins coupables que les Athées modernes, I, 295. Ils n'insultoient point à la Religion, IV, 37.
Epicure ne faisoit aucun cas de la Logique

ni de la Métaphysique, étoit mauvais Physicien, II, 595; & très-peureux, III, 260. Il convient que la doctrine du destin est désolante, I, 300. II, 419. Argument qu'il fait sur l'origine du mal, 543; il enseigne une fausse morale, 156, 159; & qui se contredit, IV, 110. Il ne fut pas lui-même un modele de vertu, II, 157. Il détournoit le Citoyen de ses devoirs, IV, 114, 115. Conseilloit cependant de réprimer les passions, 109. Aussi les Epicuriens étoient les hommes du monde les plus inutiles, I, 359. III, 262, 272. X, 270. Souvent ils ont été chassés des villes, comme corrupteurs de la jeunesse, IV, 21. Plusieurs néanmoins étoient sobres, I, 303. IV, 109.

L'Epicuréisme corrompit les mœurs dans la Grece & à Rome, I, 358 & *suiv.* II, 161. X, 286. Il causa la perte de ces Républiques, III, 5, 462. XII, 191. Ce systême n'est embrassé que par libertinage, IV, 52. Vainement on veut faire valoir les sophismes d'Epicure, II, 529 & *suiv.* Mauvaise apologie de ce systême dans l'Encyclopédie, 153 & *suiv.* La morale des Incrédules n'est autre que celle d'Epicure, XII, 63.

EPOQUES. Il faut considérer la révélation dans trois époques différentes, I, 1 & *suiv.* V, 1 & *suiv.* VIII, 1 & *suiv.* XII, 160.

EPREUVE. Il n'est point contraire à la justice divine que la vertu soit éprouvée sur la terre, II, 534 & *suiv.* 574, 575. Cette épreuve n'est pas nécessaire à Dieu, mais à nous, IV, 408.

V, 523. VI, 186. Jésus-Christ a voulu mettre ses Disciples à l'épreuve, IX, 81.

ERREURS. Les erreurs, en fait de Religion, sont aussi étroitement liées que les vérités, I, 19. Elles ne sont qu'une tradition, 73. Quelle en est l'origine, 220. Les erreurs générales ne prouvent rien contre la croyance d'un Dieu, II, 429. La plupart des erreurs des peuples ignorans, portent sur un fond de vérité, V, 117-119. Elles sont venues de faux raisonnemens, & non de fausses révélations, IV, 378 & *suiv*. Les Philosophes ont confirmé toutes les erreurs populaires, X, 103. L'erreur n'est jamais utile aux hommes, I, 263. Nous n'avons pas besoin de savoir jusqu'à quel point les erreurs des mécréans sont excusables, IV, 361. Dieu ne nous expose point à un danger inévitable d'erreur, V, 40, 108, 109.

ESCLAVAGE, ESCLAVES. L'esclavage n'a point été établi par la Religion, I, 567. Il étoit inévitable dans les premiers âges du monde, II, 205. Il est né du besoin de subsistance, IV, 239, 240 VI, 373. Les Philosophes l'ont approuvé, I, 567. Quelques-uns ont applaudi à l'esclavage des Juifs en Egypte, VI, 382, 431. Ce peuple fut-il toujours esclave ? 395, 429, 452 & *suiv*. L'esclavage n'est point contraire au droit naturel à la naissance des sociétés, IV, 238 & *suiv*. VI, 373 & *suiv*. Il ne faut pas le confondre avec toute espece de dépendance, IV, 164, 166. VI, 395. Un esclave pouvoit devenir l'héritier d'une famille, IV, 240.

Multitude d'esclaves chez les anciens, 379, 380. Leur misere étoit portée à l'excès, II, 205. VI, 380. Cruauté des Romains à l'égard des esclaves, I, 376, 377. II, 126. Ils ont été traités de même dans les Républiques, I, 390. L'esclavage étoit modéré par la Religion primitive, II, 204; & par les loix de Moïse, VI, 363. Ce Législateur ne pouvoit le supprimer entiérement, 363 & *suiv.* Leçons que donne le Christianisme contre cet abus, X, 304. XI, 415. Le sort des esclaves étoit adouci par le Baptême, 415. Sagesse de Constantin en favorisant leur affranchissement, 438. Il est faux que notre Religion n'ait pas contribué à supprimer l'esclavage, 439, 468 & *suiv.* En quel sens & en quels lieux il subsiste encore, X, 305. XI, 475, 486. Il est faux que parmi nous le peuple soit esclave, IV, 171. Contradiction des Incrédules sur l'affranchissement des esclaves, XI, 415, 469.

ESDRAS n'est point l'Auteur du Pentateuque, il n'a pu ni supposer ni altérer les Livres des Juifs, V, 212 & *suiv.* 294. Il n'a pas pu forger la prophétie de Jacob, VII, 193.

ESPAGNOLS. Les cruautés qu'ils ont commises en Amérique, ne leur ont point été inspirées par le zele de Religion, XI, 577 & *suiv.*

ESPÉRANCE. Selon les Incrédules mêmes, c'est le baume de tous les maux, I, 228. Nous ne pouvons le puiser que dans la Religion, 270, 271. L'espérance Chrétienne n'est ni fausse, ni impossible, ni pernicieuse,

X, 247. Motifs sur lesquels elle est fondée, III, 260, 261.

Esprit. Quoique dans l'origine ce mot n'exprime que le souffle, il désigne aussi une substance différente de la matiere, III, 37, 38. On ne peut désigner l'esprit que par une métaphore & par ses opérations, 57, 58. Le souffle de la bouche de Dieu dont parle Moïse est *l'esprit*, & non un souffle matériel, I, 135. Tous les peuples ont cette notion, & distinguent les esprits d'avec la matiere, III, 6, 55. Il est faux que nous n'en ayons pas une idée positive, 50, 51. L'essence de l'esprit est de se sentir, d'avoir la conscience de son être individuel & permanent, II, 239. III, 11 & *suiv.* 37, 38, 198. Descartes a eu tort de le définir *l'Etre pensant*, 198. Nous le connoissons par son essence même, par le sentiment de nos propres opérations, II, 284, 466.

III, 50, 51. Lui seul est actif, II, 335. III, 86-88, 106. Nous sommes convaincus par sentiment qu'il meut la matiere, II, 284. Il est absurde de demander comment cela se fait, III, 59, 60, 198, 199.

L'esprit ne peut commencer d'être que par création, II, 335. Nous ne pouvons y penser sans nous en faire une image, III, 636. Le préjugé des peuples ignorans est de supposer un esprit dans tout ce qui a du mouvement, I, 452. III, 6. Dieu est essentiellement pur Esprit, II, 465-468. *L'Esprit de Dieu* dans l'Ecriture signifie quelquefois le courage, VII, 39.

Esprits animaux. Leur existence est incertaine, & l'on n'en peut rien conclure contre l'activité & la liberté de l'ame, III, 161.

Esprit (Saint). La divinité du Saint-Esprit a été crue & professée avant le quatrieme siecle, X, 539. Jésus-Christ a formellement enseigné que le Saint-Esprit procede du Pere & du Fils, XI, 69, 70. Ce dogme est attesté par le culte extérieur du Christianisme, XI, 11, 14. Descente du Saint-Esprit sur les Apôtres, IX, 262.

Essence. L'essence des êtres, sur-tout des corps, nous est inconnue, III, 51.

Esséniens, secte de Juifs; Jésus-Christ n'avoit point été élevé parmi eux, IX, 56. XI, 338. Ils ne sont point les auteurs de la vie monastique, XI, 338 & suiv. Porphyre fait leur éloge, V, 176.

Estime. Celle des hommes est souvent fautive, X, 268.

Eternité. C'est un attribut de Dieu, mais il est inconcevable, II, 460. III, 284.

Ethiopie. Effets que le Christianisme a produits dans cette partie de l'Afrique, XI, 410, 411.

Etna. Les éruptions de ce volcan ne prouvent point l'antiquité du monde, V, 408.

Etranger. Aversion de tous les peuples pour les étrangers, VI, 359. Les Juifs n'ont point eu ce défaut, 416, 483 & suiv. Multitude d'étrangers dans la Palestine, VII, 9.

ETRE. Energie de cette parole de Dieu: *Je suis l'Etre*, II, 245, 253. L'essence des êtres, sur-tout de la matiere, nous est inconnue, III, 51.

EVANGÉLISTES. En quel temps ils ont écrit, VIII, 54, 55, 60. Quel a été leur caractere, 321 *& suiv*. En quel sens c'étoient des hommes grossiers, 340. IX, 186. Etoient-ils fort crédules? 187. Jusqu'où ils ont poussé la prévoyance & la bonne foi, VIII, 57 *& suiv*. IX, 139, 128. Accord singulier entre eux, VIII, 543.

EVANGILE, LIVRE. Ce nom désigne quelquefois tous les écrits du Nouveau Testament. L'authenticité des Evangiles n'est point une question de pure critique, VIII, 43. Elle doit être prouvée comme celle de tout autre Livre ancien, 51, 52. Preuves de cette authenticité, *ibid. & suiv*.

Les trois premiers Evangiles ont été écrits avant la ruine de Jérusalem, 54, 55, 60. Ainsi leur date n'est point incertaine. Celui de Saint Matthieu est le plus ancien, 55, 131. Ces Livres étoient lus dans les assemblées Chrétiennes, 61 *& suiv*. Ils ne sont point demeurés cachés dans les archives des Eglises, 62, 117. Les premiers Docteurs Chrétiens n'en ont forgé aucun, 123, 135 *& suiv*. Ces Livres n'ont pas pu être altérés malicieusement, *ibid*. 134. Ce n'est point le Concile de Nicée qui les a légitimés, 125 *& suiv*. Ils ont dû exciter des contestations dans tous les temps, 142;

l'inspiration de l'Evangile est attestée par un rite extérieur, 225.

EVANGILES APOCRYPHES OU SUPPOSÉS. Il n'y a point de preuves que les faux Evangiles aient existé dès le premier siecle, VIII, 89. Les Peres Apostoliques ne les ont point cités, 91 & suiv. 107. De quelle maniere en ont parlé les Peres du second & du troisieme siecle, 111, 112. Ces faux Evangiles ne font ni aussi anciens, ni en aussi grand nombre que les Incrédules le supposent, 109, 110, 150, 187 & suiv. Ils ne forment aucun préjugé contre l'authenticité des nôtres, 192-194. Ils ne contredisoient point les nôtres sur les faits, 194, 195. La plupart ont été forgés par les Hérétiques, 93, 101, 110, 122, 155, 191, 217. Quelques-uns ont été supposés de bonne foi, VIII, 189 & suiv. L'Evangile des Egyptiens & celui des Hébreux sont les deux plus anciens apocryphes, 91, 100, 194.

EVANGILE, HISTOIRE EVANGÉLIQUE. Précis de cette Histoire, VIII, 17 & suiv. La divinité du Christianisme est fondée sur la vérité des faits rapportés dans l'Evangile, VIII, 236 & suiv. Preuve de la vérité de ces faits, tirée des Auteurs profanes, 249 & suiv. L'aveu de ces Ecrivains est assez clair pour mériter croyance, 300 & suiv. 366. Autres preuves générales de la vérité de l'Histoire évangélique, VIII, 319 & suiv. Monumens qui viennent à l'appui de cette Histoire, 326. Si elle n'étoit pas vraie, rien n'auroit été capable de réunir des Juifs & des Païens, 328, 329. On suppose faussement que les Juifs ne l'ont pas connue, 331, 332. Les Hérétiques mêmes en confirment la vérité, 333. Les Apoſtats lui rendent témoignage, 334. Un Païen l'a jugée reſpectable, 252.

Cette Hiſtoire n'eſt point un Roman Oriental, VIII, 337, 338. Il n'y regne point un déſordre affecté, 347, ni une obſcurité recherchée à deſſein, 345-348. Raiſons de l'obſcurité de cette Hiſtoire, 383. Il n'y a aucune contradiction, 408 & ſuiv. IX, 130, 132, 183, 200. Il n'eſt pas néceſſaire que l'Egliſe ait adopté une concordance des Evangiles, VIII, 412. Les Incrédules ne veulent admettre aucun moyen de les concilier, IX, 184. La maniere dont ils attaquent cette Hiſtoire, eſt abſurde, VIII, 429. IX, 184 & ſuiv.

EVANGILE, Doctrine de Jéſus-Chriſt. L Evangile conſole & encourage les malheureux, IX, 20, 32, 33, 317. X, 156. Ce n'eſt pas-là néanmoins la cauſe principale de ſes ſuccès, IX, 23, 33. X, 155 & ſuiv. Il n'a pu s'établir que par la certitude & la notoriété des faits ſur leſquels il eſt fondé, IX, 279 & ſuiv. 447; par les miracles & par la ſainteté de Jéſus-Chriſt & des Apôtres, 439, 447. Il n'a pas beſoin d'être raiſonné ni prouvé, 38, 39. Jéſus-Chriſt en a prédit le ſuccès, 595, 596. X, 176. Etendue & rapidité de ſes progrès, VIII, 329. IX, 226 & ſuiv. Raiſons qui indiſpoſoient les Juifs & les Païens contre cette Doctrine, X, 146 & ſuiv. Obſtacles que lui ont oppoſés ſes ennemis, 149, 176. Changement qu'elle a opéré dans les mœurs, 152. XI, 409 & ſuiv. Chez les différentes Nations,

XII, 154, 177. L'Evangile est adapté à l'état de civilisation du genre humain, VIII, 9, 10. IX, 3, 152. Jésus-Christ le compare à une semence, X, 176. En quel sens Saint Paul le nomme une folie, 179, 180. X, 179, 180. Les discours de Jésus-Christ n'étoient point des énigmes, IX, 83, 84. On ne peut faire retomber sur lui les fausses interprétations de l'Evangile, X, 262 & *suiv*. Quoique sa morale soit souvent mal suivie, on ne doit pas conclure qu'elle est inutile, 244. XII, 62; ou nuisible, 110, 120. De savoir ce que Jésus-Christ a enseigné, c'est une question de fait, XI, 2, 3, 6. Cette Doctrine est un simple dépôt ou une tradition, X, 453, 454. L'Evangile doit être dans tous les siecles un signe de contradiction, X, 243, XII, 158.

Il est faux que sa morale ne convienne qu'à des Moines, XI, 360-362. Effet qu'il a produit sur la conduite & les mœurs des Empereurs, XI, 414. Influence qu'il a encore sur le bonheur de la société, XII, 61 & *suiv*. Apologie de ses maximes les plus séveres, 110, 120. Il ne renferme aucune maxime injuste, X, 278, 279. Il prêche constamment la tolérance & la paix, X, 262. La meilleure apologie de l'Evangile sont les effets qu'il a opérés, VIII, 428. Il ne commande rien de pernicieux, IV, 418.

EUCHARISTIE. Institution de ce Sacrement par Jésus-Christ, IX, 100 & *suiv*. Indécence avec laquelle les Incrédules en parlent, XI, 208, 212. La foi à l'Eucharistie contribue à prévenir les crimes, 302 & *suiv*. Elle tourne au bien de la société, 304, 305. La communion sous les deux especes a été sagement retranchée aux Fideles, XI, 172. En attaquant le Myftere de l'Euchariftie, les Proteftans ont ébranlé la croyance de tous les autres Myfteres, I, 43. IV, 507 & *suiv.*

Eve. Objections contre l'hiftoire du péché d'Eve & de fa punition, III, 337 & *suiv.*

Evêques. L'inftitution des Evêques eft de Jéfus-Chrift, XI, 93. Les Apôtres ont été les premiers Evêques, IX, 273. Leur pouvoir ne donnoit aucun ombrage au Gouvernement Romain, 497. XI, 137. Ils n'exerçoient aucune autorité temporelle sur les Fideles, 524, 525. Ce font de fimples témoins en matiere de foi, X, 501, 503, 510. Mais témoins revêtus de caractere & de miffion divine, 501. Sur quoi fe fonde la certitude de leur enfeignement, 523. En quel fens ils font Juges des queftions de foi, 529. Aucun Evêque ne peut dominer fur la foi de fon troupeau, 519 & *suiv.* Leur fucceffion eft un garant de la tradition, 515, 516. Pourquoi Conftantin admit leur témoignage fur l'affranchiffement des efclaves, XI, 438, 441. Portrait des Evêques tracé par les Incrédules, X, 524. Raifons pour lefquelles Saint Grégoire de Nazianze avoit mauvaife opinion de ceux de fon temps, XI, 115. En quel temps l'élection des Evêques fut accompagnée de troubles, 117, 118. Pourquoi on leur a donné le titre de *Saints*, 130. Leur autorité a été très-néceffaire dans les temps d'ignorance & d'anarchie, 132, 476. Ils font les Administrateurs & les ufufruitiers nés des biens de leur Eglife, 247,

247, 248. Absurdité des raisons que l'on allegue contre le célibat des Evêques, XI, 296. Ils n'ont point usurpé le droit de juger, 476.

Evidence. Différentes significations de ce terme; il y a plusieurs sortes d'évidence, III, 306, 307. Un homme par opiniâtreté peut résister à l'évidence, 124. Le sentiment intérieur est le souverain degré de l'évidence, IV, 464.

Eunuques. Moïse avoit défendu de faire des Eunuques, VI, 385, 386.

Europe. Les anciens peuples de l'Europe n'adoroient qu'un seul Dieu dans les premiers temps, I, 173 & suiv. La population & la civilisation de cette partie du monde sont dues au Christianisme, II, 216. X, 285. XI, 487. La conversion des peuples du Nord a produit le repos de l'Europe, XI, 148.

Examen. Les Philosophes commençoient par croire à une Secte, & par en embrasser la Doctrine avant de l'avoir examinée, III, 623. X, 27, 183. La Religion n'interdit point l'examen de ses preuves, pourvu qu'on le fasse avec droiture, III, 631. XI, 59, 60. Cet examen n'est point impossible après avoir reçu une éducation religieuse, III, 629 & suiv. 645 & suiv. X, 584 & suiv. Il n'est pas nécessaire d'examiner toutes les Religions, pour savoir qu'elle est la vraie, IV, 324 & suiv. X, 574, 575, 582. On ne doit point en juger par l'examen des dogmes & de la morale seule, IV, 327, 329. Il est plus aisé d'examiner des faits que des dogmes & des loix, 328, 330, 333. X, 585, 586. L'examen des faits qui prouvent la vérité du Christianisme, est à portée des simples & des ignorans, 578. Quoique cet examen soit plus difficile dans les fausses Religions, cela ne prouve rien contre la bonté & la justice de Dieu, 583, 587. Ce sont les Incrédules qui ont rendu cet examen plus difficile, 573. Eux-mêmes n'ont rien examiné, I, 71. VIII, 196. IX, 452. X, 480. XI, 396. XII, 49, 50. Un simple Fidele n'a pas besoin d'un examen tel que les Incrédules l'exigent, X, 578, 580. Déclamer contre le défaut d'examen, est un piége que les mécréans ont toujours tendu aux fideles, XI, 60. Contradictions des Incrédules sur ce point, III, 640, 649. X, 586.

EXCOMMUNICATION. Faux principes de deux Jurisconsultes sur la validité & les effets de l'excommunication, XI, 203, 206.

EXEMPLE. Les Philosophes n'ont jamais prêché d'exemple; leur conduite démentoit leur doctrine, II, 134. X, 4, 5. L'exemple des personnages de l'Ancien Testament ne peut être pernicieux aux mœurs, ni autoriser des crimes, VII, 37, 66, 67. Utilité des exemples de Jésus-Christ, IX, 42 & *suiv.* XII, 153. Et de ceux des Saints, XI, 327, 359. XII, 153.

EXEMPTION. Les exemptions des réguliers n'entraînent aucun inconvénient, XI, 363.

EXPÉRIENCE. C'est l'uniformité & la constance du témoignage de nos sens, IV, 473, 556. Souvent ce n'est qu'une ignorance, 558, 560, 554. V, 52. Les causes physiques nous sont suffisamment connues par nos expériences, IV, 494 & *suiv.*

EXPIATION. Utilité des expiations selon quelques Philosophes, III, 547. D'autres déclament contre cette pratique, 548, 581, 582. La nécessité des expiations se tire de la nature même de l'homme, 583. X, 306 & *suiv.* XII, 143. Elles servent beaucoup plus à le consoler qu'à l'affliger, I, 228. L'utilité des expiations est une des leçons de la Religion primitive, III, 547, 548. Il est faux que la Religion fournisse aux méchans des expiations faciles, 312, 315. Abus de cette pratique dans le Paganisme, II, 56. Contradiction des Incrédules sur ce sujet, X, 307.

EXTRÊME-ONCTION; motifs de l'institution de ce Sacrement, X, 311, 312.

EZÉCHIAS n'est point le personnage désigné dans le Chap. IX d'Isaïe, VII, 223.

EZÉCHIEL. Expressions qui paroissent indécentes dans ce Prophete, VI, 442 & *suiv.* Dieu lui a-t-il commandé de manger des excrémens humains? 450.

F.

FABLES. Origine des Fables du Paganisme, I, 453 & *suiv.* Aucune n'étoit attestée par des monumens contemporains, IV, 550. VI, 50, 79, 98, 329, 330. Ces Fables portoient au crime & à la corruption des mœurs, II, 10, 26. Les Philosophes leur donnerent un sens allégorique, pour en cacher la turpitude, II, 26, 32. X, 7. Mais ce sens allégorique n'étoit fondé sur aucune preuve, *ibid.* Quelques-uns ont cru qu'il falloit des Fables pour porter le peuple à la piété & à la vertu, II, 26, 61. L'Empereur Julien avoue l'absurdité des Fables, X, 99. Cependant il en adopte la plupart, 122.

Faculté. Il est faux que les facultés de notre ame soient purement passives, III, 80 & *suiv.*

Fait. Les faits historiques ne se prouvent point par des raisonnemens, I, 442. Il n'est aucun fait qui ne puisse être constaté par le témoignage des sens, IV, 554, 557. Et ne puisse devenir certain, V, 53. La preuve par témoins ne peut être admise qu'en matiere de fait, IX, 471. — Différence entre un fait probable & un fait certain, IV, 524, 527. Comment se forme la tradition d'un fait important, 528, 536. Précautions nécessaires pour le constater, 528. Monumens qui rendent un fait incontestable, 547 & *suiv.* Il est plus certain, lorsqu'il est rapporté par des Ecrivains de différens partis, XII, 54, 55.

Les faits miraculeux sont susceptibles de la même certitude que les faits naturels, IV, 553 & *suiv.* 566, 573. En matiere de Religion les preuves de fait prévalent à toutes les autres, 617 & *suiv.*

Faits sensibles & palpables, dont les Martyrs ont rendu témoignage, IX, 473 & *suiv.* Et dont un Fidele ignorant peut être convaincu, 479. X, 548, 549. Les faits sont plus aisés à vérifier que les dogmes, IV, 330 & *suiv.* 620. De savoir si telle doctrine est révélée, c'est une question de fait, X, 458. Il est absurde d'attaquer les faits par des raisonnemens, IV, 327, 333, 345.

FAMILLES. Les familles nomades & isolées ne pouvoient pas avoir le même droit naturel que la société civile, IV, 176, 194, 241. Leur intérêt exigeoit que le pouvoir du chef fût absolu sur les femmes, sur les enfans, sur les esclaves, 240. L'attachement à la famille est le germe du patriotisme, 237.

FANATISME, zele de Religion fougueux & peu éclairé, XI, 579. Quelle est l'origine de ce défaut, I, 368. Ce n'est point la Religion qui l'inspire, X, 434, 450. XII, 52, 108, 109. Il est moins pernicieux que l'Athéisme, I, 367, 372. Il y a eu des Athées fanatiques, 369. XII, 92. Le fanatisme philosophique est plus redoutable que le faux zele de Religion, IV, 273. X, 253, 263. Les Incrédules en sont plus attaqués que les Croyans, I, 81, 88. X, 265, 395, 435, 446. XI, 589. Il leur tient lieu de toutes les vertus, X, 253, 263.

Il est faux que la dévotion seule puisse inspirer le fanatisme, XII, 92. — Et que le fanatisme seul puisse canoniser tous les crimes, 89, 92, 93. Dans les Chefs de Secte, a-t-il pu être combiné avec la fourberie? IX, 59. On ne peut en accuser Jésus-Christ, 54-61.

— ni ſes Apôtres, VIII, 342. Il n'y a point d'exemple de Fanatiques morts pour atteſter des faits fabuleux, 478, 524. Les Martyrs n'ont donné aucun ſigne de fanatiſme, 510-513. Les Incrédules accuſent de fanatiſme tous ceux qui ne penſent pas comme eux, VIII, 246; & nomment fanatiſme toute Religion quelconque, X, 443, 445. Contradiction de leurs clameurs ſur ce point, 444. Ils n'ont contribué en rien à guérir ce défaut, 451.

FATALISME, FATALISTES, FATALITÉ. Réfutation des objections des Fataliſtes contre la liberté humaine, III, 107 & ſuiv. Ils ſe réfutent par leurs argumens mêmes, 113, 114; & par leurs aveux, 190, 191. Ils dégradent la vertu, 170. Briſent le frein des paſſions, 171. Font Dieu auteur du péché, 189. Réſiſtent au ſentiment intérieur, 197. Ont déraiſonné de même dans tous les ſiecles, 207; & n'ont perſuadé perſonne, 208. Abſurdités qui naiſſent de leur ſyſtême, 147. Leur mauvaiſe foi, 151, 152. Conſéquences du fataliſme dans la morale, 169 & ſuiv.

FÉCONDITÉ. C'eſt un don de Dieu, II, 317, III, 548.

FEMMES. Chez la plupart des Nations les femmes ſont dégradées & réduites à l'eſclavage, II, 200. Cet abus étoit prévenu par la Religion primitive, 201. Elles ſont très-maltraitées par les loix des Indiens, I, 556. Dans l'état de ſociété civile, leur état eſt avili & rendu malheureux par la polygamie, IV, 206.

Leur sort étoit assez doux chez les Juifs, VI, 385, 391. Il est faux qu'un mari jaloux pût faire empoisonner sa femme, 394. Le nom de *femme* n'est point une marque de mépris en Grec ni en Hébreu, VIII, 452, 453. Abominations auxquelles se livroient les femmes Egyptiennes, I, 471. Il n'est pas vrai que Jésus-Christ ait montré du foible pour les femmes, VIII, 463, 464. IX, 72. Il apparoît aux saintes femmes qui venoient à son tombeau, IX, 155, 156. Un Déiste convient que les femmes sont asservies à l'autorité en fait de Religion, III, 639. L'enfantement est toujours douloureux pour elles, 343. Jésus-Christ guérit une femme courbée depuis dix-huit ans, VIII, 541.

FERMENTATION Nous ne connoissons pas la cause de la fermentation dans les mixtes, II, 283. Il est faux que la fermentation & la pourriture puissent produire des animaux vivans, 318.

FÊTES. L'objet de leur institution a été de rassembler les hommes par la Religion, III, 545. VI, 324, 325. X, 327 & *suiv.* Elles sont nécessaires pour réunir les peuplades isolées, III, 552. Elles ont servi à distinguer les temps & à régler les travaux de l'agriculture, I, 240. III, 553. VI, 324. Elles ont toujours inspiré la joie plutôt que la tristesse, I, 209, 239. VI, 325, 326. Les fêtes des Païens étoient pernicieuses aux mœurs, II, 15, 192, 195. VI, 330. X, 327. Y a-t-il eu des fêtes instituées en mémoire d'événemens fabuleux à la date même de ces événemens ? VI, 50.

Sagesse de l'institution des fêtes Juives, I, 249. Elles étoient une preuve de la vérité des faits de l'Histoire sainte, VI, 327 & *suiv.* X, 328; n'étoient point lugubres, III, 577, 578. Concours des Juifs à Jérusalem aux trois principales fêtes de l'année, IX, 271, 272.

Des fêtes Chrétiennes; motifs de leur institution, X, 327 & *suiv.* Elles sont utiles & nécessaires, 331 & *suiv.* Il en est peu qui aient été établies par une loi expresse, 335. L'autorité ecclésiastique a travaillé à en diminuer le nombre, 338.

FÉTICHES, amulettes ou talismans des Negres, I, 211.

FEU. La matiere ignée n'est pas le principe de la vie dans les corps animés, II, 311, 312.

FIBRES. Il est impossible d'expliquer les opérations de l'ame par le jeu des fibres du cerveau, III, 85 & *suiv.* 172 & *suiv.*

FIGUIER desséché par Jésus-Christ, VIII, 570, 571.

FIGURES, SIMULACRES; Moïse avoit défendu d'en faire pour les adorer, VI, 284, 513. VII, 424, 425. (*Voyez* IMAGES). Ce n'est point une idolâtrie d'adorer Dieu sous une figure sous laquelle il se rend sensible, VII, 423, 441.

FIGURES, sens figuré de l'Ecriture sainte; l'usage des figures ou des allégories étoit nécessaire aux Anciens, VII, 287 & *suiv*. Le sens figuré est souvent le vrai sens littéral du discours, 291. Les Apôtres & les Peres de l'Eglise n'ont pas eu tort d'en faire usage, 306, 308, 311, 316. On peut en abuser; aussi n'en tirons-nous aucune preuve, 299, 314, 503. En quel sens la loi étoit une figure, 381. Les Juifs étoient accoutumés au style figuré des Prophetes, VIII, 592, 593.

FILLES. Chez les peuples nomades une fille trouvoit difficilement à s'établir, IV, 178, 179. Moïse n'avoit point permis aux peres de vendre leurs filles pour esclaves, II, 203.

FILS. Le Fils de Dieu n'est point le *Logos* de Platon, X, 74, 75.

FIN, CAUSES FINALES. On est forcé de les admettre, II, 370 & *suiv*. 377. Elles sont les mêmes que les causes physiques, sous un aspect différent, 378, 396. La même chose peut être destinée à plusieurs fins, 381. Les causes finales ne sont point des rapports arbitraires, ni des abstractions, 393. Elles ne sont point fondées sur un cercle vicieux, 404. Contradictions dans lesquelles tombent ceux qui les nient, 394, 403. Entre agir pour une fin & agir au hasard il n'y a pas de milieu, 388. Dieu agit pour une fin, non par besoin, mais par la perfection de sa nature, 45. Il ne se propose point comme fin ce qu'il permet seulement, 380.

FIRMAMENT; ce que Moïse a entendu par-là, V, 377.

FLEUVE. Quels étoient les quatre fleuves du Paradis terrestre, V, 384, 385.

FO-HI, prétendu Fondateur de l'Empire Chinois, I, 489.

FOI, CROYANCE. Ce terme signifie ou l'acte de croire, ou les vérités que l'on croit : ainsi la foi Chrétienne se prend pour la doctrine Chrétienne. Il y a une foi humaine & une foi divine, III, 314. La foi humaine est indispensable dans la société, 304, 305. Les Incrédules font des actes de foi aussi bien que nous, I, 71. Ils croient même plus de mysteres que nous, III, 283 & suiv. Profession de foi d'un Matérialiste, 295, 296; d'un Déiste, 297 & suiv.

La foi aux dogmes révélés est très-possible & très-raisonnable, III, 321, 647. IV, 338. X, 250 & suiv. Ce n'est ni un enthousiasme ni une folie, ni une croyance infuse sans preuve & sans raison, X, 581, 582. Elle doit être proportionnée au degré de lumiere que fournit la révélation, VII, 411, 412, 513. Il est faux que le Christianisme exige une foi aveugle, XII, 47, 48; & que la foi soumette absolument le peuple aux Prêtres, 85, 88. Les Déistes sont forcés de reconnoître la nécessité de la foi pour les femmes & pour le peuple, III, 639 & suiv. Dieu peut donc attacher le salut à la croyance de certaines vérités, X, 236, 238. Il ne s'ensuit point que le salut dépende du lieu où l'on eſt né, ou du haſard, IV, 360, 361. X, 236; ni que la foi rende la raiſon inutile, 237. Il eſt faux qu'il y ait autant de danger à croire trop, qu'à croire trop peu, III, 597; que pour avoir une foi éclairée, il faille connoître les objections des Incrédules, 600. Quelle eſt la regle de foi, X, 452 & ſuiv. 461, 462.

L'Ecriture Sainte, l'autorité de l'Egliſe, la Tradition, ſont regles de foi chacune à leur maniere, IV, 420, 421. X, 461. Il a été néceſſaire de ſuivre la tradition dans tous les temps, I, 152 & ſuiv. VI, 244 & ſuiv. X, 455, 473. Les conciles n'ont point créé de nouveaux articles de foi, 537 & ſuiv. En quel ſens les Apôtres n'ont pas donné une profeſſion de foi complete, XI, 74. Pourquoi Jéſus-Chriſt n'a pas réuni tous les eſprits par une même foi, 78, 79. L'Egliſe ne doit point tolérer le partage des opinions en matiere de foi, XI, 67, 69, 78, 79.

Fondement de la foi des ſimples & des ignorans, X, 544 & ſuiv. 578. Elle n'eſt pas aveugle, quoiqu'ils ne ſoient pas en état d'en faire l'analyſe & d'en rendre raiſon, 546, 547, 565. Chaîne de propoſitions ſur la foi, 557 & ſuiv. Analyſe de la foi propoſée dans l'Encyclopédie, 562 & ſuiv. Autre analyſe plus ſimple & plus ſolide, 569, 578. La *foi* ſe prend ſouvent pour l'attachement à la morale, auſſi bien que pour la croyance du dogme, X, 253. En quel ſens elle renferme toutes les vertus, *ibid*. On peut ſans hypocriſie conſerver la foi avec de mauvaiſes mœurs, XII, 125.

Foires, concours de Négocians; elles doivent leur origine aux *apports*, ou concours des peuples au tombeau des Saints, I, 30. XII, 20.

Folie. Ce qui arrive dans les accès de folie ne prouve rien contre l'activité ni contre la liberté de notre ame, III, 162, 163. En quel sens Saint Paul nomme l'Evangile une folie, X, 179, 180.

Fondations pieuses; raisons qui les ont fait multiplier, XI, 261. XII, 8, 9. Les Fondateurs des Ordres Religieux ont eu des vûes louables, XI, 363, 368.

Fondement, dogmes fondamentaux. *Voyez* Dogmes.

Force. La force motrice répugne à la nature de la matiere, III, 32 & *suiv*. La force centripete & la force centrifuge imprimées aux globes célestes, sont une preuve de la Providence, II, 500.

Forêts. Les forêts ensevelies sous terre ne prouvent point l'antiquité du monde, V, 411, 412. Respect superstitieux des Païens pour les forêts, VI, 276.

Fourberie. Les imposteurs n'ont pas pu allier ensemble l'enthousiasme & la fourberie, IX, 59.

France. Il est faux que la France soit dépeuplée & inculte, XI, 490.

FRAUDES PIEUSES. Elles ont été plutôt l'ouvrage de l'incrédulité que du faux zele, VIII, 122, 123. Plusieurs Philosophes les ont approuvées, II, 30.

FUNÉRAILLES. Les honneurs funebres rendus aux morts attestent la croyance de l'immortalité de l'ame, III, 221, 222. VI, 210, 212. X, 323, 324. Sagesse de cette institution pour prévenir les meurtres, II, 198. III, 550. X, 323, 324.
Les Protestans, après avoir supprimé les pompes funebres, y sont revenus, X, 325.

FUTUR. Dieu connoît les événemens futurs, V, 111, 112, 115. VII, 108. Rien n'est futur à son égard, II, 509.

G.

GABAONITES. Ils trompent Josué, & sont conservés malgré leur imposture, VII, 26.

GALIEN, Médecin célebre, a dit que son Traité de l'usage des parties du corps humain étoit une Hymne à la louange du Créateur, II, 403.

GALILÉE, Philosophe, ne fut point persécuté pour avoir enseigné le mouvement de la terre, XII, 36.

GAMALIEL, Docteur Juif, Maître de Saint Paul, IX, 434 ; étoit persuadé de la mission divine des Apôtres, *ibid.*

GARDES placés au tombeau de Jésus-Christ, IX, 154. Les Apôtres n'ont pu les surprendre ni les forcer, 163 & *suiv*. Le récit de ces Gardes atteste la résurrection de Jésus-Christ, 213.

GAULOIS. Les Romains ont détruit la Religion des Gaulois & les Druides, IV, 44, 45. Ce peuple a fait des guerres de Religion, X, 440.

GÉANS ; ce que c'étoit selon l'Ecriture, V, 388.

GÉNÉALOGIES. Elles étoient essentielles à la constitution de la République Juive, V, 148, 149. VII, 185. Les Juifs ne peuvent plus les distinguer ni les prouver, 343. Les deux généalogies de Jésus-Christ ne sont point inconciliables, VIII, 385 & *suiv*. Celse & Julien les avoient examinées, X, 41.

GÉNÉRATION. Le système de M. de Buffon sur la génération des êtres vivans ne favorise point le Matérialisme, II, 320 & *suiv*. Cette génération régulière est une preuve de la Providence, 501, 502; & un mystere impénétrable, VIII, 397.

GENESE. Ce Livre étoit nécessaire pour rendre croyable la suite de l'Histoire sainte, V, 192. Les premiers versets ont été travestis & ridiculement commentés par les Incrédules, 356 & *suiv*. Leurs objections mêmes prouvent l'authenticité de ce Livre, 241 & *suiv*.

GÉNIES, Intelligences ou Esprits que l'on

suppofoit répandus dans toute la nature ; c'étoient les Dieux des Païens, I, 452, 461, 506. II, 32, 46. X, 104, 105. Les anciens Philofophes ont foutenu qu'il falloit les adorer, IX, 84, 89. Le culte qu'on leur rendoit n'avoit aucun rapport au vrai Dieu, I, 456, 462 & *fuiv*. X, 94. Pourquoi les Chrétiens refufoient de jurer par le génie de Céfar, 353.

GÉOGRAPHIE. Les détails géographiques renfermés dans les Livres de Moïfe en prouvent l'authenticité, V, 246. Et la vérité de fon hiftoire, 347, 475. Imperfection de nos connoiffances géographiques fur l'ancien état de la terre, 394 & *fuiv*.

GERMAINS, GERMANIE. Les anciens peuples de cette contrée ont fait des irruptions dans les Gaules par motif de Religion, X, 440.

GERME. Point de reproduction fans germe ; c'eft l'ouvrage du Créateur, II, 317 & *fuiv*. On ne fait pas fi les germes font animés dès la création, III, 85, 86. Le fyftême des molécules organiques retombe dans celui des germes, II, 316 & *fuiv*. 321 & *fuiv*.

GIROUETTE. Comparaifon abfurde entre la volonté humaine & une girouette, III, 194.

GLAIVE. En quel fens Jéfus-Chrift eft venu apporter, non la paix, mais le glaive, IX, 86 & *fuiv*. X, 263. XII, 118-121.

GLOIRE. En quoi confifte la gloire de Dieu,

II, 577. En quel sens Dieu a fait le monde pour sa gloire, 525, 542. Comment nous pouvons agir pour cette fin, 525. L'ambition ou l'amour excessif de la gloire peut porter au crime, IV, 100.

GOG & MAGOG, selon les Juifs, sont les Chrétiens & les Mahométans, VII, 488. C'est une fausse explication, *ibid*.

GOURMANDISE, vice honteux & funeste, IV, 109, 110.

GOUVERNEMENT POLITIQUE. Les passions & les vices des hommes rendent le Gouvernement nécessaire, I, 380. Il est né de l'autorité paternelle, 379. II, 208. — Et de l'autorité militaire, *ibid*. & non de la Théocratie, I, 242. Il n'est point fondé sur un contrat, mais sur la raison du bien commun de l'humanité, 388. IV, 253, 254. De droit naturel l'homme y est soumis en naissant, IV, 249. La Religion le confirme, I, 385 & *suiv*. Il ne peut subsister sans elle, 393 ; mais elle ne donne la préférence à aucun, 426. La forme en est indifférente, IV, 250. Le Gouvernement fut toujours absolu dans l'origine des Nations, I, 243. IV, 253. Il faut qu'il le soit dans un grand Empire & chez une Nation corrompue, 279, 280. La Religion primitive en avoit prévenu les abus, II, 206, 207. — Les bienfaits du Gouvernement sont méconnus comme ceux de la Providence, XI, 398-400. On peut faire contre le Gouvernement les mêmes reproches que contre la Religion, III, 585 & *suiv*. Aux yeux des séditieux toute autorité est illégitime, VI, 114. Les Incrédules ont très-peu de respect pour elle, IV, 254, 255, 260 & suiv. XI, 176, 177. XII, 92.

Les Gouvernemens modernes sont beaucoup plus doux que les anciens, IV, 257. Celui de France a été plus stable qu'aucun autre, 277. Les Apôtres ni les premiers Fideles n'ont jamais pensé à se soustraire à l'autorité du Gouvernement, IX, 394, 413 & suiv. Cette autorité n'est ni gênée ni restrainte par celle des Ministres de la Religion, XI, 200 & suiv. Le Gouvernement des Prêtres n'est pas plus mauvais que les autres, VI, 396. Tout Gouvernement a droit de faire des loix pour protéger la Religion, IV, 15. Maux produits par le Gouvernement féodal, XII, 17.

GRACE. Dieu a fait marcher l'ouvrage de la grace du même pas que celui de la nature, I, 2. XII, 161. Sans déroger à sa bonté, il peut nous donner des graces inefficaces, II, 568, 570. Une grace moindre qu'une autre n'est pas moins un bienfait, VI, 35. La malice & l'opiniâtreté ne sont pas un titre pour exiger de Dieu des graces plus fortes, V, 26, 27. VI, 30, 35. VII, 14. IX, 117, 239. Dans les prophéties, les graces spirituelles peuvent être annoncées sous l'emblême des bienfaits temporels, VII, 482. Il n'est pas vrai que le sentiment de Saint Augustin sur la grace ait été condamné dans quelques Théologiens, X, 536. Une grace efficace donnée à tous les hommes est une absurdité, VII, 530.

GRAVITATION, tendance de tous les corps vers le centre. La gravitation n'est pas essentielle aux corps, II, 282; puisqu'elle diminue à proportion de l'éloignement du centre, 367. La cause en est inexplicable, 282.

Grecs. Les Grecs avoient emprunté des Orientaux la Philosophie, II, 90. Ils étoient peu instruits de l'Histoire des autres Nations, V, 267, 269. Leur Chronologie est très-fautive, 468. Dans les premiers temps ils n'adoroient qu'un seul Dieu, I, 169, 172. II, 2. Examen de leur Religion, 1 & suiv. Ils n'étoient pas tolérans, IV, 18, 34 & suiv. Défauts essentiels de leurs loix, II, 121 & suiv. Corruption de leurs mœurs, 122. IX, 418. Changement qui s'y opéra par l'Evangile, XI, 404, 405. Ce n'est point le Christianisme qui les a rendus disputeurs, IX, 393, 394. Origine du Schisme entre les Grecs & les Latins, XI, 64 & suiv. L'Eglise Grecque a-t-elle le droit de réprouver l'Eglise Romaine? 70.

Grégoire (Saint), Pape, est faussement accusé d'avoir fait brûler des Livres, & d'avoir voulu étouffer l'étude des Sciences, XII, 58 & suiv. Grégoire VII justifié, XI, 146.

Guérisons opérées par Jésus-Christ; du fils d'un Officier de Capharnaum, VIII, 468. De la belle-mere de Saint-Pierre, 472. De l'hémorrhoïsse, 490. Du serviteur d'un Centurion, 516. De plusieurs autres malades, ibid. & suiv. D'une femme courbée depuis dix-huit ans, 541. Voyez la suite de ces guérisons dans la Table du Tome VIII.

Guerre. Les Nations naissantes ont toujours été en état de guerre, I, 5. II, 209. XI, 393. Et leurs guerres furent toujours cruelles, I, 224. VII, 9, 10, 76. Ce fléau est né des passions inséparables de l'humanité, II, 209, 211. X, 429. Il est par conséquent inévitable, VII, 21. XII, 194, 195. Maniere dont se faisoit la guerre chez les anciens peuples, VII, 16, 24. IX, 571 ; & dont elle se fait encore contre les Sauvages, *ibid*. La Religion primitive faisoit sentir l'injustice de toutes les guerres, II, 208, 212. Les loix des Juifs sur ce point étoient plus modérées que celles des autres peuples, VI, 400. L'Evangile a diminué l'atrocité & la continuité des guerres, XI, 479. XII, 17. — Dieu peut punir une Nation par ce fléau, VII, 20. Le droit de la guerre n'est pas le même que celui de la paix, III, 431.

GUERRES DE RELIGION. Quand elles seroient inévitables, il ne s'ensuivroit pas qu'il faut détruire la Religion, I, 413. IX, 86 & *suiv*. Elle n'en est pas la vraie cause, X, 264, 431. Tous les peuples ont fait la guerre sous ce prétexte, X, 438 & *suiv*. La guerre sacrée contre les Phocéens en est un exemple, IV, 41. Les Juifs n'ont fait aucune guerre par ce motif, VII, 103. Dans le Christianisme, les guerres de Religion ont été moins fréquentes & moins cruelles que les Incrédules ne le supposent, XI, 464 & *suiv*. Elles ont eu d'autres causes que le zele de Religion, IX, 88. X, 426 & *suiv*. 433. XI, 464 & *suiv*. Convient-il aux Prédicateurs de déclamer contre la guerre ? X, 286.

H.

Habit. Il eſt convenable que les Miniſtres du culte divin aient un habit particulier dans leurs fonctions. Celui du Grand-Prêtre des Juifs étoit majeſtueux, VI, 292.

Haine, Haïr, ſentiment fâcheux, IV, 112. En quel ſens l'Evangile commande à l'homme de ſe haïr ſoi-même, ſes pere & mere, ſes proches, &c. X, 261.

Hardouin. Les Incrédules ont copié, ſans le ſavoir, le *Pſeudo-Virgilius* du P. Hardouin, pour attaquer les Livres Saints, V, 143, 144, 185-190, 371 *& ſuiv.*

Hasard. Ce n'eſt point l'effet d'une cauſe inconnue, mais d'une cauſe qui ne ſait ce qu'elle fait; ainſi le haſard eſt l'oppoſé de l'intelligence, & non l'oppoſé de la néceſſité, II, 290, 291, 376. Une cauſe privée de connoiſſance agit au haſard, à moins qu'elle ne ſoit dirigée par une cauſe intelligente, *ibid.* Le concours fortuit des atomes, & le concours néceſſaire des élémens, n'expriment que le haſard, 300. Un Diſcours, un Poëme ne peuvent être le réſultat de caracteres jetés au haſard, 303. Les animaux ne ſe forment point par haſard, 323.

Hébreu; ce nom ſignifie étranger ou voyageur; il a été donné à Abraham & à ſa poſtérité, V, 8, 481. L'Hébreu & le Chaldéen

DES MATIERES.

sont deux dialectes d'une même Langue, 240, 483. Le premier est différent de l'Egyptien, V, 563. X, 49; & de l'Arabe, V, 237. L'Hébreu n'étoit point sans voyelles, 312. Cette écriture n'avoit point été renduë obscure de dessein prémédité 310 & *suiv.* 313, 314. Contradictions d'un Critique à ce sujet, 315. L'Hébreu des Livres Saints n'a point changé, 319. Les caracteres Chaldéens n'ont été substitués aux caracteres Hébreux ou Samaritains, que vers le temps de Jésus-Christ, 321. Cette substitution n'a point altéré le texte des Livres Saints, 322. Le texte Hébreu de l'Ancien Testament n'a jamais été corrompu, 287 & *suiv.* 294, 303. Cette Langue n'est point inintelligible, 106, 313. L'étude de l'Hébreu n'a jamais été négligée dans l'Eglise Catholique, 298 & *suiv.* Ce qui est équivoque pour nous en Hébreu, ne l'étoit pas pour les Juifs, VI, 36. En quel sens Dieu est nommé le Dieu des Hébreux, VI, 490. Pourquoi on a douté pendant quelque temps de l'authenticité de l'Epître de Saint Paul aux Hébreux, VIII, 147. *Voyez* JUIFS.

HÉLI, Grand-Prêtre & Juge des Juifs; calomnie des Incrédules contre lui, VII, 47, 48.

HÉMORRHOÏSSE, femme affligée d'une perte de sang, guérie par Jésus-Christ, VIII, 490.

HÉNOC; ce Patriarche n'est pas mort, III, 215.

HÉRÉSIARQUES, HÉRÉSIES. Il y en a eu chez

les Juifs, VII, 429. Il est impossible qu'il n'en arrive pas, XI, 45, 46. XII, 87. Raisons pour lesquelles Dieu a permis qu'il y eût des hérésies dès le premier siecle, VIII, 80, 137, 138. IX. 276, 278. X, 49. XI, 48. Les Philosophes en sont les Auteurs, VIII, 122, 192. IX, 431. — X, 3, 159, 192. XI, 47, 59, 72, 73. Enumération des principales Sectes anciennes, VIII, 308 & suiv. Elles sont nées du temps même des Apôtres, IX, 276, 277. De quelle maniere les Apôtres les réfutoient, VIII, 314. En quel temps elles ont commencé à se répandre, 379. Avantages qui en reviennent à la Religion, IV, 425. XI, 48 & suiv. La doctrine Chrétienne est plus ancienne que les hérésies, 54, 57. Fausse idée de l'hérésie, donnée par un Philosophe, 67. Les loix des Empereurs ne condamnent point à mort les Hérétiques, XI, 454, 462. Troubles causés par les différentes hérésies, 452, 455. Les Chefs ont été conduits par le fanatisme, I, 81, 88.

HÉRÉTIQUES. Ceux du premier & du second siecle étoient des Philosophes mal convertis, VIII, 122, 192. IX, 431, 438. X, 3, 159, 192. XI, 59, 72, 73. Ils n'ont point nié l'authenticité de nos Evangiles, VIII, 76 & suiv. Ce sont eux qui ont forgé les Livres apocryphes, 122, 155, 191, 217. Ils ont tenté d'altérer le texte des Evangiles, 223-229. Contre leur intérêt ils ont avoué la vérité des faits racontés par les Evangélistes, 290 & suiv. & la divinité des Livres du Nouveau Testament, 222 & suiv. Erreurs qu'ils ont enseignées, 308 & suiv. Comment ils étoient réfutés par les Apôtres, 314, 315. Tertullien les confondoit par la voie de prescription, 223. XI, 53 & suiv. Il leur demande l'origine de leurs Eglises, 54, 55. Autres reproches qu'il leur fait, 57. Les anciens Hérétiques n'ont point souffert le martyre, IX, 506. XI, 80. Toutes les sectes ont appelé à l'Ecriture contre l'Eglise, XI, 53. Mais elles ne s'en tiennent pas à cette seule regle, X, 483. Plusieurs conviennent de son insuffisance, 482. Elles tombent dans un cercle vicieux, pour prouver que c'est la seule regle de foi, 489. Les Hérétiques ont supprimé le culte extérieur qui réfutoit leurs erreurs, XI, 12, 13, 14.

Chaîne de propositions évidentes sur les Hérétiques, X, 560, 561. Les Incrédules supposent toujours que ces révoltés ont eu raison, 412, 542. XI, 121. Ils demandent d'abord la tolérance, & ne l'observent jamais, I, 88. On a eu de justes raisons de sévir contre eux, X, 390, 403, 405. Ils forment des factions avant d'avoir aucun sujet de plainte, 408. XI, 82. L'énormité de leur crime est avouée par Bayle, X, 406, 407. En France ils ont été poursuivis pour leur conduite séditieuse, & non pour leurs opinions, X, 416 & suiv. 431. XI, 71. Le Clergé n'a pas été l'auteur des violences exercées contre eux, X, 433. Il n'est pas vrai que l'Eglise ait décidé qu'on ne doit pas garder la foi aux Hérétiques, X, 449, 450. Ils sont imités par les Incrédules, XI, 58, 164, 165. XII, 82.

HERMAS, Auteur du Livre intitulé le *Pasteur*, VIII, 120.

HÉRODE. Ses cruautés font juger qu'il étoit très capable du meurtre des innocens, VIII, 406. — Autre Hérode devant lequel Jésus-Christ parut pendant sa Passion, IX, 124. Pourquoi il refusa d'aller à la Cour de ce Prince, VIII, 522. Pourquoi il ne lui répondit rien, IX, 125.

HÉRODOTE étoit peu en état de juger de l'antiquité des Egyptiens, I, 448. Ce qu'il a dit de l'origine de la Circoncision n'est pas exact, V, 502 & *suiv.* Il a parlé des Juifs, 163.

HÉROS. On leur a rendu un culte par reconnoissance, I, 107. C'étoit une profession de foi du dogme de l'Immortalité, II, 52. Abus dont ce culte étoit accompagné, *ibid.* Il étoit plus propre à inspirer des vices que des vertus, *ibid.*

HIÉRARCHIE. Elle a été instituée par Jésus-Christ même, IX, 396. — X, 347. — Elle ne tire point son origine des divisions du Christianisme, X, 159. Elle a servi à conserver la société entre les peuples de l'Europe, XII, 18. C'étoit le modele d'un parfait gouvernement, XI, 144, 145.

HIÉROCLÈS, Philosophe Païen, avoue les miracles de Jésus-Christ, & leur oppose ceux d'Apollonius de Thyane, VIII, 269.

HIÉROGLYPHES, Lettres sacrées des Egyptiens; leur nécessité, VI, 252. Ce n'étoit pas

pas un artifice des Prêtres pour cacher leur Doctrine, 253. Elles étoient nécessaires avant l'invention de l'alphabet, VII, 287 & suiv.

HISTOIRE. Le témoignage de l'Histoire doit prévaloir aux conjectures & aux raisonnemens des Philosophes, I, 184 & suiv. 441. — Comment l'Histoire nous transmet les faits anciens, IV, 539 & suiv. Regles pour juger si elle est authentique ou supposée, entiere ou altérée, 543 & suiv. Certitude qui résulte de la confrontation de l'Histoire avec la tradition orale & avec les monumens, 547 & suiv. XI, 4 & suiv. Les signes du culte religieux ont été les premiers monumens de l'Histoire, III., 533. Il est peu d'Histoires écrites par des Auteurs contemporains, VIII, 83 & suiv. XI, 5. — Moyens auxquels on a recours pour suppléer au silence ou à l'obscurité de l'Histoire, 4. Les témoins de la tradition ne sont pas moins croyables que les Historiens contemporains, 5. Les mêmes regles de critique servent à juger des Historiens Profanes & des Ecrivains Ecclésiastiques, 23.

Coutume de plusieurs anciens Historiens de parler à la troisieme personne, V, 249 & suiv. Lorsqu'un Ecrivain rapporte un fait ou une circonstance dont un autre ne parle pas, ils ne sont pas pour ce a sen contradiction, VIII, 408. IX, 184, 232. Toute Histoire est dangereuse quand on veut en abuser, VII, 37. L'Histoire ancienne n'est guere qu'un Recueil des crimes, VI, 437, & des malheurs du genre humain, 478. Il n'est pas vrai que le Christianisme ait rendu l'Histoire incertaine, XII, 53 & suiv. Ce sont au contraire les Incrédules qui forgent l'Histoire à leur gré, IV, 377, 454. — IX, 544. XII, 53-60. Plusieurs anciens Historiens ont parlé des Juifs avec éloge, V, 173 & suiv.

HISTOIRE EVANGÉLIQUE. *Voyez* EVANGILE.

HISTOIRE SAINTE. La maniere dont elle est tissue inspire la confiance, I, 133. V, 15, 286. Chaîne indissoluble des faits qu'elle contient, I, 16. Les détails de Chronologie & de Géographie qu'elle renferme prouvent son authenticité, V, 191-193; & sa vérité, 347. Elle n'est combattue par aucun des phénomenes de la nature, 394 & suiv. Différence entre cette Histoire & les Fables des Romanciers, 225 & suiv. VII, 578. Variété de style dans les divers Ecrivains, V, 228. Elle a été continuée de siecle en siecle, à l'exemple de Moïse, 276. Elle n'a pu être supposée dans aucun temps, V, 205 & suiv. Elle n'étoit point confiée aux Prêtres seuls, 273 & suiv. Elle a été conservée sans aucune altération considérable, 287 & suiv.

Importance des secours qu'elle nous fournit pour éclaircir l'Histoire profane, V, 284. VII, 578. Vérité de l'Histoire sainte dans ses différentes époques, V, 340 & suiv. Les exemples qu'elle nous présente ne peuvent porter au crime, VI, 497. Tous les personnages dont elle parle n'ont pas été des modeles de vertu, VII, 66. L'abus que l'on peut faire de cette Histoire ne prouve rien, VII, 37. Les miracles qu'elle contient ne la rendent point incroyable, V, 165.

HOMICIDE. *Voyez* MEURTRE.

HOMME. Ce que c'est que la nature de l'homme, IV, 132, 143. Idée que nous en donne l'Histoire de la création, I, 135, 140. III, 214. V, 25, 381. Il ne peut être l'image de Dieu que par son ame, II, 332. III, 214. Sa nature est très différente de celle des animaux, III, 132, 527. IV, 160, 228. C'est celui de tous les êtres vivans auquel Dieu a donné des facultés plus étendues, II, 379. Les êtres inanimés sont évidemment destinés à son usage, 379 & *suiv.* 405 & *suiv.* La nature est soumise à son empire, 333, 379. Il a des rapports plus particuliers avec Dieu que les autres êtres, 384. Il retrouve en lui-même l'image de la Divinité, III, 2, 7. Il lui est essentiel de sentir ce qu'il vaut, I, 377. II, 336, 418. XII, 153. C'est la Religion qui le lui fait connoître, II, 336. L'incrédulité le dégrade, III, 4. Il est né imitateur, 536. X, 287.

Sa destinée ne peut être bornée à cette vie, III, 226 & *suiv.* Embarras des Matérialistes pour expliquer l'origine de l'homme, II, 337. C'est une absurdité d'attribuer sa formation au hasard, 386. Longueur de la vie des premiers hommes, V, 389. La mortalité de l'homme ne prouve rien contre la sagesse divine, II, 340, 382. Il n'est point heureux en gros, mais en détail, IV, 56, 57. Il a besoin de signes extérieurs pour apprendre ses devoirs, III, 532 & *suiv.* Il est obligé par la loi naturelle à se conserver, IV, 55 & *suiv.* & à combattre ses passions, 95 & *suiv.* Efforts des Incrédules pour prouver que l'homme n'eſt pas né méchant, III, 344. Leurs contradictions ſur ce point, 399. Il eſt impoſſible qu'un homme ſoit dupe de ſes propres fictions, IV, 589. Un grand nombre d'hommes ne peut conſpirer à atteſter un fait faux, 519, 525. Zele inſpiré par le Chriſtianiſme pour la conſervation des hommes, X, 437.

Hommes, Genre humain. Les hommes blancs ont-ils une origine différente des noirs? V, 456 & ſuiv. Le genre humain a eu ſes différens âges comme chaque individu de l'eſpece, I, 1 & ſ.iv. V, 1 & ſuiv. VIII, 3, 6, 9. En quel état il étoit lorſque Jéſus Chriſt eſt venu ſur la terre, I, 9. VIII, 9, 10. Il eſt faux qu'en général les hommes ſoient malheureux & mécontens de leur ſort, II, 553 & ſuiv. 571 & ſuiv. La philoſophie inſpire de l'averſion & du mépris pour eux, III, 507. Selon les Incrédules, c'eſt une ſociété de ſcélérats, II, 418. III, 257. Leur goût pour le merveilleux ne rend point les miracles incertains, IV, 589, 590. La croyance uniforme du genre humain eſt une preuve de vérité, II, 427. S'il lui falloit des démonſtrations philoſophiques pour agir, il périroit bientôt, IV, 457. XI, 24.

Hospitalité; elle étoit néceſſaire dans les premiers âges du monde, III, 549.

Huet, ſyſtême ſingulier de ce ſavant Evêque ſur les Dieux du Paganiſme, V, 146.

Humanité. C'eſt dans le fond la même

chose que la charité universelle, III, 271. XI, 483. Vainement les Incrédules veulent substituer l'une à l'autre, XI, 334 XII, 181, 189.

HUME (D.); réfutation de son Histoire Naturelle de la Religion, I, 190 & *suiv*. Analyse de sa dissertation sur la nécessité, III, 173. Il reconnoît les défauts de la morale des Stoïciens, 503. Contradictions & sophismes de cet Auteur sur la certitude des miracles, IV, 555, 557, 583, 609, 612, 613. Mauvaise foi avec laquelle il raisonne, 577, 584, 611.

HUMILITÉ. C'est un sentiment louable & utile, IV, 102. X, 265 & *suiv*. Platon la recommande, X, 72, 266. Elle ne nous détourne point de la vertu, 268. Contradiction des Incrédules sur ce sujet, 266.

HYDROPHORIES. Usage de porter de l'eau dans les cérémonies religieuses ; quelle en est l'origine, I, 237.

HYDROPIQUE, guéri par Jésus-Christ, VIII, 547.

HYPOCRISIE. Il n'est pas vrai qu'un Ecclésiastique soit nécessairement hypocrite, XI, 109. Les Incrédules sont très-hypocrites en fait de morale, III, 453, 515. X, 275. XI, 194. 213. XII, 125, 142. Et de zele pour le bien public, XI, 327.

TABLE

I.

IDÉES. Une idée ne peut être composée de plusieurs parties, III, 25. Il n'est pas vrai que toutes nos idées nous viennent par les sens, 244. Leur évidence ne doit pas être la seule regle de nos jugemens, I, 46 & suiv. Le sentiment intérieur doit prévaloir aux idées abstraites, III, 12, 13, 99, 109. Nous sommes libres de rejeter la plupart de nos idées, 122. Les idées innées ne sont pas nécessaires pour démontrer la spiritualité de l'ame, 89. Les Matérialistes en admettent dans les brutes, 96. Locke ne les a réfutées que par un argument négatif, 91.

IDENTITÉ. Le sentiment de l'identité personnelle est l'essence même de l'esprit, II, 237, 239. Ce sentiment ne peut être faux, IV, 468 & suiv. Nous ne pouvons pas décider en quoi consiste l'identité d'un corps, X, 215.

IDOLATRIE, culte des faux Dieux & de leurs simulacres. L'idolâtrie n'est point la premiere Religion du genre humain, I, 129, 167, 178. Elle est née peu de temps après le déluge, 156. Elle a commencé par l'adoration des astres & des élémens, 206, 451 & suiv. Elle est venue de l'ignorance, 216. Erreur qui y a donné lieu, 455. Le dogme de la création étoit le meilleur préservatif contre cet abus, 135. II, 384. Passions qui l'ont fait naître, I, 179. L'admiration & la reconnoissance, plutôt que la tristesse & la crainte, 206, 212, 215. L'une & l'autre cependant y ont contribué, II, 183. Elle n'est pas venue d'une fausse révélation, IV, 379 & *suiv.*

En quoi consiste le crime des Idolâtres, I, 182. II, 70 & *suiv.* Ce culte n'avoit aucun rapport au vrai Dieu, I, 456. II, 32, 42 & *suiv.* X, 93, 94. Il corrompoit la morale & les mœurs, II, 10, 16, 192. Crimes dont il fut toujours accompagné, I, 159. Il a rendu l'homme impie & cruel, II, 184. Les mœurs des Idolâtres modernes confirment ce que nous lisons des anciens, 182. L'idolâtrie est cependant moins pernicieuse que l'athéisme, I, 363. Dieu n'a pas puni tous les Idolâtres de l'Univers, VI, 519. Il a même accordé des bienfaits à des Rois Idolâtres, 525.

Les anciens Philosophes ont approuvé tous les abus de l'idolâtrie, II, 17 & *suiv.* IV, 382. Quelques-uns cependant l'ont condamnée, II, 72, 73. Les Incrédules modernes la justifient, VII, 65 & *suiv.* 99, 105, 106. Leurs contradictions sur ce point, X, 351. Apologie du Paganisme par un Déiste Anglois, II, 31-76. Ceux qui sont nés de parens Idolâtres sont-ils excusables ? I, 436, 437.

L'idolâtrie ne devoit point être tolérée chez les Juifs, VI, 133, 481, 492 & *suiv.* C'étoit un crime d'état, 493. Il étoit juste de le punir de mort, 479, 492. Les Juifs y sont souvent tombés, VI, 506, 515. Ils en ont toujours été punis, 507 & *suiv.* Ils n'étoient pas obligés de détruire l'idolâtrie hors de chez eux, 488, 496. Aujourd'hui ils la justifient, VII, 280. Doit-elle être détruite dans le monde entier sous le regne du Messie ? 492.

Les mysteres du Paganisme ne pouvoient pas servir à en détromper les hommes, II, 74 & *suiv*. En étoit-on dégoûté lorsque l'Evangile fut annoncée? IX, 322-333. Jésus-Christ & les Apôtres l'ont détruite plus efficacement que Moïse, VII, 404. Ce n'est point une idolâtrie d'adorer Dieu sous une figure sous laquelle il se rend sensible, 423, 424.

IDOLE, représentation d'une fausse Divinité. Les Païens croyoient que les Idoles étoient animées en vertu de leur consécration, II, 66 & *suiv*. Elles étoient adorées comme séjour d'une Divinité, *ibid*. Le culte qu'on leur rendoit se bornoit au personnage qu'elles représentoient & n'alloit pas plus loin, I, 456, 462. X, 94, 95. Celse approuve & blâme l'usage des Idoles, 25, 83.

IDUMÉENS, descendans d'Esaü. Moïse ne forme aucune prétention contre eux, V, 529. Ils furent assujettis par David, 530.

IGNACE (SAINT) Martyr. Il n'est pas certain que ce Pere ait cité l'Evangile des Hébreux, VIII, 100, 101. Les Protestans ont eu tort de rejeter ses Lettres, 201. Ce qu'il dit de la Hiérarchie, XI, 92.

IGNORANCE, IGNORANS. La différence entre les actions commises par ignorance & les actes réfléchis, démontre la liberté humaine, III, 142, 184. Elle indique la source de la moralité de nos actions, 102, 103.

Dieu n'a point créé l'homme pour le sauver par l'ignorance, mais par la pratique de ses devoirs, I, 126. IV, 293 & suiv. Ce défaut n'est point la premiere cause de la Religion, I, 184 & suiv. Mais c'est la cause du polythéisme & de l'idolâtrie, 216. II, 424, 444. C'est encore une des causes de l'incrédulité, I, 57 & suiv. Elle ne rend point les Incrédules excusables, III, 561.

Notre ignorance prouve la nécessité de la révélation, IV, 313, 315 & suiv. Personne n'est puni pour l'avoir ignorée involontairement, 317. X, 583, 587. Jésus-Christ enseigne que l'ignorance involontaire excuse du péché, XII, 43. Nous n'avons pas besoin de savoir jusqu'à quel point elle peut excuser les Sauvages, IV, 318; & les Infideles, X, 572, 576. C'est à Dieu seul d'en juger, IV, 326.

Il est faux que les ignorans soient aussi incapables d'examiner des faits que des dogmes, IV, 330 & suiv. V, 110. IX, 186, 190. X, 585, 586. Fondemens de la foi des simples & des ignorans, X, 548 & suiv. 578. Jésus-Christ & ses Apôtres n'ont point canonisé l'ignorance, XII, 42 & suiv. Il est absurde d'argumenter sur notre ignorance, II, 430 & suiv. IV, 561, 562. Point de censeurs ni de réformateurs plus hardis que les ignorans, VI, 256. Les Incrédules donnent plus de poids à l'opiniâtreté d'un ignorant qu'au témoignage d'un Philosophe, V, 107.

IMAGE. Utilité des images dans le culte, X, 288. Dieu n'avoit défendu que celles qui étoient un objet d'adoration, VI, 284, 513. Les Chrétiens en ont eu dès les temps apostoliques, X, 349. L'homme ne peut être l'image de Dieu que par son ame, II, 332. III, 2, 7. IV, 439.

IMAGINATION. Peut-elle guérir des maladies incurables? VIII, 491, 492.

IMMENSITÉ, présence de Dieu dans tous les lieux, II, 462.

IMMORTALITÉ. L'homme y aspire par un instinct naturel, III, 3. L'immortalité de l'ame est un dogme important & consolant, 212, 213. Preuves sur lesquelles il est établi, 214 & *suiv.* Il s'ensuit de la spiritualité de l'ame, 229. Il est enseigné par la révélation, 234. Il a été cru par les Patriarches, I, 137, 149. III, 214. VI, 207. - Par les Egyptiens, I, 774. III, 219. - Par les Chinois, I, 510. — Par plusieurs Sectes de Philosophes Indiens, 538. — Par les Parsis, Sectateurs de Zoroastre, 574. — Par tous les peuples, II, 423. III, 218 & *suiv.* VI, 223. On le croyoit en vertu de la tradition générale, & non d'aucune démonstration, II, 95, 116. III, 238. Ce n'est point une invention des Prêtres, III, 263. Il est attesté par le culte que l'on rendoit aux Héros & aux Saints, 274.

Les Juifs ont toujours cru l'immortalité de l'ame, VI, 204 & *suiv.* Pourquoi Moïse n'en a pas parlé plus clairement, II, 190. VI, 228 & *suiv.* 237. Jésus-Christ lui a donné une nouvelle certitude, III, 234. IX, 13 & *suiv.* Ce dogme ne porte ni sur une pétition de principe, ni sur un cercle vicieux, III, 247, 248. Ce n'est point une illusion de l'amour-propre, 238-241. La croyance en étoit affoiblie chez les Païens par la fable des enfers, II, 12. IV, 348. IX, 16. Abus qu'ils avoient fait de cette vérité, VI, 229. Le Christianisme en prévient les fausses conséquences, X, 324.

Elle a été révoquée en doute par la plupart des Philosophes, II, 116 & *suiv.* III, 223, 265. IX, 15. X, 81, 169. C'est cependant la base de la morale, III, 229 ; le seul motif capable de nous porter constamment à la vertu, 227, 253. Plusieurs Philosophes en reconnoissent la nécessité, 230 & *suiv.* Ce dogme n'est donc pas inutile, 251 & *suiv.* ni pernicieux, 255-262, 268 & *suiv.* Il ne peut effrayer que les méchans, I, 280. Il ne nous détache point des soins de cette vie, ni des devoirs de la société, III, 255-262. S'il a causé des meurtres chez les Païens, II, 189, 190 ; c'est qu'il étoit mal entendu, III, 264. Immortalité chimérique à laquelle aspirent les Incrédules, 274.

IMMUABLE. Tout ce qui est nécessaire est immuable, II, 344. Dieu l'est essentiellement, 462, 463. Une substance change lorsque ses modes sont changés, 618, 619. Ainsi la matiere change, & non Dieu, 259. L'exécution de ses décrets ne déroge point à son immutabilité, X, 362.

IMMUNITÉ. Les immunités du Clergé ne sont point un abus, XI, 251 & *suiv.* 442.

IMPARFAIT, IMPERFECTION, sont des termes relatifs ; il n'est point de créature qui n'ait quelque degré de perfection, II, 550 & *suiv.* Les défauts des êtres créés ne dérogent point à la bonté de Dieu, *ibid.*

IMPIES. En quel temps & pourquoi les Impies étoient tolérés à Rome, IV, 22.

IMPOSTEURS. Les faux inspirés ne sont pas les premiers auteurs des erreurs & des abus en fait de Religion, IV, 378 & *suiv.* Un imposteur ne peut pas être dupe de ses propres fictions, 592. IX, 301, 302. Ne peut pas faire des miracles, V, 92, 105. VII, 465 & *suiv.* Aucuns ne sont morts pour confirmer des faits, IX, 523. Dieu n'a pas pu se servir d'un Imposteur pour établir la plus sainte des Religions, IV, 593. VIII, 432. Il ne donne à un Imposteur aucun pouvoir sur la nature, V, 40, 108. La Religion n'approuve aucune imposture, IX, 348.

IMPRÉCATIONS. Celles qui sont dans les Pseaumes & dans les Prophetes, sont des prédictions, VI, 362. — VII, 91, 151 & *suiv.*

IMPUDICITÉ. Ce crime a été souvent pratiqué par superstition, I, 589, 593. II, 192, 225. III, 422. Il est approuvé par plusieurs Philosophes modernes, II, 225 & *suiv.* III, 422. Comment ce vice s'est introduit chez certains peuples, 423. Il n'étoit pas plus commun chez les Juifs qu'ailleurs, VI, 442 & *suiv.* Il est plus aisé de le bannir entièrement que de le modérer, XI, 291, 292, 506, 507 L'impudicité contre nature a été commune chez tous les peuples, & tolérée partout, I, 591. II, 193. Jésus-Christ condamne avec raison les défirs impurs, IX, 28.

Impuretés légales. Raisons pour lesquelles Moïse avoit ordonné de les éviter, VI, 332, 334.

Incarnation. Les Païens admettoient des incarnations ou corporations des Dieux à l'infini, IX, 70. — Dieu peut se rendre sensible sous la figure humaine comme sous une autre, VII, 200. Le Myftere de l'Incarnation suppofe celui de la Sainte Trinité, X, 193. Il est incertain si Dieu l'avoit révélé aux Patriarches, III, 278. Il a été attaqué dès le premier siecle, X, 194. Il ne renferme aucune contradiction, III, 309. IV, 500, 504. Ce dogme ne fut jamais un problême, XI, 73.

Incompréhensible. Dieu est incompréhensible, parce qu'il est incomparable, II, 451, 463. Cela ne prouve rien contre la nécessité de lui rendre un culte, III, 560. Ne rien admettre d'incompréhensible, est une fauffe maxime, I, 46 & fuiv. III, 303. Il est faux que les termes qui expriment une chose incompréhensible ne fignifient rien, II, 455.

Incrédules. Il est de l'intérêt commun de les peindre tels qu'ils font, II, 180. Ils ont fait eux-mêmes leur portrait, I, 56. Ils se peignent encore dans leurs déclamations, XI, 164, 165. XII, 84. Manquent de capacité pour l'examen de la plupart des questions, I,

74. V, 184. VIII, 40. X, 274. XI, 394-396. Conviennent de leur ignorance, I, 57, 59. Mais elle ne les excuse point, III, 561. Ils ne cherchent point la vérité, I, 83. Avouent que ce n'est pas la raison qui les détermine, II, 585, 587. S'attribuent le droit de déraisonner, VIII, 382. Motifs qui les font agir, I, 55. Ils argumentent de mauvaise foi, IX, 450. Sans avoir rien examiné, I, 71. VIII, 196. IX, 452. X, 480. XI, 396. XII, 49, 50.

Ils sont plus crédules que les partisans de la Religion, I, 71. VIII, 196. IX, 452. X, 53. XII, 49, 50, 85. Plus peureux, III, 260. VIII, 439. Plus intolérans, I, 85, 87. IV, 3, 8, 29. IX, 87, 533. X, 375, 376, 446. Sont durs & impitoyables, XII, 85, 100. Conduits par le fanatisme, I, 81, 88. X, 435, 446. Et travaillent à l'inspirer, X, 265, 395. XI, 165. Ils ressemblent aux faux Prophetes, VII, 141. IX, 400, 401.

Les anciens Incrédules furent des faussaires, VIII, 123. Ceux d'aujourd'hui falsifient l'Histoire, VII, 145 & suiv. Altérent tous les écrits dont ils font usage, XI, 310 & suiv. Accusent les Croyans de fourberie, X, 585, 586; & prétendent être seuls de bonne foi sur la terre, 581. Ils abusent de tous les termes, IV, 279. Font les sophismes qu'ils nous reprochent, II, 525, 578, 584.

Ils ne font que douter, I, 34. II, 587. III, 610. Ne veulent admettre que ce qu'ils voient, II, 285, 339. Etablissent le Pyrrhonisme historique & dogmatique, IV, 553, 584 & suiv. IX, 544. XI, 24. Ne font que nous confirmer dans l'ignorance, II, 431. Ce sont des plagiaires, VII, 121. Ils n'ont créé aucun nouveau système, I, 50, 68. III, 446, 455. Ils ne font que répéter les argumens d'Epicure, III, 465. Ont copié les mécréans de tous les siecles, I, 68, 72. V, 144. VIII, 152. Ont renouvelé sérieusement tous les paradoxes du Pere Hardouin, V, 143, 144. Travaillent à étouffer toutes les connoissances humaines, XII, 52, 53. Leur vanité est absurde, III, 455. Dieu les livre à l'esprit de vertige, I, 91. Ils craignent l'enfer, II, 580. Ne peuvent goûter le bonheur, I, 67. II, 417. X, 230. XII, 126. Ils en font l'aveu, I, 277.

Ils se sont contredits en passant du Déisme à l'Athéisme, I, 53, 220, 291. II, 141. VIII, 24, 28. IX, 401. X, 240. Ils n'ont jamais été d'accord entre eux, I, 89. III, 296, 509, 581. Ils disputent sur toutes les questions de dogme & de critique. Voyez CONTRADICTION. Ils se font mutuellement les mêmes reproches qu'aux partisans de la Religion, III, 290. Avouent que nous raisonnons plus conséquemment qu'eux, ibid. Sont guidés par l'autorité sans s'en appercevoir, I, 72. VIII, 196. IX, 452. X, 480.

Ils sapent les fondemens de la morale, III, 519. La leur est impuissante & fausse, II, 217 & suiv. XII, 98 & suiv. Ils conviennent de ce défaut, III, 255, 459. XII, 113, 114. Ne peuvent réfuter un scélérat qui raisonne & agit conséquemment, III, 469. Préferent la morale d'Epicure à celle de Jésus-Christ, IX, 19. Ils ne font aucun cas de la vertu, III, 470. XI, 355-357. Autorisent tous les vices, III, 460, 471. XI, 366, 367. Ne respectent point les mœurs, VI, 444. Calomnient tous les sectateurs de la Religion, IV, 588 ; & la morale de l'Evangile, X, 281, 282. XII, 110 & *suiv.* 120 & *suiv.* Travaillent à désespérer les malheureux, 185.

Ce sont de mauvais citoyens & de mauvais politiques, I, 334 & *suiv.* II, 532. Ils s'élevent contre toutes les institutions humaines, IV, 375. Sont ennemis de toute autorité, I, 412. IV, 30, 254, 255, 260 & *suiv.* Ne respectent point les loix, III, 496. X, 283. Déclament contre notre législation, IV, 276, 277. Contre les Magistrats & contre les Souverains, 254, 264. IX, 33, 34 XI, 176. XII, 80, 146. Font les mêmes reproches au Gouvernement qu'à la Religion, III, 585 & *suiv.* Etouffent le patriotisme, XII, 191. Les anciens Incrédules n'ont pas été plus vertueux que les modernes, III, 267.

Jamais ils n'ont apperçu le plan de la révélation, I, 20. Ils avouent la nécessité de la Religion, 290 & *suiv.* & ils ne cessent de déclamer contre elle, 420, 421. Ils en suppriment les preuves, III, 604. IV, 616. Mais leurs objections ne les détruisent pas, VIII, 383. C'est leur opiniâtreté qui rend plus difficile l'examen de ces preuves, X, 573. Ils attribuent à la Religion tous les excès du faux zele, 438. XI, 375, 394, 589; & tout le mal dont ils sont eux-mêmes les auteurs, IV, 261, 280. VI, 501. XI, 47, 48, 386. XII, 53.

Ils font l'apologie du Paganisme, II, 31 & *suiv.* Des Idolâtres & de l'idolâtrie, VII, 65 & *suiv.* 105, 106. Du Mahométisme, XI, 510 & *suiv.* De toutes les fausses Religions, XII, 181. En niant les miracles ils les multiplient, VI, 404. X, 142. Ils exigent d'autres miracles que ceux que Dieu a opérés, VIII, 530. IX, 242, 515. X, 76. Mais des miracles abfurdes, IV, 567 & fuiv. V, 67, 463. VI, 92, 146. VIII, 343. IX, 119. XII, 170. Ils demandent des témoins & les récufent d'avance, VIII, 244 & fuiv. IX, 243. Ils fuppofent que Dieu nous trompe, VI, 19. VIII, 357. Que plus les hommes font ingrats & opiniâtres, plus Dieu eft obligé de leur accorder des graces, V, 26, 27. VI, 30, 35. VII, 14. VIII, 513. IX, 117, 239. Ils s'en prennent à Dieu de leur propre malice, V, 26. IX, 88. X, 48.

Ils font prévenus d'une haine aveugle contre les Juifs, VI, 422, 435. 448, 475. VII, 32; & ils font difciples des Juifs, V, 17, 18. VI, 476. VII, 119, 213 & fuiv. 253, 407. Ils en font l'apologie & les imitent, VIII, 497, 506, 511, 532, 564. IX, 117, 118, 120. Ils calomnient tous les perfonnages de l'Ancien Teftament, VII, 48 & fuiv.

Plan ridicule que les Incrédules prefcrivent à la Providence pour l'établiffement du Chriftianifme, IX, 448. Maniere dont ils attaquent les Evangiles, VIII, 428. IX, 184, 201, 255. Blafphêmes qu'ils vomiffent contre Jéfus-Chrift, IV, 591. VIII, 28, 396. IX, 79. XII, 73; & contre fa Religion, VIII, 335. IX, 491. Abfurdité de leurs emportemens, IV, 13, 14. VIII, 24. XII, 41. Ils comparent les Apôtres aux brigands & aux malfaiteurs, IX, 521 & fuiv. XI, 114. Ils calomnient les fectateurs du Chriftianifme, II, 178. IX, 462, 463, 491. XI, 118, 122, 129. Les Martyrs, IX, 518. Les Saints, XII, 72, 76, 79 & fuiv. Les Peres de l'Eglife,

354 TABLE

IX, 529. XII, 58. Les Missionnaires, X, 403 & *suiv.* XI, 559, 601. Le Clergé, I, 38. XI, 101 & *suiv.* XII, 83 & *suiv.* 128. Ils supposent que les Hérétiques ont toujours eu droit de se révolter contre l'Eglise, X, 412, 542. XI, 121. Ils adoptent le style injurieux & grossier des sectaires, X, 265. XII, 82. Absurdité du projet qu'ils ont formé de détruire la Religion, I, 65. XI, 52. XII, 184 & *suiv.* Quels hommes ils ont séduits, VIII, 30, 31. Ils méprisent leurs propres disciples, I, 81. IX, 512. Leurs attaques sont vaines, 105. La violence n'est pas nécessaire pour les anéantir, IV, 49. La discorde suffit pour faire avorter leur dessein, I, 90. Dieu est-il obligé de les convertir sans miracle ? V, 65 & *suiv.* VI, 88, 145, 146. VII, 25. VIII, 512, 516, 520, 531.

INCRÉDULITÉ. Origine & progrès de ce travers d'esprit, I, 23. Chaîne de conséquences qui y conduisent, 32, 46. XII, 162, 163. C'est un effet de la corruption des mœurs & non du progrès de nos connoissances, I, 26, 56. L'incrédulité vient en grande partie de l'ignorance, 74. V, 184. De l'intérêt & de l'ambition, I, 76. XI, 87. De la jalousie, I, 78. XI, 87. De l'orgueil & de l'opiniâtreté, III, 592, 593. X, 167. D'un fond de misanthropie & de malignité, XI, 420-422. C'est un renversement de cerveau, I, 287, 288. Ce vice rend l'homme malheureux, 134 & *suiv.* III, 212. Quels en seroient les effets, s'il venoit à prévaloir, XII, 183 & *suiv.* Les Incrédules supposent que Dieu doit récompenser l'incrédulité par des graces, VI, 30, 35. VII, 14. IX, 117, 239.

INDÉPENDANCE, ou liberté parfaite, attribut de Dieu, II, 454. La société nous dédommage amplement de l'indépendance, IV, 262.

INDIENS, INDOUS. L'antiquité de leurs Livres est très-douteuse, I, 533 & *suiv.* Ces Livres ne s'accordent pas les uns avec les autres, 535. Doctrine qui y est enseignée, 537. Les Indiens adorent les attributs de Dieu personnifiés, & les êtres naturels, 527. Le dogme de la transmigration des ames est commun parmi eux, 558, 563. Ils ont eu connoissance du Déluge, V, 419. Leur morale est très-imparfaite, & leurs mœurs corrompues, I, 550. Leurs loix sont fort mauvaises, 553. Loi barbare des Indes, qui engage les femmes à se brûler avec le cadavre de leur mari, 556. Pélerinage des Indiens au Temple de Jagrenat, 365. C'est un malheur pour eux d'avoir été enseignés par des Philosophes, 541, 558, 562, 578. Il y a encore dans les Indes des familles nomades, V, 483.

Erreurs de l'Historien des Etablissemens des Européens dans les deux Indes, 582 & *suiv.* Cruauté des Anglois envers les Indiens du Bengale, XI, 588.

INDIFFÉRENCE. Ce que signifie liberté d'indifférence, III, 97, 138. Ce n'est pas la même chose que l'insensibilité, *ibid.*

INDIFFÉRENCE DE RELIGION. Elle est absurde, VI, 482. C'est une irréligion décidée, III, 590 & *suiv.* Quelle en est l'origine, I, 28, 32. Elle est entée sur l'indifférence du bien public, XII, 196, 197. Principe sur lequel se fondent les indifférens, I, 48.

INÉGALITÉ. Dieu, sans déroger à sa bonté ni à sa justice, peut rendre les hommes inégaux dans les qualités naturelles, II, 551. De même il peut leur distribuer inégalement ses dons surnaturels, IV, 321. V, 21, 527. IX, 249. X, 223, 224. L'inégalité des hommes dans l'état de société n'est pas contraire au droit naturel, IV, 131 & *suiv.* 139, 162.

INFAILLIBILITÉ. En quoi consiste l'infaillibilité de l'Eglise, X, 498 & *suiv.* Elle porte sur le même fondement que la certitude morale, 457, 506. En quel sens elle est divine, 507, 514. Elle n'a aucun rapport à la sainteté ni à l'impeccabilité des Pasteurs, 498, 509. En niant l'infaillibilité de l'Eglise, les Protestans ont frayé le chemin au Déisme & à toutes les erreurs, I, 40, 43.

INFIDELES. Toutes les actions des Infideles ne sont pas des péchés, X, 449. Ils peuvent ignorer la révélation, 571. Nous n'avons pas besoin de savoir jusqu'à quel point ils sont criminels ou excusables, 572, 576. Parallele entre l'état des Nations Chrétiennes & celui des Infideles, XI, 398 & *suiv.* 419.

INFINI. Le fini & l'infini sont différens essentiellement, & non du plus au moins, II, 459.

Nous n'avons point d'idée de l'infini actuel, mais seulement de l'infini en puissance, II, 476, 478. L'*infinité* est un attribut de Dieu, *ibid*. Elle se prouve, non par les effets, mais par la notion d'être nécessaire, 529 & *suiv*. 576, 589, 613. L'infini est essentiellement indivisible, 477. Fausse idée de l'infini, donnée par Spinosa, 614. Il est absurde que Dieu fasse l'infini ou l'infiniment bien, 552, 588. Le progrès à l'infini, en remontant des effets à leur cause, est une absurdité, 247 & *suiv*. 274 & *suiv*. L'infini n'admet point de calculs ni de proportions, X, 217.

INNOCENCE, INNOCENS. Priviléges de l'état d'innocence dans lequel Adam fut créé, III, 331, 332. Massacre des Innocens ordonné par Hérode, VIII, 250, 404 & *suiv*.

INQUISITION. Motifs de son établissement, III, 431. Elle ne punit que les Apostats, 432. Elle n'est point de l'invention des Ecclésiastiques, XI, 165, 166. Déclamations outrées contre ce Tribunal, 372, 373. Il y a une Inquisition cruelle à la Chine, I, 524.

INSECTE. Un insecte n'est pas moins vivant, ni moins animal qu'un chien, II, 316. Il n'est pas indigne de Dieu de pourvoir aux besoins des insectes, 383.

INSPIRATION, INSPIRÉS. Il est faux qu'aucun inspiré n'ait été infaillible, IV, 423. Les faux inspirés n'ont pas été les premiers auteurs des erreurs & des abus en fait de Religion, 378 & *suiv*. En quoi consiste l'inspiration des Livres saints, V, 323 & *suiv.* VIII, 230-234. Elle se prouve par l'autorité de l'Eglise, 219 & *suiv.* Fausse idée que les Incrédules en ont conçue, V, 328 & *suiv.*

INSTINCT, penchant naturel & indélibéré qui fait agir les êtres animés de certaine maniere. L'instinct des animaux est inexplicable, I, 454 III, 9, 144. Les Philosophes le préferent à la raison, II, 218. Il est plus sûr qu'elle pour notre conservation, III, 372. Sagesse de la Providence de nous avoir mis sous cette sauve-garde, II, 503, 504. III, 305. IV, 458.

INTELLIGENCE, c'est l'opposé du hasard; la matiere en est incapable, II, 289 & *suiv.* 376. Le propre de l'intelligence est d'agir avec ordre & pour une fin, 291 & *suiv.* L'univers est évidemment l'ouvrage d'une intelligence, 374 & *suiv.* Tous les peuples ont senti cette vérité, mais ils ont eu tort d'en admettre plusieurs, I, 216, 217. Dieu est essentiellement intelligent, II, 465-468. Intelligences répandues dans la nature. *Voyez* GÉNIES.

INTEMPÉRANCE, IVROGNERIE, vice odieux & méprisable, IV, 109. Moïse l'avoit suffisamment défendue, VI, 388. Jésus-Christ ne l'a point favorisée aux noces de Cana, VIII, 453.

INTÉRÊT. La loi naturelle ou l'obligation morale n'est point uniquement fondée sur notre intérêt temporel, I, 327 & *suiv.* XII,

107, 186-188. Ce n'eſt pas un devoir pour l'homme de le chercher, I, 329. La vertu plaît ſans intérêt, III, 370. Il n'eſt point le même pour tous les hommes, mais relatif au tempérament de chacun, 449. La plupart le connoiſſent mal, 510 & ſuiv. L'intérêt mal entendu eſt la ſource de tous les crimes, 370, 425, 482. IV, 413. XII, 103. L'intérêt de cette vie n'eſt ſolide que dans l'hypotheſe d'un Dieu & d'une Providence, III, 476. La Religion ne nous défend point de le chercher, 272. XII, 65 & ſuiv. Eſt-il vrai que l'intérêt général n'ait pas encore été connu? III, 512. Pour le connoître il faut avoir des mœurs, 513. Il y a une ſorte d'intérêt à être Incrédule, I, 76.

INTOLÉRANCE. Abus de ce terme, IV, 23. Les Incrédules ſont plus intolérans que les Sectateurs de la Religion, I, 85, 87. IV, 3, 8, 29. IX, 505. X, 375, 376, 446. XII, 119. Tous les peuples l'ont été, IV, 16 & ſuiv. VI, 495. X, 438 & ſuiv. L'intolérance eſt attachée à toute opinion qui paroît importante, IV, 31, 415. VI, 477. X, 372. Elle ne vient ni du Judaïſme ni du Chriſtianiſme, XI, 457. Clameurs abſurdes des Incrédules contre ce défaut, IV, 24 & ſuiv. XII, 116 & ſuiv. Les Juifs n'étoient pas plus intolérans que les autres peuples, VI, 494, 495. On leur attribue par contradiction une tolérance illimitée, 502 & ſuiv. 526. En quel ſens le Chriſtianiſme eſt tolérant ou intolérant, X, 371, 372. XII, 116 & ſuiv. Commentaire Philoſophique de Bayle contre l'intolérance, X, 384 & ſuiv. Il n'y a point de contradiction

TABLE

dans la doctrine des Peres sur ce sujet, 376 & suiv. 390.

L'intolérance politique vient de l'intérêt des Souverains & des peuples, & non de la Religion, X, 374. Toujours de la conduite séditieuse des Hérétiques, 377, 379. XI, 464 & suiv. Telle est la cause pour laquelle les Protestans ont été poursuivis en France, X, 416 & suiv. 431. L'Eglise Catholique n'est pas plus intolérante que les sectes hétérodoxes, 447. Il est faux que l'intolérance veuille pénétrer dans les replis du cœur, XI, 462, 463. Les Incrédules excusent ce vice dans les Mahométans, 531, 553; & dans les Empereurs Païens, 459.

INUTILE. Y a t-il des êtres inutiles ou absolument nuisibles dans la nature? II, 399 & suiv. La Religion ne canonise point les hommes inutiles, III, 479.

IRÉNÉE (SAINT), accusé mal à propos & justifié, VIII, 163 & suiv. Il a vécu avec les disciples immédiats de l'Apôtre Saint Jean, 166. Il nous apprend que les anciens Hérétiques avouoient l'authenticité de nos Evangiles, 76 & suiv. Il n'a point mal prouvé cette authenticité, 165. Il citoit au second siecle la tradition des Eglises, XI, 7, 8.

ISAAC. Dieu a pu sans injustice exiger qu'il fût immolé, V, 522 & suiv. Supercherie par laquelle il est trompé, 525 & suiv.

ISAÏE, Prophete, n'a point marché sans habits au milieu de Jérusalem, VII, 158.
Prophétie

Prophétie du chap. VII, *une Vierge concevra*, &c. 207 *& suiv.* X, 125. Autre du chap. LIII, *voici mon Serviteur*, &c. VII, 233 *& suiv.* Il a prédit la fin de la captivité de Babylone sous Cyrus, 164.

Ismael, ne fut point abandonné par Abraham son pere, V, 520.

J.

Jacob, regarde la vie présente comme un pélerinage, III, 217. VI, 226. Il n'est point condamnable pour avoir pris plusieurs femmes, IV, 179, 181. V, 531. Objections sur sa conduite, 525 *& suiv.* Sur l'âge de ses enfans, 533. Il les bénit au lit de la mort, 11. Prophétie qu'il fait à Juda sur la venue du Messie, VII, 186 *& suiv.*

Jahel, femme célebre dans l'Histoire Juive, tue Sisara, Général des Chananéens, VII, 34, 35.

Jalousie, passion très-odieuse de laquelle tout le monde se plaint, IV, 104. C'est une des causes de l'irréligion, XI, 87. XII, 138. Il est faux que les eaux de jalousie aient pu empoisonner une femme, VI, 394. La jalousie des Juifs contre les Gentils a été cause de leur incrédulité, VII, 142, 484. En quel sens la jalousie est attribuée à Dieu, VI, 198. X, 103, 108, 109, 111. XII, 111. La jalousie entre les différentes Eglises a rendu impossible toute collusion entre elles pour tromper, VIII, 376.

Tome XII.   Q

TABLE

JAPON. Effets pernicieux de la polygamie dans cet Empire, IV, 213. Les Missionnaires n'y ont point excité de séditions, XI, 600. Raisons qui en ont fait bannir le Christianisme, *ibid.*

JEAN-BAPTISTE (SAINT). L'Historien Josephe en a parlé avec éloge, VIII, 255. IX, 432. Y eut-il un complot formé entre Jésus & Saint Jean-Baptiste ? VIII, 439 *& suiv.* Jésus a toujours parlé de son Précurseur avec éloge, 442. IX, 64. Il n'a point affecté de paroître plus austere que lui, VIII, 443. Après la mort de Saint Jean-Baptiste, ses Disciples s'attacherent à Jésus-Christ, IX, 65.

JEAN L'EVANGÉLISTE (SAINT), a écrit le dernier de tous, VIII, 59, 60. L'Histoire de la femme adultere manquoit dans plusieurs exemplaires de son Evangile, 139. Authenticité de son Apocalypse, 151 *& suiv.* Maniere dont il réfute les anciens Hérétiques, 314, 315. Ses Disciples ont noué la Tradition du premier au second siecle, 377. Pourquoi il n'a pas parlé de la prophétie de Jésus-Christ touchant la ruine de Jérusalem, 589.

JÉHOVAH, *Celui qui est*, nom de Dieu en Hébreu, VI, 175.

JEPHTÉ, Juge du peuple de Dieu, réfute les prétentions des Ammonites, V, 188. Raisonnemens qu'il leur fait sur leur Dieu Chamos, VI, 177, 516, 517. Il n'a point immolé sa fille, 313 *& suiv.*

DES MATIERES.

JÉRÉMIE, Prophete, n'a point trahi les intérêts de sa patrie, VI, 527. VII, 159 & suiv. Il a été poursuivi à mort, 476. Accomplissemens de ses prophéties, 83. Il a consolé les Juifs captifs, V, 216, 217.

JÉRICHO. Sac de cette ville ordonné par Josué, VII, 24. Il n'y a point de contradiction dans l'Evangile au sujet de l'aveugle de Jéricho, VIII, 569.

JÉROBOAM, Roi d'Israël, fut puni de son Idolâtrie, VI, 522.

JÉRÔME (SAINT). Ses travaux sur l'Ecriture Sainte, V, 299. A-t-il dissimulé ses vrais sentimens? XI, 28, 29.

JÉRUSALEM. Qu'entendent les Prophetes, lorsqu'ils disent que tous les peuples iront à Jérusalem? VII, 491. Plusieurs Juifs de cette ville ont cru en Jésus-Christ immédiatement après sa résurrection, VIII, 275. IX, 141, 263, 267-269. Les Apôtres y ont formé une Eglise nombreuse, VIII, 372. IX, 273 & suiv. Commerce habituel entre cette ville, celle d'Antioche & celle d'Alexandrie, VIII, 374. IX, 272. Jésus-Christ en a prédit la ruine, 587, 588.

JÉSUS-CHRIST a été prédit dès le commencement du monde, I, 21. Il est venu sur la terre lorsque le genre humain a été capable de recevoir une Religion universelle, 8. VIII, 9 & suiv. Abrégé de sa vie, 17 & suiv. Difficultés sur sa généalogie, 385 & suiv. Il descendoit inconteſtablement de David, 386. Soupçons jetés ſur ſa naiſſance par les Incrédules, 391, 422 & *ſuiv.* X, 29. Evénemens de ſon enfance, dont les Auteurs profanes ont parlé, 249. X, 29 & *ſuiv.* On lui a reproché ſon ſéjour en Egypte, VIII, 257, 417. X, 28. Quel étoit ſon deſſein en annonçant le Royaume des Cieux, I, 8. VIII, 11, 13. Projet que lui prêtent les Incrédules, IX, 50-52.

Jéſus-Chriſt a prouvé ſa miſſion d'une maniere plus convaincante que Moïſe, VII, 469 & *ſuiv.* Ses miracles ſont avoués par les Juifs, VIII, 264 & *ſuiv.* Par Celſe, 257 & *ſuiv.* X, 34, 35. Par Porphyre, VIII, 267, 268. X, 23. Par Hiéroclès, VIII, 269. Par Julien, 271. X, 113. Ces aveux font preuve contre les Incrédules, VIII, 365, 366. Il a fait ſes miracles devant des témoins de toute eſpece, 353. IX, 63. Directement pour prouver ſa miſſion, 356 & *ſuiv.* Maniere dont il les a opérés, XII, 168. Circonſtances qui en démontrent la réalité, VIII, 542. Falloit-il que Jéſus-Chriſt les fît à Rome? 317. *Voyez* la ſuite de ces miracles dans la Table du Tome VIII.

Les Juifs n'y ont point ſoupçonné de fourberie, VIII, 496 & *ſuiv.* 540, 546, 561, 563. Pourquoi Jéſus-Chriſt refuſe de faire un miracle dans le Ciel, 519, 533. Il eſt faux que ſes parens n'aient pas cru en lui, 521. IX, 70. Pourquoi il ne voulut point aller à Cour d'Hérode, 522. Il donne à ſes Diſciples le pouvoir de faire des miracles, 575, 576. Son triomphe en entrant à Jéruſalem, 570, 572.

Prophéties de Jésus-Christ, VIII, 579, 585-588. IX, 99. XII, 145, 146, 168, 169. Il a prédit ses souffrances, sa mort & sa résurrection, VIII, 534, 569, 581, 582. IX, 129, 168, 201-203. X, 39. N'a point annoncé la fin du monde, VIII, 589 & *suiv.* Il a connu les pensées intérieures des hommes, 598-600.

Sa Doctrine. Il a déclaré expressément qu'il étoit Dieu, VIII, 461, 546. IX, 62. X, 193. S'il ne l'étoit pas, il seroit le plus méchant des hommes, IX, 447. Il a révélé clairement le dogme de la vie future, III, 234. Il n'a point affecté l'obscurité dans ses discours, VIII, 345-348, 504. IX, 83. En quel sens il a été une pierre d'achoppement, VIII, 353. XII, 182. N'a-t-il instruit que des hommes grossiers & stupides ? VIII, 433. Il a ordonné de prêcher son Evangile malgré tous les dangers, IX, 458. Il a suffisamment prévenu les fausses interprétations de sa Doctrine, X, 262. Il n'a point contredit Moïse, VII, 422.

Morale de Jésus-Christ, IX, 2 & *suiv.* X, 250. Il l'a confirmée par ses exemples, IX, *ibid.* Elle est plus parfaite que celle des Juifs, IX, 7 & *suiv.* Apologie de ses leçons, XII, 110, 120 & *suiv.* Il n'oppose point sa morale à celle de Moïse, VII, 395. IX, 24. X, 79, 80. En quel sens il a détruit la loi ancienne, IX, 24. Il n'a jamais eu dessein de maintenir la loi cérémonielle des Juifs, IX, 24, 366 & *suiv.* Il a prêché constamment à ses Disciples la patience & la paix, IX, 42, 43. XII, 116 & *suiv.*

Sa conduite, exemples de vertu qu'il a donnés, VIII, 432 & *suiv.* Eloges qu'en ont faits les Philosophes, *ibid.* IX, 5, 42, 43. X,

240. Reproches que lui ont faits les Juifs, IX, 46. Calomnies & blasphêmes des Incrédules contre ce divin Sauveur, VIII, 24, 391 & *suiv.* 420 & *suiv.* IX, 50 & *suiv.* Contradictions dans le caractere qu'ils lui prêtent, VIII, 29, 431, 445, 539. IX, 54-65, 79, 96. XII, 144. Ou Jésus-Christ est Dieu, ou c'est un imposteur très-méchant, point de milieu, VIII, 25, 26, 432, 578. Il n'a point manqué de respect à sa mere, 452. N'est point coupable de mensonge, 538. N'a point fréquenté mauvaise compagnie, IX, 71. N'a point été accusé de démence, 67 & *suiv.* Son caractere n'étoit ni dur ni trop austere, 80, 81. Il n'a eu aucun des signes d'un faux Prophete, VII, 199 & *suiv.* 468. VIII, 432 & *suiv.* IX, 54-61. Tout est divin en lui, XII, 167.

Souffrances & mort de Jésus-Christ, IX, 91 & *suiv.* Il n'a jamais manqué de fermeté ni de présence d'esprit, 94, 97, 108, 124. X, 42. Son agonie au jardin des Oliviers, IX, 104, 107. Il est interrogé par les Juifs, 109. Condamné, non comme imposteur, mais comme blasphémateur, VIII, 500, 503. Pour avoir déclaré sa divinité, VII, 462. IX, 113, 115. Ses paroles sur la croix, 133. Il est mort en Dieu, 134, 138. XII, 168. Point de contradictions entre les Evangélistes sur l'heure ou sur les circonstances de sa mort, 130. On ne peut pas la révoquer en doute, 147 & *suiv.* Par sa mort il a fait cesser tous les sacrifices sanglans & les cruautés superstitieuses, II, 189. X, 199, 200. Ses souffrances ne ressemblent point à celles des Dieux du Paganisme, IX, 127, 128.

Résurrection de Jésus-Christ prouvée, IX,

153 & *suiv.* Il l'avoit prédite, VIII, 582. IX, 201, 205. En quel sens il devoit ressusciter après trois jours & trois nuits, 173 & *suiv.* Différentes personnes auxquelles il est apparu, 156, 180, 215. Devoit-il multiplier davantage les preuves de sa résurrection? VII, 474. IX, 178. X, 46-48.

Ascension de Jésus Christ, IX, 250 & *suiv.* Comparaison de ce divin Législateur avec tous les autres, XII, 167. S'il n'étoit pas Dieu, il seroit encore le meilleur & le plus grand de tous les hommes, I, 9.

JÉTHRO, Chef d'une Tribu de Madianites, n'étoit point idolâtre, VI, 9.

JEUNE. Les Juifs ont établi des jeûnes pour attester les événemens fâcheux de leur Histoire, VI, 16, 329. Pourquoi l'Eglise Chrétienne en a établi, X, 340 & *suiv.* Déclamations des Incrédules contre cette loi, 341 & *suiv.*

JOB, Patriarche. En quel temps il a vécu, I, 144. Plan qu'il trace de la Religion primitive, 145. Il répond aux objections contre la Providence, 148. II, 538. Ce qu'il pense de la prospérité des méchans, VI, 224. Il croyoit à l'immortalité, I, 149. III, 216. Erreur des amis de Job, I, 147. Idées qu'il nous donne du vice & de la vertu, 151. Courage que la Religion lui inspiroit, 270. Il étoit plus heureux qu'Alexandre, II, 556.

JONAS, Prophete, ne s'est point trompé en prédisant la ruine des Ninivites, VII, 143.

Le miracle opéré en sa faveur n'a rien d'incroyable, 170, 171.

JOSEPH, Patriarche. Son Histoire n'est point une fable, V, 537. Sa conduite envers les Egyptiens n'est pas condamnable, 539 & *suiv.* Il ordonne que ses os soient transportés dans la Palestine, V, 12. VI, 208. Par-là les Juifs étoient avertis de leur destination, 56.

JOSEPH, époux de Marie. Plusieurs ont cru qu'il étoit surnommé *Panthéra*, VIII, 391 & *suiv.* Il a passé constamment pour pere de Jésus, 392, 424. Il l'étoit selon la loi, 388. Il voulut renvoyer son épouse en secret, 423. Il n'eut jamais d'aversion pour elle ni pour Jésus, 424. IX, 54. Probablement il étoit mort lorsque Jésus commença sa mission, VIII, 424.

JOSEPH d'Arimathie, étoit un des principaux citoyens de Jérusalem, IX, 433. Il embauma le corps de Jésus, 148, 154.

JOSEPHE, Historien Juif, parle d'un dénombrement de la Judée, VIII, 249; de la prédication, des vertus & de la mort de Saint Jean-Baptiste, 255, 256. Le témoignage qu'il a rendu à Jésus-Christ est authentique, 282 & *suiv.* Il a pu parler comme il a fait sans se contredire, 284.

JOSUÉ, Chef du peuple de Dieu. Authenticité de son Livre, V, 277. Il prend les Hébreux à témoins des miracles de Moïse, VI, 11. Il ne leur donne point l'option entre le culte de Dieu & d'idolâtrie, 520. Raisons de sa conduite à l'égard des Chananéens, VII, 22. Le Soleil s'arrête à sa parole, VII, 27 & *suiv.*

Joue. En quelles occasions Jésus-Christ a conseillé de tendre l'autre joue quand on est frappé, IX, 30. X, 281.

Jourdain. Ce fleuve ne pouvoit être passé à gué vis-à-vis de Jéricho, VII, 23. Ce que signifie dans Josué *au delà* du Jourdain, V, 255. Que devenoient ses eaux avant que la Mer morte fût creusée, 518.

Juda, fils de Jacob. Sa conduite à l'égard de Thamar, V, 535. Prédiction d'un Messie de la race de Juda, V, 11, VII, 186 & *suiv.*

Judaïsme, Religion Juive. C'étoit une Religion nationale, I, 5. V, 4. VI, 157. Elle n'étoit pas destinée à tous les peuples, VII, 338. VIII, 9, 10. X, 80. XII, 165. Dessein de Dieu en la donnant, V, 5, 7. Elle avoit été préparée par les événemens précédens, VI, 17. Elle étoit convenable aux circonstances, 20. Croyance des Juifs, 159 & *suiv.* 103 & *suiv.* Ils n'adoroient point un Dieu corporel, local, injuste, &c. 170 & *suiv.* 198. Ils croyoient l'immortalité de l'ame, 204 & *suiv.* Le Judaïsme prescrivoit des vertus, aussi bien que des cérémonies, 200, 354, 504. Ce n'étoit pas une constitution purement civile & politique, 239.

Il ne pouvoit être fondé que sur des miracles, VII, 171. Preuves sommaires de la divinité de cette Religion, 578 & *suiv.* Les

Incrédules ont tort de la déprimer, VI, 243. Ils renouvellent contre elle les objections des Marcionites & des Manichéens, V, 18, 19. Elle étoit fondée sur la tradition nationale, VI, 244. Le culte extérieur rappeloit le souvenir des dogmes, 267 & *suiv.*

Sagesse des loix cérémonielles, 251-360. Ce culte ne rendoit point les Juifs insociables, 359, 496, 502. Prieres des Juifs, 362, 363. Sagesse des autres loix de Moïse, VI, 504. Elles ont été faites d'un seul coup, 368. Ne renferment point de contradiction, 386. Pourvoient suffisamment à la pureté des mœurs, 388.

Cette Religion devoit-elle durer toujours ? VII, 320 & *suiv.* Dieu n'a point promis de la conserver à perpétuité, 568, 569. Il n'exécute plus la sanction qu'il lui avoit donnée, 344. Elle est devenue impraticable par la dispersion des Juifs, 343. C'est ainsi qu'elle a dû cesser, IX, 12, 26. Le Judaïsme ne doit point être la Religion universelle sous le regne du Messie, VII, 493. Jésus-Christ n'a jamais eu intention de le perpétuer, IX, 24. En quoi le Christianisme l'emporte sur la loi Mosaïque, VII, 240. VII, 383.

Judas Iscariote. Jésus-Christ lui reproche sa trahison, IX, 99. Ce perfide se pend par désespoir, 121, 122. Sa conduite démontre l'innocence de son Maître, VIII, 335. IX, 122.

Jude (Saint) Apôtre, n'a point cité un Livre apocryphe, VIII, 120.

DES MATIERES.

JUDITH, femme Juive, tue Holopherne, VII, 35, 36.

JUGEMENT, est une opération libre de l'esprit, III, 123, 124.

JUIFS. Preuves de l'authenticité de leur Histoire & de leurs Livres, V, 187 & *suiv*. Ils ont su écrire de très-bonne heure, 231 & *suiv*. ont conservé leurs Livres sans aucune altération considérable 287, & *suiv*. — Différence entre leur Histoire & les Fables des Romanciers, V, 225 & *suiv*. VI, 93, 96, 98. VII, 579. Ils n'étoient pas Egyptiens de Nation, V, 543 & *suiv*. 563. X, 49. Récit des Auteurs Profanes sur les Juifs, V, 545 & *suiv*. La narration de Moïse est plus vraie, 557. Contradiction des Incrédules sur l'origine des Juifs, 222, 558. Les Juifs n'étoient point un peuple ignorant & barbare, V, 196. VI, 95. Ni une horde d'Arabes Bédouins, V, 567. VI, 423 & *suiv*. 458. Ils furent réduits en servitude par les Egyptiens, V, 570. Mais non à l'esclavage domestique, VI, 429, 454. Leur multiplication en Egypte n'est pas incroyable, V, 569. Contradiction d'un Philosophe sur le nombre des Juifs, 501. Ils n'ont pas volé les Egyptiens, VI, 52 & *suiv*. 430. Ils prirent du goût en Egypte pour la pompe extérieure, 254. Ils étoient très-enclins à l'Idolâtrie, 506, 515. Lorsqu'ils y sont tombés, ils en ont été punis, 507 & *suiv*. Ils adorerent le veau d'or à l'imitation des Egyptiens, I, 472; reçurent leurs loix dans le désert, V, 13. Pourquoi ils y ont été retenus pendant quarante ans, VI, 108. Dieu n'a pas fait des miracles pour eux seuls, V, 80 & *suiv.* VI, 165. VII, 341. Ils n'ont pas pris les phénomenes naturels pour des miracles, V, 74. VI, 45. La principale preuve des miracles de Moïse n'est pas le témoignage des Juifs, mais leur conduite, 46. Ils n'avoient aucun intérêt à croire ces miracles, V, 104. Leurs révoltes contre Moïse ne sont point incroyables, VI, 80.

Ils étoient dans la nécessité d'apprendre leurs Loix & leur Histoire avec leur Religion, V, 197 & *suiv.* Ils ont rendu leur culte au vrai Dieu dans le désert, VI, 505 & *suiv.* Ils n'en ont point eu une idée fausse, 159 & *suiv.* 198. X, 69. Ils ont cru l'immortalité de l'ame, VI, 204 & *suiv.* Leur croyance ne venoit point des Chaldéens, V, 221. VI, 204. Il y a eu différentes sectes parmi eux, V, 296. VII, 429. IX, 277. Ils n'ont pas cru être le seul peuple chéri de Dieu, VI, 481. La vanité nationale ne leur étoit point inspirée par leur Religion, 165, 180. VII, 340, 341.

Apologie de leurs loix cérémonielles, VI, 251 & *suiv.* De leurs loix civiles, politiques & militaires, 400 & *suiv.* Les Juifs ont été toujours fort attachés à leurs loix, 370. Ils pouvoient être heureux en les suivant, 405 & *suiv.* 472. Ils ont eu tous les signes de la civilisation & de la prospérité, 409 & *suiv.* 418. Leur population étoit nombreuse, 115, 410. Ils étoient forts & robustes, 353. N'étoient point mauvais soldats, 402; connoissoient les arts & le commerce, 412 & *suiv.* Etoient forts occupés de l'Agriculture, 419. Il est faux qu'ils aient été toujours esclaves &

malheureux, VI, 102, 104, 395, 452 & *suiv.*

Quant à leurs mœurs, elles n'ont pas toujours été fort chastes, VII, 400. Ils ont souvent abusé de la polygamie & du divorce, IV, 190. VII, 392. IX, 11. Ils ne se croyoient cependant pas l'impudicité permise, VI, 442 & *suiv.* L'homicide n'étoit pas commun parmi eux, 346 & *suiv.* Il est faux qu'ils aient mangé de la chair humaine, 448; & des excrémens humains, 450; qu'ils aient offert des sacrifices de sang humain, 305 & *suiv.* Ils n'ont pas été plus intolérans que les autres peuples, 494 & *suiv.* ni plus insociables, 483 & *suiv.* ni plus cruels à la guerre, VII, 9, 10, 16. Ils n'ont été agresseurs dans aucune guerre, VI, 131, 457. Pourquoi il leur étoit ordonné de détruire les Chananéens, 483. VII, 13, 21. Leur tolérance n'étoit pas illimitée, VI, 502 & *suiv.* Il n'est pas vrai qu'ils aient toujours été méprisés & détestés des autres Nations, V, 157 & *suiv.* Plusieurs Souverains leur ont fait accueil, 177 & *suiv.* Leurs exploits contre les Rois de Syrie, VI, 468, 470. Plusieurs Philosophes les ont estimés, V, 171 & *suiv.*

Raisons de l'antipathie entre les Païens & les Juifs, V, 181. VI, 485. Ils ont possédé la Palestine, telle que Dieu la leur avoit promise, VI, 109. Ils ont eu à peu près le même sort que les autres Nations, 471 & *suiv.* Ils furent excités à la sédition par les vexations des Romains, 488. X, 430. Etoient-ils tolérés à Rome? IV, 25, 45. IX, 493. Haine aveugle des Incrédules modernes contre les Juifs, VI, 422, 435, 448, 475. VII, 32. Ils en sont cependant les Disciples, V, 17,

18. VI, 422, 476. VII, 119, 213 & *suiv.* 407. VIII, 382. Selon leurs idées, les Juifs font un miracle subsistant, VI, 425.

Au siecle d'Auguste les Juifs attendoient un Messie, VII, 282; ils ont mal entendu les prophéties qui l'annonçoient, 480 & *suiv.* 532, 533. VIII, 8. IX, 31. Dieu ne les a point trompés, VII, 348, 379 & *suiv.* Mais il n'étoit pas obligé de leur prédire tout ce qui leur est arrivé, 347. Motifs de leur incrédulité, VII, 342, 479. X, 37, 146. Elle a été la même que celle de leurs aieux, VII, 417. Elle est inexcusable, 450, 456, 480. Elle est mal justifiée par les Déistes, 457 & *suiv.* IX, 116. Les objections des Juifs contre la mission de Jésus-Christ se tournent contre celle de Moïse, V, 17, 20. VII, 409, 432, 465. Ils livrent ainsi leur Religion sans défense aux attaques des Incrédules, 408, 472.

Les Juifs étoient obligés de croire au Messie, sous peine d'encourir la vengeance divine, 507, 513 & *suiv.* Plusieurs se sont convertis, VIII, 298. Le motif de leur conversion n'a pas été le sens allégorique des prophéties, mais les miracles de Jésus-Christ, IX, 410 & *suiv.* Les autres ont avoué ces miracles, VII, 466. VIII, 264 & *suiv.* 296, 297. Leur incrédulité ne prouve rien contre la vérité des faits de l'Evangile, 380. IX, 172, 261. Leur silence & leur conduite suffisent pour confirmer ces faits, VIII, 332, 496 & *suiv.* IX, 270. Préjugés qui s'opposoient à leur conversion, VIII, 328. IX, 309, 310. XI, 412, 413.

Ils entendoient mal la morale de Moïse &

des Prophetes, VII, 392. IX, 7, 9. Leur ignorance n'a pas été invincible, 505 & *suiv.* X, 38. Il étoit prédit qu'ils rejetteroient le Messie & en seroient punis, VII, 518, 519. Jésus-Christ a prophétisé leur ruine entiere, VIII, 585. IX, 129. Cruauté avec laquelle ils l'ont traité, 120, 128. Ils ont demandé sa mort aux Romains, VII, 539. IX, 125, 126. Ils ont fait sceller & garder son tombeau, 154, 155; ont été convaincus de sa résurrection sans vouloir l'avouer, 169, 211. Jusqu'où ils ont poussé l'opiniâtreté, 241, 242; & la fureur, 329. Ils n'ont rien opposé de solide au témoignage des Apôtres, 269, 270; ont envoyé par-tout des émissaires pour prévenir les esprits contre le Christianisme, VIII, 299. Ils ont calomnié la naissance du Sauveur, 391 & *suiv.* ont falsifié le Pseaume 21, VII, 206. Contradictions des Incrédules sur la conduite des Juifs, IX, 117, 120, 123, 129, 214. Plusieurs Juifs distingués ont cru en Jésus-Christ, 433, 435.

La mort qu'ils ont fait subir au Messie, est un crime national, 539. C'est la cause du châtiment qu'ils éprouvent, 433 & *suiv.* 455. En quel sens ils ont mérité d'être rejetés, IX, 248. Ils ne peuvent rentrer en grace avec Dieu, qu'en adorant le Messie, VII, 508. Ils détestent & méprisent les autres Nations, 243, 392. Doivent-ils se convertir tous à la fin du monde? 571 & *suiv.* Contradictions dans lesquelles ils tombent sur la conduite de la Providence à leur égard, 244. Jésus-Christ étoit-il obligé de les convertir? IX, 117, 118, 239.

JULIEN, Empereur. Extrait de son Ouvrage contre la Religion Chrétienne, X, 97 & *suiv*. Il dissimule la croyance des Païens, II, 49. Avoue l'absurdité des Fables, X, 99. Justifie cependant toutes les folies du Paganisme, III, 122. Vante la Théurgie, 114, 115. Il est très-probable qu'il immola des victimes humaines, X, 17. Il déguise la doctrine de Moïse, 107. Fait cas du culte cérémoniel des Juifs, 127, 128, 132. Avoue que l'inspiration divine a existé chez eux, 114. Soutient que leurs prophéties ne regardent pas Jésus Christ, 124, 125. Il avoue les miracles du Sauveur, VIII, 271, 306. X, 113; & les vertus des Chrétiens, 138, 461. Il leur interdit l'étude des sciences, 121. Révoque en doute les effets du Baptême, 123.

Il fut véritablement Apostat, IX, 581 & *suiv*. & persécuteur, 589 & *suiv*. Ce ne fut ni un Héros ni un Sage, 581 & *suiv*. Comment il traita les villes dont il se rendit maître, VII, 24. X, 112. Miracle arrivé lorsqu'il voulut rebâtir le Temple de Jérusalem, IX, 596. X, 129. Quelle étoit sa croyance touchant la divinité, II, 437. Absurdité de ses raisonnemens & de ses prétentions, X, 133, 134. Il se réfute lui-même, 115. Il veut trouver le Paganisme dans Moïse, 126, 127, 133. Avantages que nous tirons de son Ouvrage, 135.

JUPITER, chez les Romains, n'étoit pas le Dieu souverain dans la rigueur du terme, I, 198. II, 51. Il a été quelquefois envisagé comme la Nature entière, 53.

JURA, chaîne de montagnes entre la France & la Suisse ; différence entre le sol de ces montagnes & celui des Vosges, II, 358, & suiv.

JUSTE, ce terme signifie ordinairement dans les Livres Saints un adorateur du vrai Dieu, I, 144. VII, 67. L'idée du juste & de l'injuste ne vient point des sensations, III, 484 & suiv. Jésus-Christ n'a point enseigné que tout appartient aux Justes, VIII, 509.

JUSTICE, dans l'Ecriture, signifie souvent l'obéissance aux loix & le culte de Dieu, VII, 39. La justice de Dieu ne consiste point à faire du bien à tous les hommes également, II, 551, 561, 590. IV, 362. V, 21 & suiv. 81. VII, 410. X, 77, 224. Mais à ne demander compte à chacun que de ce que Dieu lui a donné, IV, 389. VII, 410. X, 224. En quel sens Dieu ne nous doit rien par justice, III, 404. VI, 192. La justice de Dieu n'est point assujettie aux mêmes règles que la justice humaine, II, 486, 490. Elle se concilie très-bien avec l'état d'épreuve & de liberté dans lequel nous vivons ici-bas, 534 & suiv. III, 392. Elle n'exige point que le vice soit toujours puni, & la vertu récompensée toujours sur la terre, II, 531 & suiv. C'est une preuve de l'immortalité de l'ame, III, 226 & suiv. Cette justice n'est point implacable, XI, 256.

JUSTIN (SAINT), a enseigné le dogme de la création, V, 367. Il n'a point cru le regne de mille ans comme article de foi, VIII, 157, 163 & suiv. Il n'a point cité de faux

Evangile *ibid*. Ne s'est point trompé sur la statue de Simon le Magicien, 162. N'a point forgé les Actes de Pilate, 204, 205.

Justin l'Historien, Abréviateur de Trogue Pompée, a parlé des Juifs, V, 550.

L.

Lait. Dans les femelles des animaux, le lait est destiné à la nourriture du fœtus, II, 401, 402.

Langage, Langue. Le langage est né naturellement de la société entre la mere & l'enfant, I, 319, 320. Nécessité de suppléer à l'imperfection du langage par les rites extérieurs, VI, 252. Le langage des signes est le plus énergique, III, 532, 533. Tout langage devient obscur par le laps des siecles, X, 484. L'imperfection du langage humain ne doit pas nous empêcher de parler de Dieu, II, 453. On peut abuser du langage philosophique aussi bien que du langage populaire, 456. Il faut cependant recourir au premier pour éviter les sophismes, 591, 592. Le langage d'un peuple à demi-sauvage n'est pas aussi modeste que celui d'un peuple policé, VI, 442 & *suiv*. L'analogie des Langues atteste l'identité de leur origine & leur confusion à Babel, V, 474. Différence entre celle des Hébreux & celle des Egyptiens, X, 49. La Langue Latine s'est conservée en Europe par la Liturgie, XII, 5, 6. Pourquoi on ne célebre point l'Office divin en Langue vulgaire, XI, 173.

LAZARE, étoit un homme considérable parmi les Juifs, IX, 433. Preuves de la réalité de sa résurrection, & réponse aux objections, VIII, 548.

LÉGENDES. L'Eglise n'oblige personne à croire les miracles rapportés dans les Légendes, IX, 344 & *suiv.*

LÉGISLATEUR. Dès la création, Dieu s'est révélé comme souverain Législateur, III, 378. La plupart des peuples l'ont ainsi reconnu, 379 & *suiv.* & l'ont regardé comme auteur des loix, 382. Fausse idée que les Incrédules se forment des anciens Législateurs, I, 255 & *suiv.* Aucun Athée ne l'a été, 254. Les fondateurs des loix ne sont point les premiers auteurs de la Religion, 249 & *suiv.* Ils n'ont pas osé y toucher, 481 & *suiv.* Ils s'en sont servis pour fonder la société, 381. III, 542. Le dogme de l'immortalité de l'ame ne vient pas d'eux, 239; mais ils en ont fait la base des loix, VI, 322. Plusieurs ont eu recours à des révélations, III, 382. Ils n'ont pas toujours été les maîtres d'établir des loix plus sages, VI, 153. Plusieurs ont introduit des usages absurdes & barbares, II, 121 & *suiv.* 186. Un Législateur doit avoir égard au degré de civilisation d'un peuple, VI, 498.

LEPRE. C'est une maladie du climat, V, 561. Les Juifs étoient-ils une race de Lépreux Egyptiens? 562 & *suiv.* Lépreux guéris par Jésus-Christ, VIII, 514, 538.

LETTRES ALPHABÉTIQUES, *voyez* CARACTERES.

Le Christianisme a conservé dans l'Occident la culture des Lettres, XII, 1 & *suiv.* On lisoit dans les anciennes Eglises les Lettres des Apôtres & de leurs Disciples, VIII, 145, 146. C'est ce qui nous assure de leur authenticité, *ibid.*

Lévi, Lévites. La race de Lévi fut choisie de Dieu pour le Sacerdoce Mosaïque, VI, 121. Pourquoi les Lévites furent dispersés dans les différentes Tribus, 122, 123. Ils étoient la moins nombreuse, 121. Ils n'avoient aucune autorité civile, 119, 125. Leur sort étoit moins avantageux que celui des autres Israélites, 123. Outrage fait à la femme d'un Lévite par les habitans de Gabaa, VII, 43, 44.

Libanius, Rhéteur Païen, atteste la cruauté des supplices que l'on faisoit souffrir aux Martyrs, IX, 490. Il rend justice au mérite de Constantin, XI, 449. N'accuse les Chrétiens d'aucun crime, IX, 490.

Liberté naturelle, libre arbitre. Dieu est essentiellement libre & indépendant, II, 470, 471. La liberté de l'homme est une vérité de sentiment, plus claire qu'aucune définition, III, 91, 95. Fausse notion qu'en donne un Philosophe, II, 471. Différence entre les actes spontanées, les actes volontaires, & les actions libres, III, 95, 96, 101. Preuves de notre liberté, 98 & *suiv.* L'abus de la raison en est une, II, 333. Le péché d'Adam ne l'a pas détruite, I, 138. La prescience de Dieu n'y est point contraire, II,

510, 511. Ce n'est point un don pernicieux par lui-même, 564, 565. Les actes libres sont les seuls susceptibles de moralité, III, 102, 104, 106. Livres composés contre la liberté, 115. Si nous n'étions pas libres, il seroit absurde d'argumenter pour ou contre la liberté, 113, 114. Mauvaise foi de ceux qui l'attaquent, 116, 117. On ne peut le faire sans tomber dans le Matérialisme, 151, 164, 172. Conséquences absurdes de l'hypothèse de la nécessité, 190, 191. Importance du dogme de la liberté, efforts des Philosophes pour la détruire, 209 & *suiv.* L'homme libre peut abuser des dons de la Nature contre le dessein de Dieu, II, 406. Aucun secours naturel ou surnaturel n'enchaîne invinciblement notre liberté, XI, 392. Jésus-Christ la suppose évidemment en nous donnant des préceptes, IX, 27.

LIBERTÉ civile & politique. L'homme n'est point né absolument libre, IV, 238 & *suiv.* La vraie liberté consiste à ne pouvoir faire que ce qui nous est avantageux, 248. Elle n'est devenue un bien que depuis l'établissement de la société civile, 239. Il y a autant de liberté dans les Monarchies modernes que dans les anciennes Républiques, IV, 258. La liberté étoit très-rare autrefois, VI, 379, 380. Les Anciens n'en avoient pas la même idée que nous, 375 & *suiv.* Il y a plus de liberté en Europe qu'il n'y en eut jamais, IV, 257, 258. Un peuple corrompu n'en est plus capable, 131. Les Philosophes la poussent à l'excès, *ibid.* L'abus de ce nom fait naître les séditions, 257, 272.

LICINIUS, Empereur, monftre de cruauté, eft l'auteur des crimes que les Incrédules attribuent aux Chrétiens, IX, 578 & *fuiv.*

LIMBORCH, Théologien de la Secte des Remontrans, a réfuté l'Ouvrage du Rabbin Ifaac Orobio, VII, 119, 505 & *fuiv.*

LITURGIE. Nous voyons dans le Livre de l'Apocalypfe le modele de la Liturgie des Apôtres, VIII, 62. X, 345 & *fuiv.* Saint Juftin la repréfente de même, 349. Conféquences qui en réfultent pour confirmer les dogmes de notre foi, 348. XI, 11 & *fuiv.*

LIVRES. Regles de critique pour juger de l'authenticité d'un Livre, V, 186, 274. VIII, 51, 52. Elle fe prouve comme la légitimité d'un enfant, 49, 50. Il n'eft pas toujours befoin du témoignage des contemporains, 83 & *fuiv.* Entêtement des Critiques qui ne veulent ajouter foi qu'à ce qui eft dans les Livres, VI, 250. Ce ne font pas les Livres qui ont fait naître toutes les difputes, IX, 423. Un ignorant n'a pas befoin de Livres pour fe convaincre des preuves du Chriftianifme, X, 555, 573. Les Chrétiens n'ont point fupprimé les Livres de leurs ennemis, IX, 464-466. XII, 56.

LIVRES SAINTS. Dans l'Hiftoire Sainte, *un Livre* ne fignifie pas toujours un Ouvrage complet, V, 260. Différence entre un Livre authentique, vrai, canonique, infpiré, VIII, 37 & *fuiv.* Attention avec laquelle Dieu a veillé à la conservation des Livres Saints, V,

287. Ils n'ont pu être supposés ni falsifiés, VIII, 123, 148. On ne les a cachés que quand les Empereurs eurent ordonné de les brûler, X, 349. Dioclétien les fit rechercher dans cette intention, VIII, 91. Les Livres faux & apocryphes ont été forgés par les Philosophes & par les Hérétiques, 122, 155, 191, 217. *Voyez* AUTHENTICITÉ, TESTAMENT.

Les Livres Saints ne sont pas la seule regle de foi, VIII, 232, 233. X, 464 & *suiv.* Raisons de leur obscurité, VII, 172. X, 470. Ils ont toujours été expliqués par la tradition, VIII, 223 & *suiv.* Jésus-Christ & les Apôtres ont cité les Livres de l'Ancien Testament comme divins ou inspirés, 227, 228. Les exemples que nous y trouvons ne peuvent porter au crime, VI, 497. Les Hérétiques mêmes sont convenus de la nécessité de déférer à l'autorité des Livres Saints, VIII, 221 & *suiv.* En quoi consiste l'inspiration de ces Livres, quelle en est la preuve ? V, 328 & *suiv.* VIII, 218 & *suiv.* 230, 234. Fausse idée que les Incrédules en ont conçue, V, 330. Ils manquent de la capacité nécessaire pour juger de ces Livres, 184, 274.

LOCKE, Philosophe Anglois, a vainement cherché l'idée de substannce dans la matiere, II, 242. N'a réfuté les idées innées que par un argument négatif, III, 428, 429. N'a pas démontré que nous n'avons aucun sentiment moral inné, 429. Il a douté si Dieu ne peut pas rendre la matiere capable de penser, 29, 30. Pourquoi sa philosophie a été vantée par les Incrédules, 490.

Loi. Dans les principes de l'Athéisme, *Loi* ne signifie rien que la force, IV, 274, 275. Selon les lumieres de la raison, c'est la volonté d'un Législateur, III, 411, 412. Dieu est le premier Auteur des Loix, 382. V, 405. Il faut des peines & des récompenses pour rendre les loix obligatoires, III, 385. Les loix, les peines, les récompenses, portent sur l'hypothese de la liberté humaine, 104. Elles sont inutiles sans les mœurs, I, 399. XI, 274. La douceur des loix suppose la pureté des mœurs, VI, 501. L'abus que l'on en peut faire ne prouve rien, 497. Les sociétés naissantes ont besoin de loix séveres, 498. Danger de toucher à une législation établie, IV, 277, 278. Les Incrédules ne respectent aucune loi, III, 406 ; déclament contre notre législation très-injustement, IV, 277, 278. Jésus-Christ a prouvé que la nécessité prévaut à la loi, VIII, 509. Un code de loix ne peut être supposé impunément, V, 203.

Loi naturelle. C'est la volonté de Dieu souverain Législateur, I, 322, 331. Preuves de cette vérité, & réponse aux objections, III, 377, 387 & *suiv*. Elle est fondée sur la nature de Dieu & sur celle de l'homme, 388. IV, 439. Est gravée dans notre cœur, mais obscurcie par les passions, III, 375, 376. Le motif de l'observer n'est pas seulement notre intérêt temporel, I, 327 & *suiv*. III, 449 & *suiv*. Elle ne nous impose cependant aucun devoir qui ne soit conforme à notre intérêt bien entendu, IV, 224. La loi naturelle est la seule base de la morale, II, 132. III,

III, 377 & *suiv.* XII, 104. Elle établit tous les devoirs d'humanité & de société, III, 477, 478, 479. Fait régner la confiance entre les hommes, I, 266. Elle est l'unique fondement du pouvoir politique ou du gouvernement, 385 & *suiv.* IV, 244 & *suiv.* Etablit toute espece d'autorité, & y met des bornes, IV, 246. La loi suprême est l'intérêt général, 275. Elle n'ôte point la force aux loix civiles, au contraire, III, 405 & *suiv.* Elle peut être sujette à des doutes dans l'application, IV, 271. Il est plus aisé de s'aveugler sur les devoirs de la loi naturelle que sur ceux d'une loi positive, 406. On ne peut apprendre la premiere que par l'éducation, 374.

La loi naturelle ne peut donc être également connue de tous les hommes, IV, 373. Tous les peuples en ont méconnu les devoirs les plus essentiels, II, 130 & *suiv.* 187 & *suiv.* IV, 418. Elle n'a été bien connue que chez les Nations éclairées par la révélation, II, 130 & *suiv.* 187 & *suiv.* IV, 355. Dieu l'avoit enseignée aux Patriarches, VI, 233. Les anciens Philosophes l'ont admise, III, 379 & *suiv.* Les modernes la méconnoissent, IV, 210, 236, 237, 417. Elle n'avoit pas été révélée d'abord dans toute son étendue, I, 18. IV, 180. Moïse l'a mieux connue & mieux enseignée que les autres Législateurs, VI, 242. Mais les Juifs prenoient mal le sens de plusieurs préceptes importans, VII, 388, 389. Jésus-Christ a démontré leurs erreurs, IX, 7 & *suiv.* Dieu n'a jamais dispensé personne des devoirs de la loi naturelle, quoiqu'il en ait souvent toléré l'infraction, VII, 353.

Tome XII. R

LOIX DIVINES POSITIVES. Dieu peut imposer aux hommes des loix positives, VII, 349. Cela n'est pas contraire à sa justice, IV, 407. L'obligation d'y obéir dérive de la loi naturelle, VII, 354, 368. Ces loix sont nécessaires au bien de la société, III, 407. Elles ne sont point opposées à la loi naturelle, IV, 178, 351. Elles n'ôtent point la force aux loix civiles, III, 405 & *suiv.*

Les loix positives sont plus claires que la loi naturelle, IV, 352, 394, 406. Dieu n'en a porté aucune qui soit devenue nuisible, 417, 418. La force de ces loix ne vient point de l'autorité des Souverains, XI, 188 & *suiv.* Dieu peut les changer sans être inconstant, VII, 346. Il peut en dispenser certains hommes, & non de la loi naturelle, 352, 368. Il n'y a point de contradiction entre les loix positives données aux Juifs & celles de Jésus-Christ, X, 80. Fausse comparaison entre les loix religieuses & les loix civiles, XI, 300.

LOI MOSAÏQUE. *Voyez* JUDAÏSME.

LOIX CÉRÉMONIELLES. Sagesse de celles que Moïse avoit établies, VI, 251-360. Plusieurs étoient autant de monumens de ses miracles, 15, 76. Elles défendoient l'effusion du sang humain, les mutilations & les autres superstitions du Paganisme, II, 191; VI, 307. Nous ignorons les raisons de plusieurs, 252, 257 & *suiv.* La plupart seroient aujourd'hui absurdes & pernicieuses, VII, 401. Elles ne dévoient pas être abolies par une loi contraire, mais par l'impossibilité de les observer, IX, 308. Les Prophetes n'ont pas prédit qu'elles feroient rétablies fous le Meſſie, VII, 493. L'intention de Jéſus-Chriſt ni des Apôtres ne fut jamais de les conſerver, VII, 375. IX, 308, 366 & ſuiv. 396. En quel ſens ces loix étoient encore utiles aux Juifs après la publication de l'Evangile, 383. La prétendue *Loi orale* donnée à Moïſe, eſt une rêverie des Rabbins, 405. *Voyez* CÉRÉMONIES.

LOI CHRÉTIENNE. *Voyez* EVANGILE.

LOIX ECCLÉSIASTIQUES. L'Egliſe ne peut ſubſiſter ſans avoir des loix de diſcipline, XI, 86 & ſuiv. Elle a reçu de Jéſus-Chriſt le pouvoir d'en faire, 166 & ſuiv. Ces loix impoſent aux fideles l'obligation d'obéir, 178 & ſuiv. Elles ne ſont point oppoſées aux loix nationales, 104. Pourquoi l'Egliſe a tenu plus ferme ſur certaines loix que ſur d'autres, 200 & ſuiv. Elles ſont ſuſceptibles de diſpenſe & de réforme, X, 342. XI, 171 & ſuiv.

LOIX CIVILES. Dieu a daigné donner le modele de ces loix, V, 5, 6. Elles n'auroient aucune force ſans la Religion & ſans la loi naturelle, I, 403. III, 405, 407, 410. Elles en ont très-peu ſans les mœurs, I, 399. III, 514. Elles ne peuvent preſcrire à l'homme tous ſes devoirs, I, 292 & ſuiv. III, 386. Ne ſuffiſent pas pour fonder la ſociété, XII, 191. Elles ſont inutiles ſelon le raiſonnement des Incrédules, III, 574. On peut faire contre elles les mêmes reproches que contre la Religion, I, 413, 420. Elles obligent en vertu de la loi naturelle, XI, 181, 182. Leur ſanction doit porter ſur les peines de cette vie,

R 2

& non sur celles de l'autre, VI, 234. Contradiction des Incrédules sur ce sujet, XI, 194, 195.

Les loix civiles doivent être relatives aux mœurs & au degré de civilisation des peuples, VI, 498. Il y en a eu de fausses & de pernicieuses chez toutes les Nations, II, 121, 129 & *suiv.* L'intérêt général mal entendu en a été la cause, IV, 385, 413. VI, 79, 80. Nous ne connoissons point de loix fondées sur des événemens fabuleux, 77, 78. Loix des Grecs & des Romains concernant la Religion, IV, 19, 20. Apologie des loix civiles & politiques des Juifs, VI, 365 & *suiv.* Le Christianisme a fait réformer les loix absurdes, XI, 414, 434. Y a-t-il une loi des Empereurs qui condamne à mort les Hérétiques ? XI, 454. Les loix Angloises contre la tolérance sont plus rigoureuses que les nôtres, X, 415. Témérité avec laquelle les Incrédules déclament contre nos loix, IV, 276 & *suiv.*

LOIX PHYSIQUES DE L'UNIVERS. *Loi* dans le sens des Matérialistes ne signifie rien, II, 293. Ce que l'on doit entendre par-là, 288, 289. V, 56 & *suiv.* 63, 64. Les loix Physiques ne sont point nécessaires de nécessité absolue, II, 297, 305, V, 53, 56. Mais l'effet d'une volonté libre du Créateur, II, 306, 307. V, 43, 55. Elles sont constantes, parce que Dieu le veut, II, 307. V, 39. Il peut y déroger quand il lui plaît, 38, 55, 64. Contradiction des Athées sur la prétendue nécessité des loix physiques, 49. Elles sont connues par l'expérience, & non autrement, IV, 556. Les loix du monde moral ne sont pas moins constantes que les loix physiques, 518. Ce que l'on doit entendre par une *loi de la nature*, V, 56 & *suiv.* 63, 64. En quel sens un miracle interrompt ou viole ces loix, 33 & *suiv.* 65. Il n'est pas nécessaire de les connoître toutes pour juger d'un miracle, 72 & *suiv.*

Loth, neveu d'Abraham, objections contre son Histoire, V, 513 & *suiv.*

Louis (Saint), est calomnié par les Incrédules, XII, 78, 79. Il a fait plus de bien que tous les Philosophes, XI, 497.

Lucien, Philosophe, rend justice aux mœurs des Chrétiens, IX, 462.

Lucrece, Poëte Epicurien, invoque la fortune au lieu de la Divinité, I, 279. Contradiction dans laquelle il tombe sur l'ordre de la nature, 277.

Lumiere. Moïse ne s'est point trompé sur la source de la lumiere, V, 376. La maniere dont il en exprime la création en est sublime, 375.

Lune. Les Néoménies, ou fêtes de la nouvelle Lune, ont été célébrées chez presque tous les peuples, VI, 327. Culte superstitieux rendu à cet astre par les Païens, *ibid.* Comment on a imaginé les influences de la Lune, V, 118.

Luther, inspira dès l'origine de son schisme l'esprit de sédition à ses Sectateurs, X, 413

& *suiv.* Maximes de cet Héréfiarque, 417.

Luxe. C'eſt le pere de la philoſophie & de l'irréligion, I, 25, 64. Pernicieux effets qu'il produit, III, 443. X, 322, 343. Il fait naître l'Epicuréiſme, III, 464. La pompe du culte divin n'inſpire point le goût du luxe, X, 369. Il étoit pouſſé à l'excès par les Grands de Rome & par les Empereurs, XI, 456. Et aſſez commun chez les Juifs, VI, 417.

M.

Macchabées, famille Juive. Ce furent de vrais Héros, VI, 468.

Machine, Mécanisme. La matiere eſt incapable de produire une machine ou un mécaniſme, II, 340. On ne peut expliquer les opérations de l'ame par un mécaniſme, III, 73 & *suiv.* 84 & *suiv.* Les Matérialiſtes ſont forcés d'en convenir, 79.

Madelaine. Calomnies des Incrédules contre cette ſainte femme, IX, 73. Elle va au tombeau de Jéſus-Chriſt, 153 & *suiv.* Il lui apparoît après ſa réſurrection, 157, 180, 215, 216.

Madianites. Punition des Hébreux pour s'être livrés à l'idolâtrie avec ce peuple, VI, 137. La population de leur pays n'eſt point exagérée dans les Livres de Moiſe, 142, 143.

Mages. Adoration de Jéſus-Chriſt par les

Mages, VIII, 404. L'apparition d'une étoile miraculeuse à cette occasion est citée par un Païen, 251, 252. Celse révoque en doute cet événement, X, 31.

MAGICIENS, MAGIE. En quoi consistoit la Magie, V, 94. VI, 25. Elle a été autorisée & pratiquée par les anciens Philosophes, II, 18. Il n'y avoit rien de surnaturel dans les opérations des Magiciens d'Egypte, V, 93 & *suiv*. Pourquoi Dieu les laissa faire, VI, 38, 39. Les miracles de Moïse ne peuvent être attribués à la Magie, 25. Ceux de Jésus-Christ encore moins, VIII, 262, 263.

MAGISTRATS. Les Incrédules n'ont aucun respect pour eux, IV, 254, 264. XI, 176. XII, 80, 146. Les premiers Chrétiens n'ont point tenté de se soustraire à leur autorité, IX, 394, 395, 413 & *suiv*. Ne les ont point outragés, 496-499.

MAHOMET, MAHOMÉTISME. Les Incrédules font l'apologie de cet imposteur, XI, 510 & *suiv*. — Quel étoit son caractere, IX, 302. XI, 513 & *suiv*. Sa doctrine, 519, 520. Sa morale, 521, 522. Il n'a prouvé sa mission par aucun signe surnaturel, 523-525. Causes de ses succès, 526 & *suiv*. Il a réussi par la violence plus que par la séduction, IV, 381. Effets que le Mahométisme a produits partout, XI, 529 & *suiv*. 555. XII, 40. Réglemens absurdes de Mahomet sur les femmes, XI, 535 : ses loix sont très-mauvaises, 521, 536. Erreurs qui lui sont justement attribuées, 518, 533. Mauvaises excuses pour les pallier,

534 & *suiv*. En quoi consiste la tolérance des Mahométans, 531, 553. Leur puissance a été affoiblie par les Croisades, XII, 29, 33. Ils auroient envahi l'Europe entiere, si le zele de Religion ne s'étoit opposé à leurs efforts, I, 30. Leur malpropreté a fait de l'Egypte le foyer de la peste, II, 199. VI, 331, 333.

MAIN desséchée, guérie par Jésus-Christ, VIII, 511.

MAL. La question de l'origine du mal n'est point insoluble, II, 543 & *suiv*. Principes clairs desquels dépend la solution, 588 & *suiv*. Il y a des maux de trois especes, & ils ne sont tels que par comparaison, 544 & *suiv*. La maniere dont les biens & les maux sont distribués ne déroge ni à la justice ni à la bonté de Dieu, 527. L'homme n'est point absolument malheureux sur la terre, IV, 56. Les maux de ce monde ne sont jamais sans ressource, ils ne rendent point un homme inutile à la société, 84. Rien ne peut consoler l'homme dans ses maux que la Religion, I, 266 & *suiv*. Elle ne nous défend point d'y remédier, 298. IV, 64. L'Evangile console les malheureux, IX, 32. Les Incrédules sont insensibles aux maux de l'humanité, XII, 100.

MAL MORAL. L'idée du mal moral n'est point tirée de la sensibilité physique, I, 165 & *suiv*. III, 484 & *suiv*. Cette idée doit être immuable, I, 168. Aveu des Philosophes anciens & modernes sur cette question, 334 & *suiv*. Dieu, sans être auteur du mal moral, s'en sert pour accomplir ses desseins, VII, 146. Voyez BIEN.

MALACHIE, Prophete, a prédit que le Messie viendroit dans le second Temple, VII, 274.

MALÉDICTIONS. Voyez IMPRÉCATIONS.

MANES, ames des morts, honorées par les Païens, VI, 212.

MANÉTHON, Historien Egyptien, a parlé des Juifs, V, 545, 546.

MANICHÉENS, Hérétiques du quatrieme siecle ; ils ont fourni des argumens aux Incrédules modernes, I, 40, 68. V, 18, 19, 371 & suiv. VI, 307. Absurdité de leur hypothese des deux principes, II, 547 & suiv.

MANNE du désert ; ce n'étoit pas un phénomene naturel, VI, 71 & suiv.

MARBRE. Quand le marbre noir d'Egypte seroit de la lave, il ne prouveroit point l'antiquité du monde, V, 408, 409.

MARC (SAINT). Fausse traduction d'un passage de cet Evangéliste, IX, 67, 68.

MARIAGE. Dieu l'a institué dès la création, I, 136, 137. Pour fonder la société par ce lien, 310. IV, 155, 157, 221. La Religion y a donc présidé dès l'origine, III, 548. X, 320, 321. C'est elle qui le rend respectable, *ibid.* De droit naturel il est réduit à l'unité, & indissoluble, IV, 174 & *suiv.* 194 & *suiv.* même en cas d'adultere, 208. Le mariage a été profané chez la plupart des Nations, II, 200. X, 320. Il est dégradé par les Philosophes modernes, II, 227. III, 549. X, 321. XI, 273, 336. On n'en méconnoît la sainteté que dans les siecles & chez les peuples corrompus, IV, 220. Où les mœurs sont pures, les mariages sont heureux, XI, 305. Raisons qui en détournent dans une société nombreuse & policée, X, 322. XI, 273 & *suiv.* Moïse en avoit réprimé plusieurs abus, VI, 356. Il n'y a point de contradiction dans ses loix sur le mariage, 386. L'Evangile, loin d'en détourner les hommes, les y invite par la sainteté de cet engagement, X, 275, 322. XI, 271. Pourquoi Jésus-Christ l'a élevé à la dignité de Sacrement, X, 320. Conséquences de l'erreur des Protestans sur ce point, 321. Pourquoi les causes de mariage ont été portées à Rome, XI, 153. Cet état ne convient point aux Ministres de l'Eglise, XI, 288 & *suiv.* Ce n'est pas un remede infaillible contre l'incontinence, 299.

MARIE, Mere de Jésus, n'étoit point de la Tribu de Lévi, VIII, 390. Sa virginité étoit reconnue par d'anciens Hérétiques, 394. Plusieurs ne lui ont contesté que sa qualité de Mere de Dieu, 426. Ce titre lui est dû, X, 540 Elle a pu différer sa purification jusqu'après son retour d'Egypte, VIII, 409, 410. Jésus ne lui a point manqué de respect, 452.

MARTYRE. *Martyr* signifie témoin, IX, 471, 477. Autre chose est de souffrir le martyre pour une doctrine, ou de l'endurer pour des faits, 472, 534. Faits sensibles & palpables que les Martyrs du Christianisme ont attestés, 473 & *suiv.* XII, 171. Force de ce témoignage, IX, 480, 481, 524. Les Martyrs des fausses Religions n'attestoient point des faits, mais une doctrine, 476, 479. Les nôtres n'ont point souffert pour des crimes, mais pour leur Religion, 484 & *suiv.* 545. X, 26, 194. Leur courage a été surnaturel, IX, 505 & *suiv.* En quoi consistoit leur enthousiasme, 510-513. XII, 99. Leur constance ne ressembloit point à celle des Sauvages, 517, 518. Ils n'étoient ni Imposteurs, ni Fanatiques, ni dominés par aucune passion, 517, 518. XII, 76, 78. Ils auroient pu éviter le supplice en apostasiant, IX, 519. XII, 81. En quel cas le martyre prouve la vérité d'une Religion, IX, 524. Dieu peut exiger ce témoignage, 527. XI, 357. Celse ne blâme point la constance des Martyrs, IX, 528. X, 26, 91-94. Ce ne sont point des suicides, IV, 92 & *suiv.* IX, 515. Il n'est pas vrai que les Peres aient soufflé le fanatisme du martyre, IX, 517 ; ni que le zele du martyre inspire l'intolérance, 532. Il y a eu un très-grand nombre de Martyrs, 534 & *suiv.* X, 440. Cruauté des supplices qu'on leur a fait souffrir, IX, 536, 542. Les tombeaux & les reliques des Martyrs ont été honorés dès le temps des Apôtres, VIII, 174. X, 116, 117. Miracles arrivés au martyre de plusieurs, IX, 506, 514. Les anciens Hérétiques n'ont point souffert le martyre, XI, 80. Contradiction des Incrédules sur les Martyrs, XII, 81.

Massacres. Ceux qui ont été commis chez les Juifs sont exagérés par les Incrédules, VI, 438. De même que ceux qui ont été faits ailleurs sous prétexte de Religion, X, 426 & suiv. 436. Ces crimes venoient d'un autre motif, ibid. Ils ont eu lieu chez les autres peuples aussi bien que chez les Chrétiens, 438 & suiv. Massacre des Innocens ordonné par Hérode, VIII, 250, 404 & suiv. Le Clergé de France n'eut aucune part au massacre de la Saint Barthelemi, X, 433. Quel en fut le motif, III, 431.

Massore ou Masore, travail fait par les Rabbins pour prévenir l'altération du texte Hébreu de la Bible, V, 297.

Matérialisme, Matérialistes, Philosophes qui n'admettent que la matiere. Ils n'argumentent que sur des équivoques, II, 321. III, 302, 306. Se contentent de mots inintelligibles, II, 368, 390. Ont changé le terme de *hasard* en celui de *nécessité*, 298, 300. Ne veulent admettre que ce qu'ils voient, 285; prennent des idées abstraites pour des êtres réels, 239, 273, 280. Ils admettent des effets sans cause, III, 285. Font les sophismes qu'ils reprochent à leurs adversaires, II, 389, 404.

Argumens que leur font les Sceptiques, III, 291; auxquels ils ne peuvent répondre, II, 305, 306. Leurs spéculations n'aboutissent qu'au Pyrrhonisme, III, 280. Ils ont toujours été mauvais Physiciens, & n'ont fait aucune découverte dans la Physique, II, 302. Ils ne peuvent éviter d'admettre un mystere dans les opérations de l'ame, III, 62. Font de vains efforts pour les expliquer par un mécanisme, 73 & *suiv.* 84 & *suiv.* Autres mysteres qu'ils admettent, 285 & *suiv.* 295, 296. Ce sont autant de contradictions, 313. Ils ne peuvent nier les miracles ni les prophéties en raisonnant conséquemment, V, 113, 114.

Exposition de leur systême de morale, III, 446 & *suiv.* C'est celui d'Epicure, 465. Réfutation de ce systême, 456 & *suiv.* XII, 98 & *suiv.* Conséquences qui en résultent dans la société, IV, 69. Il anéantit la morale & la vertu, 51 ; & autorise tous les crimes, 55, 64. Les Matérialistes les plus sinceres en ont avoué les conséquences, III, 466. Quand ils moralisent, ils sont en contradiction avec eux-mêmes, IV, 116 & *suiv.* Un Matérialiste fidele à ses principes, doit être un hypocrite, III, 453.

MATIERE. L'essence de la matiere est inconnue, II, 240 & *suiv.* III, 51 ; aussi inconnue que celle de Dieu, II, 433, 434. Nous ne connoissons la matiere que par ses qualités sensibles, II, 466. Sa divisibilité à l'infini est un mystere incompréhensible, III, 284. Dans cette hypothese, la matiere n'est point une substance, II, 241. S'il y a des monades ou des atomes, ils n'ont d'autre qualité que l'inertie, 242. La matiere est un être purement passif, 277, 335 ; contingent, créé & non nécessaire, 254 & *suiv.* N'a point de qualités absolues, mais seulement relatives, 255; n'est point immuable, 259; ne s'anéantit point, III, 224.

La matiere ne peut être le principe du mouvement, II, 267 & *suiv*. Il ne lui est point essentiel, 271 & *suiv*. On ne peut lui attribuer de la *force* ou de l'*action* que dans un sens abusif, 277, 285, 335. III, 32 & *suiv*. Elle ne peut être le principe de la vie dans les corps animés, II, 310 & *suiv*. Est incapable de sentir, III, 13 & *suiv*. A plus forte raison de penser, 24 & *suiv*. II, 332 & *suiv*. De réfléchir, de vouloir, d'agir, III, 31, 32. Toutes ses qualités connues ou inconnues, sont nécessairement divisibles, 29, 30, 40, 45, 70. Les Peres de l'Eglise n'ont point cru l'éternité de la matiere, V, 367 & *suiv*. Quelle relation peut-il y avoir entre elle & l'esprit? III, 71.

MATTHIEU (SAINT), est le premier qui ait écrit un Evangile, VIII, 55, 60. Il l'a écrit en Hébreu, 55, 73, 131. Ne s'est point trompé sur Zacharie, fils de Barachie, 130-133. Il n'étoit point Chevalier Romain, *ibid*.

MAXIMES. En général, les maximes philosophiques sont incapables de diriger les hommes, III, 504. Ne croire que ce que l'on peut concevoir, est une maxime fausse, I, 46 & *suiv*. III, 278. — Maximes des anciens Athées, 475. Celles des Incrédules modernes sont très-scandaleuses, II, 411. III, 267, 440, 450. XII, 93, 94. Toute maxime séditieuse est punissable, IV, 30. Réfutation des maximes de morale des Incrédules, III, 473. XII, 98 & *suiv*. La Religion confirme toutes les maximes de morale naturelle, III, 479. Elles font dans les Livres Saints, 481. Apologie des maximes de l'Evangile, IX, 26 & *suiv*. X, 272, 278. XII, 110 & *suiv*. Sagesse & utilité des maximes de perfection, X, 272. En quel cas l'homme ne suit point dans la pratique ses propres maximes, I, 355. Il n'est aucune maxime vraie de laquelle on ne puisse abuser, X, 399. XII, 70, 71, 113.

MÉCANISME. *Voyez* MACHINE.

MÉDECINE. La plupart des pratiques superstitieuses sont venues de la Médecine, IV, 383. Elle a été long-temps exercée par des Clercs, XII, 9, 10.

MÉDIATEUR. *Voyez* RÉDEMPTION.

MÉDITERRANÉE. Le lit de cette mer ne peut avoir été creusé par un volcan, II, 365. L'irruption de l'Océan dans la Méditerranée n'a pas pu inonder la Syrie, V, 426.

MELCHOM. *Voyez* MOLOCH.

MEMBRE. L'Evangile ne commande à personne de se couper les membres, IX, 28.

MÉMOIRE. Ce n'est pas une sensation continuée & affoiblie, III, 76, 82.

MENSONGE. Les Philosophes modernes approuvent le mensonge utile, II, 223. Celui de Jacob n'est pas approuvé dans les Livres

Saints, V, 527. Il n'est pas certain que les Sage-femmes d'Egypte aient menti, VI, 5. Jésus-Christ n'a point été coupable de ce défaut, VIII, 538. En quel sens Dieu envoie aux faux Prophetes un esprit de mensonge, VII, 139. La Religion condamne toute espece de mensonge, IV, 590.

MER. Les montagnes n'ont pas pu se former dans le sein de la mer, II, 354 & *suiv.* Le mouvement supposé de la mer d'Orient en Occident est contraire à toutes les loix de la Physique, V, 398 & *suiv.* Rien ne prouve que la mer ait changé de lit, II, 362. V, 397, 427. Fausse estimation de la profondeur & de la quantité des eaux de la mer, 434, 435. Les corps marins trouvés dans les terres, sont des monumens du Déluge, II, 359. V, 430. La Mer morte, ou le lac Asphaltite, a-t-il toujours existé ? 517.

MER ROUGE. Le passage des Israélites au travers de cette mer fut miraculeux, VI, 58 & *suiv.* Les Egyptiens en ont conservé un souvenir confus, 66. La jonction de la Mer rouge à la Méditerranée pourroit être dangereuse, V, 405.

MERE. La tendresse d'une mere ne vient ni du besoin ni de l'intérêt ; elle impose aux enfans le devoir de la reconnoissance, IV, 233, 234. Notre premiere mere reconnut que sa fécondité étoit un don de Dieu. 222.

MERVEILLE. Les merveilles ordinaires de la

Nature ne font pas des miracles, V, 42. Le goût des hommes pour le merveilleux ne rend pas suspect leur témoignage en fait de miracles, IV, 589, 590. Les faits merveilleux racontés dans les Histoires, ne sont pas tous faux, V, 120.

Messe. Elle a été instituée par les Apôtres, X, 345 & *suiv.*

Messie. L'attente d'un Messie étoit ancienne & constante chez les Juifs, VII, 156, 268, 283, 285; & répandue dans tout l'Orient, VIII, 15, 16, 247, 248. Ce n'étoit point un effet de l'inquiétude naturelle des Juifs, V, 137, 138. Il avoit été promis à Adam, VIII, 174 & *suiv.* Il étoit désigné dans les prophéties par des caracteres très-clairs, 382. Nom qui lui est donné dans la prophétie de Jacob, VII, 194. Prédiction de sa naissance, 207 & *suiv.* De ses souffrances, 205, 233 & *suiv.* De sa mort & de sa sépulture, 236 & *suiv.* De sa résurrection, 246. De son regne, 228. De son Eglise, 238. Les Prophetes ont annoncé qu'il seroit Dieu, 459, 460. Sous le Messie, la séparation entre les Juifs & les autres Nations ne doit plus avoir lieu, 337.

En quel sens il est la fin de la loi, VII, 359, 360. Il doit être Législateur lui-même, 332, 396, 463, 509 & *suiv.* Dieu a ordonné de lui obéir sous peine d'encourir sa vengeance, 507, 513 & *suiv.* Le Messie a dû être plutôt reconnu par ses miracles que par les prophéties, 432 & *suiv.* 532. C'étoit à lui d'expliquer les prophéties & d'en montrer le vrai sens, 418. Les Païens ont dû le connoître aussi bien que les Juifs, 449. S'il étoit encore à venir, les Juifs n'auroient plus aucune marque pour le distinguer, 447, 451. Les caractères qu'ils lui attribuent sont tous absurdes, 533. Son regne ne peut être un regne temporel, 481 & *suiv.* 494, 512, 524, 527.

Jésus-Christ a déclaré sa qualité de Messie dès le commencement de sa prédication, IX, 62. Plusieurs faux Messies parurent dans ce temps-là, VII, 268. Il a suffisamment accompli les prophéties & les promesses de Dieu, 528 & *suiv.* Il n'a rien enseigné de contraire aux dogmes révélés par Moïse, 415, 422. Attachement opiniâtre des Juifs à un Messie Roi & Conquérant, 712, 723. Leur état actuel est une punition d'avoir méconnu & mis à mort Jésus-Christ, 535 & *suiv.* Ç'a été le crime de la Nation, & non de quelques particuliers, 539.

MÉTAPHYSIQUE. Les Théologiens ont été forcés par les Incrédules & par les Hérétiques à employer le langage de la Métaphysique, II, 495.

MÉTEMPSYCOSE. Transmigration des ames, ou leur passage d'un corps à un autre. C'est une conséquence du système des Philosophes sur l'ame du monde, I, 543. II, 118. Ce dogme n'étoit pas connu des Egyptiens, I, 474. Il est admis par les Philosophes Indiens, mais il ne produit aucun bien dans la morale, 363, 558. Il détruit toutes les conséquences morales de l'imortalité de l'ame, II, 118.

MÉTÉORES, phénomenes singuliers dans le

Ciel. Pourquoi ils ont inspiré de la crainte, I, 241. La Religion primitive avoit prévenu les hommes contre cette frayeur, 242. III, 576.

Meurtre. Dieu a défendu ce crime dès le commencement du monde, I, 560. Précautions que la Religion commandoit pour le prévenir, IV, 393. VI, 321. Il n'a pas été plus commun chez les Juifs que chez les autres peuples, VI, 436 & *suiv.* Utilité des obsèques des morts à ce sujet, II, 198. III, 550. X, 323, 324. Le meurtre des enfans est venu de l'avarice plutôt que de la superstition, IV, 385. Le Baptême est un préservatif contre ce crime, X, 297. *Voyez* Massacre.

Miel. Pourquoi Moïse avoit défendu le miel dans les sacrifices, VI, 321, 322. Ce que signifie dans l'Ecriture, *manger du beurre & du miel*, VII, 209, 294.

Mieux. Le mieux est l'infini, Dieu ne peut pas le faire, II, 581, 583. VI, 265. L'opposé du mieux est le bien & non le mal, II, 591.

Militaire. Les Incrédules ont déclamé contre l'état Militaire aussi bien que contre le Clergé, XI, 102, 103.

Mille. Ce terme dans l'Ecriture ne signifie souvent qu'un nombre indéterminé, VI, 440.

Millénaires. Gens qui croyoient qu'à la fin du monde Jésus-Christ viendroit régner sur la terre pendant mille ans. Sur quoi étoit fondée cette opinion, VIII, 179. IX, 412, 413. Quelques Peres de l'Eglise l'ont adoptée, mais ils n'entendoient pas ce regne dans un sens grossier comme les Hérétiques, VIII, 158. Saint Paul avoit prévenu les fideles contre cette erreur, IX, 412.

Minerve, chez les Païens, étoit l'industrie humaine, & non la sagesse divine, I, 460.

Miracles. Définitions d'un miracle, V, 32. Ce n'est point l'effet d'une loi physique inconnue, 36 & suiv. Dieu peut opérer des miracles, 40 & suiv. Objections générales contre cette vérité, IV, 559. V, 61 & suiv. Contradictions des Incrédules sur la possibilité des miracles, 49-51, 61, 70-73. Soutenir qu'ils sont impossibles, c'est admettre la fatalité, I, 44. Ils sont nécessaires pour instruire les hommes, VII, 579. Ils ne dérogent point à la sagesse divine, V, 44, 62, 63, 68 & suiv. Ne troublent point l'ordre de toute la nature, 33 & suiv. 80. N'ébranlent point la certitude de nos sensations, ni la marche ordinaire de l'univers, IV, 496, V, 65. En les niant, les Déistes ont frayé le chemin à l'Athéisme, 47, 48.

Un miracle n'est point un fait improbable, IV, 573; ni impossible, V, 54; ni incroyable, 98. Il peut être prouvé avec la même certitude qu'un fait naturel, IV, 566, 573. Il est plus aisé de juger d'un miracle que de la vérité d'un dogme, 330 & suiv. Il est faux que dans ce cas tous les témoins soient récufables, 588. VIII, 355, 356. Les miracles ne font pas moins certains pour nous que pour ceux qui les ont vus, IV, 537. VII, 470. VIII, 365. L'expérience qu'on leur oppose n'est qu'une preuve négative, une ignorance, IV, 558 & *suiv.* V, 52. Conditions absurdes qu'exigent les Incrédules, pour qu'un miracle soit certain, 100 & *suiv.* Contradiction dans laquelle ils tombent, VIII, 367. Objections contre les témoignages humains en fait de miracles, IV, 584 & *suiv.*

Les miracles prouvent qu'il y a une Providence, V, 45, 69. Démontrent aux ignorans les autres vérités de la Religion naturelle, 69. Sont un témoignage certain de la mission de celui qui les opere, IV, 359. V, 30, 108. VII, 439. VIII, 356. Sont nécessaires pour nous intimer les volontés positives de Dieu, V, 41, 45. VIII, 356. Dieu ne pourroit s'en servir, si c'étoient des signes équivoques, VI, 18, 19. Ce n'est point par la doctrine qu'il faut juger des miracles, mais au contraire, VII, 465. Lorsqu'ils ont été prédits d'avance, ils sont plus frappans, V, 113. L'incrédulité des Philosophes a rendu les miracles plus nécessaires, V, 69. VIII, 14. Souvent Dieu en a opéré pour convertir les Païens, VII, 29. Mais ils ne convertissent personne sans une grace intérieure, V, 46, 47. VI, 35. Il ne s'ensuit point qu'ils soient inutiles, 88, 89. VIII, 456. IX, 47, 513. C'est une absurdité de dire qu'il vaudroit mieux convertir tous les hommes que de faire des miracles, V, 66 & *suiv.* VIII, 512, 516, 520, 530. La conversion d'un peuple entier seroit un miracle, V, 46, 66, 461. Celle des opiniâtres est un plus grand miracle que la suspension des loix de la Nature, VI, 91. Dieu ne peut rendre tous les hommes sages, sans miracle, VII, 29. Les Incrédules exigent d'autres miracles que ceux qui ont été faits, VIII, 530. IX, 242. X, 76, 77. Ne veulent que des miracles absurdes, IV, 567 & *suiv.* V, 46, 67, 110, 463. VI, 92, 146. VIII, 368, 519, 531. IX, 119, 515. X, 47. En niant les miracles, il les multiplient, V, 453. VI, 404. X, 142. XII, 170. La prévention du genre humain en faveur des miracles prouve leur efficacité pour persuader, V, 88. Un miracle doit-il convertir tous les Incrédules ? IX, 513.

Les prétendus miracles des fausses Religions ne contredisent point ceux de la vraie, IV, 598, 602. V, 89. — Il n'est pas nécessaire de les réfuter en détail, 86, 87. Ils ne sont pas prouvés, IV, 597, 600. L'aveu de quelques Peres de l'Eglise n'en établit point la réalité, VIII, 304. La plupart étoient des phénomenes naturels, V, 89. Un faux Prophete ne peut point faire de miracles, 92, 105. VII, 465 & *suiv.* Il n'y eut rien de surnaturel dans ceux des Magiciens d'Egypte, V, 93 & *suiv.* Examen du prétendu miracle de Vespasien, IV, 604, 605.

MIRACLES DE MOÏSE; sont vrais & certains, V, 76. Preuves de leur réalité, VI, 11 & *suiv.* 38, 48, 61 & *suiv.* 99. Le Judaïsme ne pouvoit être fondé que sur des miracles, VII, 171. Ils n'ont pas été opérés pour les Juifs seuls, V, 80. Effets qu'ils ont produits sur les Juifs & sur les Egyptiens, VI, 90. Pourquoi ces miracles étoient des signes de terreur, I, 6. Les prodiges sont le signe principal par lequel les Juifs ont dû juger de la mission du Messie, VII, 435 & *suiv*. Cette preuve est indépendante des prophéties, 436 & *suiv*. Miracles absurdes que les Juifs attendent sous leur Messie futur, 451, 489 & *suiv*.

MIRACLES DE JÉSUS-CHRIST. Voyez-en le détail & la suite dans la Table du Tome VIII. Ces miracles ont été avoués en général par les Juifs, par les Auteurs Païens, par les anciens Hérétiques, & supposés vrais par les Apostats, VIII, 257 & *suiv*. 265, 267 & *suiv*. X, 34. Ces aveux sont une preuve solide, 300 & *suiv*. 366. X, 23. L'incrédulité des Juifs à la mission de Jésus-Christ, ne prouve point la fausseté, ni l'incertitude de ses miracles, VII, 473. VIII, 295 & *suiv*. Leur répugnance à les vérifier, prouve encore moins, IX, 112. Ils n'y ont point soupçonné de la fourberie, mais de la magie, VIII, 257 & *suiv*. 265, 267, 300, 305, 365, 567. Circonstances qui démontrent la réalité & la divinité de ces miracles, VIII, 326, 327, 365, 366, 542. IX, 446, 447. C'étoient des traits de bonté, I, 9; & non des opérations naturelles, IX, 58. Ils sont plus certains que ceux de Moïse, VII, 469 & *suiv*. L'Histoire qui les rapporte ne serviroit de rien, si elle ne renfermoit pas la doctrine de Jésus-Christ, VIII, 241, 242. Ils ont été faits en présence de témoins de toute espece, 253, 367; prêchés sur le lieu même aux témoins oculaires, X, 143. Ils sont prouvés par l'effet qu'ils ont produit, IV, 594. X, 550, 573.

Maniere absurde de les attaquer, VIII,

575. Falloit-il qu'ils fuſſent opérés à Rome ? 317. Doivent-ils être pris dans un ſens allégorique ? 362, 363. Ils prouvent la miſſion de Jéſus-Chriſt & des Apôtres, 358 & *ſuiv.* Fauſſeté de ceux que l'on attribue à Pythagore, à Apollonius de Thyane, à Plotin, 494. X, 23. Le Chriſtianiſme n'auroit pu s'établir, ſi les miracles de Jéſus-Chriſt & des Apôtres étoient faux, IX, 296, 299, 335, 446, 447. XII, 170. De faux miracles n'ont pas pu fonder une Religion auſſi ſainte, VIII, 544.

MIRACLES DES APÔTRES. Ils ſont prouvés par l'accuſation de magie, VIII, 277. Ces miracles ont été examinés & diſcutés, IX, 439, 441, 446, 447. C'eſt par-là que les Juifs & les Païens ont été convertis, IX, 283-287, 439. De faux miracles n'auroient produit aucun effet, 287. Miracles de Saint Paul, 397 & *ſuiv.*

Le don des miracles a perſévéré dans l'Egliſe, IX, 340 & *ſuiv.* X, 26. Il en eſt arrivé au martyre de pluſieurs Chrétiens, IX, 506, 514. En attaquant les miracles de l'Egliſe Romaine, les Proteſtans ont fourni des objections contre tous les miracles, I, 38, 43. L'Egliſe n'oblige point à croire tous les miracles rapportés dans les Légendes, IX, 344 & *ſuiv.* Pourquoi l'on en a ſuppoſé de faux dans les bas ſiecles, 337. Celui qui eſt arrivé à Saragoſſe eſt mal attaqué par D. Hume, IV, 605. Illuſion de ceux du Diacre Paris, 609, 610. Nous n'avons plus beſoin de voir des miracles pour croire, 359, 360.

MISÉRICORDE.

DES MATIERES. 409

MISÉRICORDE. Cet attribut de Dieu n'a pu être connu que par la révélation, III, 360.

MISSION. Personne n'a droit de dogmatiser sans mission, IV, 15. X, 397. XI, 2, 96. C'est par la mission des Fondateurs d'une Religion qu'il faut juger de sa vérité ou de sa fausseté, IV, 328, 332. V, 27 & *suiv.* Signes d'une mission divine, VI, 2. Les miracles, les prophéties, les vertus des Envoyés, V, 30, 108. Le plus évident de ces signes sont les miracles, VII, 439. La mission ordinaire des Pasteurs de l'Eglise n'a plus besoin d'être prouvée de même, X, 515 & *suiv.* Un Prédicant Hérétique doit prouver la sienne comme les Apôtres, 517, 518. Il falloit une mission extraordinaire aux réformateurs du seizieme siecle, I, 39. X, 517.

Examen des nouvelles missions, XI, 558 & *suiv.* En Angleterre au neuvieme siecle, 560. Chez les Saxons & dans le Nord, 563. En Amérique, 571 & *suiv.* Sur les côtes méridionales de l'Afrique, à la Chine & dans les Indes, 597. — Dans le Levant & ailleurs, 601. Calomnies des Incrédules contre ces missions, 147 & *suiv.* XII, 24. Eloges que d'autres en ont faits, XI, 590. Raisons qui en ont retardé le succès, 597. Le zele de l'Eglise Catholique pour les missions n'a pas été imité par les autres communions, 100, 602.

MISSIONNAIRES. Vont-ils troubler le repos des peuples ? X, 403, 404. Sont-ils conduits par l'inquiétude, ou par l'ambition ? XI, 601 & *suiv.* — Jamais ils n'ont cru avoir droit de

Tome XII. S

forcer les Infideles à embrasser le Christianisme, X, 404. N'ont point altéré l'Evangile, 561 & *suiv*. N'ont pas prêché à main armée, 563. Eloges qu'en ont faits quelques Philosophes, 590 & *suiv*. Raisons qui ont retardé ou empêché leurs succès, 597 & *suiv*. Empire des Missionnaires sur leurs prosélytes, VIII, 146. Ce sont eux qui nous ont fait connoître une bonne partie du globe, XII, 39, 40, 179.

MODALITÉ, MODE, MODIFICATION, qualité ou maniere d'être d'une substance, II, 237 & *suiv*. Fausse notion qu'en donne Spinosa, 240. Dieu ne peut être le sujet d'aucun mode contingent, 607. Une substance change, lorsque ses modes changent, 618, 619. Toutes les modifications de la matiere sont divisibles, III, 40, 45, 70. La pensée n'est point un de ses modes inconnus, *ibid*. De quelle maniere les modes sont distingués de la substance, 203.

MŒURS. Elles sont plus efficaces que les loix, I, 399. XI, 274. La douceur des loix suppose la pureté des mœurs, VI, 501. Différence entre les mœurs des anciens peuples & les nôtres, VI, 408, 409. IX, 48. La différence des mœurs en met beaucoup dans le ton de la société, 48. Chez la plupart des Nations, les mœurs sont immuables, VI, 384. Mœurs absurdes & cruelles des Nations infideles & barbares, II, 182 & *suiv*. Il n'est aucune Nation Chrétienne qui n'en ait de plus raisonnables, 214. Le Paganisme causoit la corruption des mœurs, 13-27. Moïse avoit suffisamment pourvu à leur pureté, VI, 354, 388. Les mœurs ne peuvent être réformées par la Philosophie, X, 241, 242. Révolution que le Christianisme a faite dans les mœurs de tous les peuples, IX, 152. XI, 502, 503. XII, 154, 177.

Mœurs des premiers Chrétiens comparées à celles des Païens, IX, 459 & *suiv*. Les ennemis du Christianisme mêmes ont rendu justice aux mœurs de ses sectateurs, 460 & *suiv*. Il n'est pas vrai que les mœurs ne dépendent point des opinions, I, 346 & *suiv*. Leur corruption est la principale cause de l'incrédulité, 26, 56 & *suiv*. Cependant elle ne prouve pas toujours qu'un homme soit incrédule, 80. De bonnes mœurs ne dispensent point un homme d'avoir de la Religion, 64. Les mauvaises mœurs d'un Chrétien ne prouvent rien contre la morale de l'Evangile, XII, 62, 115. Il est faux qu'il y ait moins de mœurs dans les contrées où il y a plus de superstition, I, 221. VIII, 211.

MOINES, état Monastique. Apologie de cet état, XI, 313 & *suiv*. Un Philosophe même en a fait l'éloge, 314 & *suiv*. Les instituts monastiques sont utiles & honorables à la Religion, XII, 79, 82. Ils n'ont point tiré leur origine des Esséniens ni des Thérapeutes, XI, 338 & *suiv*. 361. Les Moines n'étoient ni des insensés ni des fanatiques, 341 & *suiv*. 358. La vie des Anachorètes n'a rien de répréhensible, XII, 79-82. Ils n'ont pas agi par vanité, XI, 359. Leurs Fondateurs ont eu des vûes louables. 363, 368. Reproches contradictoires qu'on leur fait, 319, 324, 331, 365.

Trait de satire lancé mal à propos contre les Moines par un Philosophe, II, 167. L'état Monastique s'est étendu dans l'Occident après l'inondation des Barbares, XI, 316. XII, 4. Pourquoi dans les bas siecles toutes les institutions avoient pris un air monastique, 6, 7. Les Moines ont conservé les anciens Livres, I, 29. Origine de la richesse des Monasteres, XI, 262, 327, 365, 376. Il n'en résulte aucun inconvénient politique, 325, 326. Fourberies dont on s'est servi pour détruire les Monasteres en Angleterre, 376 & suiv. Effets qu'a produits cette destruction, 387, 388. Ordres Monastiques consacrés au bien public, XI, 496.

Moïse, Législateur des Juifs, n'est point un personnage fabuleux; preuves de son existence, V, 145 & suiv. Auteurs profanes qui ont parlé de lui & de ses miracles, 149, 154 & suiv. 160, 161. Les fables que les Rabbins ont écrites sur ce personnage, ne dérogent point à la vérité de son Histoire, 164, 167. Il est l'Auteur du Pentateuque, ou des cinq Livres qui lui sont attribués, V, 182 & suiv. En a-t-il écrit d'autres? 258 & suiv. Précautions qu'il avoit prises pour la conservation de ses Ouvrages, 264, 265. Ils n'ont pas été inconnus aux autres Nations, 266. C'est le plus ancien des Ecrivains connus, 162, 268. Maniere dont il a tissu son Histoire, I, 133. V, 15, 280 & suiv. 343 & suiv. Preuves sur lesquelles il l'appuie, 349, 544. VI, 98 & suiv. Pourquoi il a parlé avec réserve de la chute de nos premiers parens, III, 340, 341.

DES MATIERES. 413

Mission de Moïse. Evénemens qui l'ont précédée, V, 13. VI, 4. Il l'a prouvée par des miracles, 11 & *suiv*. Ses prodiges ont été vraiment surnaturels, 38-48, 61 & *suiv*. Un Déiste Anglois en avoue la nécessité, VI, 18, 19. Monumens qui en subsistent, 49, 75, 96, 99. Miracles constans & perpétuels opérés en faveur de sa loi, 86 & *suiv*. Il a fait des prophéties, V, 13. VI, 101 & *suiv*. Il annonce un Prophete semblable à lui, VII, 197 & *suiv*. Il a donné des marques pour distinguer un vrai d'avec un faux Prophete, 440.

Doctrine de Moïse. Il a enseigné la création, I, 134. V, 357 & *suiv*. Autres dogmes essentiels qu'il a professés, VI, 159 & *suiv*. L'immortalité de l'ame, 204 & *suiv*. Pourquoi il n'en a pas parlé plus clairement, II, 190. VI, 228 & *suiv*. 237. Pourquoi il n'en a pas fait la base de sa législation, 231 & *suiv*. Il a cependant donné à ses loix une autre sanction que les peines & les récompenses temporelles, 238, 241.

Morale & loix de Moïse. Il a mieux connu & mieux enseigné la loi naturelle que les autres Législateurs, VI, 242. Sa morale est pure & irrépréhensible, mais les Juifs l'ont mal entendue, VII, 383 & *suiv*. IX, 7, 9 & *suiv*. Soin avec lequel il avoit pourvu à la pureté des mœurs, VI, 354 & *suiv*. Sagesse de ses loix cérémonielles, 251 & *suiv*. De ses loix contre l'idolâtrie, 494. Il a prévenu toute superstition, 304. Il n'a pas permis la polygamie & le divorce sans restriction, IV, 185 & *suiv*. VI, 145. Sagesse de ses loix en général,

504. Elles ne font pas trop févères, 143, 144. Ni contradictoires, 386. Apologie de ses loix civiles, politiques & militaires, 365 & *suiv.* Pourquoi il avoit ordonné la destruction des Chananéens, 130. En quoi consiste l'imperfection de la loi Mosaïque comparée à la loi Chrétienne, 240. Cette législation a été faite d'un seul coup, V, 284. Moïse a-t-il tout emprunté des autres Nations? VI, 258, 259, 319, 323. X, 27.

Conduite de Moïse; elle est irrépréhensible, VI, 83 & *suiv.* 131. Il ne s'est point rendu coupable d'homicide en Egypte, 7. Pourquoi il ne s'est pas emparé de ce pays-là, 56, 57. Il n'a point épousé une femme idolâtre, 9. Il ne l'a pas quittée, 139. N'a point soulevé son peuple contre le Roi d'Egypte, 10. Son autorité a été légitime, 112. Son gouvernement sage & modéré, 115, 118. Il n'a point affecté de vanité, V, 251, 252. VI, 128. Les révoltes des Juifs contre lui ne sont cependant pas incroyables, 80 & *suiv.* Il ne les a point subjugués par des cruautés, 83 & *suiv.* 131. Il a rempli tous les objets de sa mission, 147. Sa mort a été écrite par Josué, V, 252. Caractere de ce Législateur, VI, 148 & *suiv.* VII, 580.

MOLOCH, ou MELCHOM, Dieu des Moabites, n'est point comparé au vrai Dieu, VI, 173, 177.

MONADE, unité, ou partie indivisible; quelques Philosophes nomment ainsi les atomes indivisibles de la matiere, II, 242.

MONARCHIE, Gouvernement d'un seul. Lorsqu'il est tempéré par des loix fixes, c'est le plus parfait, IV, 256 & *suiv.* Les grandes Monarchies ont été la ruine de l'espece humaine, VI, 405. Quatre Monarchies annoncées par Daniel, VII, 254, 255.

MONDE. Il n'est pas éternel, il a eu un créateur, II, 341 & *suiv.* Il n'a pas pu être formé par un arrangement successif, 351. Le mouvement seul ne suffit pas pour le conserver, 339. Histoire de la création du monde, I, 134 & *suiv.* V, 356 & *suiv.* En quel sens Dieu a produit le monde hors de lui, II, 473. Est-il plus ancien que nos Livres saints ne le supposent? V, 390 & *suiv.* Les rêveries sur la fin du monde, ne sont point venues de la Religion, III, 578. Jésus-Christ ne l'a point prédite comme prochaine, VIII, 589 & *suiv.* Les Apôtres ne l'ont point annoncée, IX, 31. Les premiers Chrétiens ne l'ont pas crue, IV, 418. IX, 525. Il est utile d'envisager ce monde comme un lieu de passage, III, 262. En quel sens un Chrétien doit se détacher du monde XII, 110, 111. On peut y renoncer par vertu, XI, 313, 315, 348 & *suiv.* Dieu a livré son Fils pour la rédemption du monde entier, IX, 243.

MONTAGNES. Comment elles se sont formées, selon M. de Buffon, II, 350. Réfutation de son systême, 353 & *suiv.* Chaîne de montagnes qui borde la France à l'Orient, 358 & *suiv.* Autre chaîne des montagnes de Bourgogne, 360. Utilité physique des montagnes, 364. Sans cesse la nature travaille à en diminuer la hauteur, 345. Pourquoi on honoroit la Divinité sur les montagnes, I, 238, 239. Moïse avoit défendu cette superstition; VI, 276.

MORAL, moralité. *Voyez* BIEN & MAL MORAL.

MORALE, regle des mœurs. Elle est fondée sur l'idée d'un Dieu Législateur, & sur la nature de l'homme, III, 387 & *suiv.* IV, 439. Non telle que les Athées la conçoivent, X, 242. XII, 131. Elle ne peut l'être sur l'intérêt, I, 327 & *suiv.* XII, 107; ni sur le sentiment, 133; ni sur les idées du bonheur, 132. En quel sens elle est gravée dans le cœur de l'homme, I, 123. La Religion seule peut persuader la morale, & la rendre touchante, III, 483. Vérités morales enseignées par la Religion primitive, 531, 532. Nécessité d'une morale révélée, 394, 426. Depuis quatre mille ans, elle n'a fait aucun progrès sans la révélation, II, 183. La morale religieuse ne contredit point la Nature, III, 389; n'est ni variable, ni impuissante, ni pernicieuse, 394 & *suiv.* Elle est énervée par la paresse, & non par la révélation, IV, 432, 433. On ne peut pas juger de la vérité d'une Religion par la morale seule, IV, 329, 375; ni de la morale d'une Nation par l'état de ses mœurs, VII, 402. X, 284. Toute morale irréligieuse est absurde, III, 516. XII, 98 & *suiv.*

Le Paganisme donnoit de pernicieuses leçons de morale, II, 6, 8, 10, 24. Examen de celles des anciens Philosophes, 120 & *suiv.* 132 & *suiv.* Ils ont eu tort de la séparer

DES MATIERES. 417
d'avec la Religion, 6, 7. Réfutation du système de morale des Stoïciens, III, 490 & *suiv.* Celle de Moïse & des Prophetes étoit sainte & irrépréhensible, mais les Juifs l'entendoient mal, VII, 383 & *suiv.*

La morale de Jésus-Christ n'est point contraire à celle de Moïse, VII, 390 & *suiv.* Elle est plus étendue & plus parfaite, 68, 383 & *suiv.* IX, 6 & *suiv.* X, 240. Il falloit qu'elle fût sévere, IX, 3 & *suiv.* 18, 19. X, 272. Quelques Philosophes en ont fait l'éloge, IX, 5. X, 240. Contradictions des Incrédules à ce sujet, IX, 4, 34, 35. X, 241. XI, 385. Cette morale console & encourage les malheureux, IX, 32. Elle n'a pas besoin d'être prouvée ni raisonnée, 39. On dispute sur la morale aussi bien que sur le dogme, IV, 305, 306. Il faut une autorité vivante pour expliquer & fixer l'un & l'autre, X, 243. Divers motifs que propose la morale Chrétienne, 249. — XII, 65 & *suiv.* Elle ne justifie aucune passion, 134, 135, 150 & *suiv.*

Quoiqu'elle soit mal suivie, il ne s'ensuit pas qu'elle soit inutile, X, 244. XII, 62, 115, 124; ou pernicieuse, 110, 120. Il est faux qu'elle ne convienne qu'à des Moines, XI, 360-362; qu'elle ne soit pas uniforme, 480; qu'elle soit soumise au caprice des Prêtres, 124; qu'elle autorise des crimes, 89, 93. Perfection & sublimité de cette morale, 150 & *suiv.* 154. — Effets qu'elle a produits, 116, 154, 409 & *suiv.* Influence qu'elle a sur le bonheur de la société, XII, 61 & *suiv.* Elle est fondée sur notre intérêt bien entendu, même pour ce monde, 64 & *suiv.* Son excellence touche peu les cœurs corrompus, IV,

S 5

334 X, 243. Précis de cette morale, XII, 173, 174.

Tous les Incrédules ont sapé les fondemens de la morale, IV, 442. Examen de celle qu'enseignent les Incrédules modernes, II, 413, 418. IV, 118. X, 242, 243. XII, 98 & *suiv*. Réfutation de leur syftême, III, 445 & *suiv*. IV, 118. X, 242. XII, 98. Les Athées conviennent de l'impuiffance de leur morale, III, 255. Ce qu'elle a de bon vient de l'Evangile, XII, 133, 134; & n'eft pas réprouvé par la Religion, 106. Elle juftifie tous les vices & tous les crimes, III, 460, 461. Effets qu'elle a produits fur les Nations, XII, 177.

MORALISTES. Plufieurs fuivent leur tempérament dans leurs maximes, IV, 125. XII, 70. Il eft faux que les Moraliftes Chrétiens ne parlent pas des avantages temporels de la vertu, III, 482. XII, 65 & *suiv*. 106.

MORT. La crainte de la mort nous a été donnée pour nous engager à notre confervation, III, 259. Sans cette crainte, les malfaiteurs feroient plus redoutables, *ibid*. Les Incrédules craignent plus la mort que nous, 260. Il eft effentiel de rendre publique la mort d'un Citoyen, X, 323. Il eft faux que les derniers Sacremens rendent la mort plus terrible, 311, 312, ou favorifent l'impénitence avant la mort, 313. Utilité des honneurs funebres rendus aux morts, & des prieres que l'on fait pour eux, X, 323, 324. Chez tous les peuples, cet ufage a eu pour objet de prévenir les meurtres, II, 198. III, 550. C'eft un témoignage rendu à la croyance de la vie future, 221, 222. VI, 210, 212. X, 324, 325. Il en est de même de la folie d'interroger les morts, VI, 209. Moïse défend cette superstition, *ibid*. Isaïe fait parler les morts au Roi de Babylone, 218. Le culte rendu aux morts a été une des principales branches de l'idolâtrie, 230. Incertitude des Païens sur l'état des morts, X, 81.

La mort de Jésus Christ a été réelle & bien prouvée, IX, 147 *& suiv*. Elle a fait cesser les sacrifices sanglans, X, 199, 200. Elle adoucit au Chrétien les angoisses de la mort, III, 260. Elle a été libre & volontaire, X, 39, 40. Il l'avoit prédite, VIII, 534, 569, 581. IX, 129, 168, 201-205. X, 39. Elle ne prouve point que Dieu est implacable, XI, 256.

MORTIFICATIONS, austérités. Les Philosophes les ont conseillées pour dompter les passions, sur-tout les Stoïciens, I, 303. IV, 383. X, 270. L'Evangile les recommande pour la même raison, 269 *& suiv*. Elles ne nuisent point à la santé, XI, 354. Ne sont point fondées sur des notions absurdes de la Divinité, *ibid*.

MOTIF. Ce que c'est qu'un motif, abus que les Fatalistes font de ce terme, III, 107-112. Il n'est point la cause physique de notre détermination, 107, 108. Ce n'est qu'une cause morale qui n'a qu'une connexion contingente avec son effet, 179 *& s. iv*. Il est ridicule de recourir à des motifs imperceptibles pour trouver la cause de nos actions, 109, 129, 196. L'homme n'agit point sans motif, 362.

C'est le motif ou l'intention qui décide du mérite d'une action, & non l'effet qu'elle produit, 102, 103. La Religion ne réprouve les motifs naturels que quand ils sont vicieux, IV, 413. XII, 106. C'est une injustice de prêter des motifs odieux à des actions innocentes ou louables, IX, 46. Motifs de crédibilité, ou preuves sommaires de la révélation, III, 326, 327.

MOUVEMENT. Fausse définition du mouvement, donnée par les Matérialistes, II, 269. Différence entre le mouvement spontanée & le mouvement communiqué, 268, III, 61. Le sentiment intérieur nous convainc qu'il y a en nous des mouvemens spontanées, II, 268, 276. Différentes espèces de mouvemens qui se passent en nous, III, 100. Le mouvement n'est pas essentiel à la matière, II, 271 & suiv. Il n'est pas vrai que tout soit en mouvement dans l'univers, 282. La communication des mouvemens à l'infini est absurde, 274 & suiv. Tous les peuples ont senti la nécessité d'un premier moteur, III, 216. Le mouvement ne suffit pas seul pour conserver le monde, II, 339. Loix du mouvement constantes & invariables, 196, 297. Différences essentielles entre la pensée & le mouvement, II, 334. III, 23, 26 & suiv. 74, 75, 81.

MUTILATIONS pratiquées par superstition, II, 191. Elles n'étoient point fondées sur de fausses révélations, IV, 383. Moïse les a défendues, VI, 307. L'Evangile n'en ordonne aucune, IX, 28.

DES MATIERES.

MUTIUS SCÆVOLA, n'a jamais été taxé de régicide, VII, 32, 33.

MYSTERES, ou représentations allégoriques; elles ont tiré les hommes de la vie errante & sauvage, III, 544. Inutilité & corruption de ceux du Paganisme, II, 74 & *suiv*. Socrate n'en faisoit aucun cas, 78, 79.

MYSTERES, dogmes incompréhensibles; nous en découvrons par toutes les sources de nos connoissances, III, 300, 301. Tout est mystere pour les ignorans, 289. Les aveugles-nés sont forcés d'en croire à tout moment, 286, 287. Ils peuvent se trouver dans la nécessité d'en admettre de semblables à celui de la Trinité & de l'Incarnation, IV, 509. Les Incrédules mêmes en admettent plus que nous, 305, 306. Les Matérialistes ne peuvent s'en dispenser, III, 285 & *suiv*. non plus que les Déistes, 283 & *suiv*. IV, 305, 306; ni les Sceptiques, III, 283 & *suiv*.

Dieu peut donc nous révéler des mysteres, & en exiger la croyance, 280 & *suiv*. Il en a révélé dans tous les temps, I, 98. On ne peut admettre un Dieu sans en croire, 45. X, 182. Ils ont été nécessaires pour conserver la croyance des vérités démontrables, III, 278. X, 180, 231 & *suiv*. Les sophismes des Philosophes ont rendu cette nécessité plus indispensable, III, 314, X, 179, 180. XII, 172, 173. Moïse en avoit révélé aux Juifs, VII, 422. Ils n'ont donc aucune raison de rejeter ceux du Christianisme, 426.

Les mysteres ne sont point des contradictions, un jargon de mots sans idées, une langue inconnue, &c. III, 312, 315, 318. Ils n'ébranlent point les principes de Métaphysique, IV, 499 & *suiv.* ne rendent point Dieu plus incompréhensible, X, 231; ni la raison inutile, 237. La révélation n'a pas dû les rendre concevables, III, 325. VII, 427, 428.

Mysteres du Christianisme, X, 178 & *suiv.* Ils tiennent à la morale, & nous portent à la vertu, 178, 184. XII, 172. En attaquant celui de l'Eucharistie, les Protestans ont ébranlé la foi de tous les autres Mysteres, I, 43. IV, 507 & *suiv.*

MYTHOLOGIE. *Voyez* FABLES.

N.

NAAMAN, Officier du Roi de Syrie, guéri de la lepre par Elizée. VII, 145. Ce Prophete ne lui permit point l'idolâtrie, VI, 524.

NAISSANCE. Celle de Jésus étoit légitime, VIII, 392 & *suiv.* 422 & *suiv.*

NANTES. Examen des effets de la révocation de l'Edit de Nantes, XI, 488 & *suiv.*

NATHAN, Prophete, n'a point flatté les crimes de David, VII, 84; ni cabalé en faveur de Salomon, 95.

NATION. Les Nations naissantes ont toujours été dans un état de guerre, I, 5. II,

209, 211. IV, 416. V, 3, 285. VII, 5, 76, 77; & leurs guerres ont toujours été cruelles, I, 224. Elles se sont dépouillées & chassées les unes les autres, VII, 5, 7. Elles ne sont devenues célèbres que par leurs malheurs ou par leurs crimes, VI, 474. Vraies sources de la prospérité des Nations, 418. Etat des Nations barbares qui n'ont point été instruites par la révélation, II, 182, III, 416 & *suiv*. Crimes qu'elles se permettent, *ibid*. — Chaque Nation juge cependant que ses mœurs & ses usages sont les meilleurs, II, 131. Leçons que donnoit la révélation primitive pour prévenir cette barbarie, 182 & *suiv*. IV, 418. Il ne s'ensuit pas que le sentiment moral soit étouffé chez elles, III, 414 & *suiv*. Les mieux civilisées ont eu des Religions fausses & absurdes, I, 114. La prospérité d'une Nation ne prouve pas la vérité de sa croyance, X, 112. La vanité & les préventions nationales ne prouvent rien, V, 170.

Pourquoi Dieu n'a pas accordé à toutes les Nations les mêmes faveurs, V, 21 & *suiv*. 81. X, 77. En quel sens, il abandonne, aveugle, endurcit, réprouve les Nations, VI, 491. Il peut les punir & les détruire quand & comme il lui plaît, VII, 14-16. Dieu cependant n'en a jamais abandonné entièrement aucune, V, 81, 82. VI, 130, 162, 179, 181, 525. IX, 89. — Il agrée le culte de tous les peuples lorsqu'il est adressé à lui seul, VI, 166 & *suiv*. En se révélant aux Juifs, il avoit en vûe le salut des autres Nations, VII, 583. Elles ont été témoins des miracles qui établissent la révélation, I, 7. V, 4, 5, VII, 588. Exactitude avec laquelle Moïse a peint les Nations anciennes, V, 348. Pourquoi la Religion Juive étoit nationale, I, 5. VI, 157.

Le concert de toutes les Nations à reconnoître un Dieu, est une preuve solide de son existence, II, 421 & *suiv*. Toutes conviennent que le monde a commencé, 346. Presque toutes s'accordent sur les époques de la création & du déluge, V, 391, 416-421. Dieu avoit prédit la conversion des Nations par les leçons du Messie, VII, 585. X, 140, 141. Parallele entre les Nations infideles & les Nations Chrétiennes, XI, 398 & *suiv*.

NATURE. Ce terme ne signifie rien, si l'on n'entend par-là son Auteur, III, 241. IV, 223. La Nature prise pour la matiere seule, est incapable d'agir avec dessein, avec ordre, & d'avoir un but, II, 295. Tableau de la Nature ou de l'Univers dans le Pseaume cent troisieme, 371. Pourquoi Moïse attribue les phénomenes de la Nature à Dieu comme à la cause premiere, II, 287, 288. La Nature ne fait rien en vain, 398. Les Athées la regardent comme une marâtre, I, 271, & *suiv*. Elle les laisse sans consolation, II, 417. L'ordre de la Nature nous est connu par l'expérience, par l'uniformité de nos sensations, IV, 473, 556. Dieu ne l'interrompt point sans raisons, V, 71. Pan, ou la Nature entiere n'a pas été l'objet du culte de l'antiquité Païenne, I, 230, 232. Ses phénomenes nuisibles ont été souvent pris pour des signes de la colere des Dieux, II, 186. Ce n'est pourtant pas là la premiere source de la Religion, I, 215. En quel sens l'homme est le maître de la Nature,

136, II, 333, 374. Elle nous est encore peu connue, V, 394.

Abus que font les Incrédules des mots *Nature* & *Naturel* ; dans le système de l'Athéisme, les penchans, la voix, les leçons de la Nature ne prouvent rien, III, 517. Fausse idée que nous donnent les Incrédules de l'état de Nature, I, 322. II, 164. IV, 141, 142, 146 & *suiv.* L'état naturel de l'homme n'est pas l'état sauvage, 141, 227. La Nature n'a rien dit, ou presque rien, aux peuples qui n'ont pas reçu la révélation, IV, 314. — L'Auteur du Livre *de la Nature* attaque tous les attributs de Dieu, II, 452 & *suiv.*

NATURE HUMAINE. Quelle est la nature de l'homme, IV, 132. Elle est mal connue des Philosophes, III, 399. Encore plus mal des Incrédules, I, 271, 284. Ils ne peuvent fonder sur l'idée qu'ils en ont une morale solide, X, 242. XII, 106, 131. Triste tableau que Pline en a tracé, I, 271. Il est essentiel de ne point avilir la nature de l'homme, 285.

NAZARÉEN. En quel sens ce nom a été donné au Messie, VIII, 415. La Secte des Nazaréens étoit la même que celle des Ebionites, IX, 370, 371. Ils avoient interpolé l'Evangile de Saint Matthieu, VIII, 101, 194. IX, 377.

NAZARETH. Il n'est pas vrai que Jésus-Christ ait demeuré constamment à Nazareth depuis sa naissance, VIII, 414. Il y a fait des miracles aussi bien qu'ailleurs, 520. D'où venoient les préventions des habitans de cette ville contre lui, IX, 66.

NÉCESSAIRE. Notion des êtres nécessaires & des êtres contingens, II, 243. Fausse idée qu'en donne Spinofa, 603, 605. Il n'y a qu'un seul être nécessaire de nécessité absolue, 246 & *suiv.* L'axiome des Matérialistes, que *tout est nécessaire*, est évidemment faux, 256 & *suiv.* 296 & *suiv.* Il ne signifie rien, sinon que tout est comme Dieu a voulu qu'il fût, 297. De la notion d'être nécessaire s'ensuivent tous les attributs de Dieu & la notion de l'infini, 441, 529 & *suiv.* 576, 589, 613. L'être nécessaire est immuable, 344. Différence entre un être nécessaire & une cause nécessaire, 265, 343. Des actions nécessaires ne peuvent être punies avec justice, III, 105. IV, 64, 65.

NÉCESSITÉ, mot vuide de sens dans la bouche des Matérialistes, II, 296, 300. Différence entre la nécessité absolue & la nécessité de supposition ou de conséquence, 243, 511. III, 207. La nécessité absolue n'admet point de limitation, II, 243, 253; ni de changement, 256, 260. Les Matérialistes supposent la nécessité de toutes choses sans preuve & contre l'évidence, 256 & *suiv.* 296 & *suiv.* Selon leurs principes, la nécessité n'est autre chose que le hasard, 296, 300, 307. Le traité de la nécessité seroit un traité des effets sans cause, III, 131. Différence entre la nécessité métaphysique, la nécessité physique & la nécessité morale, 108. C'est la même chose que la certitude, *ibid.* Ce que c'est qu'une nécessité vague & indéterminée, 184.

Le systême de la nécessité ou de la fatalité anéantit la morale, III, 104, 105, 140 & *suiv.* Dans cette hypothese, rien n'est positivement ni bien ni mal, 517. Il est absurde d'argumenter contre quelqu'un, 113, 114. Jésus-Christ a prouvé que la nécessité prévaut à la loi, VIII, 509.

NEGRES Est-ce une race primitive différente des blancs? V, 457 & *suiv.* Origine du culte que les Negres rendent à leurs Fétiches, I, 211. Réflexions de nos Philosophes contre l'esclavage des Negres, XI, 473, 486. Hypocrisie de quelques uns sur ce point, I, 567. XI, 498.

NÉOMÉNIES. *Voyez* LUNE.

NÉRON. L'on ne peut pas révoquer en doute le carnage que cet Empereur a fait des Chrétiens, IX, 280.

NEWTON, reconnoît l'ordre de l'univers & la nécessité d'une intelligence pour le former; il admet les causes finales, II, 298.

NICÉE. Ce n'est point le Concile de Nicée qui a fait le triage ou le choix des Evangiles, VIII, 125, 126. Pourquoi ce Concile a décidé que le fils de Dieu est *consubstantiel* à son pere, X, 195.

NICODEME étoit un Docteur Juif, IX, 433. Entretien qu'il eut avec Jésus, VIII, 459 &

suiv. Il lui donna la sépulture, IX, 148, 154. Il y a eu un faux Evangile sous son nom, VIII, 193.

NIÉBUHR, Voyageur Danois; ce qu'il dit du passage de la mer Rouge, VI, 62.

NIL. On pouvoit se baigner dans ce fleuve, VI, 6. Les eaux du Nil changées en sang ne sont pas un phénomene naturel, 19.

NOBLE, NOBLESSE. Les Incrédules ont déclamé avec autant d'aigreur contre la Noblesse que contre le Clergé, XI, 102, 103, 494.

NOÉ. Difficultés que forment les Incrédules contre l'Histoire de ce Patriarche, V, 464, 469 & *suiv.* Il a pu repeupler le monde après le Déluge, 454. Sa prophétie touchant la race de Sem, VII, 181.

NORD. La polygamie n'a pas contribué autrefois à peupler les pays du Nord, IV, 214, 215. Ils sont beaucoup plus peuplés aujourd'hui, *ibid.* Heureuse révolution que l'Evangile y a causée, XI, 407, 408. Calomnies des Incrédules contre les missions que l'on y a faites, XI, 147 & *suiv.* La conversion de ces peuples a produit le repos de l'Europe, 148, 569. — Les mœurs y sont à présent très-corrompues, 502.

NOVAT, NOVATIEN. Schisme dont ces deux hommes furent les auteurs, XI, 64.

NOURRITURE des peuples. Un sage Législateur doit y veiller, II, 199. Les hommes ont offert à Dieu leur nourriture, c'est l'origine des sacrifices, I, 222. VI, 294 & *suiv.*

Nudité. Elle ne fait aucune impression sur les peuples des pays chauds, VII, 159.

Nuée lumineuse qui conduisoit les Israélites. Ce n'étoit pas la fumée d'un brasier, VI, 68 & *suiv.*

O.

Obéissance. Dieu a droit de mettre notre obéissance à l'épreuve, IV, 408. Elle n'a plus lieu lorsque le précepte ne subsiste plus, VII, 358. Obéir à Dieu plutôt qu'aux hommes est une maxime juste & sage, X, 282, 283, 395. XI, 190. XII, 130, 131. L'obéissance est due aux peres, aux Maîtres, aux Souverains, en vertu de loi naturelle & de la loi divine positive, IV, 224, 249, 269, 270. Toute autorité légitime impose l'obligation d'obéir, XI, 181.

Objections. Les objections contre la Religion ne sont pas une raison de la rejeter, IV, 363. On peut les faire de même contre les Loix, les Sciences & les Arts, 434. Celles que l'on fait contre la révélation, se tournent également contre la Religion naturelle, I, 45. IV, 426, 431 & *suiv.* Les Philosophes les plus incrédules en fait de preuves, sont les plus crédules en fait d'objections, I, 73. Ils accumulent les difficultés, & suppriment les preuves, III, 604. Pour être solidement instruit de la Religion, il n'est pas nécessaire de savoir les objections des Incrédules, 600. Elles sont très-anciennes, X, 97. Les Apologistes du Christianisme ne les ont jamais supprimées, IX, 465. Les objections des Protestans contre les Peres de l'Eglise, ont été tournées par les Déistes contre les Auteurs sacrés, XI, 44.

OBLIGATION MORALE. Dans le système des Athées, ce n'est que l'impuissance de résister à la force, I, 325. Absurdité de cette théorie, III, 448. L'obligation morale n'est pas uniquement fondée sur notre intérêt, I, 327 & *suiv.* III, 445 & *suiv.* C'est l'effet d'une loi, & la loi suppose un Législateur, 365. Le *dictamen* seul de la raison ne forme point une obligation, 495. La Religion sanctifie toutes nos obligations morales, 478. La révélation ne nous impose point de devoirs contraires à la loi naturelle, mais des obligations plus étendues, IV, 324, 330. *Voyez* DEVOIR.

OBSEQUES. *Voyez* FUNÉRAILLES.

OCCIDENTAUX, ou peuples de l'Europe; ils n'adoroient qu'un seul Dieu dans les premiers temps, I, 169, 172.

OCÉAN. Il n'a pas couvert successivement toutes les parties du globe, V, 427. L'irruption de l'Océan dans la Méditerranée n'a pas pu inonder la Syrie, 426.

ŒUVRES. Il se fait encore aujourd'hui autant

de bonnes œuvres qu'autrefois, XII, 180, 181.

OFFENSE. En quel sens le péché offense Dieu, II, 517; III, 167.

OFFRANDE. Origine de l'usage de faire à Dieu des offrandes & des sacrifices, III, 546. VI, 294 & *suiv*. Ils ont toujours été relatifs à la subsistance des peuples, I, 222. VI, 294 & *suiv*. Cet usage ne suppose point que Dieu est avide de présens, ou qu'il en a besoin, 199, 203. C'est un témoignage de reconnoissance & de soumission, X, 302. Chez les Juifs, l'offrande des premiers-nés étoit un monument de la sortie miraculeuse de l'Egypte, VI, 49.

OISIVETÉ; vice pernicieux dans la société, IV, 113, 114.

OLIVIERS. Il y en avoit autrefois en Arménie, V, 450. Agonie de Jésus-Christ au Jardin des Oliviers, IX, 103.

OMBRE. Si l'ombre d'un mort n'est pas son ame, ce n'est rien, X, 52.

OPINION. En quel cas les opinions n'influent point sur les mœurs, I, 176 & *suiv*. Il est faux qu'elles ne soient dangereuses que quand on les gêne, IV, 29 & *suiv*. On ne punit personne pour des opinions ou pour des pensées, 26 & *suiv*. L'indifférence des opinions est impossible & absurde, 31. Les hommes ne se sont point persécutés pour des opinions, mais pour les avantages qui y étoient attachés, XI, 67, 68. Le partage ou la liberté des opinions ne peut avoir lieu en matiere de foi, 67, 69, 78. Le mérite personnel des partifans d'une opinion ne prouve pas qu'elle foit vraie, IX, 428. Ceux qui meurent pour attefter des opinions, ne font pas de vrais Martyrs, XII, 171.

OPTIMISTES, Philofophes qui difent que *tout eft bien*, II, 545.

OPTIMUS MAXIMUS. Ce titre chez les Romains ne défignoit point un Dieu fuprême, I, 198. II, 42, 50.

ORACLE du Grand-Prêtre chez les Juifs, VII, 129. Ceux du Paganifme étoient abfurdes, II, 18. Signes de leur fauffeté, V, 117, 122. VII, 112, 114. Différence entre ces oracles & les prophéties Juives, *ibid.* X, 78, 79.

ORDRE MORAL; en quoi il confifte, II, 582. III, 182. C'eft un effet de la Providence auffi bien que l'ordre phyfique, II, 504 *& fuiv.* III, 176, 178. Les défordres & les crimes ne prouvent rien contre cette vérité, II, 581. Dans l'examen des miracles, il faut faire autant d'attention à l'ordre moral qu'à l'ordre phyfique, V, 37 *& fuiv.* En quoi confifte fon uniformité, III, 182, 183. L'amour de l'ordre & le fentiment moral font la même chofe, 371.

ORDRE PHYSIQUE DE LA NATURE. Notions de

de l'ordre & du désordre, II, 291. Pour juger qu'il y a de l'ordre dans un composé, il n'est pas nécessaire d'en connoître toutes les fins, 292. Il est faux que nous n'en jugions que par rapport à nous, 294, 295. Tableau de l'ordre de la Nature tracé par le Psalmiste, 371. C'est la démonstration de l'existence d'une cause intelligente, 500 & *suiv.* & d'une Providence, 443. Les prétendus désordres de l'Univers ne prouvent rien contre cette vérité, 581. La perpétuité de cet ordre est fondée sur la bonté de Dieu, & fait notre sûreté, I, 268. V, 39, 40. Dans le système de l'Athéisme il ne porte sur rien, I, 278. II, 419. V, 49, 50. Contradictions des Matérialistes sur cet objet, II, 293 & *suiv.* 301. L'ordre éternel des choses qu'ils supposent est une chimere, V, 54, 55, 63, 64.

ORDRES RELIGIEUX. *Voyez* MOINES.

ORGANE. La dépendance de l'ame à l'égard des organes du corps ne prouve point que l'ame soit matérielle, III, 72, 89.

ORGANISATION ; ce que l'on entend par-là. La vie ne résulte point de l'organisation seule, II, 310. Le système des molécules organiques retombe dans celui des germes, 316 & *suiv.* 321 & *suiv.* Un corps organisé ne peut se former successivement, 320. L'organisation ne rend pas la matiere capable de sentir & de penser, III, 13 & *suiv.*

ORGANISTE. Ses opérations ne peuvent

être expliquées par un principe matériel, III, 35.

ORGUEIL. Passion blâmable & funeste, IV, 99, 100; l'une des principales causes de l'incrédulité, III, 592. X, 167.

ORIENTAUX. Il est nécessaire de connoître leurs mœurs, pour juger de la sagesse des loix de Moïse, VI, 257.

ORIGENE, savant Pere de l'Eglise. Ses travaux sur l'Ecriture sainte, V, 298. VIII, 222. Il a enseigné le dogme de la création, V, 367, 368. Il prouve l'authenticité des Livres du Nouveau Testament par la tradition, VIII, 66, 108. Ne fait aucun cas des Evangiles apocryphes, 108. Attribue aux Hérétiques tous les faux Ouvrages, III, 135. Il n'étoit ni millénaire, ni partisan des oracles Sibyllins, VIII, 171-173. Extrait de son Ouvrage contre Celse, X, 24 & *suiv*. Ce qu'il dit du petit nombre des Martyrs, IX, 545. Pourquoi il s'est mutilé, 28.

OROBIO (ISAAC), savant Juif, réduit sa dispute contre les Chrétiens à quatre questions, VII, 505, 506. Contradictions dans lesquelles il tombe, 548, 553, 558. Il ne nie point les miracles de Jésus Christ, 466, 469. VIII, 265.

OSÉE, Prophete. Les malédictions qu'il prononce contre Samarie sont des prédictions & non des imprécations, VII, 151 & *suiv*.

Dieu ne lui a commandé ni l'adultere ni la prostitution, 168 & *suiv.*

OTAHITI. Les peuples de cette Isle ont été accusés mal à propos d'Athéisme, II, 426. Comment la pudeur a été bannie de chez eux, III, 423, 424. Ils pratiquent une espece de circoncision par lubricité, V, 512.

OVIDE ; pensée sublime de ce Poëte sur la conformation de l'homme, I, 282.

P.

PACTE. *Voyez* CONTRAT.

PAGANISME, PAÏENS. Examen du Paganisme, II, 1 & *suiv.* X, 63 & *suiv.* Les Païens n'adoroient point l'ame du monde, I, 230, 232 ; mais des génies particuliers qu'ils supposoient répandus dans toute la nature, 451 & *suiv.* II, 42, 46. Ils adoroient les Idoles comme séjour de ces prétendues divinités, 66 & *suiv.* Ce culte ne pouvoit se rapporter au vrai Dieu, I, 456, 462 & *suiv.* II, 32, 42 & *suiv.* Il n'étoit fondé sur aucune preuve, IV, 337, 358. X, 85, 87. La prospérité des Grecs & des Romains ne prouvoit rien en sa faveur, 95, 96. Il étoit fondé sur de faux raisonnemens plutôt que sur de fausses révélations, IV, 378 & *suiv.* X, 85, 86, 95. Le peuple étoit incapable d'en découvrir l'absurdité, II, 40. Vains efforts des Déistes pour en faire l'apologie, 31-76. Il n'avoit pour objet que les biens temporels, I, 455. Dégradoit la Divinité, X, 232.

Le Paganisme n'avoit aucun rapport à la morale, II, 10, 11, 194. XI, 72. Il corrompoit les mœurs, II, 26, 192. Ses Mysteres ne pouvoient produire aucun bon effet, 74 & *suiv.* Il ne pouvoit aboutir qu'à dépraver & abrutir les hommes, 19. IV, 312. Les Philosophes en ont approuvé toutes les erreurs & les abus, II, 17 & *suiv.* X, 84 & *suiv.* En quel sens les vertus des Païens étoient des péchés brillans, IV, 411, 412. X, 449. Plusieurs sont placés dans le Ciel par les Incrédules, 448. Dieu ne rejetoit pas le culte des Païens lorsqu'il s'adressoit à lui seul, VI, 166 & *suiv.*

On n'étoit rien moins que dégoûté du Paganisme, lorsque l'Evangile fut annoncé, IX, 322-333. X, 155. Attraits par lesquels il attachoit ses sectateurs, 148. XI, 413. Les Païens ont été cependant plus dociles que les Juifs, VII, 378. Plusieurs Païens d'un rang distingué furent convertis par les Apôtres, IX, 435-438. Les Auteurs Païens ont fait l'apologie des mœurs des Chrétiens, 460. En quel sens les Païens étoient tolérans, IV, 35. X, 402 ; & crédules, IX, 452. Ils regardoient la Religion comme une affaire de politique & non de persuasion, 456. Il n'est pas vrai que les Chrétiens devenus les plus forts se soient vengés des Païens, 577 & *suiv.* Edits des Empereurs Chrétiens contre le Paganisme, 562 & *suiv.* Aucun Païen n'a été forcé par la crainte des supplices de renoncer à sa Religion, 599. Aucun n'a été mis à mort pour cette cause, 566. XI, 464. Les Ministres de la Religion Païenne ont possédé des fonds, 219, 220.

PAINS multipliés par Jésus-Christ, VIII, 523, 528, 530.

PAIX. Sans Religion, l'homme ne peut avoir de paix intérieure, II, 417 & *suiv*. En quel sens la paix doit régner sous le Messie, VII, 494. En quel sens Jésus-Christ est venu apporter, non la paix, mais le glaive, 229. IX, 86 & *suiv*. X, 263. Il est faux que l'Evangile ne prêche pas constamment la paix, XII, 116 & *suiv*. & qu'un Chrétien ne puisse pas en jouir, 126.

PALESTINE, ou TERRE-SAINTE. Elle est aujourd'hui peu connue, parce qu'on ne peut pas y voyager en sûreté, VI, 352. Elle étoit autrefois très-fertile, 411, 412; & un séjour plus sain que l'Egypte, 57. Quel droit les Hébreux avoient de s'en emparer, VII, 4 & *suiv*. 12 & *suiv*. Ils l'ont possédée telle que Dieu la leur avoit promise, VI, 109.

PANTHER, prétendu pere de Jésus; quelques uns croient que c'est un surnom de Saint Joseph, VIII, 391 & *suiv*.

PAPE. Il est utile que les Papes aient une jurisdiction sur toute l'Eglise, XI, 133, 134. XII, 21, 22, 23. Des Protestans & des Incrédules en sont convenus, XI, 133, 134, 141, 144. Ces derniers reprochent aux Papes leur zele pour la propagation de la foi, 369. D'où est venu leur puissance temporelle,

140, 145. XII, 21, 22 25. Il n'eſt pas vrai qu'ils ſe ſoient forgé de faux titres, XI, 155 & ſuiv.; qu'ils aient créé de nouveaux dogmes, 155 & ſuiv.; qu'ils ſoient les Fondateurs de l'Etat Monaſtique, 314, 368; qu'ils aient diſpenſé nos Rois d'obſerver leurs ſermens, ni délié les ſujets du ſerment de fidélité, 159, 160. Calomnies abſurdes des Incrédules, 137, 139.

L'autorité des Papes a été très utile dans les temps d'ignorance & d'anarchie, XI, 141, 144, 152, 477, 478. Ils ont conſervé & rétabli en Europe l'étude des ſciences, 153, 154. On convient que pluſieurs ont eu des mœurs ſcandaleuſes, 161, 162. Il eſt faux que le Pape Libere ait ſigné une formule de foi hérétique, 532. Que Saint Grégoire ait fait brûler les Livres des Païens, XII, 59, 60. Que Jean VIII ait été Hérétique, XI, 66. Reproches abſurdes faits au Pape Alexandre VI, 582. Il eſt encore des Auteurs Proteſtans qui regardent le Pape comme l'Antechriſt, VIII, 185, 186.

PAPIAS, Diſciple des Apôtres; ce qu'il dit des Evangiles, VIII, 72; & de l'Apocalypſe, 157. Son témoignage eſt digne de foi, 72.

PASQUE. Raiſons de ſon inſtitution, VI, 25. Pourquoi elle fut interrompue dans le déſert, 511. Derniere Pâque de Jéſus-Chriſt avec ſes Diſciples, IX, 97 & ſuiv. Pourquoi Jéſus-Chriſt eſt mort dans le temps de la Pâque, 138. L'Egliſe a eu des raiſons de fixer le jour de la Pâque par une loi, XI, 172.

PARABOLE, comparaison familiere. Pourquoi Jésus-Christ parloit aux Juifs en paraboles, IX, 84.

PARADIS TERRESTRE ; topographie que Moïse en a donnée, V, 383 & *suiv.*

PARALYTIQUES guéris par Jésus-Christ, VIII, 482, 501, 503, 516.

PARAPHRASES du Texte sacré. Les Paraphrases Chaldaïques, ou *Targums*, ont été faites vers le temps de Jésus-Christ, V, 223.

PARDON. Dieu devoit-il plutôt pardonner le péché, que de livrer son Fils à la mort ? IX, 106.

PARENS. Il est faux que les parens de Jésus-Christ n'aient pas cru en lui, VIII, 521. X, 119.

PARESSE, oisiveté ; vice pernicieux à l'homme & à la société, IV, 113, 114.

PARHÉLIE, double image du Soleil. On ne peut pas expliquer par-là le miracle de Josué, VII, 30.

PAROLE. Le don de la parole démontre que l'homme est né sociable, I, 316.

PARSIS, PERSES, GUEBRES, sectateurs de Zoroastre ; leur croyance, I, 571, 575 ; leur morale, 572. Défauts de leur doctrine, 578. Ils adorent le feu comme portion de la Divinité, 576. Ils invoquent tous les êtres naturels, 577, 584. Ne font pas d'un caractere auſſi doux qu'ils le paroiſſent, 580. Sont loués très-mal à propos par nos Philoſophes, 582 & ſuiv. Ont-ils eu des notions plus juſtes de la Divinité que les Hébreux ? VI, 175. Leur erreur ſur l'origine du mal eſt condamnée par Iſaïe, II, 544. Corruption des mœurs chez les anciens Perſes, X, 106, 107. Il y eut deux cent mille Chrétiens martyriſés dans la Perſe, IX, 543. X, 440.

PARTIALITÉ. On ne peut accuſer Dieu de partialité, lorſqu'il accorde plus de bienfaits naturels ou ſurnaturels à un homme ou à un peuple qu'à un autre, II, 551, 561, 590. IV, 362. V, 19 & ſuiv. 81, 527. VII, 410. X, 77, 224.

PASSION de Jéſus-Chriſt, IX, 92 & ſuiv. Jamais il n'a paru plus grand que dans cette circonſtance, 93, 94.

PASSIONS. Ce ſont les penchans naturels portés à l'excès, III, 437, 438. IV, 95, 96. Elles ne ſont point la voix ni la loi de la nature, le ſentiment moral doit leur commander, III, 436, 437. C'eſt un devoir de les réprimer, IV, 95 & ſuiv. XII, 101. Il n'eſt pas impoſſible de les vaincre, III, 191, 450, 471. IV, 119, 120. Lorſqu'un homme ſurmonte une paſſion par une autre, ce n'eſt pas un acte de vertu, III, 457. Funeſtes effets des paſſions ; elles diminuent la liberté & tournent à notre malheur, IV, 98. Elles alterent le ſentiment moral & la Religion, III, 414, 426. Sont la ſource de l'incrédulité, I, 56 & *suiv*. Elles ont produit les fausses Religions & la superstition, 179. Les hommes ont attribué aux Dieux leurs propres passions, 225. Elles sont la cause du fanatisme & de tous ses effets, 368. La vraie source de tous les crimes, 375. II, 211. XII, 89, 93, 119. Elles sont donc dangereuses par elles-mêmes. III, 400. Ce ne sont pas de simples foiblesses, 404. Nécessité de la Religion pour les réprimer, I, 294. XII, 101. Nos Philosophes font l'apologie des passions, II, 218. Jésus-Christ les attaque de front par sa morale, IX, 17. XII, 134, 135. En quel sens l'Ecriture attribue à Dieu les passions humaines, II, 455. VI, 198. X, 103, 108, 111.

PASTEURS, conquérans de l'Egypte; qui étoient-ils ? V, 558 & *suiv*.

PASTEURS de l'Eglise. Ils ne sont pas les simples mandataires des fideles, XI, 178-180. Leur enseignement est surveillé par le troupeau même qu'ils instruisent, 459, 460, 510, 511. Leurs devoirs ne sont pas fondés sur un contrat, 185-187. L'empire qu'ils ont sur leurs ouailles est exagéré par les Incrédules, VIII, 146. Ils ont droit de recevoir leur subsistance, XI, 220 & *suiv*. Différentes manieres dont on y a pourvu, 174, 228. Le célibat leur est nécessaire, 288 & *suiv*. Les reproches des Protestans contre les Pasteurs de l'Eglise sont retombés sur les Auteurs sacrés, X, 522. La succession & la mission des Pasteurs de l'Eglise Catholique est un fait indubitable, même pour les ignorans, 551. *Voyez* CLERGÉ, EVÊQUES, PRÊTRES.

PATIENCE, vertu nécessaire à l'homme, IV, 79, 83, 88.

PATRIARCHES. Tableau de leur croyance, tracé dans les Livres Saints, I, 134, 142, 145. Leur Religion n'étoit point le Déisme, mais une révélation faite à notre premier pere, 153. IV, 342. Quelle étoit leur morale, I, 142, 143, 151. En quel sens cette Religion étoit naturelle, 152. Elle n'étoit point le fruit des réflexions humaines, mais d'une tradition, II, 446. III, 214. Les Patriarches en ont été les premiers dépositaires, I, 153, 156. Certitude de cette tradition, III, 334. Longueur de leur vie, V, 389. Ils n'étoient point dans l'état des Nations barbares, II, 215. Sentiment qu'ils avoient de la Divinité, 440; & de sa providence, I, 148. II, 440. III, 480. Ils croyoient à la vie future, 214 & *suiv.* VI, 207 & *suiv.* Ils ont très-bien connu la morale naturelle, III, 479. Sur le mariage, sur le pouvoir paternel, sur les esclaves, &c. II, 191 & *suiv.* III, 479. Ils étoient prévenus contre toute superstition, 576, 577. Modeles de vertu parmi eux, I, 144. III, 480. En quel sens leur Religion étoit parfaite, IV, 348. Comment elle s'est altérée chez la plupart des peuples, I, 179. III, 619, 620. Pourquoi Moïse raconte leurs fautes, V, 535. Ils n'ont pas été criminels en pratiquant la polygamie, IV, 180 & *suiv.*

PATRIE, PATRIOTISME. Dieu nous ordonne

de servir notre patrie, III, 477. Nous ne sommes jamais quittes envers elle, *ibid*. Maxime de Socrate à ce sujet, IV, 73. La morale des Matérialistes n'inspire aucune affection pour la patrie, III, 474. XII, 191. Le patriotisme des Romains étoit un fanatisme & une guerre déclarée à toutes les autres Nations, IV, 25. Ils n'aimoient leur patrie que pour leur intérêt, 81, 82. En enseignant que le Ciel est notre patrie, la Religion ne nuit point aux devoirs du Citoyen, III, 171. IV, 122.

PAUL (SAINT), Apôtre, étoit un Juif très-instruit, IX, 430, 434, 445. Histoire de sa conversion, 348 & *suiv*. Elle ne renferme point de contradictions, 362 & *suiv*. Il ne rêvoit pas sur le chemin de Damas, 359. Il n'avoit point fait de complot avec les autres Apôtres, 356. Il n'a point fait schisme avec eux, 374, 376. XI, 61. N'a point prêché un Evangile particulier, IX, 374. N'est pas l'auteur du Christianisme que nous professons, I, 37. N'a point usé d'hypocrisie & de mensonge, IX, 377 & *suiv*. 385. N'a été ni orgueilleux ni turbulent, 387 & *suiv*. Il n'a point soustrait les fideles à l'obéissance des Magistrats, 355, 394. Apologie qu'il fait de sa conduite, 386. Miracles de Saint Paul, 397 & *suiv*. Son martyre est attesté par Saint Clément de Rome, 535. Il l'a souffert avant la ruine de Jérusalem, VIII, 378. Authenticité de ses lettres, 145. Différentes Eglises les avoient reçues & conservées, 375. A-t-il prédit la conversion future des Juifs avant la fin du monde? VII, 573. Contradictions des

Incrédules dans leurs invectives contre Saint Paul, IX, 373, 382.

PAUVRES, PAUVRETÉ. Les pauvres sont consolés & encouragés par la morale de l'Evangile, IX, 20, 32, 33, 317. X, 156. Qu'entend Jésus-Christ par les pauvres d'esprit? 353. IX, 21. Il ne commande point à tous la pauvreté effective, 29, 37. Les Incrédules louent la pauvreté fastueuse de Diogene, & blâment celle de Jésus-Christ, II, 167. IX, 21, 22. Il est faux que le Christianisme n'ait été d'abord embrassé que par des pauvres, 320, 432 & *suiv.*

PAÏENS. *Voyez* PAGANISME.

PÉCHÉ. En quel sens le pécheur offense Dieu, résiste à sa volonté, &c. II, 517. III, 567. En quel sens Dieu permet le péché, 567, 568. Il n'est point contraire à la bonté de Dieu qu'une créature soit capable de pécher, II, 563 & *suiv.* Dieu n'est point obligé par sa bonté à empêcher ou à prévenir le péché, 563. Il le permet, mais il ne le veut pas, 569, 570. Le péché ne pouvoit être effacé par des ablutions, ou par des sacrifices, VI, 337 & *suiv.* Jésus-Christ a donné à ses Apôtres le pouvoir de remettre les péchés, VIII, 177. En quel sens il ne doit plus y avoir de péché sous le regne du Messie, VII, 496. L'ignorance invincible excuse du péché, IV, 317. X, 583, 587. XII, 43.

PÉCHÉ ORIGINEL, I, 137. III, 330 & *suiv.*

Pourquoi Dieu l'a permis, II, 567. Ses effets à notre égard, 568. Nous naissons coupables & non complices du péché originel, 541. Ce dogme n'a rien de contraire à la raison ni à la justice, III, 330 & *suiv*. Il ne prouve point que la Religion primitive soit venue de la crainte, I, 227. Tradition constante qui en a subsisté, III, 333. VII, 180. Il a été cru par les Peres de l'Eglise, III, 346 & *suiv*.; & soupçonné par les Philosophes, I, 274. Objections des Déistes contre ce dogme, III, 351 & *suiv*. Rien ne nous oblige à croire que le péché originel soit puni par les flammes éternelles, 350.

PEINES, PUNITION, CHATIMENT. Les peines & les récompenses supposent la liberté de l'homme, III, 104, 141 & *suiv*. Elles sont nécessaires pour donner aux loix une sanction, 385. Mais celles de cette vie ne suffisent pas pour attacher l'homme à ses devoirs, I, 404 & *suiv*. III, 386. XII, 152. Les peines éternelles n'ont point été admises par les Philosophes, II, 119. Elles sont néanmoins le seul motif capable de nous détourner constamment du crime, III, 227. Aveux que les Incrédules ont fait de cette vérité, 230 & *suiv*. Le dogme des peines de l'autre vie ne porte ni sur une pétition de principe, ni sur un cercle vicieux, 247, 248. Il ne nous détourne point des devoirs de la vie présente, 262, 271. Les peines de cette vie sont plus incertaines que celles de l'autre, 251, 252. Celles-ci ont été crues par les Juifs, VI, 204 & *suiv*. La loi de Jésus-Christ ne doit statuer des peines afflictives pour aucun crime, VII, 400. Selon les Déistes,

Dieu ne punit personne, X, 216. Dieu peut punir un peuple comme il lui plaît, V, 472. VII, 15.

PÉLERINAGES. Ils ont été pendant long-temps un lien de société entre les peuples de l'Europe, X, 358. XII, 19, 20. En quel sens un Chrétien est pélerin sur la terre, 112.

PENCHANT. A quoi l'on connoît qu'un penchant est naturel à l'homme, III, 433. Nos penchans naturels ne sont nommés passions, que quand ils sont poussés à l'excès, 437. IV, 95, 96.

PÉNITENCE. Utilité de ce sacrement, X, 306-310. XII, 143. *Voyez* EXPIATIONS.

PENSÉE. La matiere ne peut en être ni le principe ni le sujet, II, 332 & *suiv.* III, 24 & *suiv.* La pensée ne peut être une qualité inconnue de la matiere, 29, 30, 48. Différences essentielles entre la pensée & le mouvement, 25, 26 & *suiv.* II, 334. Des pensées pures suffisent pour nous rendre heureux ou malheureux, III, 245. Nous n'avons pas besoin de savoir comment Dieu connoît nos pensées, II, 507.

PENSYLVANIE. Est-il vrai que les peuples de cette contrée n'ont ni Dieu ni Roi? IV, 276.

PENTATEUQUE, ce sont les cinq Livres de Moïse. Preuves de leur authenticité, V, 142,

187 & *suiv*. Ils n'ont pu être supposés sous aucune époque de l'Histoire Juive, 205 & *suiv*. Le Pentateuque Samaritain est plus ancien qu'Esdras, 215, 216. Réponse aux objections des Incrédules, 241 & *suiv*. C'est le plus ancien de tous les Livres, 162, 232, 237. Parut-il pour la premiere fois sous Josias ? 271, 317. Il n'a pas pu être altéré, 199, 287 & *suiv*. 296, 303, 309, 322. — Vérité de l'Histoire contenue dans le Pentateuque, VI, 93, 96 & *suiv*. 343 & *suiv*. La fausseté de cette Histoire est plus incroyable que tous les miracles qu'elle renferme, 97.

PERCEPTION, acte de l'ame qui apperçoit ce qui se passe en elle ou dans le corps, III, 74, 75, 81. Sans perception, il n'y a point de sensation, 74.

PERE, autorité paternelle. Cette autorité fut toujours absolue dans les sociétés naissantes, I, 313, 315, 379. IV, 253, 261. Les enfans y sont assujettis de droit naturel, I, 311, 313. Elle a été la source & le modele de l'autorité politique, 379. Raisons sur lesquelles elle est fondée, IV, 223. Elle porte sur la loi naturelle & non sur un contrat, 236. Ce pouvoir est limité par la loi même qui l'établit, 224. Il l'étoit par la Religion primitive, II, 202. Il l'étoit par la loi Juive, VI, 385. Devoirs de la paternité, I, 312. II, 202. L'espérance des devoirs que les enfans rendront à leur pere, est le seul motif qui puisse l'engager à les conserver & à les nourrir, I, 311, 312. L'affection des peres est plus vive que celle des enfans, IV, 222. Leur autorité ne paroît injuste que quand les mœurs sont très-corrompues, 230. Elle doit durer tant que le bien de la société l'exige, 234. Elle est méconnue & dégradée par nos Philosophes, 223, 230. Le droit des peres chez les Romains étoit injuste, 225. XI, 451. Constantin fit sagement de le borner, *ibid.*

PERES Apostoliques, ou contemporains des Apôtres. Ce sont des témoins irrécusables de la tradition de leur siecle, VIII, 71, 72. Ils ont cité nos Evangiles, 68, 103, 104. Et l'Apocalypse, 154. Et non des Evangiles apocryphes, 91 & *suiv.* 107. Ils citoient l'Ecriture de mémoire, & non mot pour mot, 98, 102.

PERES DE L'EGLISE. Ceux du second siecle étoient des Savans, IX, 440. Le Platonisme n'a point contribué à leur conversion, 454. Force de leur témoignage pour prouver qu'une doctrine vient des Apôtres, XI, 9, 10, 19. Ils sont calomniés par les Incrédules, 15 & *suiv.* Les reproches qu'on leur fait retombent sur Jésus-Christ & sur les Apôtres, I, 38. XI, 44, 114. Ils n'ont point calomnié la Religion Païenne, II, 63. N'ont point supprimé les écrits de leurs adversaires, XII, 58 & *suiv.* N'ont point forgé les oracles des Sibylles, VIII, 211 & *suiv.* N'ont employé contre les Païens des Livres supposés que comme des argumens personnels, 216, 217. Ils ont cru & professé la spiritualité de l'ame, III, 56. N'ont pas eu tort d'excuser la polygamie des Patriarches, IV, 181. Ne sont point tombés en contradiction sur la tolérance, X, 376, 379. N'ont point soufflé le fanatisme du martyre, IX, 513, 529.

Réfutation sommaire du Livre de Daillé sur *l'usage des Peres*, XI, 19 & *suiv.* La plupart de ses objections peuvent être tournées contre les Livres Saints, 21 & *suiv.* Les Ecrits des Peres, que nous n'avons plus, ne prouvent rien contre ceux que nous avons, 21. Les Peres ont donné la regle générale qui proscrit toutes les erreurs, 22. Les Livres qu'on leur a faussement attribués, n'ôtent point l'autorité à ceux qui sont certainement d'eux, 23. On juge de l'intégrité de leur texte comme de celui des Livres Saints, 25. L'un n'est pas plus obscur que l'autre, 27. Les Peres n'ont point dissimulé leur sentiment, 28. N'ont point varié sur les dogmes de foi, 30, 31. Ils ont été très-instruits, 33. N'ont pas pu ignorer la doctrine Catholique, 35. Il n'est pas nécessaire qu'ils aient été infaillibles, 36. Ils ne veulent point être crus sur leur parole, mais sur la notoriété de l'enseignement public, 38. On ne peut leur reprocher aucune erreur grave en matiere de foi, 39. Daillé en finissant est forcé de rendre justice aux Peres, & de leur faire réparation, 42, 43.

PERFECTIBILITÉ, capacité d'acquérir de nouvelles connoissances & de nouvelles habitudes ; caractere distinctif de l'homme : c'est une des sources de la sociabilité, IV, 149.

PERFECTION. L'idée de perfection est absolue en Dieu ; elle n'est que relative dans les Créatures, II, 472. VII, 350. En quel sens

Dieu possede éminemment toutes les perfections, II, 480. On ne doit pas juger des perfections de la cause premiere par ses effets, 576. *Voyez* ATTRIBUTS.

PERSE, *voyez* PARSIS.

PERSÉCUTION. Il y a eu chez les anciens peuples des persécutions pour cause de Religion, IV, 17 *& suiv.* X, 438 *& suiv.* XI, 68. Rigueur des persécutions exercées contre le Christianisme, IX, 534 *& suiv.* Pourquoi Dieu les a permises, 450, 451. Elles n'ont point accéléré les progrès de notre Religion, 326 *& suiv.* Motifs qui faisoient agir les Persécuteurs, 415, 495. XI, 67, 68, 85. Les Philosophes y ont contribué, X, 4, 5. Selon les Incrédules, l'orgueil & la paresse sont les vraies causes du zele persécuteur, 434, 450. Ils se contredisent sur les effets des persécutions, IX, 327, 328. Jésus-Christ n'a donné aucun droit ni aucun prétexte de persécuter, XII, 122. *Voyez* INTOLÉRANCE.

PERSONNE, PERSONNALITÉ. En quoi consiste la personnalité d'un individu, IV, 504. Nous n'attaquons point la personne des Incrédules, mais leurs Livres, I, 55.

PERSONNES DIVINES. Fausse comparaison entre une personne divine & une personne humaine, c'est la source de toutes les objections contre le Mystere de la Sainte Trinité, III, 311.

PÉRUVIENS. Les habitans du Pérou ont été civilisés par Manco-Capac, I, 445.

DES MATIERES.

PEUPLE. Dispersion des peuples après le Déluge, V, 474 & *suiv.* Tous dans l'origine ont été errans & nomades, ou pasteurs, VI, 426. Dans un état de guerre mutuelle, IV, 416. VII, 5 & *suiv.* 76, 77. Tous ont exercé le brigandage, V, 568. Tous ont essuyé des malheurs, VI, 471, 474. Un peuple ne figure dans l'Histoire que quand il est oppresseur ou opprimé, V, 285. VI, 474. Tous ont été l'objet des attentions de la Providence, 162, 179, 181. Tous ont cru l'existence de Dieu, II, 421 & *suiv.* Ont conservé des notions de son unité, I, 160 & *suiv.* Ont été persuadés de la providence, II, 506. Ont cru la spiritualité de l'ame, III, 36, 37. Sa liberté, 102, 103. Son immortalité, 218 & *suiv.* Tous ont eu un culte religieux, 519, 520. Ils en ont besoin pour ne pas devenir sauvages, 552, 553. Ils ne peuvent être policés que par-là, 552. VI, 476. L'Athéisme n'est pas fait pour le peuple, I, 65.

Tous les peuples ont cru aux révélations, IV, 343. Ils ont eu dans leur origine une Religion plus pure que dans les siecles suivans, I, 112 & *suiv.* 156 & *suiv.* 479. II, 2, 3. Tous croient écouter la raison, IV, 370. Ils se sont égarés par de faux raisonnemens plutôt que par de fausses révélations, 378 & *suiv.* Dieu agrée le culte de tous, lorsqu'il est adressé à lui seul, VI, 166 & *suiv.* Tous ont été coupables de Fanatisme religieux, X, 438 & *suiv.*

Sous le Paganisme, le peuple ne pouvoit pas être instruit de la morale, II, 11. Il ne pouvoit découvrir la vérité au milieu des erreurs de la Religion vulgaire, 19. — Il a été

TABLE

excusable jusqu'à un certain point, 87. — Parmi nous, il est encore incapable de se former une Religion vraie, I, 433. II, 98. III, 625, 641, 643. IV, 370. VI, 478. La morale philosophique n'est pas à sa portée, III, 483. Il a besoin de signes extérieurs pour être excité à la piété, X, 356. Il lui faut du repos, par conséquent des fêtes, 331 & *suiv*. Est-il avide de nouveautés ? IX, 331. Crédule en fait de révélations & de miracles ? IV, 586 & *suiv*. Selon nos adversaires, le peuple ne peut être ni Croyant, ni Athée, ni Chrétien, ni Infidele, X, 586. Dans le sein de l'Eglise Catholique, il est aussi assuré de sa croyance que les Savans, 544 & *suiv*. Il est faux que la Religion n'influe point sur le sort des peuples, XI, 421, 502, 503. Que signifie dans l'Ecriture, *être réuni à son peuple* ? VI, 214.

PHARAON, Roi d'Egypte, vaincu par les miracles de Moïse, avoue son impiété, VI, 27. En quel sens Dieu l'endurcit, 31 & *suiv*.

PHARISIENS. Leurs erreurs subsistent encore parmi les Juifs, VII, 351. En quel sens Jésus-Christ a confirmé leurs leçons, IX, 12, 13. Devoit-il les convertir malgré eux ? 72.

PHÉNICIENS. Ce peuple étoit différent des Philistins, VI, 457-461. Il avoit une Cosmogonie semblable à celle de Moïse, I, 168. Mais elle est renduë d'une maniere absurde dans le fragment de Sanchoniathon, V, 372. Ils n'étoient pas circoncis, 503. Quelle fut la premiere Religion des Phéniciens, I, 168. Leurs mœurs sont connues par celles des Carthaginois, XI, 402. Inscription Phénicienne qui attestoit la conquête de la Palestine par Josué, V, 278.

PHILISTINS. Sous Samuel, ce peuple fut vaincu par les Juifs, VI, 461. En quel sens ceux-ci ont été ses esclaves, 463.

PHILOSOPHES ANCIENS. Fautes essentielles qu'ils ont commises dans la recherche de la vérité, II, 147, 152. Ils commençoient par croire à une Secte, & par en embrasser la doctrine avant de l'examiner, III, 623. X, 27, 183. Un Philosophe n'est-il obligé d'admettre que ce qu'il conçoit ? I, 46 & suiv. Les anciens n'ont point été constans dans leurs opinions ni dans leur langage, 13. II, 86, 114. Ils ont eu tous une double doctrine, 91. Ils n'osoient rien affirmer, 94 ; ne s'accordoient sur rien, 92 ; se décrioient les uns les autres, 158, 179. Ils n'étoient pas tolérans, IV, 17 & suiv. n'ont découvert aucune vérité en fait de Religion, II, 440 ; n'ont corrigé aucune erreur, IV, 433 ; ont été aussi aveugles que le peuple, I, 114 ; n'ont pas daigné l'instruire, II, 91 ; l'ont plutôt trompé, I, 282 ; étoient méprisés par le peuple avec raison, II, 92. Ils n'ont pas contribué à faire connoître Dieu, I, 232, 233. Aucune absurdité qu'ils n'aient enseignée, II, 113. Ils ont été inexcusables, selon Saint Paul, IV, 354 ; & justement condamnés par cet Apôtre, II, 181. XII, 45, 46.

Examen de leur doctrine, II, 91 & suiv. 120, 132 & suiv. X, 245. Ils ont cru que les astres étoient animés, I, 207. II, 46. X, 101.

En quel sens ils ont admis un Dieu suprême, II, 65 & *suiv.* 88, 106 & *suiv.* Ils ont décidé qu'on ne devoit lui rendre aucun culte, 42, 113, 438. X, 9. Ils n'ont pas admis la création, II, 111. Les uns ont nié la Providence, 112; les autres en ont eu une fausse idée, ont enseigné que Dieu ne punit personne, *ibid.* Ils ont été taxés d'Athéisme par plusieurs Modernes, 107, 108. Plusieurs ont eu l'idée de la substance spirituelle, III, 54 & *suiv.* Mais ils ont douté de l'immortalité de l'ame, II, 97, 117; n'ont pas cru aux enfers, 119; ont été inconstans dans leur langage sur la vie future, III, 223, 265. IX, 15. X, 81. Ils avouoient la nécessité de la Religion, III, 528, 529; & d'une révélation, II, 98 & *suiv.* X, 8. Plusieurs ont fait cas des Juifs, V, 171 & *suiv.*

Examen de leur morale, II, 110 & *suiv.* Ils la séparoient de la Religion, 6 & *suiv.* 439. Plusieurs les ont réunies, I, 335 & *suiv.* Différence entre leur morale & celle de Jésus-Christ, IX, 38. Celle des Philosophes étoit très mal prouvée, X, 248. XII, 105. Ils ont cependant moins méconnu les devoirs de l'homme que les Modernes, IV, 53. Plusieurs ont recommandé la tempérance & la mortification, I, 303. Corruption de leurs mœurs, II, 134. Souvent ils ont été chassés à cause de leur doctrine, IV, 21. — IX, 490; punis pour crime de magie, X, 20, 21; & à cause de leur caractere turbulent, 22.

Ils ont plus contribué que les Prêtres Païens à fomenter la superstition, II, 17, 60; ont été plus fourbes, IV, 358; ont étayé le Polythéisme sur des raisonnemens, 379. X,

63 ; ont approuvé la magie, II, 18 ; ont canonisé toutes les folies & les crimes du Paganisme, 17 & *suiv.* IV, 382 & *suiv.* X, 84, 92, 103, 111. Ils ont fait semblant de croire aux miracles, IV, 359. X, 53. Ils regardoient la Religion comme une affaire de politique & non de persuasion, IX, 456. Ils n'ont pas osé toucher au culte extérieur, X, 288.

Révolution que le Christianisme causa dans les opinions des Philosophes, II, 104. X, 8. Quelques-uns se convertirent sincérement, VIII, 339. X, 3. L'incrédulité des autres ne prouve rien, VIII, 368, 369. IX, 456-459. Ils n'ont pas été meilleurs Critiques que les Peres de l'Eglise, VIII, 214. Plusieurs ont été faussaires, & ont forgé des Livres apocryphes, 122 ; ont fait naître les premieres Hérésies, 122, 192. X, 3, 192. XI, 47, 59, 452. Ils avoient plus de respect que les Modernes pour la morale de l'Evangile, X, 245. Plusieurs ont été accusateurs & persécuteurs des Chrétiens, 4 & 5. Mais ils n'ont pas été eux-mêmes persécutés, 20, 22. Ils étoient incapables du courage des Martyrs, 4, 22.

PHILOSOPHES MODERNES. Ils retombent aussi bas que les anciens, dès qu'ils perdent de vue la révélation, II, 216 & *suiv.* sont encore plus aveugles, IV, 444 ; copient servilement toutes les anciennes erreurs, *ibid.* se donnent cependant des louanges outrées, II, 229. Ils forgent l'Histoire à leur gré, I, 441 & *suiv.* 486, 536, 562, 581 & *suiv.* II, 153 & *suiv.* aiment mieux nier les faits que de les discuter, IV, 616 ; établissent le Pyrrhonisme absolu, 377. Ils ne s'accorderont jamais sur la Religion, 370, 372. Leurs erreurs ne forment aucun préjugé contre elle, II, 147. C'est le tempérament qui décide de leur système, IV, 124.

Ils se contredisent dans leur morale par hypocrisie, III, 453, 515. X, 275. XI, 194; ne s'accordent point sur le mérite des anciens Moralistes, II, 141, 142. Ils dégradent l'homme, III, 4; flattent toutes les passions de l'humanité, XII, 98 & suiv. débitent des maximes séditieuses, VII, 33, 34; font de leurs disciples un portrait affreux, I, 57; forment des projets & n'exécutent rien, XI, 497; se plaignent d'être calomniés, & sont eux-mêmes calomniateurs, II, 178. Ils n'ont contribué en rien à établir la tolérance, à guérir le Fanatisme, à prévenir les persécutions, X, 451. Il est nécessaire de faire connoître toute leur turpitude, 180. Un vrai Philosophe voit Dieu par-tout, II, 369.

PHILOSOPHIE. Dans l'origine elle est venue des peuples que les Grecs nommoient barbares, II, 90. Elle est née fort tard, 89; est fille du luxe & de la corruption des mœurs, I, 27. IV, 375; n'est elle même qu'un luxe de connoissances, I, 25. Elle annonce la vieillesse des Empires & l'extinction du patriotisme, 27; est toujours asservie au ton des mœurs publiques, III, 463, 504 X, 241. Elle est donc incapable de diriger les hommes, III, 464. X, 242; n'a servi qu'à les égarer, I, 159, 286. II, 144, 496; & à les énerver, X, 286. Elle n'a jamais produit le bien d'aucun peuple, I, 558. Les Grecs n'en avoient pas beaucoup profité, XII, 51; non plus que les Indiens & les Chinois, XI, 408. Elle n'est pas plus avancée chez nous que chez les Grecs, II, 233, 234; est dégradée par l'irreligion, 178, 179. Ce n'est que l'art de *décroire*, I, 48. III, 293. De tout temps elle a été méprisée par le peuple, II, 52. Inconvéniens de l'amour de la Philosophie, III, 504, 505. Si elle faisoit agir tous les hommes selon les idées claires & distinctes de la raison, le genre humain périroit bientôt, IV, 457. XI, 24. Chez les Anciens le choix d'une Secte de philosophie se faisoit au hasard, III, 623. X, 27, 183, 480. Elle rendoit ses Sectateurs incapables de vertu, 285. C'est elle qui a rendu nécessaires les miracles & les mystères, I, 9. VIII, 14. X, 179, 180. Etat de la Philosophie à la naissance du Christianisme, X, 1, & *suiv*. Il y causa une révolution, 8 & *suiv*. En quel sens Saint Paul condamne la Philosophie, XII, 44-46. Elle travaille à étouffer nos connoissances, 52.

PHYSICIENS, PHYSIQUE. Les Epicuriens & les Matérialistes ont toujours été mauvais Physiciens, II, 302, 308. L'étude de la Physique doit nous ramener à la Religion, 395.

PIED. Jésus lave les pieds à ses Apôtres, IX, 98.

PIERRE. Promptitude avec laquelle les pierres se forment dans le sein de la terre, II, 345. Les couches horizontales de pierre au sommet des montagnes, prouvent que celles-ci n'ont pas été formées par les eaux, 361, 362. Pluie de pierres sous Josué, VII, 30.

Pierre (Saint), est appelé par Jésus-Christ à l'Apostolat, VIII, 448; fait une pêche miraculeuse, 467; marche sur les eaux, 525; renie son Maître pendant la Passion, IX, 120, 121. Jésus ressuscité lui apparoît, 227. Succès de sa premiere prédication, 263. Discours absurde que les Incrédules sont forcés de lui prêter, 292 & *suiv*. A-t-il disputé contre S. Paul ? 374. Reproches que lui font les Incrédules, 423, 424. Preuves de son voyage à Rome, 425. Il y a souffert le martyre, 535; avant la ruine de Jérusalem, VIII, 378. Julien convient qu'avant la mort de Saint Jean, les tombeaux de Saint Pierre & de Saint Paul étoient déjà honorés en secret, X, 116, 117. Prédication de Saint Pierre, Livre apocryphe, VIII, 198.

Pilate. Conduite de ce Gouverneur à l'égard de Jésus-Christ, IX, 126, 127. Il s'informe si Jésus est mort avant de permettre que l'on détache son corps de la croix, 149; il permet aux Juifs de faire garder son tombeau, 155. Les actes de Pilate sont-ils certainement faux ? VIII, 203 & *suiv*. Ils n'ont pas été forgés par Saint Justin, 204 & *suiv*.

Piscine. Miracle de la Piscine probatique à Jérusalem, VIII, 500, 502.

Pitié, sentiment inné & naturel à l'homme, III, 430. IV, 84. C'est un des fondemens de la sociabilité, 159. La pitié ou l'humanité des Philosophes est stérile, XI, 334.

PLAGIAIRE. Les Incrédules ne sont que des plagiaires; ils n'ont inventé aucun nouveau systême, I, 68-72.

PLAISIR. Il est absurde de fonder la morale sur le penchant qui nous fait rechercher le plaisir & fuir la douleur, III, 456 & suiv. Le Christianisme n'interdit point généralement tous les plaisirs, X, 271, 272.

PLAN. La Providence a toujours suivi le même plan pour prescrire à l'homme une Religion, I, 102, 109. Exposition de ce plan, I & suiv. 92. V, 1 & suiv. VIII, 1 & suiv. XII, 160. Autre plan d'un Taité sur la Religion, IV, 435 & suiv.

PLANETES. Formation du systême planétaire, selon M. de Buffon, II, 348 & suiv. Réfutation de cette Théorie, 351 & suiv. Le mouvement des planetes ne peut être conçu que par l'impulsion que leur a donnée le Créateur, 367. C'est une preuve de la Providence, 500.

PLANTES. Elles n'ont pas dû périr pendant le Déluge, V, 449. Les plantes marines ou étrangeres, qui se trouvent dans les carrieres, attestent cet événement, 430.

PLATON, Philosophe célebre, qui a fondé une Ecole nombreuse; il n'osoit rien affirmer, II, 94. Il convient qu'il est difficile de connoître Dieu, X, 72, 81; qu'il faut une révélation, I, 479. II, 100. Il n'osoit toucher à la Religion populaire, 20, 99; pensoit très-mal sur la Providence, 109; ne connoissoit pas le droit des gens, 136; a enseigné une morale corrompue, 137, 292. Différence entre sa morale & celle de Jésus-Christ, X, 71-73, 83. Sa philosophie n'a point contribué au progrès du Christianisme, IX, 454. X, 191. Il n'a pas admis une Trinité en Dieu, X, 74, 75, 188 & *suiv.* ni la Création, 189.

PLAIES d'Egypte; à quoi Dieu les destinoit, VI, 28. C'étoient de vrais miracles, 38-44.

PLINE le Naturaliste fait un triste tableau de la nature humaine, I, 271.

PLINE le jeune, dans sa lettre à Trajan, fait l'apologie des Chrétiens, IX, 460, 486. Il atteste qu'ils sont en grand nombre, 442, 537.

POËTES. Ils ont reproché aux Païens la corruption de leur Religion & de leurs mœurs, II, 9. Les Poëtes dramatiques pouvoient parler impunément contre la Religion Païenne, 85. Ils ont toujours été licencieux, IV, 37, 44. L'Office divin a fait conserver un reste de goût pour la Poésie, XII, 14.

POLITIQUE, science du Gouvernement. Le droit politique le plus avantageux à l'humanité, est le vrai droit naturel, IV, 245. Le pouvoir politique est restreint par la loi natutelle, 251. La révélation primitive en prévenoit les abus, II, 207. C'est une mauvaise politique d'attenter à la Religion d'un peuple, I, 334 & *suiv*. Absurdité des spéculations politiques des Incrédules, IV, 171, 172, 280, 281. XII, 52. Leur égarement est sensible par leurs déclamations contre les Gouvernemens, III, 385. IV, 254, 255, 260 & *suiv*. Examen de la politique des divers peuples anciens, XI, 401. Celle des Romains étoit détestable à l'égard des peuples vaincus, V, 169. VI, 433. Effets salutaires que le Christianisme a produits dans la politique, XI, 391 & *suiv*. L'intérêt politique, & non la Religion engage les Souverains à sévir contre les mécréans, X, 374, 411 & *suiv*.—La Religion se ressent nécessairement des révolutions politiques de l'univers, XI, 391, 392. La politique tirée de l'Ecriture Sainte par Bossuet, ne favorise point le despotisme, VI, 397, 399.

POLYCARPE (SAINT), a pu être instruit par Saint Jean, VIII, 136. Il fut condamné à mort, parce qu'il refusa de sacrifier, IX, 498, 499.

POLYGAMIE. Dans l'état de société civile, la polygamie est contraire au droit naturel, IV, 174, 194 & *suiv*. Elle nuit à la population, à l'éducation des enfans, à l'union des familles, à la pureté des mœurs, 198, 211 & *suiv*. XI, 505-507; elle ne contribue point à peupler l'Asie, IV, 211 & *suiv*. elle n'étoit pas criminelle chez les Patriarches, 178 & *suiv*. Moïse l'avoit gênée par ses loix, IV, 186

& *suiv.* VI, 386, 389; il ne l'a commandée dans aucun cas, IV, 191; pourquoi il ne l'a pas supprimée entiérement, 383.

Polythéisme, pluralité des Dieux. Cette erreur n'est point la premiere Religion du genre humain, I, 167, 178. II, 429. IV, 342, 345. Quelle en est l'origine, I, 157. III, 7. V, 25. Le Polythéisme est né de l'ignorance, I, 215; d'un faux raisonnement, 217. II, 424, 444; & non de fausses révélations, IV, 379 & *suiv.* X, 84, 85. L'on a cru que toutes les parties de la Nature étoient animées, II, 59. IV, 379 & *suiv.* Il a commencé par l'adoration des astres & des élémens, I, 206. Passions qui ont contribué à le faire naître, 179. V, 3. L'admiration y a eu plus de part que la crainte, I, 206 & *suiv.* Cet égarement des hommes a été volontaire, 166, 193. La révélation primitive les avoit suffisamment prévenus contre l'erreur, III, 7. Le Polythéisme n'a commencé qu'après le Déluge, I, 156, 157. Il n'étoit fondé sur aucune preuve, IV, 337, 358. X, 85, 87. Il a été embrassé par tous les peuples qui n'ont pas été éclairés par la révélation, IV, 343; confirmé par les Philosophes, 382. X, 84, 92, 103; étayé sur le système de l'ame du monde, II, 444, 448. X, 63.

Le culte rendu aux êtres naturels ne pouvoit se rapporter au vrai Dieu, I, 456, 462 & *suiv.* II, 32, 42 & *suiv.* Il n'a jamais pu subsister chez un peuple avec le culte du vrai Dieu, VI, 480. Il a étouffé l'idée de la Providence, II, 41 & *suiv.* 71. X, 85, 86.

il donnoit de pernicieuses leçons de morale, II, 4, 6, 8, 10, 14; rendoit l'homme cruel envers lui-même & envers ses semblables, 185 & suiv. Les mysteres du Paganisme ne pouvoient servir à en détromper les hommes, 74 & suiv. Apologie du Polythéisme par un Déiste Anglois, 31 & suiv. Voyez IDOLATRIE, PAGANISME.

POMPE extérieure, elle est nécessaire dans le culte divin, VI, 278 & suiv.

PONTIFE. Priviléges dont jouissoit dans l'ancienne Rome le College des Pontifes, VI, 120, 291. XI, 95. — Il est faux que le Grand-Prêtre ou souverain Pontife des Juifs fût le Dieu d'Israël, VI, 125, 126.

POPULATION. Elle ne peut être nombreuse dans l'état sauvage ; c'est une source naturelle de société, I, 307. IV, 153 ; & la preuve d'un bon Gouvernement, VI, 115. Ressources que la terre cultivée fournit à la population, I, 307. Pourquoi les Nations naissantes y veillent principalement, XI, 272. La polygamie & le divorce y sont contraires, IV, 198, 203, 211 & suiv. Obstacles qui lui nuisent chez les Nations policées, XI, 273 & suiv. 489. La population étoit nombreuse chez les Juifs, VI, 410. L'Europe est aujourd'hui beaucoup plus peuplée qu'autrefois, IV, 219, 220. Le Christianisme y contribue, XI, 277 & suiv. 445, 484 & suiv. Il est très-faux que la France soit dépeuplée & inculte, 490. Contradictions de nos Philosophes sur la population, 275. Ce font leurs maximes qui y mettent obftacle, 336.

PORPHYRE. Quelle étoit la croyance de ce Philofophe touchant la Divinité, II, 42. Il foutient que l'on ne doit rendre aucun culte au Dieu fuprême, 437. X, 9. Il avoue les miracles de Jéfus Chrift, VIII, 267, 268. X, 23. Il avoit été Chrétien, & il apoftafia par reffentiment, VIII, 263. Il dit que Sanchoniathon avoit écrit une Hiftoire des Juifs, VI, 21. Il fait l'éloge des Efféniens, V, 176 ; dit que les miracles qui fe font au tombeau des Martyrs font des preftiges du Démon, IX, 506.

POSSÉDÉS guéris par Jéfus-Chrift, VIII, 469, 473, 477, 493, 517. Les poffeffions n'étoient pas des maladies naturelles, 470, 471. Pourquoi Dieu avoit permis les poffeffions des Démoniaques, 479.

POURCEAU. L'abftinence de la chair de cet animal étoit un régime relatif au climat, VII, 399. Pourquoi Jéfus-Chrift permit aux Démons d'entrer dans le corps des pourceaux, VIII, 480. Cet animal a-t-il des parties inutiles ? II, 399, 400.

PRATIQUES de Religion ; elles font néceffaires, IV, 433. Le Chriftianifme ne confifte point en pratiques de dévotion, XII, 135, 136. *Voyez* CÉRÉMONIES, CULTE EXTÉRIEUR.

PRÉDESTINATION, choix ou préférence que Dieu fait de certaines perfonnes ou de certains peuples pour leur accorder plus de grace qu'aux autres; il n'y a point en cela d'injustice, IV, 321. V, 21. IX, 249. X, 223. Ce dogme n'a rien de commun avec le fatalisme, X, 220 & *suiv*. Les décrets absolus de prédestination à la gloire, ne sont point un article de foi, II, 570. X, 220.

PRÉJUGÉ. Ce que les Philosophes nomment un *préjugé* est souvent une vérité de sentiment, IV, 472. Préjugés qui indisposoient les Juifs contre le Christianisme, IX, 309, 310. X, 146. Préjugés des Païens, IX, 314. X, 148.

PRESCIENCE, ou prévision des événemens futurs; c'est un attribut de la Divinité, II, 509. V, 111-115. VII, 108. Il ne donne aucune atteinte à la liberté de l'homme, II, 510, 511. III, 136, 137.

PRESCRIPTIONS contre les Hérétiques; analyse de cet Ouvrage de Tertullien, XI, 53 & *suiv*.

PRÉSENTATION. Jésus enfant a pu être présenté au Temple après le retour d'Egypte, VIII, 409, 410.

PRÊTRES. Sous les Patriarches, c'étoient les aînés des familles, VI, 289. Ils sont nécessaires chez les Nations policées, 120, 287 & *suiv*. XI, 94-96. Le peuple en a besoin, III, 555. Origine de la haine des Incrédules contre les Prêtres, I, 76. VII, 47 & *suiv*. X, 314 & *suiv*. XI, 87. XII, 83 & *suiv*. Impostures

V 5

qu'ils écrivent contre eux, VII, 99, 102. Contradiction de leurs reproches, IV, 424, 425. VI, 124. X, 311, 313. XII, 85. Les Prêtres ne sont point les premiers Fondateurs de la Religion, I, 259; encore moins de l'idolâtrie, 179; ni les auteurs des superstitions Païennes, 244. II, 59 & suiv. VI, 293. Ils y ont moins contribué que les Philosophes, I, 540. II, 19 & suiv. 59. IV, 378 & suiv. Ont moins altéré la morale, III, 398. XII, 131. Ils ne sont pas plus privilégiés par la Religion que les autres hommes, III, 586, 587. XII, 86, 88. Leur gouvernement n'est pas plus mauvais que celui des séculiers, VI, 296. VII, 45, 46, 52. Portrait désavantageux des Prêtres du Paganisme, IX, 322 & suiv. 499.

Chez les Egyptiens, chez les Romains & chez les autres Nations, les Prêtres ont eu plus de pouvoir que chez les Juifs & chez nous, VI, 120, 126, 291, 396. XI, 95. Quelles étoient leurs fonctions chez les Egyptiens, VI, 289, 332. Elles furent les mêmes chez les Juifs, 290, 332. Moïse avoit renvoyé aux Prêtres la décision des doutes sur le sens de la loi, 247, 248. Leur sort n'étoit pas fort avantageux, 202. Le Grand-Prêtre n'étoit point le Souverain des Juifs, VII, 45, 46. Oracle qu'il consultoit, 129. Les Prêtres ne pouvoient altérer la Religion Juive, VI, 293; ni les Livres Saints, X, 273 & suiv. Ils sauverent leur Nation de la fureur des Rois de Syrie, 468.

Multitude des devoirs des Prêtres dans le Christianisme, X, 315. XI, 98. Ils doivent former un ordre particulier, X, 315. XI, 94 & suiv. vivre dans le célibat, 158, 264 &

suiv. Il n'en résulte aucun inconvénient politique, 101, 102. Cet état doit rendre un homme vertueux & non vicieux, 104 & *suiv.* Les Prêtres n'ont pas pu corrompre les Ecritures, IV, 424. V, 290 & *suiv.* VIII, 123 ; ni altérer la doctrine de Jésus-Christ, IV, 423. Ils ne recommandent point le culte extérieur par intérêt, X, 364. XII, 136 ; ne sont point les tyrans du peuple, 138-140 ; n'ont aucun intérêt de corrompre ses mœurs, 139 ; ne sont point les maîtres de troubler quand ils le veulent le cerveau des dévots, XII, 79, 90. Les Prêtres sont soumis aux loix comme les autres sujets, XI, 184 ; doivent obéir au Souverain dans tout ce qui n'est pas contraire à la loi de Dieu, 186. Ils sont calomniés par les Incrédules, 104 & *suiv.* 314, 315. XII, 83 & *suiv.* 128. Le complot supposé entre les Rois & les Prêtres pour asservir les peuples, est abominable, VI, 290. XII, 146 & *suiv.* Effets qui ont résulté des contestations entre l'Empire & le Sacerdoce, 26. Vaine distinction d'un Jurisconsulte entre le ministere des Prêtres, & l'exercice public de ce ministere, XI, 193, 195. Quelques Incrédules ont fait réparation d'honneur aux Prêtres, après avoir déclamé contre eux, 112. La conduite des Prêtres est suffisamment justifiée par leurs propres ennemis, I, 78.

PREUVES. L'homme de bien est seul juge compétent des preuves de la Religion, I, 60. Il est absurde d'en exiger qui forcent l'opiniâtreté de ses ennemis, VII, 175. Les plus incrédules en fait de preuves, sont toujours les plus crédules en fait d'objections, I, 73.

Dieu n'a pas besoin de prouver ce qu'il dit, IX, 39. Parce que les fausses Religions se vantent d'avoir des preuves, il ne s'ensuit pas qu'elles en aient, IV, 357. Preuves sommaires d'une révélation primitive, I, 109 & suiv. De la Religion Juive, XII, 165, 166. De la Religion Chrétienne, VII, 501. XII, 156 & suiv.

Aucune preuve ne suffit aux opiniâtres, IX, 238, 240. Ce qui a été une fois prouvé l'est pour toujours & pour tout le monde, 245. Il est absurde de rejeter des preuves, parce que Dieu pouvoit en donner de plus fortes, 240 & suiv. Les mêmes preuves qui suffisent pour constater un fait naturel, suffisent aussi pour rendre un miracle incontestable, IV, 566 & suiv. 573 & suiv. 586, 602. La vraie philosophie consiste à n'exiger pour une question que le genre de preuve dont elle est susceptible, XII, 48, 49.

PRIERE. Elle nous fait souvenir du Souverain domaine de Dieu, & de notre dépendance, III, 546. Dieu peut y avoir égard sans faire continuellement des miracles, II, 513. La priere n'est donc pas injurieuse à Dieu, X, 361. Celles des Juifs n'étoient ni grossieres ni injustes, VI, 360 & suiv. Celles des Païens étoient souvent criminelles, II, 8, 9.

PRINCIPE. L'hypothese des deux principes, l'un bon, l'autre mauvais, est absurde, & ne résout point la question de l'origine du mal, II, 547 & suiv.

DES MATIERES.

PRISCILLIANISTES, Hérétiques mis à mort en Espagne, pour satisfaire l'avarice du Tyran Maxime, & non à cause de leurs erreurs, X, 431. XI, 71.

PROCÈS. Jésus-Christ a eu raison de conseiller à ses Disciples de ne jamais plaider, IX, 30.

PROCHAIN. Le précepte de l'amour du prochain étoit mal entendu par les Juifs, VII, 391. Jésus-Christ l'a expliqué avec la plus grande sagesse, IX, 7, 8.

PRODIGALITÉ, défaut nuisible à la société, IV, 104.

PRODIGES Sont-ils plus communs chez les peuples barbares qu'ailleurs ? IV, 593, 594. Réflexions d'un Savant moderne sur les prodiges rapportés par les Anciens, 515, 516. Ceux du Paganisme n'étoient pas prouvés, II, 18. *Voyez* MIRACLES.

PROMESSE. Les promesses que Dieu avoit faites au Patriarche Abraham ont été exécutées, V, 498. VI, 108, 109. Celles qu'il avoit faites aux Juifs n'ont pas été vaines, 432. VII, 93, 94; non plus que celles qu'il avoit faites à David, *ibid*. En général les promesses de Dieu sont conditionnelles, 93, 483 *& suiv.* 528, 577. Les Juifs se sont volontairement trompés sur le sens qu'ils y ont attaché, 560, 565. Jésus-Christ a suffisamment rempli toutes les promesses qui regardoient le Messie, 478 *& suiv.*

PROPHETE. Ce nom dans l'Ecriture ne désigne pas toujours un homme inspiré de Dieu, VII, 121, 122. Ecole de Prophetes établie par Samuel, 130. Ils n'avoient rien de commun avec les augures & les aruspices, 125. Les vrais Prophetes ont souvent prouvé leur mission par des miracles, 136. Par quels signes on devoit en juger, 50, 126, 440. Il n'étoit pas nécessaire de consulter le Sanhédrin ou le Sénat des Juifs, 475. Les Prophetes étoient nécessaires sous la loi Mosaïque, X, 455. Ils étoient envoyés pour suppléer à l'instruction des Prêtres, VI, 249. Ils furent les consolateurs de la Nation dans les temps de calamité, VII, 155 & suiv. Plusieurs souffrirent la mort pour leur ministere, 125.

Calomnies des Incrédules contre les Prophetes, VI, 521. VII, 65 & suiv. 120 & suiv. 148. Elles sont contradictoires, VI, 521. VII, 154, 164. Dieu n'a point trompé les Prophetes, 137 & suiv. Ils n'ont point usé d'équivoques, 144; n'ont commis aucune indécence, 131 & suiv. n'ont point été séditieux, 134. Ils ont souvent déclamé contre la confiance que les Juifs plaçoient dans leurs cérémonies, 326 & suiv. Ils ont révélé des vérités dont Moïse n'avoit pas parlé, 415. Ils ont annoncé l'établissement d'un nouveau culte, 332 & suiv. Ils ne se sont pas trompés sur la nature du regne du Messie, 463. Pourquoi ils ont souvent parlé dans un style allégorique, 288, 289. Les faux Prophetes ne peuvent faire des miracles, V, 92, 105, 108, 109. VII, 465 & suiv. Dieu les a toujours démasqués, 140. L'esprit prophétique doit-il revenir chez les Juifs sous le Messie ? 497.

PROPHÉTIE. Ce qu'on entend par-là, V, 111, 112, 114, 115. L'esprit de prophétie ne peut pas être un don naturel, 124. VII, 122. Il n'a pas tiré son origine des songes, V, 127. C'est un signe certain de mission divine, 126. VI, 101. VII, 173. Contradiction des Incrédules sur les prophéties, 164, 173. Conditions absurdes qu'ils exigent pour qu'une prophétie prouve quelque chose, V, 105, 130 133. Les propheties étoient nécessaires chez les Juifs, VII, 110, 111. Leur date est prouvée par toute la suite de l'Histoire, V, 121 & suiv. 131 & suiv. Il y en a de différentes espèces, VII, 317, 318. Maniere de distinguer les vraies prophéties, 141. On doit faire attention à leur liaison & à leur objet, 112, 113, 114. Il n'est pas nécessaire qu'elles soient très claires, 175, 176. Elles sont quelquefois énoncées par maniere d'imprécations, VI, 362. Ce ne sont point des discours vagues & sans liaison, VII, 230; ni des énigmes susceptibles de plusieurs sens, V, 134. VII, 500, 501.

Prophéties qui regardent le Messie, VII, 174 & suiv. Elles sont plus claires à mesure que l'on approche de l'événement, 585. Nous ne les entendons point dans un sens différent de celui que leur donnoient les anciens Juifs, 203, 232, 239. Il est faux que toutes ces prophéties soient allégoriques, 292, 300, 309, 503. Réfutation de l'ouvrage de Collins sur les prophéties, 304 & suiv. Ce que l'on doit penser des prophéties typiques & allégoriques, 287 & suiv. Nous n'en tirons aucune preuve, 299, 310, 314, 319, 503. IX, 410, 411. Les prophéties n'étoient pas le seul moyen de connoître le Meſſie, VII, 432 & ſuiv. Jéſus-Chriſt a rempli parfaitement celles qui le regardoient, 118. X, 38, 40. Les Juifs leur donnent un ſens faux & abſurde, VII, 480, 532, 534. Dans ce ſens elles ne pourroient ſervir à diſcerner ſi Jéſus-Chriſt eſt le Meſſie ou non, 442 & ſuiv. Dieu n'étoit pas obligé de prédire aux Juifs tout ce qu'il vouloit faire, 347. Les prophéties ont dû ceſſer ſous le Meſſie, 360. VIII, 579, 580. Elles avoient trois objets, 570. Elles annonçoient la converſion future des Nations, X, 139, 140. Les prophéties ne ſont pas les ſeules preuves de la divinité du Chriſtianiſme, VII, 301, 302. L'eſprit de prophétie doit-il revenir chez les Juifs ſous le Meſſie ? 497. Différence entre les prophéties & les oracles du Paganiſme, V, 117. X, 78, 79.

PROPOSITION. Pour admettre ou pour rejeter une propoſition, il n'eſt pas néceſſaire de la concevoir en elle-même, ou par le ſeul énoncé des termes, III, 316. Il n'eſt permis de conteſter aucune propoſition révélée, XI, 32.

PROPRETÉ. Elle eſt plus néceſſaire dans les pays chauds que dans les climats tempérés. VI, 332, 334. Il eſt convenable de l'obſerver dans les temples & dans les aſſemblées religieuſes, 335.

PROPRIÉTÉ. Le droit de propriété eſt un droit naturel, IV, 153, 154. Différentes eſpeces de propriétés, XI, 230, 231.

DES MATIERES.

PROSPÉRITÉ. Quelles sont les vraies sources de la prospérité d'une Nation, VI, 418. XI, 309. Les Juifs en ont joui tant qu'ils ont été fideles à leurs loix, 409, 418. La prospérité d'un peuple ne prouve pas la vérité de sa Religion, X, 112. Il est faux que le Christianisme nuise à la prospérité des Etats, XI, 351 & suiv.

PROSTITUTION ; chez plusieurs peuples elle a été pratiquée par motif de Religion, I, 589, 593. II, 192, 225. III, 422.

PROTESTANS. Ils ont sapé l'autorité de toute tradition, VIII, 168, 277. Ils ont ainsi posé les premiers fondemens de l'incrédulité, I, 23, 32. X, 164. XI, 44. Témérité avec laquelle ils ont rejeté plusieurs Livres de l'Ecriture, VIII, 156 & suiv. 169. Cercle vicieux dans lequel ils tombent sur la canonicité des Livres Saints, 184, 185. Ils ont calomnié les Peres de l'Eglise par intérêt de système, XI, 15 & suiv. & ont supprimé le culte extérieur par la même raison, 13, 14. Ils ne s'en tiennent pas à l'Ecriture seule, X, 483. Plusieurs sont convenus de l'utilité de la pompe extérieure dans le culte divin, VI, 281 ; & de la Jurisdiction des Papes, XI, 134. Ils n'ont point eu de vrais Martyrs, IX, 480. Ils ont calomnié les Martyrs des derniers siecles, 547. Ils ont conservé des superstitions, X, 358, 359. Ils ont été séditieux dès leur origine, 408 & suiv. 413 & suiv. XI, 84, 492. XII, 149.

PROVIDENCE. Un Dieu sans providence

n'exifteroit pas pour nous, II, 438, 439, 507. Le dogme de la Providence eft la bafe des loix & de la morale, I, 382 & *fuiv*. Preuves de ce dogme, il s'enfuit évidemment de la Création, II, 498 & *fuiv*. IV, 438. C'eft la croyance du genre humain, II, 506; mais il a fallu la révélation pour le perfuader aux hommes, 445, 446. Il a été cru par les Patriarches, I, 148. II, 440; enfeigné dans les Livres de Moïfe, V, 6. VI, 162, 179, 181 & *fuiv*. X, 102. Les Egyptiens l'ont admis dans les premiers temps, I, 167. Il eft mal expofé dans les Livres des Chinois, 518. Les Philofophes en ont fouvent douté, X, 62. Ils ont nié ce dogme ou l'ont altéré, II, 112. X, 61, 102 & *fuiv*. Il étoit étouffé par les idées du Paganifme, II, 32, 41. X, 61. Jamais les Païens n'ont admis une Providence univerfelle, I, 469.

Les défordres de ce monde ne prouvent rien contre elle, II, 581. Elle ne dégrade point la Divinité, II, 523 & *fuiv*. Dieu pourvoit à tout fans embarras, 383. Il veille généralement fur tous les peuples, VII, 341. X, 102, 106; & même fur chaque individu en particulier, II, 526. Il ne s'enfuit rien contre les maximes de la morale, 539 & *fuiv*. La Providence ne nous défend point de recourir aux moyens humains dans nos entreprifes & dans nos peines, I, 298.

Elle eft encore plus néceffaire dans l'ordre moral que dans l'ordre phyfique, III, 384. Ainfi l'ont conçu la plupart des peuples & des Philofophes, 379 & *fuiv*. Ce plan ne porte ni fur une pétition de principe, ni fur un cercle vicieux, 246. Ceux qui l'attaquent supposent faussement que Dieu doit faire pour ses créatures tout ce qu'il peut, I, 47. II, 529 & suiv. 559. V, 26; que ses bienfaits doivent être égaux pour tous les hommes, VI, 92, 182, 183; que la vertu doit être toujours récompensée ici bas, & le vice toujours puni, II, 534 & suiv. III, 249. Contradictions des Incrédules sur ce point, II, 538, 539. Les desseins de la Providence seroient inconcevables sans le dogme de la vie future, III, 299. Ses bienfaits sont oubliés de tous les hommes, XI, 398.

PSALMISTE, Pseaumes. Le Psalmiste a prédit la destinée des Incrédules, I, 91. Réflexions qu'il fait sur la prospérité des méchans, II, 538. Tableau de la nature dans le Pseaume CIII, 371. Plusieurs Pseaumes font mention des miracles de Moïse, VI, 12. Plusieurs renferment des prophéties concernant le Messie, VII, 203, 205. Explication du Pseaume LXXI, 296 & suiv. Les malédictions ou imprécations que nous voyons dans les Pseaumes, ne sont que des prédictions, VI, 362.

PUBLICAINS, Collecteurs des impôts chez les Juifs; ce n'étoient pas des Chevaliers Romains, VIII, 131, 133.

PUBLICITÉ. Il est faux que la publicité de la Religion & du Ministere sacré soit une grâce de la part des Souverains, XI, 188, 189. Il est absurde de distinguer la publicité du Ministere d'avec son exercice, 193, 195.

PUDEUR. Les Philosophes modernes n'en font aucun cas, II, 224 & *suiv*. Pourquoi elle a été méconnue chez certains peuples, III, 422 & *suiv*.

PUISSANCE, Toute-puissance, attribut essentiel de Dieu, II, 475, 476. Il est absurde de décider ce que Dieu peut ou ne peut pas faire, IV, 346; & de vouloir qu'une puissance infinie fasse tout ce qu'elle peut, II, 472 & *suiv*. 559, 562. La puissance de Dieu ne nous est pas seulement connue par le cours de la Nature, IV, 583.

PUISSANCE PATERNELLE, *voyez* PERES.

PUISSANCE CIVILE ET POLITIQUE, *voyez* GOUVERNEMENT, ROIS.

PUNITIONS, *voyez* PEINES.

PURGATOIRE. La croyance du Purgatoire n'est pas récente dans l'Eglise, XI, 149, 156, 157.

PURIFICATIONS, ABLUTIONS. Elles ont été en usage chez tous les peuples, VI, 336. Pourquoi Moïse les avoit ordonnées, 331, 332. Elles n'effaçoient pas le péché, *ibid*. La purification de Marie a pu se faire après son retour d'Egypte, VIII, 409.

PYRAMIDES D'EGYPTE. La date de leur construction est incertaine, I, 449. Elles étoient destinées à être le tombeau des Rois, III, 220.

PYRRHONIENS, Secte de Philosophes qui n'affirmoient rien & doutoient de tout. L'incrédulité conduit nécessairement au Pyrrhonisme, I, 46 & *suiv*. Les Pyrrhoniens soutenoient que rien n'est bien ou mal par sa nature, mais seulement par convention, III, 408 & *suiv*. Réfutation de ce système, *ibid*. Le Pyrrhonisme universel est renouvelé par les Philosophes modernes, I, 34, 35. III, 409, 412. IV, 553, 584. C'est le délire & la honte de la raison humaine, 452. Les Pyrrhoniens furent regardés comme une Secte de menteurs, 452. Ils nous préviennent contre leurs sophismes, 457. Ils sont forcés d'admettre des mystères, III, 283 & *suiv*. Le Pyhrronisme ne prévient point les disputes, IV, 459. Il est faux que la méthode d'instruction suivie dans l'Eglise Catholique conduise au Pyrrhonisme, X, 581. — Entre la Religion Catholique & le Pyrrhonisme il n'y a point de milieu solide, I, 53. Le Pyrrhonisme historique anéantiroit toute société, XI, 24.

Q.

QUADRATUS, Disciple des Apôtres, Apologiste du Christianisme, atteste que des morts ressuscités par Jésus-Christ avoient vécu jusqu'à son temps, IX, 439.

QUAKERS OU TREMBLEURS, Secte d'enthousiastes en Angleterre, qui prétendent agir en toutes choses par inspiration divine, X, 279, 469.

QUALITÉS SENSIBLES. Nous ne connoissons la matiere que par ses qualités sensibles, II, 466. Nos sens ne nous attestent rien de plus, X, 211. Ces qualités sont tout à la fois en nous & dans les corps, mais en différens sens, 278. III, 204. IV, 479 & *suiv*. Un aveugle-né qui reçoit la vue pour la premiere fois, ne peut encore juger des qualités sensibles des corps, II, 328. Contradictions des Sceptiques sur ces qualités, IV, 506.

R.

RABBIN, Docteur Juif. Les Rabbins modernes ne donnent plus aux prophéties le même sens que leurs anciens maîtres, VII, 203, 232, 239. *Voyez* JUIFS, OROBIO.

RACE. Ce terme se prend quelquefois dans les Livres Saints, pour un seul des descendans, VII, 178. Il exprime aussi des enfans par adoption, 251.

RAHAB, femme de Jéricho, ne fut point coupable de trahison envers ses concitoyens, VII, 25. Il n'est pas certain que cette femme fût une débauchée, *ibid.* ni une des aïeules du Messie,

RAISON, RAISONNEMENT. Divers sens du mot *Raison*, III, 302, 303. IV, 291, 294, 332, 333. C'est une faculté très-bornée, III, 304. Elle est à peu près nulle sans l'éducation, IV, 428, 431. Elle n'est point la même dans tous les hommes, I, 124. Selon les Incrédules, elle est le partage d'un très-petit nombre, III, 469. IV, 369. Elle n'est jamais laissée à elle-même, 295, 421. Ainsi *la raison en général* n'est qu'une abstraction qui ne signifie rien, 329, 330. La raison ne peut pas découvrir toutes les vérités démontrables, I, 120 *& suiv.* II, 250 *& suiv.* III, 277. Autre chose est de découvrir une vérité par la raison seule, autre chose de la démontrer lorsqu'elle est connue, I, 120, 121. Ce que nous appelons la raison n'est souvent qu'une ignorance, III, 314, 319. Il n'est point d'absurdité que l'on ne puisse fonder sur la raison, IV, 388. Tous les hommes se flattent de l'écouter & de la suivre, 370, 442; sur-tout les Incrédules & les Hérétiques, I, 47; & tous en abusent, IV, 341. Si la Philosophie venoit à bout de faire agir les hommes selon les idées claires & distinctes de la raison, le genre humain périroit bientôt, III, 205, 304, 305. IV, 457. Les Théologiens ne décrient point la raison, mais l'abus que l'on en fait, 335.

Contradictions des Incrédules sur la force ou la foiblesse de la raison, III, 282. IV, 314, 341, 368, 369. N'écouter que la raison, fausseté de cette maxime, I, 46. Cette faculté est aveugle sans la révélation, 120, 121. II, 183 *& suiv.* Elle n'a point fait de progrès chez les peuples privés de cette lumiere, IV, 371. Elle n'est point parvenue à connoître la loi naturelle, II, 130. Jusqu'à quel point elle étoit obscurcie chez les Païens, IV, 339. Dieu peut nous instruire comme il lui plaît, par la raison ou par la révélation, 316 *& suiv.* 346. La raison elle-même nous prescrit de nous soumettre à la parole divine,

III, 321, 322. Ce n'est donc point une absurdité de déférer à cette autorité en matiere de Religion, IV, 338. Dieu n'a jamais abandonné l'homme aux seules lumieres de la raison, I, 98. Pourquoi il l'oblige de se soumettre à sa parole, X, 180. Les erreurs de la raison ne peuvent pas être imputées à Dieu, IV, 354, 355. Elles ne prouvent rien contre la vérité de la Religion, II, 147 & *suiv*. Les Epicuriens ont fait contre la raison les mêmes reproches que les Incrédules font contre la Religion, I, 374, 422. L'abus de la raison est une preuve de notre liberté, II, 333.

La révélation n'a pas rendu la raison inutile, X, 237. Quel est l'usage légitime de la raison en fait de Religion, XII, 48, 49. Il est absurde d'attaquer les faits par des raisonnemens, IV, 327, 333, 345. Le dictamen seul de la raison ne fonde point une obligation morale, III, 497.

RÉCOMPENSE. Les loix, les peines, les récompenses portent sur l'hypothese de la liberté humaine, III, 104. Les récompenses & les peines sont nécessaires pour donner de la force aux loix, 384. Celles de cette vie ne suffisent point pour porter l'homme à la vertu, & pour le détourner du crime, I, 392 & *suiv*. III, 384, 385. XII, 151, 152.

RECONNOISSANCE des bienfaits. C'est un sentiment naturel qui contribue à former la société, IV, 226. Il ne peut pas avoir lieu dans le systême des Matérialistes, III, 453, 470.

RÉDEMPTION

RÉDEMPTION des Captifs ; inſtitut loué par un Philoſophe, XI, 329, 330.

RÉDEMPTION des hommes par Jéſus-Chriſt. Elle a été promiſe au moment du péché même, I, 187, 228 ; mais ce Myſtere n'a été pleinement dévoilé que par ſon accompliſſement, III, 279. Il ſuppoſe le péché originel & l'incarnation, X, 196. Objections des Incrédules contre ce dogme, 197 & ſuiv. Vains efforts des Sociniens, pour expliquer la Rédemption dans un ſens métaphorique, 202, 203. Il eſt faux que ſes effets ſoient nuls, III, 355. X, 204, 207. Dieu auroit-il mieux fait de pardonner aux hommes que de les racheter ? IX, 106. X, 200. Il a envoyé ſon Fils pour la rédemption du monde entier, IX, 248. X, 205.

RÉFORME, RÉFORMATEURS. Il n'eſt point de Réformateurs plus hardis que les Ignorans, VI, 148. Origine de la prétendue réforme des Proteſtans, ſelon les Incrédules, X, 163, 164. Ses chefs ont été les vrais Fondateurs de l'incrédulité moderne, I, 31, 43. Ils avoient beſoin d'une miſſion extraordinaire, 39 ; ils devoient la prouver par des miracles, XI, 162. Leurs ſectateurs ont été ſéditieux & intolérables dès leur origine, X, 408 & ſuiv. 413 & ſuiv. Telle a été la cauſe des rigueurs exercées contre eux, 416 & ſuiv. 431. La ſource de leur fanatiſme étoit l'ambition, 164. XI, 164. Ils ont été forcés de ſupprimer le culte extérieur qui dépoſoit contre eux, 13, 14 ; ils n'ont opéré aucun effet ſur les mœurs, 163. Ils ont attaqué le pouvoir des

Tome XII. X

Rois par les mêmes armes que celui du Clergé, 176, 177. Les Réformateurs d'aujourd'hui sont animés du même esprit que ceux du seizieme siecle, X, 435. XI, 164.

Régime. Nécessité du régime dans les pays chauds, VI, 331. Utilité de celui qu'observoient les Egyptiens, *ibid*. Sagesse de celui que Moïse avoit prescrit aux Israélites, 348, 349.

Relation. Sans l'idée de Dieu, il n'y a point de relation morale entre les hommes, IV, 135. En quel sens il y en a entre Dieu & nous, II, 482. III, 391. Quelles sont ces relations, V, 328.

Religieux. *Voyez* Moines.

Religieuses. Apologie de leur état, preuve de son utilité, XI, 330 *& suiv.* 382. Elles ne sont pas en trop grand nombre, 335. Fausse compassion des Incrédules pour les Religieuses, 380, 381.

Religion. C'est le culte par lequel Dieu veut être honoré, VI, 239. Elle est le caractere distinctif de l'humanité, I, 438. III, 524. Elle est fondée sur la nature de Dieu & sur celle de l'homme, 522 *& suiv.* C'est donc un devoir de la loi naturelle, 519 *& suiv.* Elle est aussi ancienne que le monde, I, 246. III, 525; est ineffaçable & indestructible, I, 202, 290. Il n'est point de peuple qui n'en ait une, 203. L'homme n'en est point l'auteur, 98, 99. Elle n'est pas démontrable à tous les hommes, IV, 373. Dieu l'a donnée par révélation, II, 5. Il n'y eut jamais de Religion vraie sur la terre que la Religion révélée, IV, 441, 442. Elle n'a pas suivi la marche des connoissances humaines, I, 112. II, 2, 4. III, 558. IV, 344. Elle n'a point la même source que le Polythéisme & la superstition, II, 424. Dieu l'a rendue relative aux divers âges du genre humain, I, 2, 99, 102, 109. V, 1 & *suiv.* VIII, 2, 5, 6. X, 234, 240.

Origine de la Religion, selon les Incrédules, I, 128 & *suiv.* 185, 190, 201, 203, 247, 248. Réfutation de leur théorie, *ibid.* Elle n'a point été inspirée par la crainte, 185, 204 & *suiv.* Ce n'est point une invention des Législateurs ni des Politiques, 203 & *suiv.* 249 & *suiv.* ni des Prêtres, 203, 259. Elle n'est point le fruit de l'éducation seule, 200 ; mais elle doit s'apprendre par l'éducation, comme les autres devoirs, IV, 371. Elle doit être fondée sur des preuves de fait, 376, 617 & *suiv.* Sagesse de Dieu de l'avoir ainsi établie, II, 496, 497. Cette méthode ne favorise point les fausses Religions, IV, 627. X, 583, 584.

La Religion est nécessaire à l'homme pour son bonheur, I, 267 & *suiv.* III, 531. XII, 184. Elle l'est pour fonder la morale & la société, I, 290 & *suiv.* III, 362. IV, 132 & *suiv.* XII, 104 ; pour établir l'autorité politique, I, 385. IV, 244 & *suiv.* ; pour civiliser les peuples, III, 552 & *suiv.* C'est la seule ressource des peuples malheureux, I, 285. Cette nécessité a été reconnue par les anciens Philosophes, II, 234 & *suiv.* III, 528, 529 ;

même par plusieurs Incrédules modernes, II, 341 & *suiv*. La nécessité & l'utilité de la Religion sont une preuve de sa vérité, I, 265, 420. Ses bienfaits sont méconnus à cause de leur continuité, XI, 398-400.

On ne s'élève contre la Religion que dans les siecles corrompus, IV, 375. XII, 178. Les argumens par lesquels on l'attaque aujourd'hui, sont très-anciens, I, 68. Les Incrédules lui attribuent faussement tous les maux de ce monde, 564. XI, 494. XII, 53 & *suiv*. 60. Il est faux que la Religion soit inutile, I, 420. III, 570 ; ni pernicieuse, I, 420. III, 575 & *suiv*. Elle n'inspire aucune frayeur aux ames vertueuses, I, 295 ; ne représente point Dieu comme toujours irrité, 302 & *suiv*. XI, 355 ; ne rend point l'homme peureux ni lâche, I, 297. III, 575 ; ni plus méchant, I, 421, 423. Elle ne nous défend point de remédier à nos maux par des moyens innocens, 298. IV, 643 ; ni d'avoir égard aux avantages temporels de la vertu, I, 333. III, 272. XII, 65 & *suiv*. 106.

La Religion n'énerve point la morale, III, 580 ; n'autorise aucune passion, 571 ; n'est la cause d'aucun crime, I, 375. III, 257. Il est absurde de lui attribuer le mal qu'elle défend, & non le bien qu'elle commande, I, 365, 373 & *suiv*. 420. X, 438. Elle consacre tous les devoirs d'humanité & de société, III, 478. XII, 95, 96. Ce n'est point elle qui divise les hommes ; ce sont les passions, I, 373, 413. III, 584. XII, 192. Elle n'inspire point le zele persécuteur ni la cruauté, X, 334, 450. Au contraire, elle commande la tolérance, autant que le bien public peut le permettre, IV, 5, 46. Il est faux qu'il y ait moins de mœurs par tout où il y a plus de Religion, III, 573. VIII, 211. Aucune Religion ne peut & ne doit rendre l'homme impeccable, XI, 393. XII, 62. Elle n'autorise point le despotisme, I, 412, 425. IV, 252, 271. — Au contraire, elle restreint le pouvoir politique, 253. — Elle ne tire point sa force des loix civiles, I, 403. La Religion se ressent nécessairement des révolutions politiques de l'Univers, XI, 391, 392 ; mais elle ne change point lorsque l'homme devient plus éclairé, VII, 413. Enchaînement inébranlable des dogmes qu'elle nous enseigne, III, 209, 210. Les erreurs en fait de Religion sont nées de faux raisonnemens plutôt que de fausses révélations, IV, 378 & *suiv*.

RELIGIONS FAUSSES. Il vaut mieux avoir une Religion fausse que de n'en point avoir du tout, I, 362, 417. III, 624. En quel sens les fausses Religions sont utiles, I, 418, 419. XII, 191, 192. Les Législateurs n'ont pas osé y toucher, I, 481 & *suiv*. II, 20 & *suiv*. ni les Philosophes, X, 67. Ils regardoient la Religion comme une affaire de politique & non de persuasion, IX, 456. Dieu permet les fausses Religions comme les autres désordres, IV, 391. L'éducation, la tradition, la voie d'autorité, ne sont pas la source des fausses Religions, III, 620, 621. IV, 378 & *suiv*. Il est faux que toutes les Religions citent les mêmes preuves, 357, 358. Il n'est pas nécessaire de les examiner toutes, pour savoir quelle est la vraie, 324 & *suiv*. X, 574, 575, 582. XI, 60 ; ni de savoir jusqu'à quel point ceux qui les professent sont coupables ou dignes d'excuse, IV, 326, 362. X, 572, 576. Courte énumération des Religions fausses, 442. Le mérite personnel des partisans d'une Religion n'en prouve pas la vérité, IX, 428. Les Incrédules justifient toutes les Religions fausses, & n'attaquent que la vraie, XII, 181.

RELIGION NATURELLE OU PRIMITIVE. Il n'y eut jamais de Religion naturelle vraie, que la Religion révélée, I, 93, 117. XII, 164. Quelle en est l'origine, I, 128 & *suiv*. En quel sens elle étoit naturelle, 119. Elle étoit prouvée par des faits, 120. V, 24. Elle ne pouvoit se transmettre que par tradition, III, 617. Elle préservoit l'homme des erreurs, de la superstition, des crimes qui regnent chez les Nations infidelles, II, 191, 198 & *suiv*. 384. Elle n'étoit point inspirée par la crainte, I, 219, 227; comment elle s'est altérée, 430; cette altération fut volontaire, 436, 437.

RELIGION NATURELLE dans le sens des Déistes. Comment ils l'entendent, I, 123. IV, 290, 297, 303, 399. Comment elle s'est formée selon eux, I, 433. Selon leurs idées, la Religion la plus naturelle est le polythéisme & l'idolâtrie, IV, 292, 311, 312. Le Christianisme est une Religion aussi naturelle que la leur, 400 & *suiv*. Ils sont redevables de leur prétendue Religion naturelle à la révélation, III, 326. Ils n'ont jamais pu dire en quoi elle consiste, IV, 299 & *suiv*.

Dogmes qui la constituent, selon quelques Déistes, II, 31. Les autres n'en tombent pas d'accord, IV, 299 & *suiv.* Cette Religion n'est pas donnée à tous, non plus que la révélation, I, 45; elle n'est pas plus à portée de tous les hommes, IV, 315 & *suiv.*; elle n'est pas démontrable aux ignorans, 402. Aucun homme n'est parvenu à la professer sans erreur, III, 625, 626. IV, 288, 289. Le peuple est incapable de se former une croyance, 370. Celle des Déistes n'est point la Religion des Patriarches, 342, 398. Contradiction d'un Déiste sur la nécessité de la Religion prétendue naturelle, 296, 297. Ce n'est dans le fond que l'indifférence pour toute Religion, 366; un plan d'irréligion mal raisonné, 404. Elle n'a jamais existé chez aucun peuple, 339 & *suiv.* Les Déistes opposent mal à propos la Religion naturelle à la Religion révélée, 427 & *suiv.* Il est faux que tous les Religionnaires lui donnent la seconde place, 366 & *suiv.*

RELIQUES. Celles des Martyrs ont été honorées & placées sous l'Autel, depuis le premier siecle de l'Eglise, VIII, 174. X, 116, 117, 348. Raisons solides sur lesquelles ce culte est fondé, 329.

REMORDS. Différence entre la douleur & les remords, III, 369. Ceux-ci sont une preuve de notre liberté, 98, 99, 148, 149. Les Matérialistes conseillent aux méchans de les étouffer, II, 219. Les remords sont absurdes dans leur système, III, 250.

RENARD. L'Histoire des Renards pris par Samson, n'est pas incroyable, VII, 40, 41.

RENONCEMENT à soi-même ; en quel sens l'Evangile l'ordonne ; ce précepte n'est ni injuste ni impossible, X, 273.

REPAS. Les repas communs & religieux étoient des signes & des leçons de fraternité, III, 545. X, 304. Superstition des Païens dans leur repas, VI, 486.

REPENTIR. Il efface le péché aux yeux de Dieu, mais non aux yeux des hommes, III, 187. En quel sens Dieu se repent, VII, 142.

REPOS. Le repos de la matiere ou des corps est un état aussi positif que le mouvement, II, 271. Pourquoi Dieu avoit ordonné le Sabbat ou le repos du septieme jour, VI, 267. Le repos de la septieme année chez les Juifs étoit un miracle permanent, 86 & suiv. Voyez SABBAT.

RÉPROBATION. En quel sens Dieu prédestine les uns & réprouve les autres, VI, 192, 193.

REPRODUCTION. La reproduction des êtres vivans est un mystere impénétrable, VIII, 397. Examen du systême de M. de Buffon sur la reproduction, II, 316 & suiv. 321 & suiv.

RÉPUBLIQUE. Les Juifs sont la premiere République qui ait existé dans l'Univers, VI, 392. Souvent il y a eu dans les Républiques moins de liberté civile que dans les Monarchies, IV, 257, 258.

Résurrection. L'idée de résurrection dérive de la croyance de l'immortalité de l'ame, VI, 214. Celse attaque le dogme de la résurrection future, X, 66. Ce dogme n'est point incroyable, 215; il a fait commettre des crimes, parce qu'il étoit mal entendu, III, 265. Le Christianisme en prévient toutes les fausses conséquences, X, 324. Les morts doivent-ils ressusciter tous sous le Messie ? VII, 499. La résurrection d'un homme est aussi aisée à constater que sa mort, IV, 566 & *suiv.*

Les Juifs avouent que Jésus-Christ a ressuscité des morts, VIII, 567. Résurrection de la fille de Jaïre, 486 & *suiv.* du fils de la veuve de Naïm, 517; de Lazare, 548 & *suiv.* Preuves de ce miracle, réponse aux objections, *ibid.* Quelques personnes ressuscitées par Jésus-Christ ont vécu jusqu'au second siecle, 324, 567.

Résurrection de Jésus-Christ. Elle avoit été prédite par les Prophetes, IX, 144. Jésus-Christ l'avoit annoncée lui-même, VII, 246. VIII, 569. IX, 168, 201, 205. Importance de ce fait à l'égard du Christianisme, 141 & *suiv.* Il est attesté invinciblement, VIII, 327. Maniere dont les Evangélistes le racontent, IX, 153 & *suiv.* Le désordre même de la narration en prouve la vérité, 159, 160. La célébration du Dimanche en atteste la réalité, VIII, 326. IX, 258. Ce n'est point un fait incroyable, 235, 236. Il a été cru sur le lieu immédiatement après, par des témoins de tous les états, VIII, 275 & *suiv*. IX, 141, 263, 267-269. On ne pouvoit être Chrétien sans le croire, 304, 308, 335, 336, 412. Raisons par lesquelles Celse combat ce miracle, X, 43 & *suiv*. Contradictions dans lesquelles tombent ceux qui l'attaquent, IX, 188, 191, 234. X, 46. Jésus-Christ devoit-il ressusciter en présence des Juifs, des Gardes, des Apôtres ? IX, 178, 179, 236 & *suiv*. Devoit-il se montrer à tout le monde ? *ibid*. 245. X, 46, 47. Il n'y a point de contradictions dans la narration des Évangélistes, IX, 184, 185, 205, 216, 217, 226 & *suiv*. Quand Dieu auroit fait tout ce que demandent les Incrédules, cela n'auroit pas rendu la résurrection de Jésus-Christ plus certaine, 241, 242, 244. X, 47, 48.

RÉVÉLATION. Dieu peut nous instruire comme il lui plaît, par la raison ou par la révélation, IV, 316 & *suiv*. Tout signe certain de la volonté de Dieu est une révélation, X, 568. Quand il parle nous sommes obligés de le croire, III, 321. V, 28. La nécessité de la révélation a été reconnue par les anciens Philosophes, II, 98 & *suiv*. par Platon, I, 479; par d'autres Législateurs, 484; par plusieurs Philosophes modernes, II, 150. Etat des Nations qui n'ont pas été éclairées par la révélation, 182 & *suiv*. Cette nécessité est démontrée d'ailleurs, I, 52, 192, 476, 531. II, 5, 230. III, 276, 277, 556. IV, 282 & *suiv*. 293 & *suiv*. 427, 430. V, 87, 88. Il n'y a jamais eu de vraie Religion sur la terre que la Religion révélée, IV, 288, 289, 441, 442. Contradictions des Incrédules sur la possibilité d'une révélation, V, 79.

DES MATIERES. 491

La révélation a commencé avec le monde, I, 102, 109. IV, 339, 348, 445 & *suiv.* V, 1 & *suiv.* Dieu s'est révélé ou fait connoître à tous les hommes, VI, 181, 182. Tous les peuples ont cru aux révélations, IV, 343. C'est un fait éclatant continué depuis la création, 377. Il doit porter sur la certitude morale, & se prouver comme les autres faits, *ibid.* X, 457. Quelles en sont les preuves générales, I, 16, 109 & *suiv.* III, 327. On ne doit point l'attaquer par des raisonnemens sur la possibilité, IV, 345, 325. Signes par lesquels Dieu peut attester une révélation, V, 28 & *suiv.* Les mêmes preuves doivent servir pour toute espece de révélation, VII, 449, 450.

Preuves sommaires d'une révélation primitive, I, 109 & *suiv.* IV, 445, 450. Elle a été telle qu'il la falloit pour lors, I, 2, 99. IV, 348, 430. V, 1 & *suiv.* VIII, 2 & *suiv.* Elle n'a jamais été contraire à elle-même, I, 12. VII, 413. Elle est toujours allée en augmentant, I, 17. VII, 412, 415. Causes qui ont contribué à l'altérer, 1, 4, 430, 436. Elle avoit prévenu les hommes contre l'idolâtrie, II, 384 ; contre la superstition & les dévotions cruelles, 191 ; contre tous les désordres des Nations barbares, 198 & *suiv.* Elle n'a donc pas été inutile, I, 181. Elle a fait mieux connoître Dieu, VII, 428. X, 231. Mais aucune révélation ne peut nous faire comprendre la nature divine, IV, 315 ; & ne doit nous faire concevoir les mysteres, III, 324, 325. Connoissances essentielles qu'elle nous a données, IV, 313, 315. Nous lui sommes redevables sans nous en appercevoir, I, 121. V, 478,

X 6

479. Il est absurde d'opposer la Religion révélée à la Religion naturelle, IV, 427 & suiv. Toutes les objections contre la premiere se tournent contre la seconde, I, 45. IV, 426, 431 & suiv. & contre la Providence, 395, 405. *Voyez* RELIGION NATURELLE OU PRIMITIVE.

La révélation ne dégrade point la Divinité, IV, 431, 432; n'en donne point une idée terrible, I, 219, 227. Ce n'est point un trait de partialité ni de malice de la part de Dieu, V, 19, 78 & suiv. VII, 414. X, 77, 233. Elle ne suppose point un Dieu changeant ni injuste, IV, 388 & suiv. VII, 413. Elle n'a point énervé la morale, IV, 409, 432. Au contraire, elle a fait mieux connoître & mieux observer la loi naturelle, 321, 322, 428. Elle ne nous prescrit point des devoirs contraires à la loi naturelle, mais des devoirs plus amples, 324, 330. Elle ne commande rien d'inutile, 392 & suiv. ne rend point le salut plus difficile, 364. VII, 414. N'ordonne rien de pernicieux, IV, 418. Elle nous préserve de la superstition, 432; ne rend point l'homme intolérant & cruel, 414, 416. X, 238. Dieu n'a point dû se révéler de même à toutes les Nations, V, 81.

Tableau de la révélation donnée par Moïse, IV, 447, 448. Nécessité de cette seconde révélation, 449. V, 25. Dieu n'a pas révélé tous ses desseins par ce Législateur, VII, 415. *Voyez* JUDAÏSME, JUIFS, MOÏSE.

Pourquoi Dieu a retardé si long-temps la révélation donnée par Jésus-Christ, XII, 161. Il n'avoit pas refusé la lumiere aux hommes avant l'Evangile, VII, 391. Motifs de crédibilité de cette révélation, III, 326, 327. IV, 594. XII, 156. — Il ne peut plus y avoir de révélation générale après celle-là, I, 23. Elle n'est pas moins certaine pour nous que pour les témoins oculaires, IV, 395, 534 & *suiv*. Ses Interpretes n'ont point été sujets à l'erreur, 422, 423. Elle est à portée des hommes les plus ignorans, X, 570. Personne ne sera puni pour l'avoir ignorée invinciblement, 583, 587. XII, 43. Une Religion révélée ne peut se transmettre que par tradition, XI, 1 & *suiv*. 54. De savoir quelle est la Doctrine révélée, c'est une question de fait, 2, 3, 6. *Voyez* CHRISTIANISME, JESUS-CHRIST.

Chaque révélation a été suffisante pour le temps auquel elle a été donnée, VII, 387. Il est absurde de dire que Dieu auroit mieux fait de rendre d'abord le genre humain tel qu'il le vouloit, que de donner plusieurs révélations, IV, 390, 391. Il n'est pas vrai que les fausses révélations aient les mêmes preuves, 356 & *suiv*. Les Incrédules sont redevables à la révélation de la plupart de leurs connoissances, XII, 51.

Rêves, Songes. Les opérations de ceux qui rêvent ne prouvent rien contre la liberté humaine, III, 159, 168; ni contre la certitude de nos sensations, IV, 467. La foi aux songes n'a pas été suggérée par des Imposteurs, 386. Les Philosophes mêmes les ont pris pour une espece de divination, V, 73, 129. Ce n'est point là l'origine des visions prophétiques, 127, 128. Moïse défend d'y ajouter foi, 130.

Révolution. Les Philosophes admettent

sans preuves des révolutions générales qui ont changé la face du monde, II, 346.

RICHESSES. Jésus-Christ ne condamne point les richesses, mais leur abus, IX, 21, 22. Il n'a point conseillé de les employer injustement, X, 178. *Voyez* BIENS.

RIMINI. Il est faux que le Concile de Rimini ait professé l'Arianisme, X, 531.

RITES. *Voyez* CÉRÉMONIES.

ROBOAM. Cause de la révolte de dix Tribus contre ce Roi, VII, 101.

ROIS, SOUVERAINS. Dans l'origine c'étoient les vieillards ou les chefs de famille, I, 315, 449. V, 495. Le pouvoir des Rois est fondé sur la loi naturelle, IV, 277. En quel sens il vient de Dieu, I, 424. IV, 260 & *suiv*. Il est faux que Dieu soit moins redouté que les Rois, I, 409. Un peuple Athée n'en voudroit point souffrir, IV, 264. Emportement des Incrédules contre les Souverains, 254, 264. Maximes abominables qu'ils enseignent sur ce sujet, XII, 146. Leur morale pervertit les Rois, 103. Ils font quelquefois semblant de défendre l'autorité souveraine, XI, 176, 177, 194, 213, 251. Y a-t-il un complot entre les Rois & les Prêtres pour asservir les peuples ? XII, 146 & *suiv*. En quel cas les Souverains sont dispensés d'exécuter leurs sermens, XI, 159, 160.

Les Rois de Perse & d'Assyrie avoient plusieurs noms, VII, 260. La loi Juive n'attribuoit point aux Rois un droit abusif, VI, 396 & *suiv*. Leur succession ne fut point d'abord assurée à l'aîné de leurs enfans mâles, 95. Lorsqu'ils se livrerent à l'idolâtrie, ils en furent punis, 520 & *suiv*. Tous les Rois Idolâtres sont loués par les Incrédules, parce qu'ils ont été tolérans, VII, 65 & *suiv*. Ceux qui ont été zélés pour la Religion, leur sont odieux, XII, 80. Le Christianisme affermit l'autorité des Rois, 199. Il influe beaucoup sur leurs mœurs, XI, 414, 423. Les Incrédules ne cherchent qu'à brouiller les deux puissances, 199, 200, 203.

Les Souverains sont obligés par la loi naturelle de protéger la Religion, XI, 189, 197. Ce ne sont point eux qui donnent à la Religion force de loi, 188 & *suiv*. Ils n'ont point fait une grace en accordant la liberté de prêcher le Christianisme, 192. Ils n'empruntent point leur autorité du Clergé, IV, 265 & *suiv*. Les Ministres de la Religion doivent obéissance au Souverain dans tout ce qui n'est pas contraire à la loi de Dieu, XI, 186, 187. Il n'a pas la propriété fonciere des biens donnés à l'Eglise, 247. Droits de nos Rois sur les bénéfices, 249, 250. Le Clergé a contribué à rétablir l'autorité de nos Rois, XII, 35. Il a été très utile que sur plusieurs choses ils aient déféré à la décision des Papes, XI, 141, 144, 152. Les Incrédules blâment le Sacre des Rois, 317. Effets que celui de Louis XVI produisit sur l'assemblée, 290.

ROMAINS, ROME. Les Romains n'adoroient qu'un seul Dieu dans les premiers temps, I, 172. II, 3. Ils eurent des mœurs tant qu'ils furent religieux ou superstitieux, I, 221. VIII, 211. Bons effets que produisoit leur Religion, I, 419. Ils copierent toutes les erreurs des Grecs, II, 4. Leur prospérité ne prouve pas que leur Religion fut vraie, X, 12, 95, 118. Ils étoient Impies du temps de César & de Cicéron, IV, 42 & *suiv*. Ils furent corrompus par l'Epicuréisme, I, 358 & *suiv*. IV, 22. Ils n'étoient pas tolérans, 19, 20, 42 & *suiv*. Ils ont détruit la Religion des Gaulois, 44, 45. Les Juifs ont été quelquefois soufferts, d'autrefois persécutés à Rome, 45. IX, 493.

Les premiers Rois de Rome furent despotes, VI, 394. Imperfection des Loix Romaines, II, 125. IV, 257. — XI, 405 & *suiv*. Inutilité & injustice de celles qui concernoient les mariages, 444-446; & le droit des peres, 451. Corruption & cruauté des mœurs des Romains, II, 125. IV, 257. XI, 405-407. Barbarie avec laquelle ils traitoient les Esclaves, I, 376, 377. II, 126. X, 437. Ils étoient exercés à la férocité, par les spectacles de l'amphithéatre, IX, 536. Ils n'approuvoient pas absolument le suicide, IV, 62, 63. Leurs vertus n'étoient fondées que sur l'orgueil, 82. Leur liberté n'étoit que la tyrannie du Sénat, 257. Leur amour de la patrie un vrai fanatisme, 25. Il a fait le malheur du monde, XI, 406. Leur politique détestable à l'égard des peuples vaincus, V, 169. VI, 433.

Le Collége des Pontifes étoit très-puissant à Rome, VI, 120, 126, 291. XI, 95. Priviléges que les Romains avoient accordés aux Vestales, XI, 219, 267. La prévention de leurs Ecrivains contre le Christianisme ne prouve rien, IX, 455. Jésus-Christ devoit-il ressusciter à Rome? 245. Plusieurs Romains distingués furent convertis par les Apôtres, 437.

ROMAN. L'Evangile n'est point un Roman Oriental, VIII, 337, 338. Les Apôtres ne sont point des Romanciers, IX, 249, 254.

ROYAUME. Jésus-Christ n'a point promis ni voulu établir un Royaume temporel, VII, 462. Le Royaume des Cieux ou le Royaume de Dieu, est le culte universel du vrai Dieu, IX, 368. Les Juifs n'ont point cru en lui par l'espérance d'un Royaume temporel, 410 & *suiv.*

S.

SABAÏTES, SABIENS OU ZABIENS, Adorateurs des Astres, I, 206, 242. II, 32, 46. Il ne faut pas les confondre avec les Sabéens, peuples du pays de Saba dans l'Arabie. Moïse défend les superstitions des Zabiens, VI, 322. Les Parsis ou Guebres en ont conservé les erreurs, I, 576.

SABBAT, repos du septieme jour; raisons pour lesquelles Dieu l'avoit institué, III, 547. IV, 351. VI, 267. Pourquoi il étoit ordonné aux Juifs avec tant de rigueur, 160, 268. Comment Jésus-Christ s'est disculpé de la violation du Sabbat, VIII, 407 & *suiv.* 541, 547.

SACERDOCE. Les Prophetes avoient annoncé un nouveau Sacerdoce au lieu de l'ancien, VII, 336. *Voyez* PRÊTRES.

SACRIFICES. Abus que les Incrédules font de ce terme, VI, 3 2, 313. Origine des sacrifices, quelle en est l'intention, I, 210, VI, 294 *& suiv.* X, 302. Instruction qu'ils donnent aux hommes, III, 546. X, 303. Le sacrifice est essentiel à toute Religion VII, 372. X, 302, 357. Il ne suppose pas que Dieu soit avide de présens, VI, 199 *& suiv.* 298. Quelle a été l'origine des sacrifices sanglans, I, 222. VI, 294 *& suiv.* Comment se sont introduits les sacrifices de victimes humaines, I, 223, 224. VI, 303. Ils sont nés de la barbarie des peuples Anthropophages, II, 188. Ils ont été en usage chez presque tous les peuples, 24, 187. Les Juifs n'en ont point offert, VI, 305 *& suiv.* Jésus-Christ les a extirpés en abolissant les sacrifices sanglans, II, 189. X, 306. En quel sens il y avoit chez les Juifs des sacrifices pour le péché, VI, 322, 338. VII, 327 *& suiv.* Le sacrifice de la vache rousse ne venoit point des Egyptiens, VI, 324. Dieu a prédit qu'il feroit cesser les sacrifices des Juifs, & agréeroit ceux des Nations, VII, 264, 267, 280.

Le sacrifice de Jésus-Christ est mal envisagé par les Incrédules, X, 306. — Effets qu'il a produits, 305. Vérités morales qu'il nous enseigne, 304. — Avantages qui en reviennent à la société, 305. — L'Eucharistie est un vrai sacrifice, 305.

SADDER, Livre des Parsis, Sectateurs de Zoroastre; il n'est pas ancien, I, 586.

SADUCÉENS, Secte de Juifs Epicuriens, III, 240. IX, 16. Ils n'ont paru que deux cents ans avant Jésus-Chrift, III, 240. En quel sens ils ont été tolérés, VI, 528 & *suiv.* Ils ont accoutumé les Juifs à prendre les Prophéties dans un sens grossier, VII, 443. Jésus Chrift les a réfutés solidement, VI, 225, 226. Le Saducéisme subsiste encore chez les Juifs, VII, 190.

SAGESSE. C'est un attribut de la Divinité, II, 491, 494. Nous ne pouvons juger de la sagesse divine par les moyens qu'elle emploie, 577. Elle n'exige point que la vertu soit toujours récompensée & le vice toujours puni sur la terre, 534 & *suiv.* En quel sens Jésus-Chrift & les Apôtres réprouvent la sagesse de ce monde, X, 55, 179, 180. XII, 42, 43 & *suiv.*

SAGE-FEMMES. Dieu n'a point récompensé un mensonge dans les Sage-femmes d'Egypte, VI, 5.

SAINT, SAINTETÉ. Divers sens de ces deux termes, VII, 363 & *suiv. Saint* ne signifie souvent qu'un adorateur du vrai Dieu, 67. En quoi consiste la sainteté de Dieu, II, 485. VII, 364; & celle de l'homme, VI, 342, 343. VII, 363. — En quel sens le culte cérémoniel de l'ancienne loi étoit saint, VI, 341 & *suiv.* VII, 363 & *suiv.* La Religion ne met point au rang des Saints des hommes inutiles, III, 263. Ils ont été d'abord canonisés par les peuples, XI, 157. Pourquoi nous les honorons, 327, 359. Différence entre le culte que nous rendons aux Saints & celui qui est dû à Dieu, 16, 352. Calomnies des Incrédules contre les Saints, 118, 119, 120, 129. XII, 72, 76, 79, 81, 114. Ils n'ont pas été toujours irrépréhensibles, VII, 66 & *suiv.* 582. La plupart se sont sanctifiés dans la vie privée, XII, 77.

SALOMON, Roi des Juifs. Vœux de David pour la prospérité du regne de Salomon son fils, VII, 295 & *suiv.* Il est le type du Messie, 299. Il ne fut point usurpateur, livré aux Prêtres, tolérant, &c. 97, 98. L'Ecriture n'approuve ni sa polygamie ni son idolâtrie, 98, 99. Il en fut puni, VI, 522. VII, 100. Ses richesses ne sont point incroyables, *ibid.*

SALUT. Rien n'est indécent à l'égard de Dieu pour opérer le salut de l'homme, VIII, 397. Il pourvoit au salut de tous, X, 205, 206; mais il n'est pas obligé de nous révéler de quelle maniere il le fait, IV, 318, 397. X, 206. L'abondance des lumieres ne rend pas le salut plus difficile, VII, 414. Il est faux qu'il dépende du hasard, IV, 361. X, 236. En quel sens nous devons faire notre salut avec crainte & tremblement, 255. Le petit nombre des hommes sauvés n'est point un dogme du Christianisme, 225-227. Les Déistes font peu de cas du salut des ames, IV, 396. La foi & les œuvres sont également nécessaires au salut, mais les vertus morales ne suffisent pas, X, 448.

SAMARITAINS, habitans de la ville & du

canton de Samarie dans la Palestine. Leur origine, V, 215, 216. Ils avoient le Pentateuque de Moïse, 281, 291. La substitution des caracteres Chaldéens aux lettres Samaritaines n'a causé aucune altération dans les Livres saints, 321. Haine constante entre les Juifs & les Samaritains, 216. Ils avoient une notion du Messie, VIII, 463. Entretien de Jésus-Christ avec la Samaritaine, 462. Il est faux que cette femme fut une prostituée, IX, 76.

SAMSON. L'Histoire de cet homme n'est point une fable, VII, 40, 41. Il ne fut point suicide, IV, 90. VII, 42. En quel sens ses exploits sont loués dans l'Ecriture, 38, 39.

SAMUEL, Prophete & Juge du peuple de Dieu. Apologie de sa conduite, VI, 396 & suiv. VII, 48 & suiv. 64. Il n'a point usurpé le sacerdoce, trahi son Roi ni sa Nation, 48 & suiv. n'a point légitimé le despotisme, 396; ni offert un sacrifice de sang humain en tuant Agag, VI, 313. Il est l'Auteur du Livre des Juges, & de celui de Ruth, V, 279.

SANCHONIATHON, Auteur Phénicien, dont il ne reste qu'un fragment conservé par Eusebe dans sa Préparation Evangélique. Contradictions d'un Philosophe touchant cet Auteur, V, 231, 232; il avoit écrit une Histoire des Juifs, 270. VI, 21. sa Théogonie est absurde, 24.

SANCTION. Les peines & les récompenses

font nécessaires pour donner aux loix une sanction ou la force d'obliger les hommes, III, 385. Jésus-Christ a donné à la morale sa véritable sanction, IX, 13, 14.

SANG. Pourquoi Dieu avoit défendu d'en manger, II, 198. IV, 393. VI, 320. VII, 399. Raisons qui engagerent les Apôtres à renouveler cette loi, 376. XI, 171. Jésus-Christ a écarté tout danger de répandre du sang par motif de Religion, X, 305. Il est faux que le sang ait coulé pour soutenir le Christianisme, XI, 464.

SANHÉDRIN, Conseil ou Sénat des Anciens chez les Juifs. Ce Tribunal n'étoit point Juge de la mission des Prophetes, VII, 475 & *suiv*. Le jugement qu'il a prononcé contre Jésus-Christ ne prouve rien, *ibid*.

SARA n'étoit point la sœur, mais la niece & l'épouse d'Abraham, V, 488. Son tombeau attestoit la croyance des Patriarches à l'immortalité, III, 220. V, 9.

SATURNE. Différens noms de ce faux Dieu, VI, 287.

SAVANS. Il n'étoit pas nécessaire que le Christianisme fût d'abord accueilli par les Savans, IX, 448 & *suiv*. Plusieurs cependant l'embrasserent au second siecle, 336, 440. L'incrédulité des autres ne prouve rien, 455-459.

SAUL, Roi des Juifs, n'eut aucun sujet de

plainte contre Samuel, VII, 54 & *suiv.* ni contre David, 62 & *suiv.* Il fut repréhensible d'avoir offert un sacrifice, 59; & d'avoir épargné Agag, 61.

SAUVAGES. L'état sauvage n'est point l'état naturel de l'homme, IV, 141, 142, 227. Les Sauvages sont plus malheureux que nous, 167 & *suiv.* sont naturellement timides; c'est ce qui les rend farouches & ennemis des étrangers, II, 209. III, 543. Ils sont tristes & mélancoliques, souvent exposés à mourir de faim, I, 306, 314; ne peuvent avoir une population nombreuse, 307. Ils sont dans un état de défiance mutuelle & de guerre, 306. II, 209, 211; cruels & vindicatifs à l'excès, IV, 168, 169. VI, 303. Il y a plus de crimes chez eux que chez les Nations policées, I, 308. Ils tuent leurs enfans au premier mouvement de colere, IV, 227. Comment on a été obligé de leur faire la guerre, VII, 16, 17. Pourquoi ils souffrent des tourmens horribles sans se plaindre, IX, 517, 518. Le sentiment moral est peu développé dans les Sauvages, mais il n'est pas entiérement effacé, III, 413, 414 & *suiv.* Est-il vrai qu'un Sauvage ne puisse s'élever par lui-même jusqu'à la connoissance de Dieu? IV, 314. X, 576. La Religion est nécessaire aux peuples isolés, pour qu'ils ne deviennent pas sauvages, III, 552, 553.

SCANDALE. En quel sens Jésus-Christ a été une pierre de scandale, IX, 84.

SCEAU apposé par les Juifs sur le tombeau de

Jésus-Christ. Ce n'étoit point l'effet d'une co[n]
vention, IX, 176, 177.

SCEPTICISME, SCEPTIQUES, Philosoph[es]
qui faisoient profession de tout examiner [&]
ne rien affirmer. Contradictions dans lesquell[es]
ils tombent, IV, 496-498. Le Scepticism[e]
général est absurde, IV, 459, 465. L[es]
Sceptiques ne voient que de la probabili[té]
dans la constance des loix physiques [de]
l'Univers, II, 305. Par-là ils font redou[table]
tables aux Matérialistes, 306. Voie p[ar]
laquelle on parvient au Scepticisme en fa[it]
de Religion, I, 32, 36. C'est la même cho[se]
qu'une irreligion réfléchie, III, 591 & *sui*[v.]
un effet d'orgueil & d'opiniâtreté, 595. Qu[el]
parti on doit prendre dans le cas du doute[,]
331 & *suiv*. Les Sceptiques sont forcés d'ad[-]
mettre des mysteres, 283 & *suiv*. Le Scept[i]
cisme ne préserve ni des disputes ni du fa[-]
natisme, IV, 459. Argumens insoluble[s]
que font les Sceptiques aux Matérialistes, V[,]
51.

SCEPTRE. C'étoit dans l'origine le bâto[n]
d'un vieillard, VII, 187. Il ne désigne pa[s]
toujours la royauté, *ibid*.

SCHILOH, nom du Messie dans la Prophéti[e]
de Jacob, VII, 194.

SCHISMATIQUES, SCHISME. Le Schisme de[s]
dix Tribus a rendu impossible la supposition
& l'altération des Livres saints, V, 281[,]
282, 291. Raisonnemens & principes de tou[s]
les Schismatiques, I, 46. Le Schisme dégé-
nere

nere bientôt en hérésie, XI, 63, 65. Les divisions survenues entre les Apôtres & entre les premiers Fideles n'étoient pas des Schismes, IX, 372. XI, 73. Principaux Schismes qui ont affligé l'Eglise, 63 & *suiv*.

SCIENCES. L'origine des Sciences & des Arts prouve la nouveauté du monde, II, 346. En quel sens le fruit défendu pouvoit donner la science du bien & mal, III, 338. Le Christianisme engage ses sectateurs à la culture des sciences, XII, 1 & *suiv*. Il est faux que Saint Grégoire ait voulu en étouffer l'étude, 59, 60. C'est la Religion Chrétienne qui a conservé les Sciences & les Arts en Europe, I, 29. XII, 1 & *suiv*.

SCRIBES, Docteurs Juifs. En quel sens Jésus-Christ a confirmé leurs leçons, IX, 12, 13. Devoit-il les convertir malgré eux ? 72.

SECTES. Il y avoit différentes Sectes chez les Juifs; en quel sens elles étoient tolérées, VI, 528 & *suiv*. L'antipathie des différentes Sectes arrête la témérité des Novateurs, XI, 50, 51.

SÉDITIEUX, SÉDITION. Maximes séditieuses des Philosophes modernes, IV, 254, 264. VII, 33, 34. IX, 33, 34.

SEMAINE, usage de compter les jours par sept; c'est un monument de la création, V, 369, 382. A quelle époque on doit compter les 70 semaines dont parle Daniel, VII, 263, 264, 269.

SENS, ORGANES. Le degré de faculté de nos sens est calculé sur nos besoins, II, 331. Ils ne nous trompent point lorsqu'ils sont bien appliqués, IV, 475 & *suiv.* 488. Dieu ne nous induit point en erreur par nos sens, 488, 491. Ils nous attestent les qualités sensibles & non la substance des corps, X, 211. Ces qualités sont tout à la fois dans nos sens & dans les objets, mais en différent sens, II, 278, III, 204. IV, 479 & *suiv.* L'expérience ou la déposition constante de nos sens, nous fait suffisamment connoître les causes physiques, 494 & *suiv.* La défiance du témoignage des sens, poussée à l'excès, est absurde, 571.

SENS, SENTIMENT. Le sens commun est la raison par excellence, & le plus sûr de tous les guides, III, 303.

SENS, SIGNIFICATION. Le sens grammatical des termes n'est pas toujours le sens littéral & naturel d'un discours; souvent le sens figuré ou métaphorique est le vrai sens littéral, VII, 289-291.

SENSATION. De quoi est composée une sensation, II, 235 & *suiv.* III, 73 & *suiv.* 84 & *suiv.* IV, 482. La certitude de nos sensations est une preuve de l'existence & de la providence de Dieu, II, 325 & *suiv.* C'est une espece de langage par lequel Dieu parle à notre ame, 330. Nos sensations nous attestent les qualités sensibles des corps, & non la substance, X, 212. Une sensation est un acte indivisible & incommunicable, III, 14 & *suiv.* La matiere en est incapable ; c'est donc une preuve de la spiritualité de l'ame, 73 & *suiv.* 84 & *suiv.* L'ame peut sentir, séparée du corps, 245. Absurdité de la théorie des sensations, donnée par les Matérialistes, 73 & *suiv.* 84 & *suiv.* Un jugement n'est pas une sensation, 83 ; la mémoire non plus, 82. Il est faux que toutes nos idées nous viennent par les sensations, 244. Les idées du bien & du mal moral n'en viennent point, 458, 484 & *suiv.* En fait de sensations, les Philosophes ne sont pas plus infaillibles que le peuple, IV, 328, 331, 595, 596. La certitude des sensations ne porte point sur un cercle vicieux, 491, 492. Les Incrédules contestent vainement cette certitude, 559 & *suiv.* 563.

SENSIBILITÉ, SENSIBLE, SENSITIF. La matiere n'est point le principe de la sensibilité ou de la vie sensitive, II, 310 & *suiv.* III, 13 & *suiv.* Elle n'est susceptible ni de plus ni de moins, elle ne se communique point comme le mouvement, II, 315, 316. L'être sensitif est un être simple, III, 14 & *suiv.* La sensibilité n'est pas seulement la faculté de recevoir l'impression des objets, mais de l'appercevoir, d'en avoir la conscience, 81. Elle peut être plus ou moins aisée à émouvoir, 375. C'est un guide plus sûr que la raison pour notre conservation, 372. Différences entre la sensibilité physique & le sentiment moral, 366 & *suiv.* C'est la premiere qui souvent déprave le second, 368. Elle ne cherche point l'intérêt des autres, mais le sien, 366. Il n'est point de l'essence d'un être sensible ou sensitif de vouloir se conserver, 241.

Sentiment intérieur, conscience de ce qui se passe en nous. Ce sentiment est le souverain degré de l'évidence, II, 238. IV, 467. Il doit prévaloir à tous les raisonnemens abstraits, II, 238. III, 11, 99, 204. IV, 464, 471. C'est l'essence même de l'ame, il en démontre la spiritualité, III, 11 & *suiv.* C'est un acte indivisible, 14-17. Suite de vérités dont il nous convainc, II, 237 & *suiv.* IV, 483, 484. Il prouve que notre ame est active & le principe de nos mouvemens, III, 33, 34, 198; qu'elle est libre dans ses actes réfléchis, 165 & *suiv.* qu'elle est immortelle, 225. Dieu ne peut rendre faux le sentiment intérieur de notre identité personnelle, IV, 469, 470. Les Déistes en attaquent la certitude, V, 203.

Sentiment moral, espece d'instinct qui nous fait discerner le vice d'avec la vertu. Il est très différent de la sensibilité physique, III, 366 & *suiv.* C'est la voix de Dieu Législateur, 509. Il est inné dans l'homme, par conséquent naturel, 428, 429. Il a besoin d'être développé par l'éducation, & suit les progrès de l'intelligence, 413. Il n'est jamais entiérement effacé, 414 & *suiv.* 433, 434; mais souvent altéré par les passions, 414, 426. Il prouve la spiritualité de l'ame, 37. Ce n'est pas le seul fondement de la morale, 376. Il ne fait pas loi par lui-même, *ibid.* 497. Il doit commander aux passions, 436, 437.

SEPT. Raisons du respect qu'avoient les Juifs pour le nombre septénaire, VI, 269; ils y font de fréquentes allusions, VII, 269.

SEPTANTE. La version Grecque du texte Hébreu par les Septante a été faite 276 ans avant Jésus-Christ, V, 295. Elle attribue au monde 1860 ans de durée de plus que le texte Hébreu, 290. Elle n'attaque point le dogme de la création, 366.

SÉPULTURE. *Voyez* TOMBEAU.

SERMENS. Ils sont nécessaires dans la société, III, 549, 574. Les Papes ont-ils dispensé nos Rois d'observer leurs sermens, & délié les sujets du serment de fidélité ? XI, 159, 160.

SERPENS. L'art d'enchanter & d'apprivoiser les serpens est naturel, V, 95. Il y a une ancienne Tradition touchant les Démons changés en serpens, III, 340. Culte qui leur est rendu par plusieurs Nations, 341. Qu'étoit-ce que le serpent qui tenta Eve ? 340. VII, 177, 178. Moïse n'a point fait adorer aux Juifs le serpent d'airain, VI, 135.

SEXE. Le mélange brutal des sexes est contraire à la nature, IV, 155, 157.

SHAFTSBURY, Déiste Anglois, se contredit sur l'utilité du dogme de la vie à venir, III, 268 & *suiv.* Il avoue que l'Athéisme est punissable, 270.

SIBYLLES, prétendues Prophétesses du Paganisme ; leurs oracles n'ont point été forgés par les Chrétiens, ni par les Peres de l'Eglise, mais interpolés au second siecle, VIII, 211 & *suiv*. Les Peres ne les ont cités que comme un argument personnel aux Païens, 216, 217.

SICHEM. Monument des miracles de Moïse, érigé à Sichem, VI, 12.

SICLE. C'étoit dans l'origine un poids, & non une monnoie de compte, V, 247 & *suiv*.

SIECLE. Notre siecle est-il beaucoup plus éclairé que les précédens ? I, 26.

SIGNES. Nécessité des signes extérieurs pour exciter l'attention des hommes, & pour les émouvoir, III, 532 & *suiv*. VI, 245 & *suiv*. X, 287, 317. C'est le langage naturel de la Religion, 356.

SILENCE. Le silence d'un Historien sur un fait n'est point une contradiction avec la narration d'un autre, VIII, 408. IX, 184, 232. Le silence des Historiens Juifs sur les actions de Jésus-Christ, est équivalent à un aveu formel, VIII, 331, 332.

SIMEON STYLITE. Censure des Incrédules sur la vie de ce Solitaire, XI, 436 & *suiv*.

SIMPLICITÉ ; unité parfaite, attribut de Dieu, II, 458, 461. L'esprit est un être simple ou indivisible, III, 24, 25. En quoi consiste la

DES MATIERES.

simplicité que Jésus-Christ recommande, VIII, 354.

SIMULACRES; Dieu avoit défendu d'en faire pour les adorer, mais non d'en faire pour servir d'ornement, VI, 284, 513. VII, 424, 425. Celse loue l'usage des Simulacres, & le blâme, X, 25, 83.

SIMULTANÉE OU COEXISTANT; c'est l'opposé de successif. Quand je sens au même instant l'odeur d'une fleur & la chaleur du feu, ces deux sentimens sont simultanées, ils ne se succedent point, III, 17, 18.

SOCIÉTÉ. Dans les divers états de la société, les besoins, les intérêts, les droits, les devoirs, ne sont pas les mêmes, IV, 176 & suiv. 194, 195. Les différentes especes de société sont fondées sur la loi naturelle, ou sur la volonté de Dieu, I, 321. IV, 441.

SOCIÉTÉ NATURELLE entre un homme & tout autre homme; nous y sommes placés par la Nature, I, 305, 312. III, 439 & suiv. IV, 244; par conséquent Dieu en est l'auteur, III, 489. Elle n'est point fondée sur un contrat libre, I, 324 & suiv.; ni sur un contrat conditionnel, IV, 67, 247; mais sur les besoins & les qualités naturelles de l'homme, I, 307, 309. IV, 131 & suiv. 139, 162; sur l'intérêt, ou sur les besoins mutuels, III, 440; sur le sentiment moral, I, 268, 269. II, 410; sur la notion d'un Dieu, 416. Dieu l'a établie par le mariage, I, 310, 312. IV, 221; & par la Religion, I, 314. De là dérivent les devoirs naturels de l'homme envers ses semblables, 321.

Avantages de cet état de société, I, 307, 309. III, 441. Loin de diminuer nos droits naturels, il les augmente & les confirme, IV 137. Il ne rend l'homme ni plus vicieux ni plus malheureux, 141, 142. Les Philosophes méconnoissent la société naturelle, II, 221. Ils en détruisent les liens & les devoirs, IV, 132, 133. Aussi n'a-t-on jamais vu une société d'Athées. I, 350, 353. Le jugement de la société ne suffit point pour rendre une action vertueuse ou vicieuse, III, 461. Cette société ne pourroit pas subsister, si les hommes ne se fioient pas les uns aux autres, IV, 521. Le Christianisme en resserre tous les liens, XI, 482.

Société conjugale & domestique; c'est le principe ou le berceau de la société civile, IV, 157, 173 & *suiv*. La loi naturelle en fixe les droits & les devoirs, 197. Il faut juger des uns & des autres par l'intérêt général, *ibid*. La polygamie & le divorce sont contraires au bien de cette société chez les Nations policées, 194 & *suiv*.

Société civile, entre les divers Membres d'un Etat, d'une République. Dieu a destiné l'homme à cette société, IV, 244. Il en a posé les premiers fondemens par le mariage, 221 & *suiv*. Les droits de cette société sont établis par la loi naturelle, 244-246. Ils ne portent point sur un pacte ou contrat libre, 247 & *suiv*. Les premières sociétés civiles se sont formées par les pratiques communes de Religion, I, 314, 315. III, 541 & *suiv*. XII, 188, 189. Au défaut de ce secours, toutes les Nations dans leur origine ont été insociables, II, 209. V, 3. De quelque maniere que la société civile se soit formée, ses droits sont inviolables, IV, 245. La Religion en établit & en consacre tous les devoirs, X, 268, 269. La société civile est destinée à renforcer les liens de la société naturelle, & non à les dissoudre, IV, 244.

Les avantages de la société civile nous dédommagent amplement de l'indépendance, IV, 262. Pourquoi elle ne rend pas tous les hommes heureux, III, 441. Le vice ne peut lui être utile, 442; non plus que le luxe, 443. De droit naturel, la société doit conserver & protéger ses membres, I, 324. IV, 246, 247. Dieu y maintient l'ordre moral, comme il entretient l'ordre physique du monde, II, 504 & *suiv*. Elle ne peut subsister par la seule force des loix civiles sans la Religion, I, 292 & *suiv*. XII, 191. Les actions qui nuisent à la société ne sont pas les seuls crimes, III, 188. En général les Philosophes sont peu propres à la servir, X, 269.

Les principes des Incrédules sapent la société par le fondement, II, 431. III, 440, 441. XII, 101, 102, 188, 189. La morale Chrétienne en procure le bonheur, 61 & *suiv*. Les pratiques extérieures du Christianisme y contribuent, X, 297. C'est la Religion qui a entretenu un reste de société parmi les Nations de l'Europe dans les siecles barbares, XII, 18.

SOCIÉTÉ POLITIQUE entre les Membres de la République & les Chefs qui la gouvernent.

Il n'est pas plus besoin d'un contrat pour l'établir que pour fonder les autres espèces de société, IV, 247. La loi naturelle a fixé d'avance les droits & les devoirs des Souverains & ceux des Sujets, 249. Quelques Philosophes modernes ont reconnu cette vérité, 256. Elle est confirmée par les excès de ceux qui méconnoissent l'origine des sociétés, 254, 255. C'est un crime d'invectiver contre les chefs de la société & contre la législation, *ibid. Voyez* AUTORITÉ POLITIQUE, GOUVERNEMENT, LOIX, ROIS.

SOCINIANISME, SOCINIENS. Cette hérésie est née des principes des Protestans, I, 32, 35; elle conduit au Déisme & à l'incrédulité, 36, 42, 46.

SOCRATE, Philosophe Moraliste, ne faisoit aucun cas des Mysteres du Paganisme, II, 78. Il blâme le scepticisme volontaire en fait de Religion, III, 601. Il fut accusé faussement d'irréligion, causes de sa condamnation, IV, 39 & *suiv*. Il reconnoît la nécessité d'une révélation, II, 100, 101. Ses maximes sur les devoirs envers la Patrie, IV, 73. Sa mort ne fut point un suicide, 91. Il a été comparé à Jésus-Christ par deux de nos Philosophes, IX, 43-45.

SODOME. Embrasement de cette ville & de quelques autres; les vestiges en subsistent encore, V, 512 & *suiv*.

SOLEIL. Une comete ne peut pas tomber sur le soleil & en détacher une partie, II,

351. Soleil arrêté par Josué, V, 34. VII, 27. Les Rois & les Monarchies sont figurés dans les Prophetes par le Soleil & par la Lune, 290.

SOLITAIRES. *Voyez* MOINES.

SOMMEIL, SOMNAMBULES. Ce qui nous arrive dans le sommeil ne prouve rien contre notre liberté, III, 159, 168; ni contre la certitude de nos sensations, IV, 467. Les opérations des Somnambules prouvent la spiritualité de l'ame, III, 36.

SONGES. *Voyez* RÊVES.

SOPATRE. Ce Philosophe n'a pas été mis à mort en haine du Paganisme, IX, 566, 567; mais comme Théurgiste ou Magicien, X, 20.

SOPHISME. Les Incrédules font continuellement les sophismes dont ils nous accusent, II, 525, 578, 584. Pour y répondre, il faut réduire tous les termes à la précision du langage philosophique, 591, 592.

SOUFFLE. *Voyez* ESPRIT.

SOUFFLET. Pourquoi Jésus-Christ, frappé par un soufflet, ne tendit point l'autre joue, IX, 110, 112. X, 281.— Saint Paul fit de même, & pour la même raison, IX, 384, 385.

SOUFFRANCES. Les souffrances des créatures ne prouvent rien contre la bonté de Dieu,

II, 532 & *suiv*. Sans Religion, il n'y a point de consolation dans les souffrances, I, 283 & *suiv*. Jésus-Christ les canonise & les adoucit par son exemple, IX, 92, 127, 128. Les Incrédules n'ont aucun zele pour soulager les souffrances d'autrui, XI, 334.

SOUILLURE. *Voyez* IMPURETÉ.

SOURD. Exemple d'un sourd & muet de naissance, duquel les Philosophes ont tiré de fausses conséquences, III, 91.

SOUVERAINS. *Voyez* ROIS.

SPARTE, SPARTIATES. Corruption & cruauté de leurs mœurs, II, 122. III, 421. VI, 418. Pourquoi ils se croyoient descendus d'Abraham & de même origine que les Juifs, V, 179, 180. Ils furent changés en mieux par le Christianisme, XI, 404, 405.

SPECTACLES. Ils étoient très-indécens chez les Grecs & chez les Romains; Julien défendit aux Prêtres Païens d'y assister, II, 15. Pourquoi on en a laissé introduire dans les Eglises, X, 337.

SPINOSA. Réfutation du système de ce Philosophe, II, 600 & *suiv*. Il n'a d'autre fondement qu'un sophisme continuel, qui consiste à réaliser les abstractions, 601, 610, 616, 620. Fausse notion qu'il donne de la substance & des modes, 604, 606. Il ne prouve l'unité de substance que par un sophisme, 611 & *suiv*. Il donne une fausse idée de l'infini, 614; &

du changement d'une substance, 618, 619. Il répond mal aux objections, 615 & suiv. ne fait que des sophismes contre les causes finales, II, 387 & suiv. Aveux remarquables de son Commentateur, 620, 621. Différentes méthodes desquelles on s'est servi pour le réfuter, 621 & suiv. Selon son système, il ne peut nier ni les esprits, ni les enfers, ni les miracles, V, 51. Il déraisonne sur les prophéties, 123-126.

SPIRITUALITÉ. *Voyez* AME.

SPONTANÉE, ce qui vient d'un principe intérieur. Différence entre le mouvement spontanée, & le mouvement acquis ou communiqué, II, 268. III, 51. Il n'est pas démontré que les mouvemens des animaux soient spontanées, II, 309. Nous sommes convaincus par le sentiment intérieur que les nôtres le sont, *ibid*.

STATUES. Les Païens croyoient que les statues des Dieux étoient animées en vertu de leur consécration, II, 66 & *suiv*. La plupart étoient des nudités indécentes, 15, 28, 71. Femme de Loth changée en statue de sel, V, 514, 515.

STOÏCIENS. Secte de Philosophes dont Zénon & Chrysippe furent les principaux Chefs; leur nom faisoit allusion au portique sous lequel ils enseignoient. Ils regardoient la Divinité comme l'ame du monde, II, 109, 111, 112, 447, 597, 599. Ils confirmoient ainsi le polythéisme & l'idolâtrie, 447, 448.

Tantôt ils admettoient la vie future, & tantôt ils la nioient, III, 502, 503. Plufieurs étoient superstitieux, II, 138. Ils ne raisonnoient pas mieux sur la liberté de l'homme que les Epicuriens, III, 503, 509. Ils difoient que le Sage est le seul homme véritablement libre, IV, 98. Ils fondoient la morale sur le dictamen de la raison & de la conscience; réfutation de ce système, III, 490 & *suiv*. Défauts essentiels de leur morale, II, 138 & *suiv*. Ils l'anéantissoient par l'hypothese de la fatalité, 140; & par leur système de l'émanation des ames, I, 543, 544. III, 236, 238. Ils tomboient en contradiction, 503. Ils pensoient que la vertu se suffit à elle-même, 490. Ils blâmoient la volupté, IV, 108. Leur conduite ne prouve point la solidité de leur morale, III, 502. Leurs maximes étoient outrées, 502; plus rigoureuses que celles de l'Evangile, IV, 122; plufieurs étoient pernicieuses, III, 505. Leur insensibilité étoit une véritable inhumanité, 507. Leurs principes ne convenoient point aux hommes en général, I, 298. III, 502.

STRABON, Géographe & Historien, pensoit qu'il falloit des Fables pour porter le peuple à la piété & à la vertu, II, 61. Il a parlé des Juifs assez avantageusement, V, 173, 551.

SUBSTANCE. Notion que nous en donne le fentiment intérieur, II, 237 & *suiv*. 466. III, 11. Ce terme ne préfente aucune idée claire quand il s'agit des corps, X, 210. Locke a vainement cherché l'idée de substance dans la matiere, II, 242. Si la matiere est divisible à l'infini, on ne peut pas prouver qu'elle soit une substance, 241. III, 11, 69. Fausse idée qu'en donne Spinosa, II, 604, 606. Nos sensations ne nous attestent que les qualités sensibles des corps, & non leur substance, X, 211. Une substance ne peut commencer d'être que par création, II, 335; elle change lorsque ses modes changent, 618, 619. Il est faux qu'il n'y ait qu'une substance dans l'Univers, 251, 611 & *suiv*.

Suicide, meurtre de soi-même. C'est un crime que rien ne peut excuser, IV, 55 & *suiv*. Les Philosophes qui en font l'apologie sont punissables, IV, 94. Les Livres Saints ne l'approuvent point, 86 & *suiv*. La mort volontaire de Jésus-Christ n'a point été un suicide, 91; non plus que celle des Martyrs, 92 & *suiv*. IX, 515, 516, ni celle de Socrate, IV, 91.

Superstition. En quoi consiste ce vice, X, 354. C'est un abus de pratiques louables, VI, 255, 256. Fausses notions qu'en donnent les Déistes, IV, 351. Selon quelques-uns, c'est un foible incorporé à l'humanité, 432. La superstition vient des passions humaines, & non de la Religion, I, 375. Une de ses causes principales a été la curiosité de savoir l'avenir, 221. VIII, 211. Origine que lui attribuent les Incrédules, I, 220. Les Prêtres n'en sont point les auteurs, 244. VI, 293. Elle est née de faux raisonnemens plutôt que de fausses traditions, IV, 379 & *suiv*. Les superstitions les plus grossieres ont régné chez les peuples déjà civilisés, I, 482. A quel excès elles étoient portées chez les Paiens, II, 13 & *suiv*. Nécessité de la révélation pour en préserver l'homme, I, 225. IV, 432. Les Philosophes ont maintenu la superstition, II, 20 & *suiv*. On voit quelquefois des Athées superstitieux, I, 244. Ce vice rend l'homme aveugle, lâche & cruel, II, 186, & *suiv*. Il n'y avoit point de superstition dans le culte cérémoniel des Juifs, VI, 251 & *suiv*. Il n'y en a point dans celui de l'Eglise Chrétienne, X, 350-354 & *suiv*. Différence entre le culte superstitieux & le culte raisonnable, VI, 202. X, 354, 363. Il est faux qu'il y ait moins de mœurs par-tout où il y a plus de superstition, I, 221. VIII, 211. Selon les Incrédules, toute Religion est superstition, X, 445.

Supplices. Dans l'hypothese du Matérialisme, tous les supplices sont injustes, III, 259. Ils sont atroces chez la plupart des Nations, II, 213. Cruauté de ceux que l'on a fait souffrir aux Martyrs, IX, 536, 542.

Symbole; profession de foi. La Philosophie a rendu nécessaire la multiplication des articles du symbole, III, 314, 315. VIII, 13, 14, Le symbole des Apôtres est plus ancien que Saint Jérôme & Saint Augustin, XI, 75.

Système planétaire. Réfutation de la maniere dont M. de Buffon en conçoit la formation, II, 351 & *suiv*. Il n'a pas pu être formé par un arrangement successif, *ibid*.

T.

TABERNACLE, tente destinée au culte de Dieu, VI, 270 & *suiv*. Celui des Hébreux fut construit dans le desert, & non ailleurs, 509.

TABLEAUX. Les Temples des Païens étoient remplis de tableaux scandaleux, II, 15.

TACITE a parlé des Juifs, de leur Religion & de leurs mœurs, V, 552 & *suiv*. Importance du témoignage qu'il rend aux Chrétiens, VIII, 278. IX, 484, 485.

TALENS. Dans la parabole des talens, Jésus-Christ nous fait connoître en quoi consiste la justice divine, VII, 411.

TÉMOIGNAGE, TÉMOIN. La déposition de témoins n'est admissible qu'en matiere de faits, IX, 471. — Sur quoi est fondée la certitude de plusieurs témoignages uniformes, IV, 522, 523. L'ignorance & le défaut d'expérience des témoins ne sont pas un motif de les récuser, IX, 481. Tous sont capables d'attester un fait sensible, 595. Les Incrédules récusent toute espece de témoignages en fait de Religion, 584 & *suiv*. Les témoins de faits miraculeux ne sont pas moins dignes de foi que s'ils attestoient des faits naturels, 584 & *suiv*. VIII, 355, 356. En matiere de doctrine, les Apôtres & les Pasteurs de l'Eglise sont témoins de ce qui est révélé, X, 459. XI, 3,

9, 10. Les Incrédules demandent des témoins & les récufent d'avance, VIII, 244. IX, 243.

TEMPÊTE appaifée par Jéfus-Chrift, VIII, 476, 526.

TEMPLES. Ils font néceffaires pour les exercices de Religion, VI, 270 & *fuiv.* X, 370. On doit y entretenir la décence & la propreté, VI, 335. Ceux des Païens étoient remplis d'objets fcandaleux, II, 15. Quelques-uns étoient dédiés au crime, 16. L'effentiel de la Religion Juive étoit attaché au Temple de Jérufalem, VII, 339, 371, 372. Le Meffie a dû venir pendant la durée du fecond Temple, 498. Il ne doit point être rebâti fous le Meffie, *ibid.* Jéfus-Chrift avoit droit d'en chaffer les Profanateurs, VIII, 456, 573. Combien d'années avoit-on employées à le rebâtir ? 458. Sens de ces paroles de Jéfus-Chrift : *détruifez ce Temple*, 459. Julien voulut reconftruire le Temple de Jérufalem, & en fut empêché par un miracle, IX, 596. Les Chrétiens ont eu des Temples ou des lieux d'affemblée avant le regne de Conftantin, XI, 217 & *fuiv.*

TÉNEBRES ; celles qui fe répandirent fur la Judée à la mort de Jéfus-Chrift, ne venoient pas d'une éclipfe, VIII, 274. IX, 136.

TENTATION. En quel fens il eft dit que Dieu tente les hommes, VI, 186 & *fuiv.* Pourquoi Jéfus-Chrift a voulu être tenté, VIII, 443 & *fuiv.*

DES MATIERES.

TERRE. Les Anciens ont connu la rondeur de la terre, V, 379. L'aspect du sol de la terre change par le laps des siecles, 395, 396. Il est faux que la mer ait un mouvement contraire à celui de la terre, 398 & *suiv*. Le repos de la terre à la septieme année chez les Juifs étoit une preuve durable de la mission de Moïse, VI, 86 & *suiv*. Le tremblement de terre arrivé à la mort de Jésus-Christ est attesté par la fente des rochers du Calvaire, IX, 137.

TERRE SAINTE. *Voyez* PALESTINE.

TERREURS. Origine des terreurs paniques, I, 221.

TERTULLIEN a mieux démontré que Clarke la nécessité d'une cause premiere, II, 245. Il n'a point supposé ce qui est en question, en prouvant l'unité de Dieu, 442. Il prouve l'authenticité des Livres du Nouveau Testament, par la tradition des Eglises, VIII, 65. Il réfute les Hérétiques par voie de prescription, 223. XI, 53 & *suiv*. Son témoignage est irrécusable sur l'authenticité de l'Apocalypse, VIII, 170, 171. Il n'a point cité à faux les Actes de Pilate, 205 & *suiv*.

TESTAMENT. Preuves de l'authenticité des Livres de l'Ancien Testament, V, 139 & *suiv*. 276 & *suiv*. Réponse aux objections, 140, 141. Ils ont été conservés sans aucune altération considérable, 287 & *suiv*. 309 & *suiv*. Toutes les objections des Marcionites & des Manichéens contre l'Ancien Testament sont renouvelées par les Incrédules, VI, 307.

L'exemple des personnages de l'Ancien Testament est moins dangereux que les maximes des Philosophes modernes, XII, 92.

TESTAMENT (NOUVEAU). L'authenticité des Livres du Nouveau Testament est solidement établie, VIII, 36 & *suiv.* 143 & *suiv.* Elle doit se prouver comme l'authenticité de tout autre Ouvrage, 47, 62. Contradiction des Incrédules sur ce sujet, IX, 421. Ces Livres n'ont point été cachés aux Païens, X, 349. Celse les a connus, VIII, 250. Ils n'ont pas pu être altérés malicieusement, 123, 148. Ils n'ont point reçu leur autorité du Concile de Nicée, 125. Circonspection avec laquelle l'Eglise a prononcé sur ce point, 198. Comment le Canon ou Catalogue de ces Livres a été formé, 150, 180. L'obscurité n'y est point ménagée exprès pour causer des disputes, IX, 420 & *suiv.*

THÉANTHROPIE. *Voyez* ANTHROPOMORPHISME.

THÉOCRATIE, Gouvernement dans lequel Dieu est censé seul Souverain. Il n'est point la source du despotisme, I, 242. VI, 392. En quel sens le Gouvernement des Juifs étoit Théocratique, 125 & *suiv.* 392.

THÉODORE, Philosophe Athée, de la Secte des Cyrénaïques, fut condamné à mort par l'Aréopage, II, 176.

THÉOLOGIE, THÉOLOGIENS. Il y avoit dans le Paganisme trois espèces de Théologie, II, 38. Celle du Christianisme ne ressemble en

tien à la Mythologie des Païens, IX, 311 &
suiv. Ce sont les Hérétiques & les Incrédules
qui ont forcé les Théologiens à mêler la
Métaphysique à la Religion, II, 495. On
censure mal à propos la Théologie Scholastique, XII, 37, 38. — Les querelles des
Théologiens n'intéressent ni les mœurs ni la
tranquillité publique, XI, 384. Par la regle
de foi de l'Eglise Catholique, ils ne sont pas
plus privilégiés que les simples fideles, 86,
88, 176. Ils ne décrient point la raison,
mais l'abus que l'on en fait, IV, 335. On
peut être habile Jurisconsulte sans être Théologien, XI, 178 & *suiv.*

THÉRAPEUTES, Juifs contemplatifs. Jésus-Christ n'avoit point été élevé parmi eux, IX,
56. Ils ne sont point les Fondateurs de la vie
Monastique, XI, 338 & *suiv.* 361.

THÉRAPHIMS ; il n'est pas certain que ce
fussent des Idoles, VI, 518.

THÉURGIE, prétendu commerce avec les
Dieux, pour opérer des prodiges & connoître
l'avenir ; c'étoit une vraie magie & un délire
de l'imagination, X, 363. La confiance qu'y
donnoient les Philosophes, étoit un aveu du
besoin de la lumiere surnaturelle, II, 104. X, 7.
Crimes commis par les Théurgistes, 17 &
suiv. Il n'y a aucune ressemblance entre la
Théurgie & le culte extérieur du Christianisme, 361 & *suiv.*

THOMAS (SAINT) de Cantorbéry, est calomnié mal à propos par les Incrédules, XI, 124
& *suiv.*

TABLE

TIBERE. Il n'est pas certainement faux que cet Empereur ait voulu mettre Jésus-Christ au rang des Dieux, VIII, 207 & *suiv.*

TOLÉRANCE, divers sens de ce terme, IV, 2 & *suiv.* Comme l'entendent les Incrédules, c'est l'anéantissement de toute Religion, I, 42. IV, 4. — Toutes les Sectes ont également droit d'y prétendre, I, 41. X, 400, 401. Elle est impossible & absurde, IV, 14 & *suiv.* Réponses aux objections, 24 & *suiv.* Il est faux que la tolérance civile soit de droit naturel dans tous les cas, 32. Les Souverains ne peuvent être obligés de tolérer une Religion, qu'ils jugent contraire à la tranquilité de leurs Sujets, X, 405. Aucun peuple n'a été tolérant, IV, 16, 18, 34 & *suiv.* En quel sens les Païens l'étoient, X, 402. Les Philosophes mêmes réprouvent la tolérance illimitée, IV, 7 & *suiv.* Les Incrédules sont moins tolérans que les Croyans, I, 85, 87. IV, 3 & *suiv.* X, 407, 408. Les sectaires la demandent d'abord, & ne l'observent jamais, I, 88; elle n'est pratiquée que par impuissance, 86. IV, 7 & *suiv.* Ce n'est pas un moyen d'établir la paix entre les différentes Sectes, X, 111. Quelle est l'espece de tolérance établie en Angleterre, en Hollande & ailleurs, XI, 84, 493. En quel sens Jésus-Christ la recommande, 79. Elle est mieux pratiquée en France qu'ailleurs, 492.

Les Incrédules la prescrivent, non seulement aux hommes, mais à Dieu, VI, 180, 482. VII, 17 & *suiv.* Selon eux, elle efface tous les crimes, I, 424. VII, 98. Ils font sur ce sujet des vœux & des prophéties absurdes,

DES MATIERES.

X, 165. Il est faux que l'Evangile ne recommande pas constamment la paix & la tolérance, XII, 116 & *suiv*. ou qu'il y ait contradiction sur ce sujet dans la doctrine des Peres de l'Eglise, X, 390. Pourquoi on a toléré les Païens plutôt que les Hérétiques, XI, 454. Il faut tolérer les Mécréans paisibles, & non les Fanatiques, X, 446.

Tombeau. En Hébreu le même terme désigne le tombeau & le séjour des ames, III, 216. VI, 216. De tout temps & chez tous les peuples, les tombeaux ont été un asile sacré, III, 551. Ce respect atteste la croyance de l'immortalité de l'ame, 221. VI, 210. Il n'y a aucune erreur dans l'Ecriture sur les tombeaux de Jacob & de Joseph, V, 248. Isaïe a prédit que le tombeau du Messie seroit placé parmi les riches, VII, 245. Celui de Jésus-Christ n'a pas pu être forcé par les Apôtres, IX, 151, 163 & *suiv*. Selon Julien, ceux de Saint Pierre & de Saint Paul étoient déjà honorés en secret avant la mort de Saint Jean, X, 116, 117. La pratique de l'Eglise Chrétienne touchant les tombeaux, n'a rien que de louable, X, 326.

Toute-puissance. *Voyez* Puissance.

Traditeurs On nommoit ainsi ceux qui livroient aux Païens nos Livres Saints pour les brûler, XI, 120, 121.

Tradition. De quelle maniere se forme une Tradition historique sur les faits importans, IV, 528 & *suiv*. Sa certitude ne diminue point par le laps des siècles, 529, 537. La Tradition des peres aux enfans n'est pas la plus certaine, VII, 471. Elle est plus sûre, lorsqu'elle est la même chez différens peuples, IV, 531. Elle est incontestable lorsqu'elle s'accorde avec l'Histoire & avec les monumens, X, 457. Raisons qui ont engagé les Incrédules à rejeter toutes les Traditions historiques, 453 & *suiv.* Excès auquel ils portent l'entêtement sur ce point, *ibid.* Les Traditions fausses ont moins contribué aux erreurs en fait de Religion, que les raisonnemens des Philosophes, IV, 379 & *suiv.*

Dieu a voulu nous instruire par la Tradition, & non par le raisonnement, II, 149. III, 617 & *suiv.* X, 455, 473 ; ni par l'Ecriture seule, VI, 244 & *suiv.* 250. Uniformité des Traditions primitives chez les anciens peuples, V, 342. En matiere de Religion, la Tradition des faits est intimement liée à la Tradition des dogmes, I, 36. VI, 247. Nécessité de la Tradition pour conserver la Religion primitive, III, 626, 627 ; & pour fixer le sens de l'Ecriture, VIII, 223 & *suiv.* La Religion primitive a dû se perpétuer par la tradition domestique, la Religion Juive par la tradition nationale, la Religion Chrétienne par la tradition universelle, I, 2, 7. VI, 224 & *suiv.* X, 455, 473. XI, 4 & *suiv.* Chaîne d'erreurs qu'il faut parcourir dès que l'on s'en écarte, I, 19. XII, 162, 163.

Chaîne de la tradition venue des Apôtres, VIII, 74. XII, 176. Elle supplée au silence ou au défaut de clarté des Livres saints, XI, 2 & *suiv.* La tradition des Eglises Apostoliques

ques est la plus forte preuve de l'authenticité des Livres du Nouveau Testament, VIII, 43, 63 & *suiv*. XI, 54, 55. Excès dans lesquels sont tombés les Critiques pour affoiblir l'autorité de la tradition dogmatique, 177. Indépendamment des promesses de Jésus-Christ, la tradition de l'Eglise nous donne une certitude morale poussée au plus haut point de notoriété, X, 457. Usage constant que l'Eglise a fait de cette regle, XI, 7, 8, 54, 55. Pernicieux effets des disputes sur la tradition, VIII, 216, 217. XI, 14, 16. Quiconque la rejette se rend suspect, 4. Il y a eu des Eglises dirigées dans leur foi par la tradition seule sans aucune Ecriture, X, 494. L'immutabilité de la Tradition est certaine, même pour un ignorant, 550-552.

TRAJAN. Conduite que prescrit cet Empereur pour la poursuite des Chrétiens, IX, 487, 488.

TRANSFIGURATION de Jésus-Christ, VIII, 270.

TRANSMIGRATION. *Voyez* MÉTEMPSYCOSE.

TRANSSUBSTANTIATION, changement de la substance du pain & du vin au corps & au sang de Jésus-Christ dans l'Eucharistie. Pourquoi l'Eglise s'est servie de ce terme, X, 210. Le dogme exprimé par-là est aussi ancien que le Christianisme, IX, 100, 102. Il n'a pas été inventé au neuvieme siecle, XI, 156. L'argument des Protestans contre la Transsubstantiation se tourne contre tous les mysteres

& contre tous les miracles, I, 38, 43. IV, 507 & *suiv.* X, 211.

Tribus d'Israel; c'étoient les familles des douze enfans & petits-enfans de Jacob. Doivent-elles être reconduites dans la Palestine par le Messie? VII, 485 & *suiv.* Priviléges de la Tribu de Juda en vertu du testament de Jacob, 191 & *suiv.*

Trinité. Ce Mystere est enseigné par Jésus-Christ, X, 187 & *suiv.* Il n'est point contraire à l'unité de Dieu, III, 311. VII, 422; ni aux principes de la Logique, IV, 503, 510. Pourquoi il paroît contradictoire, III, 311. Il est incertain si Dieu l'avoit révélé aux Patriarches, 278. Ce dogme est empreint sur tout l'extérieur du Christianisme, X, 293, 294. XI, 11, 14; il n'est point emprunté de Platon, X, 188 & *suiv.* Conséquences morales qui s'ensuivent, 184 & *suiv.*

Troglodytes, habitans des cavernes; peuple barbare qui demeuroit sur les bords de la mer Rouge, I, 443.

Turquie. Ce pays est dépeuplé par la polygamie & par les mœurs dissolues des Mahométans, IV, 204, 205.

Types, ou figures de l'Ancien Testament, VII, 295 & *suiv.* 311. Goût décidé des Orientaux pour les types & les allégories, 287 & *suiv.* Pourquoi les Apôtres & les Peres en ont fait usage, 306, 308, 311, 316. Ce n'est pas une forte preuve en faveur du Christianisme, 299, 314; aussi n'y avons-nous pas recours, 310, 319, 503.

U.

Unité de Dieu, *voyez* Dieu unique.

Univers, *voyez* Monde.

Usages. Les usages civils des peuples barbares ne sont pas moins absurdes que leurs coutumes religieuses, IV, 386. Les Prêtres n'en sont pas les auteurs, 387. Ces usages sont plutôt fondés sur de faux raisonnemens que sur de fausses traditions, 382 & *suiv.* *Voyez* Coutumes.

Usure. Elle a été permise chez les anciens peuples, VI, 432.

V.

Vache. Le sacrifice de la Vache rousse chez les Juifs, n'étoit pas emprunté des Egyptiens, VI, 324.

Vallée, Vallon. Les vallons étroits entre des bancs de rochers, ont été creusés par les eaux, & attestent le déluge universel, II, 361. V, 428, 429. Sans cesse la Nature travaille à diminuer la hauteur des montagnes & à combler les vallées, II, 345.

Vanité nationale. C'est un défaut commun à tous les peuples, V, 170. Il n'avoit pas été inspiré aux Juifs par leur Religion, VI, 165, 180. VII, 340, 341.

VARIANTES; ce défaut, dans le Texte sacré, ne prouve rien contre son intégrité, IV, 545. V, 301, 337. VIII, 138, 139.

VARRON, savant Romain, condamne le Paganisme, II, 37; il approuve la croyance des Juifs, V, 176.

VAUDOIS, secte d'Hérétiques. Ce n'étoit point un rejeton des Albigeois, X, 425. XI, 76. Ils n'ont pas été poursuivis pour leurs opinions, mais parce qu'ils étoient devenus séditieux, X, 423 & *suiv.* XI, 76, 77.

VEAU D'OR; les Juifs l'adorerent à l'imitation des Egyptiens, I, 472. VI, 29. Ce fait n'a rien d'incroyable, 140 & *suiv.* Il fut la cause de plusieurs loix cérémonielles imposées aux Juifs, 259, 260. Combien il y eut d'hommes tués à cette occasion, 132. Dieu punit-il encore ce crime sur les Juifs d'à présent? 196.

VÉDAMS, *voyez* BÉDANGS.

VENGEANCE. Danger de cette passion, IV, 110, 111. Elle étoit portée à l'excès chez les anciens peuples, VII, 87.

VÉNUS. Culte infame rendu à cette Divinité, II, 15, 47. Il y a eu des autels érigés à Vénus adultere, I, 588. II, 16, 192.

VERBE DIVIN. Il n'a rien de commun avec le *Logos* de Platon, X, 74, 75.

VÉRITÉ. On doit regarder comme une *premiere vérité* toute proposition qu'il est impossible de prouver ni de combattre par une autre proposition plus évidente, IV, 461,

466. Les vérités Mathématiques ne font point des propofitions purement identiques, 463. La vérité ne peut pas toujours fe connoître par fon évidence interne, 335, 336; ni par l'unanimité des fuffrages, III, 600. Autre chofe eft de découvrir une vérité par nos réflexions, autre chofe de la démontrer lorfqu'elle eft connue, I, 120, 121.

L'amour de la vérité eft naturel à l'homme, I, 262. VI, 477. Elle eft faite pour tout le monde, I, 65; elle n'eft jamais nuifible, 263. Elle peut feule réunir les hommes; le menfonge les divife, VIII, 377. Lorfque la vérité gêne les paffions, ce n'eft pas affez de la connoître pour être déterminé à l'embraffer, III, 598. En fait de Religion, la vérité a précédé le menfonge, VIII, 202. Les vérités même démontrables n'ont été bien connues que par la révélation, I, 120 & *fuiv*. II, 147 & *fuiv*. III, 277. Il eft faux que la vérité n'ait befoin ni de miracles ni de Martyrs, V, 83, 84. IX, 531 C'eft un très-grand bonheur pour l'homme d'être né dans le fein de la vérité, IV, 361. Dieu a pu révéler de nouvelles vérités par Jéfus-Chrift, VII, 407 & *fuiv*.

VERSION. Difficulté de faire des Verfions exactes de l'Ecriture fainte, V, 305 & *fuiv*. C'eft l'Eglife qui nous garantit leur fidélité, X, 476. Souvent il a été néceffaire de les interdire au peuple, 490, 491.

VERTU. Ce terme fignifie la force de l'ame, III, 403. XI, 264, 304. Les idées de vice & de vertu portent fur l'hypothefe de la liberté, III, 140. Elles ne viennent point de l'éducation, 413 & *suiv*. La vertu n'est pas seulement un goût ou un instinct, mais un devoir, 498. Les Athées nous en donnent une fausse idée, 402, 447; ils abusent du terme de vertu, 456; ils en dégradent toutes les espèces, 470; n'en font aucun cas, XI, 355-357. Dans leur système, il n'y a plus ni vice ni vertu, I, 282. II, 217. III, 169 & *suiv*. ni aucun motif solide d'être vertueux, I, 346 & *suiv*. La vertu ne peut pas être fondée sur l'intérêt présent, 327 & *suiv*. IV, 118. XII, 107, 186; elle ne peut être pratiquée sans effort, XI, 355. C'est le seul moyen de nous rendre heureux en ce monde, I, 303. II, 578. III, 389; mais elle ne produit pas toujours cet effet, I, 327. III, 248-252. XII, 64. Selon les Athées, elle ne peut pas faire le bonheur de tous les hommes, III, 448, 452; sur-tout chez les Nations corrompues, 463, 464. Plusieurs hommes vertueux n'ont reçu aucune récompense ici bas, 468. XII, 151. En général les hommes sont mauvais juges de la vertu, I, 395, 398; pour en sentir le prix, il faut être vertueux, III, 513. Quand on calcule le produit de la vertu, on n'en a déjà plus, IV, 274.

La Religion ne nous défend point d'avoir égard aux avantages temporels de la vertu, I, 333. XII, 65 & *suiv*. 106; ils ne sont solides que dans l'hypothèse de la Religion, III, 476. La vertu n'est point dégradée par les intérêts de l'autre vie, 273; les épreuves auxquelles elle est exposée sur la terre ne dérogent point à la justice divine, II, 534 & *suiv*. III, 248. Un ordre contraire seroit opposé à la sagesse de la Providence, II, 534 & *suiv*. La vertu est plus nécessaire que l'argent à la prospérité des Etats, XI, 309. XII, 190; & les vertus les plus obscures sont les plus nécessaires, III, 264. XII, 77, 152. Le Christianisme commande toutes les vertus sociales & civiles, 128, 129; il les fait encore régner aujourd'hui, 180, 181.

En quel sens les vertus des Païens étoient des péchés brillans, IV, 411, 412. X, 449. Le culte qu'ils rendoient aux vertus n'influoit en rien sur leurs mœurs, II, 54. Exemples de vertu que Jésus Christ a donnés, IX, 42 & suiv. Le culte rendu aux Saints a pour but de nous encourager à la vertu, III, 274. XII, 153. L'homme vertueux est seul juge compétent des preuves de la Religion, I, 60. Les vertus morales ne suffisent pas au salut, X, 448.

VESTALES, honneurs & privileges accordés à ces Prêtresses Romaines, XI, 219, 267.

VESUVE; les éruptions de ce volcan ne prouvent point l'antiquité du monde, V, 408.

VICE. Idées du vice & de la vertu selon les Matérialistes, III, 447. Dans l'hypothese de la fatalité, ni l'un ni l'autre ne sont imputables, 169 & suiv. Ce système autorise & encourage tous les vices, ibid. — La Religion n'en approuve & n'en excuse aucun, I, 375. III, 257; il n'en est point qui soient vraiment utiles à la société, 442, 443. Aucune morale ne peut extirper tous les vices, XII, 62.

VICTIME. D'où est venue la coutume d'offrir

à Dieu des victimes sanglantes, I, 222. VI, 294 & suiv. Sur quoi étoit fondé le choix des victimes pures ou impures, 317 & suiv. Le peuple participoit aux victimes aussi bien que les Prêtres, VII, 97. Origine de la coutume barbare d'immoler des victimes humaines, I, 223, 224. II, 188. VI, 303. Les Juifs n'en ont point offert, 305 & suiv. Jésus-Christ, en se donnant pour victime, a fait cesser tous les abus, II, 189. X, 306. *Voyez* SACRIFICES.

VIE. On distingue la vie végétative, la vie sensitive ou animale, & la vie raisonnable, II, 308, 309. La matiere ne peut être le principe de la vie sensitive, ou de la sensibilité, 310 & suiv. L'amour de la vie nous a été donnée par le Créateur, III, 242 ; il ne nous a pas donné la vie pour nous seuls, mais pour l'avantage de la société, IV, 56, 74, 77.

VIE A VENIR. Ce dogme est la base de la morale, III, 229. Il ne vient point de l'orgueil, I, 300 ; ni du désir de notre conservation, III, 241. Il porte à la vertu, I, 305. Il est utile d'envisager la vie présente comme un simple passage, III, 262. Ce n'est point le temps du bonheur, mais des épreuves & du mérite, IV, 77, 78. La vie à venir & les récompenses de la vertu ne sont point incertaines, X, 228. Ce n'est point ce dogme qui a causé des meurtres, mais celui de la résurrection des corps, II, 190. III, 264. Il y avoit des promesses de la vie à venir attachées à la loi de Moïse, VI, 241. Pourquoi ce Législateur en a parlé avec réserve, II, 190. VI, 228 & suiv. 237. Les Philosophes Païens en étoient peu convaincus, IX, 15. X, 81, 169. *Voyez* IMMORTALITÉ.

VIEILLARDS. Usage barbare établi chez certains peuples de tuer les vieillards, III, 419, 420.

VIERGE, VIRGINITÉ. La Vierge qui doit enfanter, selon la prédiction d'Isaïe, n'est point l'épouse du Prophete, VII, 215. C'est avec raison que Jésus-Christ & les Apôtres ont canonisé la virginité, XI, 268, 271. *Voyez* CHASTETÉ.

VISAGE. La diversité des visages est un trait de la Providence, II, 502.

VŒU. Différentes especes de vœux approuvés par la loi de Moïse, VI, 309 & *suiv.* Vœu de Jephté, 313 & *suiv.* Les vœux monastiques ne sont ni dangereux ni pernicieux, XI, 362 & *suiv.* 381, 382.

VOSGES, chaîne de montagnes qui sépare la Lorraine de l'Alsace; quelle est la nature de leur sol, II, 358 & *suiv.*

VOL. Pourquoi le vol étoit autorisé chez certains peuples, III, 421. Les Israélites n'ont point commis de vol en Egypte, VI, 52, 430. Cueillir des épis dans un champ, n'étoit pas un vol, selon leur loi, VIII, 507. Jésus-Christ n'a point autorisé le vol, X, 278. Il n'y a point de contradiction dans l'Evangile sur les deux voleurs crucifiés avec Jésus-Christ, IX, 131, 132.

VOLCAN. Les Volcans ne prouvent point l'antiquité du monde, V, 406 & *suiv.* Le lit de la Méditerranée n'est pas l'effet d'un Volcan, II, 365.

VOLONTÉ, VOULOIR. Notion d'un acte volontaire, III, 95, 96. Différence entre les mouvemens soumis à notre volonté & ceux qui ne le sont pas, 100 ; entre les vouloirs libres & les vouloirs nécessaires, 101, 195. Nos vouloirs réfléchis sont libres, 125 & *suiv*. La volonté ne peut pas être expliquée par un mécanisme du cerveau, 78. Fausse comparaison entre la volonté humaine & une balance, III, 110, 111 ; ou une girouette, 194. Un vouloir quelconque ne vient pas toujours du même motif, & un seul motif peut produire plusieurs vouloirs différens, 179 & *suiv*. Il n'est donc pas la cause physique de nos vouloirs, 107, 108. C'est une absurdité d'attribuer nos vouloirs à des causes imperceptibles, 128, 130, 196. La volonté générale des hommes n'est pas le fondement du droit naturel, IV, 134, 135. Il y a en Dieu une volonté, Dieu est capable de vouloir ; II, 469.

VOLUPTÉ, LUXURE. Funestes effets de ce vice, IV, 105 & *suiv*. Il a été blâmé par les anciens Philosophes, 107. C'est une des passions les plus redoutables, XI, 264. Pourquoi elle avoit été divinisée par les Païens, 265.

VOYAGEURS. Ce que les Voyageurs ont dit de l'Athéïsme de certains peuples s'est trouvé faux, II, 422 & *suiv*. Les Croisades ont inspiré le goût des voyages, XII, 34. En quel sens un Chrétien est Voyageur sur la terre, 112.

VUE, mécanisme de cette sensation, II, 327.

VULGATE. Censures téméraires que les Protestans ont faite de cette version, V, 304. En quel sens le Concile de Trente l'a déclarée authentique, 311 & suiv.

Y.

YEUX. Selon Epicure, les yeux ne sont pas faits pour voir, II, 384 & suiv. 493.

YVOIRE FOSSILE; c'est un reste du Déluge, V, 431.

YVRESSE. L'esprit prophétique n'étoit pas un effet de l'ivresse, VII, 132.

YVROGNERIE, voyez INTEMPÉRANCE.

Z.

ZABIENS, adorateurs des Astres, voyez SABAITES.

ZACHARIE. Qui étoit Zacharie, fils de Barachie, mis à mort par les Juifs, entre le Temple & l'Autel, VIII, 130 & suiv.

ZALEUCUS, Philosophe, Disciple de Pythagore; prologue de ses loix, I, 381.

ZÉLANDE. Cruauté des Habitans de la nouvelle Zélande, III, 417.

ZELE. Le zele de Religion est louable & bien fondé, VI, 477; il n'est point injuste par lui-même, IV, 23; il n'est ni plus pernicieux ni plus dangereux que le zele pour la patrie, pour les loix, pour le bien public, pour la vérité, III, 257. Il est sujet aux mêmes inconvéniens que l'amour de la Philosophie, 504; mais moins redoutable que le fanatisme philosophique, IV, 273. Il a eu lieu chez tous les peuples, X, 438 & suiv. Selon les Incrédules, l'orgueil & la paresse sont la vraie cause du zele persécuteur, 434, 435. Personne ne se persuade que le zele de Religion efface tous les crimes, IV, 411, VII, 82. Les Incrédules lui attribuent tous les excès que la Religion défend, & jamais le bien qu'elle commande, X, 438. XI, 589. Le zele Apostolique est un signe de la véritable Eglise de Jésus-Christ, XII, 179.

ZEND-AVESTA, Livre de Zoroastre traduit en François, I, 570. L'authenticité de ce Livre n'est plus contestée, V, 151, 152.

ZÉNON, Chef de la secte des Stoïciens, approuva l'impudence des Cyniques, II, 170.

ZOROASTRE, Auteur de la Religion des Mages, des Perses ou des Guebres, a vécu 556 ans avant Jésus-Christ, I, 573; il fut enthousiaste, imposteur & sanguinaire, 574. Authenticité de ses Livres, 570, V, 142, 150. Doctrine qu'il a enseignée à ses Sectateurs, I, 571, 575. Défauts de sa morale, 572, 578. Ses Disciples adorent le feu, comme portion de la Divinité, 576. Ils invoquent tous les êtres naturels, 577, 584. Zoroastre a réussi par la violence plus que par la séduction, IV, 381. Il peut avoir emprunté des Juifs une partie de sa doctrine, VI, 207. Il n'est pas mort martyr de ses fictions, IX, 303.

Fin de la Table des Matieres.

www.ingramcontent.com/pod-product-compliance
Lightning Source LLC
Chambersburg PA
CBHW050828230426
43667CB00012B/1911